Mathias Schwabe

Methoden der Hilfeplanung

Zielentwicklung, Moderation und Aushandlung

Zum Autor

Dr. Mathias Schwabe, Diplom-Pädagoge, Weiterbildungen als systemischer Berater und Supervisor (IGST); langjährige Erfahrungen als sozialpädagogischer Mitarbeiter in der Kinder- und Jugendpsychiatrie und als Leiter eines Erziehungshilfeverbundes; Professor für Methoden der Sozialen Arbeit an der Evangelischen Fachhochschule Berlin; Mitglied in der IGfH und im Redaktionsbeirat „Forum Erziehungshilfen".

Internationale Gesellschaft für erzieherische Hilfen (IGfH)
Schaumainkai 101-103, 60596 Frankfurt am Main
Telefon: (069) 633 986-0, Telefax: (069) 633 986-25

Foto: BSJ Marburg

Satz: Maren Zeller und Stefan Köngeter

Herstellung und Vertrieb: Walhalla Fachverlag, Regensburg

ISBN 3-925146-59-8

Für Hans-Peter Bauer,
den Freund und Kollegen (10.12.1955 – 14.7.2003):

Vieles haben wir gemeinsam
gedacht und entwickelt…

Inhalt

Auf der nächsten Seite befindet sich das Inhaltsverzeichnis der CD.

Inhalt – CD

Ordner	Dateiname
Fälle und Szenen	Fall 1 - Familie Appelt
	Fall 3 - Familie Christ
	Fall 4 - Familie Dorn
	Fall 5 - Familie Ebel
	Fall 7 - Familie Lang
	Fall 8 - Familie Sturm
	Fall 9 - Tim
	Szene 1 - Familie Fabig
	Szene 8 - Familie Opitz
	Szene 9 - Familie Pusch
	Szene 10 - Familie Römer
Materialien und Vorlagen	Kapitel 2 - Zielematrix - Vorlage
	Kapitel 4 - 5-Schritte-Modell nach v. Spiegel - Arbeitsbögen
	Kapitel 4 - 7-W-Schema nach Adler - Arbeitsbogen
	Kapitel 4 - Drei-Ebenen-Modell - Doku-Bogen
	Kapitel 4 - Drei-Ebenen-Modell - Überblicksgrafik
	Kapitel 4 - SMART-Modell - Eine Liste hilfreicher Fragen
	Kapitel 4 - SMART-Modell - Zielformular
	Kapitel 4 - Transformationsmodell - Vorlage Zielebogen
	Kapitel 5 - Gesprächsführungsinstrumente im HPG
	Kapitel 5 - Kreative Methoden der Gesprächsführung
	Kapitel 5 - Vorbereitung und Planung des Hilfeplangesprächs
	Kapitel 6 - Ablaufschemata Zielentwicklung - Dissens
	Kapitel 6 - Systematik des Schlichtens und Verhandelns
	Kapitel 7 - Qualitätsstandards bei der Hilfeplanung
Anhang	Kapitel 7 - Qualitätskriterien für das Hilfeplangespräch und das Hilfeplanprotokoll
	Klaus ter Horst - Dokumentation von Veränderungen im Hilfeplanverfahren durch den Einsatz der Videotechnik

1 Einführendes zur Hilfeplanung und zur Zielstellung des Buches

1.1 Ziele des Buches – und seine Zumutungen an die LeserInnen

Ein Autor, der das „Entwickeln von Zielen" in den Mittelpunkt stellt, sollte Auskunft geben über die Ziele, die er sich selbst mit und beim Schreiben gestellt hat. An welchen Ansprüchen soll der Leser das Buch messen?

Dieses Buch möchte qualitativ gute und professionell kluge Formen der Hilfeplanung und des Hilfeplangesprächs anhand von Fallgeschichten und in Form von Gesprächssequenzen vorstellen. Es möchte aufzeigen, auf welche Schwierigkeiten man als Praktiker bei der Hilfeplanung und im Hilfeplangespräch stößt und wie man sie meistern kann. Es möchte aber auch das eigene Scheitern nachvollziehbarer machen: Die Anforderungen, die in den Aufgaben selbst liegen, sind so komplex, die zu balancierenden Interessen und zu berücksichtigenden Aspekte so zahlreich, dass man sich beim Scheitern nie die Mühe machen müsste an sich selbst als Quelle von Fehlern zu denken… wenn man sich dies nicht schon sowieso zum professionellen Habitus gemacht hat.

Schließlich erhebt das Buch den Anspruch, Fachkräfte des Öffentlichen Trägers eben so anzusprechen wie Fachkräfte der Freien Träger. Thematisiert sind überwiegend Querschnittsaufgaben der Hilfeplanung, die nach meiner Einschätzung nur kooperativ zu bewältigen sind. Diejenigen Phasen und Elemente der Hilfeplanung sollen im Mittelpunkt stehen, bei denen keiner sagen können soll, das ist nicht „mein Bier", sollen die (jeweils) anderen doch schauen wie sie das „deichseln".

Wie reiht sich das Buch in die lange Kette der Veröffentlichungen zum Thema Hilfeplanung ein? Drei Hauptgruppen könnte man rekonstruieren:

Programmatische Veröffentlichungen zur Hilfeplanung und zum Hilfeplangespräch gibt es inzwischen genug; in ihnen werden die Ansprüche des KJHG entfaltet, d.h. das, was die Fachkräfte, Ämter und Träger tun und beachten *sollten* (vgl. Merchel 1998, Merchel/Schrapper 1995, Späth 1992 und 1994). Diese Aufsätze waren vor allem in der Frühphase des neuen KJHG wichtig: In ihnen wurden fachliche Standards festgelegt und bewusst hoch gehängt, um den reformerischen Impulsen des Gesetzes Gehör zu verschaffen. Die Gefahr war groß, dass der „Geist" des Gesetzes sich bereits in den Gängen der Ämter verflüchtigt und business as usual praktiziert wird. Trotz dieses unbestreitbaren Wertes wurden die programmatischen Aufsätze von PraktikerInnen[1] bisweilen mit dem Gefühl wachsender Frustration gelesen nach dem Motto „Sag mir doch nicht immer was ich tun soll, sondern *wie* ich das umsetzen kann. Hohe Ansprüche kann ich alleine auf meine Schultern laden. Mir kommt es darauf an, wie daraus Ideen und Kraftquellen für meine tägliche Arbeit werden können!". Neben zentralen Leitsätzen der Sozialen Arbeit können auch juristische Überlegungen im Mittelpunkt der Programmatik stehen, wie das z.B. bei Maas (1996), Güthoff (1994) oder bei Schimke (1994) der Fall ist.

Empirische Untersuchungen zur Hilfeplanung und zum Hilfeplangespräch gibt es nach wie vor viel zu wenig. Sie zeigen auf, wie es mit den programmatischen Ansprüchen in der Praxis bestellt ist: ob sie verwirklicht werden bzw. in welchem Grad und wie Fachkräfte und AdressatInnen diese Prozesse konkret erleben. Fast immer lösen die empirischen Studien Erstaunen aus. Zu erwähnen sind z.B. Becker (1999 a, b) mit einer Untersuchung über die Verständlichkeit von Hilfeplanprotokollen, Eisenbraun u.a. (1998) über das Erleben des Hilfeplangesprächs auf Seiten der jugendlichen AdressatInnen, Sander (1996) in Bezug auf die konkrete Umsetzung von Beteiligungsrechten. Eine breit angelegte Studie von Schefold (u.a. 1998) wies zum ersten Mal die Nützlichkeit und den Gebrauchswert der Hilfeplanung im Spiegel der Meinung von Eltern nach und zeigte mit dem Begriff subjektive Hilfeplanung auf, dass auch AdressatInnen über

[1] In der Regel wurde im Buch die männliche und weibliche Form benutzt. Bei Personenbezeichnungen in der Einzahl (z.B. Helfer) wurde wegen der besseren Lesbarkeit die männliche Form verwendet – auch hier seien beide Geschlechter mit

strukturierte Ideen verfügten wie und in welchen Formen Hilfe für sie organisiert sein sollte. Auch die JULE-Studie kann zur Gattung der empirischen Studien gezählt werden, da sie dem Zusammenhang zwischen der Qualität der Hilfeplanung und den Verläufen der Hilfeprozesse bzw. deren Ergebnisqualität empirisch nachzugehen beansprucht (BMFSFJ 1998). Zusätzlich sind eine Fülle von interessanten Diplomarbeiten entstanden, von denen ich hier nur zwei hervorheben möchte: die von Sander (1996) zur tatsächlichen Beteiligungspraxis und Beteiligungsquote von AdressatInnen im Hilfeplangespräch und die von Schneider (1999) zur jeweiligen Einschätzungen von AdressatInnen und PädagogInnen zu den Dimensionen Planungs-, Alltags- und Kontraktrelevanz im Hilfeplangespräch (vgl. Kapitel 5.3.2. u. Abb. 26).

Schließlich gibt es *methodisch orientierte Veröffentlichungen*: Sie möchten aufzeigen, wie man die Ansprüche des Gesetzes und der fachlichen Leitlinien in kommunikative und reflexive Praxen umsetzen kann. Zu erwähnen sind – ohne Anspruch auf Vollständigkeit – Adler (1998) in Bezug auf die methodische Strukturierung des gesamtes Hilfeprozesses, Deutscher Verein (1994) und ISA (1994) mit zahlreichen methodischen Hinweisen zu Ablauf, zu Leitfäden und Gesprächsführung im Hilfeplangespräch, Harnach-Beck (1995) im Zusammenhang mit psychosozialer Diagnose, Neufeld (1997) mit der Fragestellung wie Kinder beteiligt werden können, Schwabe (2000 b, d) zu dem Thema, wie Partizipation konkret umgesetzt werden kann oder wie Einschätzungen von Kindern für das Hilfeplangespräch gewonnen werden können[2]. Hervorzuheben ist auch hier eine Diplomarbeit: die von B. Kasper (1995) zur Gestaltung von Aushandlungsprozessen im Hilfeplangespräch. Hier werden erstmalig konkrete Vorschläge (auch zur Qualifizierung von MitarbeiterInnen) unterbreitet und der Anschluss an die Verhandlungs-Theorie (Harvard-Konzept) hergestellt.

Mit zunehmender Entfaltung der drei Stränge mehren sich die Artikel, die mehrere dieser Themen aufeinander beziehen und einen Mix aus empiri-

---

gedacht.

[2] Zu diesem Thema werden auf der CD: Materialien und Vorlagen. Kapitel 5 – Vorbereitung und Planung des HPG zwei Instrumente ausgeführt.

scher Darstellung und fachlicher Reflexion entfalten (vgl. z.B. Uhlendorff 2002 und Hansbauer 2002).

Dieses Buch möchte zu den methodisch orientierten Veröffentlichungen gezählt werden; es will zeigen, „wie man es konkret macht“ und das dazu notwendige Handwerkszeug darstellen. Auf diesem Weg möchte es für StudentInnen Lust auf Praxis machen bzw. für KollegInnen die Freude an der eigenen Arbeit erhöhen. Denn wenig ist langweiliger und krankenstands-förderlicher, als wenn man in der eigenen Arbeit versucht fremden Ansprüchen zu genügen, ohne selbst an diese glauben zu können und ohne zu wissen, wie man diese umsetzen könnte, falls man begänne, an sie zu glauben.

Allerdings birgt das Buch für die LeserInnen auch *Zumutungen*. Die erste besteht darin, sich den – mitunter verschlungenen – *analytischen Reflexionen* zu stellen, aus denen heraus erst bestimmt werden kann, was in einer konkreten Hilfeplanungssituation geschieht, um dann überlegen zu können, was zu tun ist und wie man es tun kann. Aktion ohne konzentrierte Analyse bliebe Agieren. Allerdings sind wir nicht nur und immer auf die zeitaufwendigen Analysen auf der Vorderbühne der Organisation angewiesen, wie Klatetzki die Teambesprechung bezeichnet hat (vgl. Klatetzki 1993). Zusätzlich steht zu Verfügung, was der Amerikaner D. A. Schön „Reflection in action“ nennt (vgl. Schön 1983): Die in Mikrosekunden ablaufenden Bezugnahmen auf unser Wissen, auf zentrale Leitsätze, auf innere Landkarten oder verinnerlichte Ablaufschemata, die uns – wenn wir sie mit unsere inneren Glaubens- und Wissenssystemen verbinden konnten – bei Bedarf zufliegen und den Handlungsfluss quasi automatisch strukturieren können.

Darüber hinaus und in Kombination mit den ersten beiden Reflexionsformen steht uns allen eine mehr oder weniger geschulte vorbewusste Analysekompetenz zu Verfügung, die man gemeinhin Intuition nennt. Wir spüren, was in einer Situation los ist und verhalten uns situationsadäquat ohne den Umweg über die Reflexion nehmen zu müssen. Die Intuition führt – häufig ohne dass dies in einem verbalen Aushandlungsprozess direkt thematisiert werden müsste – zu einer Verständigung mit den AdressatInnen, die keiner Worte bedarf oder in diesen nur noch einen Nachhall erfährt. Viel häufiger als uns lieb ist, sind es basale, körpernahe Prozesse von unmittelbarer Sympathie oder Antipathie bzw. von zwischenmenschlicher Passung, die über den Erfolg einer Hilfe(planung) entscheiden. Bei aller Liebe zum Gespräch, zum Austausch der Worte und Sätze, gilt es, auch dies zu achten.

Die Absicht des Buches besteht darin, alle drei Analyseformen zu bereichern: das Teamgespräch über mehr oder weniger gelungene Hilfeplanungsprozesse, die reflexive Orientierung in der Situation und das intuitive Erfassen von Botschaften, die zur Verständigung wichtig sind.

Die zweite Zumutung des Buches besteht darin, dass man die *Werkzeuge nicht voraussetzungslos anwenden* kann. Die erste Voraussetzung liegt in den „Köpfen" und „Herzen" der Fachkräfte: Ohne die dazu passenden Einstellungen, Haltungen und Konstruktionen bleiben die Methoden Werkzeuge, mit denen ungeübte, machtorientierte oder ressentimentgeladene KollegInnen mehr Schaden als Nutzen anrichten können. Allerdings gibt es nicht eine richtige Haltung, aus der heraus alle dargestellten Methoden gut zur Anwendung kämen. Im Gegenteil, das Buch stellt für ein und dieselbe Aufgabenstellung – Zielentwicklung, Moderation, Aushandlung – immer mehrere Methoden oder Modelle vor, die jeweils Fachkräfte mit unterschiedlichen persönlichen Hintergrund und anders akzentuierter innerer Haltungen ansprechen sollen. Auch als SozialarbeiterInnen darf man verschieden sein… und es gibt immer mehrere Wege zu einem Ziel…

Die zweite Voraussetzung betrifft die Aneignung der Methoden: Viele von uns lernen übers Lesen. Wir übersetzen das Gelesene in unser Handeln. Zugegebenermaßen laienhaft formuliert: Über die Augen gerät das Gelesene in unser Gehirn, spricht unseren Verstand und/oder unser „Herz" an und wird in Handlungen transformiert. Anfangs geschieht das probe- und auszugsweise, bei Erfolg oder Gefallen auch mehr; aber nie setzen wir alle Inhalte in Verhalten um: Immer wählen wir aus und gestalten das Gelesene um, verknüpfen es mit „alten" Wissens- und Handlungs-Beständen, eignen es uns an. Das ist völlig in Ordnung. Wenn wir allerdings etwas richtig gut können wollen, kommen wir um das Üben nicht herum.

Üben meint eine regelmäßig stattfindende, von außen unterstützte und kontrollierte Form der Aneignung. Denken Sie nur an das erste Mal, bei dem Sie versucht haben, das vom Gegenüber Geäußerte zu spiegeln oder eine hypothetische Frage zu stellen. Das war mühsam, fühlte sich künstlich bzw. unecht an und kam mit unsicherer Stimme. Inzwischen praktizieren Sie solche Techniken wie im Schlaf. Das altbackene, uns in der Kindheit zumeist von unsympathischen LehrerInnen viel zu oft verkündete Übung-macht-den-Meister hat als Botschaft an SozialarbeiterInnen seine Berechtigung. Virtuosen mit ästhetischem Anspruch – z.B. solche die Musikinstrumente spielen – wissen ein Lied davon zu singen. Unser „Musik-Instrument" ist die Kommunikation bzw. Gesprächsführung: Und doch gibt es in unserem Arbeitsfeld wenig Zeit und wenig Äquivalentes, das dem Tonleiter-Üben, der zigmaligen Wiederholung derselben Passage, der Etüde etc. entsprechen würde. Auch fünfzigjährige Pianisten oder Posaunisten, die öffentlich auftreten, üben täglich mehrere Stunden. Wann üben eigentlich SozialarbeiterInnen? Wann pflegen wir unsere „Instrumente" in Abwesenheit des Publikums, um dieses anschließend erfreuen zu können?

Die ergänzende Botschaft lautet aber: Klienten sind geduldig. Sie lassen die Fachkräfte üben und ertragen es auch mit nicht perfekt eingespielten Methoden konfrontiert zu werden. Im Gegenteil: Wenn der Prozess einer Beratung oder Betreuung bewusst auch für den Profi als Lernfeld konzipiert ist, dann erhöhen sich auch die Chancen dafür, dass auch der Klient etwas lernt. Sich im und beim Lernen zu begegnen, stellt eine Riesenchance dar. Und wenn der Klient – scheinbar – nichts gelernt hat, ist man zumindest selber einen Schritt weitergekommen und können andere Klienten von dem profitieren, was man an einem anderen Klienten ausprobiert hat. Mein ganzer Stolz ist, sagen zu können, dass ich bisher aus der Begegnung mit jedem Klienten (mit dem ich länger zu tun hatte) etwas gelernt habe. Umgekehrt d.h. auf der Seite der Klienten, wird diese Bilanz – habe ich etwas von und mit dem Sozialarbeiter gelernt? – sicherlich nicht so günstig ausfallen.

Ein Anspruch des Buches ist, einen Mittelweg zu bestreiten: Weder soll eine ideale Praxis beschrieben werden, wenn man darunter versteht, dass diese aufgrund der realen Arbeits- und Kooperationsbedingungen nicht zu realisieren ist, noch soll die vielerorts etablierte Praxis – das was regelmäßig schon getan wird – beschrieben werden. Auf halbem Wege zwischen normativem Anspruch und Empirie, aber in Kontakt mit beidem, soll entfaltet werden, wie es gehen könnte und an manchen Orten auch schon geht. Dabei habe ich mich bemüht die ganz realen Klagen der PraktikerInnen über die Schwierigkeiten ihrer Praxis aufzugreifen und für die, in offiziellen Diskursen häufig unterschlagenen, dilemmatischen Situationen der Praxis gangbare Antworten zu finden.

Schließlich sind mit dem Buch auch persönliche Ziele verbunden: Ich hoffe dadurch weitere KollegInnen aus Jugendämtern und Freien Trägern motivieren zu können, ihre Praxis der Hilfe- bzw. Erziehungsplanung mit der Videokamera begleiten zu lassen. Daraus erwarte ich mir noch mehr Aufschlüsse über gute Formen der Gesprächsführung, über kluge Entscheidungen, weit reichende Formen der Partizipation, geschickte Aushandlungsprozesse und den konstruktiven Einsatz von Machtmitteln. Und ich erwarte mir, Geldgeber zu finden, die diese spannende, aber auch kostenintensive Forschungsmethode weiter finanzieren: Hilfeplangespräche aufzunehmen, Videobänder anzuschauen, sie zu transkribieren, interessante Passagen herauszufiltern, sie mit den PraktikerInnen zurückzukoppeln etc. ist eine sehr zeitaufwendige Angelegenheit. Ein konkretes Projekt, das daraus erwachsen könnte, wäre ein Lehr- und Lern- bzw. Trainings-Video zum Thema Hilfeplanung, das an realen, von professionellen SchauspielerInnen nachgespielten Szenen ansetzen könnte und den HelferInnen die Möglichkeit gibt, in einem Fall unterschiedliche Entscheidungen zu treffen, um jeweils unterschiedliche (fiktive) Entwicklungen zu beobachten.

1.2 Auf welchen Ausschnitt des Hilfeplanungsprozesses bezieht sich das Buch?

Der Hilfeplanungsprozess beginnt mit der ersten Information bzw. Problemanzeige in Bezug auf eine Person bzw. ein System, welche diese möglicherweise zu einem „Fall für" das Jugendamt machen könnten (Müller 1993) und endet mit der Auswertung des abgeschlossenen Hilfeverlaufs. Dazwischen liegen zahlreiche Etappen und eine Vielzahl einzelner Arbeitsschritte. Das Ablaufdiagramm (Abb. 1 bis 4) auf den folgenden Seiten schlägt zur Strukturierung des gesamten Hilfeplanungsprozesses vier größere Abschnitte vor (siehe die Phasenbenennungen am linken Rand). Was im Schaubild knapp dargestellt ist, wird im Text etwas ausführlicher erläutert. Sicher sind in Bezug auf das ganze Hilfeplanungs-verfahren andere Einteilungen oder andere Benennungen der einzelnen Phasen möglich (vgl. Becker 1999 b), eventuell auch anders strukturierte Schrittfolgen, mit genaueren oder gröberen Bestimmungen der einzelnen Schritte. Insbesondere unter dem Paradigma der Sozialraumorientierung wird die Erstberatung oder Falleingangsphase einen sehr viel dominanteren Stellenwert erhalten (vgl. Schefold 2002). Mein Schema ist stark Erziehungshilfenlastig, was mit seinem Schwerpunkt in der Phase 2 zusammenhängt. Trotzdem erhebt das 4-Phasen-Modell den Anspruch ein großes Spektrum an möglichen Abläufen der Hilfeplanung zumindest holzschnittartig abzubilden.

Die Ablaufanalyse von Hilfeplanverfahren soll hier auch nicht im Detail geschehen, sondern nur insoweit, als dem Leser und der Leserin deutlich wird, auf welchen Abschnitt der Hilfeplanung sich dieses Buch bezieht und welche anderen (wichtigen) Abschnitte und Arbeitsschritte bzw. Aspekte außerhalb der Betrachtung bleiben. Zur Strukturierung der Hilfeplanung schlage ich vier Phasen vor. Dabei bin ich mir bewusst, dass es viele sinnvolle lokale Entwicklungen und Differenzierungen gibt, denen dieser Vorschlag nur ansatzweise gerecht wird. (Die größte Variationsbreite und eine besonders große Notwendigkeit in Bezug auf die detailliertere Festlegung einzelner Schritte bestehen in der Praxis sicher in der Abfolge der Arbeitsschritte 6–8).

Phase 1: Falleingangsphase: Fallabklärung durch das Jugendamt und Entwicklung einer klaren fachlich begründeten Haltung zum Antrag auf Hilfe zur Erziehung bzw. zu anderen Formen der Hilfe.

In allen Jugendämtern gibt es eine Falleingangsphase, in der man als Fachkraft das sich selbst meldende oder das fremd gemeldete System kennen lernen muss, um einschätzen zu können, ob man zuständig ist, welche Notlagen und Aufträge dort von wem gesehen werden, welche HelferInnen in dem System bereits engagiert sind oder waren, welche Hilfeangebote unterhalb der Schwelle von Hilfen zur Erziehung (HzE) für dieses Hilfesystem angemessen bzw. annehmbar erscheinen oder ob es ein „Fall für“ eine HzE werden will, kann, soll oder muss.

Schritt 1: Erste briefliche oder telefonische Kontaktaufnahme durch oder mit der Fachkraft des Jugendamtes, erste Sondierung, Terminvereinbarung für das Erstgespräch.

Schritt 2: Erstgespräch mit KlientInnen (in der Regel nicht allen Familienangehörigen, aber einigen) oder dem Fremdmelder (z.B. Lehrer etc.), evtl. auch mit beiden. Wahrnehmung von Anliegen, Problembeschreibungen und Aufträgen seitens der Klienten bzw. Melder, erste Informationen über Aufgaben, Angebote und Rolle des Jugendamtes. An dieser Stelle kann der Kontakt mit dem Jugendamt durch Überleitung an andere Helfersysteme ergänzt oder beendet werden.

Schritt 3: Ein bis x systematische Klärungsgespräche, die thematisch fokussiert sind und z.B. Netzwerke, Ressourcen, Armut und materielle Bedarfe, frühere Hilfen, das Genogramm etc. zum Gegenstand haben. Ziel ist es, zu einem Fallverstehen zu kommen bzw. zu einer sozialpädagogischen Diagnose, deren Bestandteile in vielen Ämtern vorgegeben und in einem Diagnose-Konzept zusammengefasst sein können. Vorstellungen und Ziele der AdressatInnen, die sie mit dem Jugendamt bzw. möglichen Hilfeoptionen verbinden, werden erfragt. Interessens- und Zielkonflikte können deutlich werden, aber auch Hoffnungen und Visionen. An dieser Stelle kann der Kontakt mit dem Jugendamt durch Überleitung an andere Hilfesysteme innerhalb und außerhalb der Kinder- und Jugendhilfe ergänzt oder beendet werden.

Schritt 4: Erste Falldokumentation: Eine erste umfangreichere, schriftliche Fassung der bisherigen Beratungs- und Kennenlernprozesse wird verfasst. Möglicher Titel: psychosoziale oder sozialpädagogische Diagnose etc. Die Falldokumentation kann der fallzuständigen Fachkraft als Grundlage für die weitere Arbeit mit der Familie oder dem Einzelnen dienen oder – in Übereinstimmung mit den datenschutzrechtlichen Bestimmungen – an andere Hilfesysteme mit dem Auftrag auf Fall-Übernahme oder Abklärung von Teilaspekten weitergeleitet werden (z.B. Clearingaufgaben, z.B. in der Kinder- und Jugendpsychiatrie). In diesem Schritt können weitere Elemente des Hilfekonzepts Gestalt annehmen und finden erste Zielentwicklungsgespräche statt. Noch aber ist offen, ob es eine Hilfe unterhalb der Schwelle HzE wird oder eine Hilfe im Rahmen HzE. Vor- und Nachteile müssen sowohl fachlich (im Team) wie mit den AdressatInnen abgewogen werden: Weder ist generell zunächst eine andere oder niedrigschwelligere Hilfe auszuprobieren, noch führen bestimmte Problemlagen und Bedarfe automatisch zu einer HzE.

Schritt 5: Die AdressatInnen entscheiden sich, einen Antrag auf Hilfe zur Erziehung zu stellen. Die Fachkräfte können dies auf der Grundlage ihres bisher entwickelten Hilfekonzeptes bzw. ihrer Falldokumentation anregen, empfehlen oder geradezu einfordern. Die Fachkräfte des Jugendamtes können diesen Schritt aber auch aus fachlichen Gründen ablehnen und weitere Beratung anbieten. Es bleibt dann weiterhin ein Recht der Personensorgeberechtigten, den Antrag (jederzeit) zu stellen. Der Antrag auf HzE wird gestellt (oder auch nicht, aber dann endet das Diagramm, siehe nächste Seite).

Phase 2: Hilfeplanung als kooperativer Prozess: Vom Antrag bis zum ersten Hilfeplangespräch (an dieser Stelle setzt das Buch ein!)

Diese Phase beginnt damit, dass die Fachkraft des Jugendamtes und die Familie Klarheit darüber gewonnen hat, dass zur Bearbeitung der anstehenden Problemlagen eine Hilfe zur Erziehung sinnvoll und angemessen erscheint. Das Hilfekonzept, in dem eine HzE als zentraler Bestandteil betrachtet wird, gewinnt an Konturen. Offen ist in dieser Phase noch, welche Hilfeform (an welchem Ort und verkörpert von welchen Personen) konkret gewählt werden soll. Denn in der Regel ist es nie nur *eine* Hilfeform, die als Antwort auf die spezifischen Problemlagen in Frage kommt; bei Flexiblen Hilfen ist die Variationsbreite der in einem „Maßanzug“ zu integrierenden Hilfemodule innerhalb einer HzE oder auch in Kombination mit anderen Hilfeformen (außerhalb der HzE) noch viel größer.

Kooperation steht als Überschrift über dieser Phase. Damit ist sowohl die Kooperation zwischen der Fachkraft des Jugendamtes und den AdressatInnen gemeint als auch die in dieser Phase häufig (noch viel zu wenig genutzte) Chancen zu einer frühen Kooperation mit dem Freien Träger. Dieser kann z.B. in die Erarbeitung eines Hilfekonzepts miteinbezogen werden, mit bestimmten Clearingaufgaben betraut werden etc.

Abbildung 1: Phase 1 des Hilfeplanungsprozesses

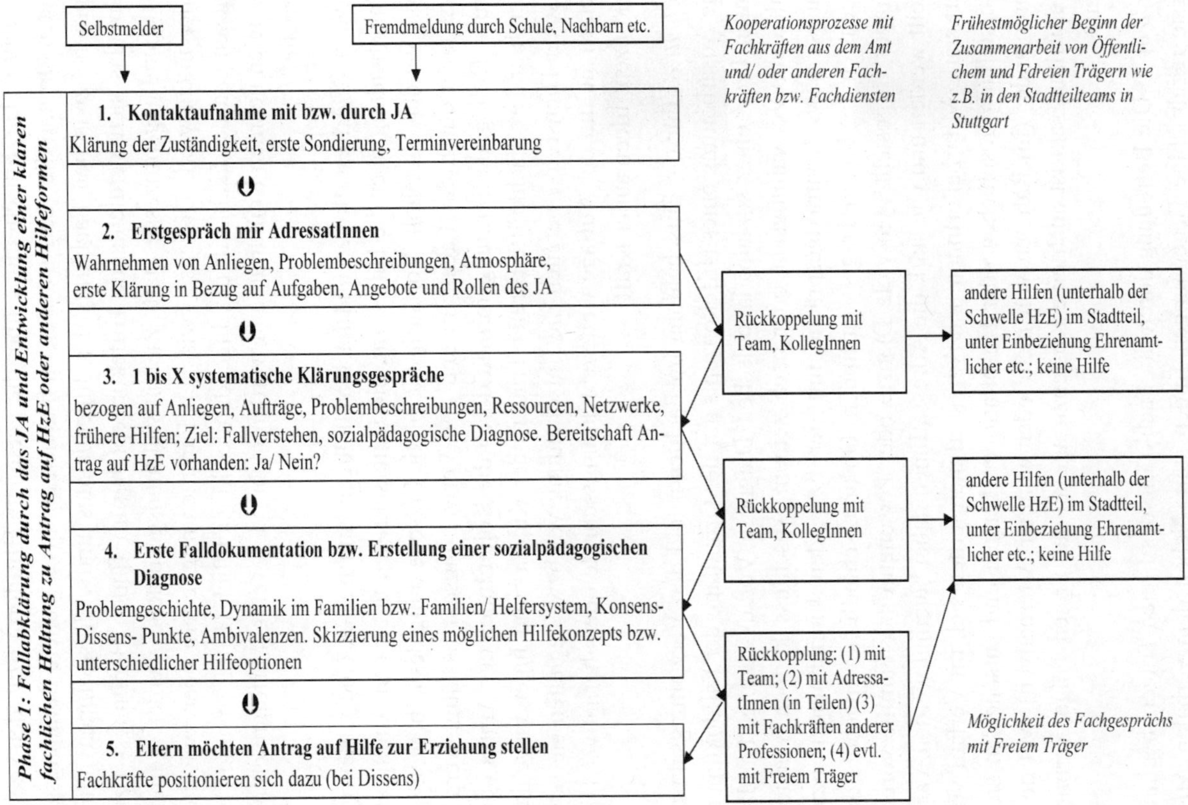

Schritt 6: Die Entscheidung über die geeignete Hilfeform bzw. den geeigneten Ort und die geeignete Person machen ein bis x weitere Beratungsgespräche zwischen Fachkraft des Jugendamtes und AdressatInnen nötig. Um das sich verdichtende Hilfekonzept herum finden Beratungs- bzw. Aushandlungsprozesse statt. Zielentwicklungsgespräche werden geführt oder intensiviert. Dissense zwischen Familienmitgliedern oder zwischen diesen und der Fachkraft des Jugendamtes hinsichtlich Hilfeform und Hilfezielen nehmen Kontur an und werden mehr oder weniger erfolgreich bearbeitet.

Schritt 7: AdressatInnen und Fachkraft Jugendamt treffen eine vorläufige Entscheidung über die Hilfeform, die Unterschriften unter den Antrag auf HzE werden eingeholt. Vorläufig bleibt die Entscheidung deshalb, weil sie erst noch durch das Fachteam und den Verwaltungsakt bestätigt werden muss. Kollegiale Beratungsformen durch die KollegInnen des Amtes oder durch andere Fachkräfte (Freier Träger oder Kinder- und Jugendpsychiatrischer Dienst etc.) bereiten die Entscheidung vor bzw. begleiten sie oder setzen sie mit der Auflage weiterer Klärungsschritte oder alternativer Hilfekonzept-Ideen außer Kraft.

Schritt 8: Für die Entscheidung im Fachteam und den Verwaltungsakt ist die Ausarbeitung eines Hilfekonzepts auf der Grundlage der Falldokumentation bzw. einer sozialpädagogischen Diagnose Voraussetzung. Parallel mit dem Verwaltungsakt oder nach seinem Abschluss können Vorstellungs- bzw. Kontraktgespräche mit der bzw. den Einrichtungen bzw. Diensten der Freien Träger stattfinden. Ob unterschiedliche Angebote der Träger vorgestellt, wie viele Dienste oder Personen einer Familie vorgestellt werden und wie stark die AdressatInnen dabei beteiligt werden, variiert stark. MitarbeiterInnen und AdressatInnen lernen sich im Verlauf von Vorstellungsgesprächen oder Hospitationen kennen und entscheiden sich füreinander (im Rahmen von mehr oder weniger Alternativen). Mit dem Verwaltungsakt ist auch eine Kostenzusage an den Freien Träger verbunden.

Schritt 9: Die Betreuung durch die Fachkräfte des Freien Trägers beginnt. Erste regelmäßige Begegnungen finden statt. Neben dem verbalen Austausch erhalten andere Formen des gegenseitigen Erlebens und gemeinsamen Handelns mehr Raum, der Zielentwicklungs-Prozess wird weiter fortgesetzt. Insbesondere findet eine weitere Konkretisierung und eine Umsetzung der Planung hinsichtlich der Methoden statt; erste Erfahrungen mit der Arbeit an den Zielen können gemacht werden: Erste Konflikte bzw. Verweigerungen können auftauchen. Alle diese Erfahrungen sind sinnvoll, weil sie in das erste Hilfeplangespräch bzw. in dessen Vorbereitung einfließen können.

Schritt 10 und 11: Das erste Hilfeplangespräch findet nach 2–6 Wochen Betreuung statt. In diesem kommen die bisher angedachten Ziele bzw. die Wege, auf denen sie erreicht werden sollen, noch einmal auf den Prüfstand. Auch das Hilfekonzept bzw. die Auswahl der Hilfeform durch die Fachkraft des Jugendamtes findet hier eine Bestätigung oder muss eine Korrektur erfahren. Weitere Konkretisierungen von Zielen und Mitteln sowie nicht im Hilfeplangespräch zu bewältigende Dissense werden zur Weiterbearbeitung an die Fachkraft des Freien Trägers oder des Jugendamtes oder an beide delegiert (Schritt 11). Wenn möglich wird im Anschluss an das Hilfeplangespräch ein erstes (handschriftliches oder computergestütztes) Protokoll mit den wichtigsten Ergebnissen erstellt bzw. innerhalb eines vereinbarten Zeitraums zugesandt (An dieser Stelle endet der Fokus dieses Buches).

Abbildung 2: Phase 2 des Hilfeplanungsprozesses

Phase 2: Hilfeplanung als kooperativer Prozess zwischen Jugendamt, Familie und Freiem Träger

6. 1 bis X weitere Beratungsgespräche über Hilfekonzept, Hilfeformen und individuelle Hilfeplanziele
Weiterarbeit an unklaren Aufträgen, Dissens, Ambivalenzen

↓

7. vorläufige Entscheidung über Hilfeform
(mit mehr oder weniger Dissens)
Unterschrift bzw. Abgabe des Antrags auf Hilfe zur Erziehung

↓

8. Erarbeitung eines ausführlichen Hilfekonzeptes; Verwaltungsakt Hilfebewilligung; Kostenzusage an den Freien Träger
auf der Grundlage einer sozialpädagogischen Diagnose zur Vorlage für Teamentscheidung. Entscheidung im Team; evt. neue Klärungsaufträge an Fachkraft; Inneramtliches Entscheidungsverfahren

↓

9. Beginn der Hilfe bei Träger X
Begleitend weitere Gespräche über individuelle Hilfe(plan)ziele zwischen Freiem Träger und Kind/ Jugendlichem bzw. Familie zur Vorbereitung auf das Hilfeplangespräch. Sammlung eigener Beobachtungen und Abgleich mit Infos und Hilfeplankonzept des Jugendamtes

↓

10. Erstes Hilfeplangespräch
ca. 2-6 Wochen nach Beginn der Hilfe. Erstellung eines evtl. handschriftlichen Protokolls direkt nach dem Gespräch

↓

11. evtl. Delegation von Konkretisierungsaufgaben
bezogen auf Hilfeplanziele (evtl. auch in Form von Erziehungsplanung) oder von Klärungsprozessen in bezug auf Konflikte oder Dissense an MitarbeiterInnen, dFreie Träger und/ oder Jugendamt (evtl. arbeitsteilig)

Rückkoppelung mit Team, KollegInnen

Kollegiale Beratung durch andere Fachkräfte bzw. Dienste auch von freien Trägern

Vorstellungs- bzw. Kontraktgespräch zwischen AdressatInnen und Freiem Träger. Transparenz gegenseitigen Erwartungen, Aufträgen und in Bezug auf Ziele schaffen; persönliches „Passen“ zwischen AdressatInnen und HelferInnen beobachten.

eventuell bilaterale Beratung Jugendamt und Freier Träger in Bezug auf das Hilfekonzept.
Bei Zweifeln eventuell bilaterales Treffen Freier Träger und Familie

Phase 3: Beobachtung und Steuerung des laufenden Hilfeprozesses: Arbeit an den Zielvereinbarungen bzw. Ergänzungen und Korrekturen in Bezug auf Ziele, Konzept und evtl. auch Hilfeform

In dieser Phase sind die MitarbeiterInnen der Öffentlichen und der Freien Träger endgültig gemeinsam und arbeitsteilig für die weitere Hilfeplanung zuständig.

Schritt 12: Der Betreuungsprozess verstetigt sich, die Beziehungen werden vertrauter. Im Alltag wird an den Zielen gearbeitet, Aufgaben werden erledigt, die mit der Zielerreichung in Verbindung stehen. Ziele und Aufgaben können aber auch in Frage gestellt werden und müssen evtl. neu formuliert werden. Sofern sie Kernanliegen des Hilfekonzepts betreffen, müssen sie mit dem Jugendamt rückgekoppelt werden.

Schritt 13: Vorbereitung des zweiten Hilfeplangesprächs mit den AdressatInnen. Auswertung der ersten Erfahrungen mit diesen im Kolleginnengreis der Mitarbeiter des Freien Trägers.

Schritt 14 und 15: Durchführung des zweiten (bzw. x-ten) Hilfeplangesprächs nach 3 bis 6 Monaten. Überprüfung der Umsetzung der Vereinbarungen aus dem letzten Hilfeplangesprächen: Überprüfung der Ziele (welche beibehalten, welche neu formulieren?). Delegation der im Hilfeplangespräch selbst nicht lösbaren Probleme an eine der Fachkräfte oder zweiter Hilfeplangesprächstermin.

Schritt 16: Betreuungsprozess Phase 2 bzw. x: Umsetzung der Planung in den Alltag. Ziele sind präsent oder werden erinnert oder in Frage gestellt und neu verhandelt. Gegebenfalls erfolgt eine Rückkoppelung mit dem Jugendamt.

Abbildung 3: Phase 3 des Hilfeplanungsprozesses

Rückkopplung mit JA in vereinbarten Zeitintervallen

Phase 3: Steuerung des laufenden Hilfeprozesses. Ergänzungen und Korrekturen in Bezug auf Ziele, Konzept und ggf. Hilfeform

12. Betreuungsprozess: Phase Eins
Umsetzung der Ziele im Alltag. Ziele sind im Alltag präsent oder werden in Frage gestellt und neu formuliert;

13. Vorbereitung des zweiten Hilfeplangesprächs mit AdressatInnen
Abklärung von Gesprächsanliegen, Vorstrukturierung der Gesprächsinhalte, eventuell Bericht

14. Zweites Hilfeplangespräch
Überprüfung von erreichten Veränderungen Stabilisierungen, Überprüfung der Ziele, des Hilfekonzeptes, ggf. der Hilfeform. Neubestimmung oder Fortführung.

15. evtl. Delegation von Konkretisierung und / oder Konfliktbearbeitung
an MitarbeiterInnen, Freien Träger oder Jugendamt

16. Betreuungsprozess: Phase Zwei bis X
Umsetzung der Planung im Alltag. Ziele sind präsent oder werden in Frage gestellt und neu verhandelt.

Rückkopplung mit JA in vereinbarten Zeitintervallen

Phase 4: Beendigung und Auswertung des Hilfeprozesses

Irgendwann geht die Hilfe zu Ende; unabhängig davon, ob es sich um eine geplante Beendigung handelt, um eine Überleitung zu einer anderen Hilfeform oder einen Abbruch, sollte der abgeschlossene (Teil-)Prozess reflektiert und bewertet werden.

Schritt 17: Vorbereitung des Auswertungsgesprächs = letztes Hilfeplangespräch.

Schritt 18: Durchführung des Auswertungsgesprächs oder einer schriftlichen Befragung. Thematisierung von erreichten bzw. nicht erreichten Zielen, Hoffnungen und Wünschen. Reflexion der organisatorischen Bedingungen und ggf. Konsequenzen für die Angebots- bzw. Jugendhilfeplanung.

Abbildung 4: Phase 4 des Hilfeplanungsprozesses

Phase 4: Beendigung und Auswertung des Hilfe(plan)prozesses	**17. Vorbereitung des Auswertungsgesprächs = letztes Hilfeplangespräch** Thematisierung von erreichten und nicht erreichten Zielen, Hoffnungen und Wünschen.
	⇓
	18. Durchführung Auswertungsgespräch eventuell in Kombination mit schriftlicher Evaluation

↓

Rückkopplung mit Jugendhilfe- bzw. Angebotsplanung

Das Buch bezieht sich in erster Linie auf die **zweite der geschilderten Phasen** und hier auch nur auf **sozialpädagogische und kommunikative Prozesse**. Rechtliche und verwaltungs- bzw. verfahrenstechnische Aspekte werden nicht erörtert. Die Gestaltung der Falleingangsphase (Phase 1) und insbesondere der Frage, welche anderen Hilfen (außer einer HzE) in Frage kämen und wie diese zu organisieren seien, ferner die Erstellung einer ersten sozialpädagogischen Falldokumentation und was zu dieser gehört, bleiben hier ausgespart.

Zur Verwirrung werden sicherlich einige Überschneidungen zwischen Phase 1 und Phase 2 beitragen: Insbesondere die *klare Trennung* zwischen sozialpädagogischer Diagnose bzw. Falldokumentation (Schritt 4) und Erstellung eines Hilfekonzeptes (Schritt 8) existieren in dieser Form nur an einigen Orten. Diese beiden Instrumente werden häufig kombiniert oder auch verwechselt. Mir scheint es sinnvoll, den Diagnose- bzw. Fallverstehens-Prozess ein Stück weit (!) von der Frage zu entkoppeln: „Und was heißt das nun für das Hilfekonzept und die Hilfeform?". Die zuletzt genannte Frage scheint mir einige kommunikative Schleifen mit den AdressatInnen wert, die gleichzeitig zur Verifizierung oder Ergänzung bzw. Korrektur der sozialpädagogischen Diagnose dienen können. Klar ist, dass das verschriftlichte Hilfekonzept auf den Erkenntnissen der sozialpädagogischen Diagnose aufbauen soll.

Weil sich das Buch in erster Linie auf die zweite Phase bezieht, tauchen Fälle, in denen vor allem Armut und materielle Notlagen von Klienten im Vordergrund stehen, hier nur am Rand auf. Diese Situationen müssen in der Falleingangsphase erkannt und anders bearbeitet werden: Erziehungshilfen sind nicht geeignet, um Armut entgegen zu wirken, auch wenn klar ist, dass Armut und Erziehungsschwierigkeiten Hand in Hand gehen können (vgl. Ames/Bürger 1998). Sozialpädagogische und materielle Hilfeleistungen können und müssen verknüpft werden. Keine Hilfeart kann jedoch die Lücken kompensieren, welche die andere reißt. In diesem Buch stehen die sozialpädagogischen Hilfeformen im Vordergrund.

Nur an wenigen Orten ist es Praxis einen Antrag auf Hilfe zur Erziehung zu stellen, ohne dass bereits klar ist, welche Hilfeform und an welchem Ort diese realisiert werden soll. Häufig unterschreiben die Eltern den Antrag auf HzE erst, wenn sie sich z.B. für ein bestimmtes Heim oder eine bestimmte Betreuungsperson entschieden haben. Der Antrag stellt dann quasi die letzte Formalität dar. Sehr viel sinnvoller scheint mir die Praxis, die Eltern zum Stellen des Antrags aufzufordern und *diesen Schritt als Auftrag für und Auftakt zu einem zweiten intensiven Suchprozess zu nehmen:* nach der geeigneten Hilfe, nach dem passenden Ort und den passenden Betreuungspersonen etc.

In Bezug auf die **dritte Phase** werden die Schritte 9–11 in diesem Buch mit einbezogen, wobei die Themen Betreuungs- und Erziehungsplanung bzw. Berichtswesen nur ansatzweise thematisiert werden. Dafür ist der **Moderation im ersten Hilfeplangespräch** (Schritt 10) ein eigenes Kapitel gewidmet, das sich sicher auch auf die weiteren Hilfeplangespräche (Schritt 14 etc.) beziehen lässt. Alle anderen Aspekte der Phase 3 (Auswertung der ersten Hilfeeinheit mit dem Freien Träger, Krisen, Umsteuerung der Hilfe etc.) und erst recht Phase 4 bleiben unbehandelt.

Geplant sind zwei weitere Bände zum Thema: ein dem aktuellen Buch gleichsam vorgeschalteter Band „Fallkonstruktion im Jugendamt – Empirie und Methodik einer qualifizierten Falleingangsphase" und ein an das aktuelle Thema anschließender Band: „Steuerung von Hilfeprozessen als Aufgabe Öffentlicher und Freier Träger: Fortschreibung, Korrektur und Auswertung laufender Hilfen". Ihr Zustandekommen wird von der Bereitschaft von MitarbeiterInnen abhängen, sich bei der Arbeit von (einem) Fremden begleiten und beobachten zu lassen. Vielleicht macht dieses Buch Mut dazu…

1.3 Thesen zur Hilfeplanung

Die folgenden 17 Thesen umreißen – teilweise in zugespitzter, provokativer Form – einige Kerngedanken dieses Buches; sie skizzieren somit die Ausgangslage für die methodischen Überlegungen. Einige Thesen sind der Fachliteratur entnommen und enthalten Einsichten, die es kurz zu erinnern gilt und hinter die man nicht mehr zurückfallen sollte (z.B. Müller 1991). Allerdings erhebe ich keinen Anspruch darauf mit diesen Thesen den aktuellen Stand der Hilfeplanungsdiskussion wiederzugeben. Für LeserInnen, die sich einen Überblick verschaffen wollen oder einführende Literatur suchen, seien empfohlen: Deutscher Verein 1994, ISA 1994, Merchel 1998, Merchel/Schrapper 1995, Schwabe 2000 a, b, d, Tornow 1994.

Manche Thesen greifen den Argumentationslinien des Buches voraus und bleiben vielleicht an dieser Stelle unverständlich, werden aber später ausführlich entfaltet. Wieder andere Thesen stammen aus anderen Artikeln des Autors, die in diesem Buch keine ausführliche Erörterung mehr erfahren; auf sie baue ich auf (zum Nachlesen sind Hinweise gegeben).

These 1: Planung

Bezüglich des Verlaufs von Erziehungshilfen kann man mit ebenso viel guten Argumenten auf Planbarkeit und Planungsmöglichkeiten hinweisen wie auf Unplanbarkeiten aufgrund des Technologiedefizits (Luhmann/Schorr 1982) in der Pädagogik. Beide Perspektiven sind ernst zu nehmen, sollten aber nicht gegeneinander ausgespielt werden. Planbares und Unplanbares lassen sich nicht nach dem Entweder-oder-Muster pauschal trennen, sondern sind in ihren Möglichkeiten und Grenzen in jeder Hilfe aufs Neue zu bestimmen (vgl. Schwabe 2002 a): In jedem Hilfeverlauf und jedem Hilfeplangespräch gibt es

- Aufgaben und Prozesse, die man verbindlich planen kann und Ziele, die zuverlässig zu erreichen sind, wenn die dazu notwendigen Planungs- und Umsetzungsschritte eingehalten werden. Ob das der Fall war, kann man überprüfen.
- Entwicklungsprozesse bei Einzelnen und Familien, die man durch Planungsgespräche anregen und wahrscheinlicher machen kann, deren günstiger Verlauf durch die Fachkräfte aber nur bedingt gesteuert oder garantiert werden kann und
- Prozesse, die man bewusst von Planungen aussparen oder nur sehr locker „an-planen“ sollte, weil sie hoch dynamisch und schwer zu beeinflussen sind oder weil es sich um Entwicklungen handelt, die besser und manchmal auch nur außerhalb der „hellen Planungssonne“, quasi „im Schatten von Planungsprozessen“ gedeihen können. Manche Ziele lassen sich nur erreichen, wenn man sie nicht (mehr) thematisiert (vgl. Schwabe 2000b, S. 10 –12).

These 2: Steuerung 1

Beim Steuern kommt es darauf an, was man darunter versteht. Hilfen kann man, auch wenn das ein Ideal der ManagerInnen bleiben wird, nicht dirigieren wie man ein Auto auf ein Ziel hin steuert: „Ziel erreicht, haben Sie gut gemacht, weiter so“! Hilfen gleichen Herden von Wildtieren, Lavaströmen oder Wanderdünen: Sie haben ihre eigene Dynamik und Kraft. Allerdings hat die Menschheit im Laufe der Jahrhunderte viele Kompetenzen im Steuern solcher „chaotischen Systeme“ entwickelt. Ein sinnvoller Begriff von Steuern ist in dem Versprechen angelegt Ist-Soll-Differenzen zu minimieren d.h. die als Problem erlebte Spannung zwischen dem wie es (aktuell) ist bzw. erlebt wird und dem wie es (zukünftig) sein soll, verringern (Luhmann/Schorr 1982). Wenn das – nach dem Urteil der AdressatInnen – nicht zumindest bei einigen Themen gelingt, war die Hilfe umsonst. Freilich kann man bei diesem Prozess an vier unterschiedlichen Punkten ansetzen (Schwabe 2002 b):

- Am Ist d.h. der Beschreibung der Situation und diese neu und anderes betrachten lernen bzw. definieren. Damit ändern sich die Ziele und somit steuert man schon über die Definition der Ausgangslage die weitere Entwicklung der Hilfe.
- Am Soll d.h. am Ziel, indem man das erste spontan formulierte Ziel überprüft, beispielsweise um es erreichbarer zu gestalten (d.h. näher an das Ist heranrücken) oder um für unterschiedliche Ziele ein gemeinsames Ziele-Dach zu schaffen, unter dem mehrere Personen und auch Ziel-Konflikte aufgehoben sind.
- An den Handlungen und Aufgaben, die in der Lage sind, das Ist (die Situation wie sie betrachtet wird) in Richtung auf das Soll hin (das Ziel, über das man eine Übereinstimmung gewonnen hat) zu verschieben.
- am situativen Kontext des Falls: Ziele sind immer bezogen auf die Veränderung von Lebenssituationen. Wenn es gelingt Situationen zu verändern, hört bisweilen der Druck auf, dass sich die Personen verändern und können sich diese – weil sie entlastet sind – anders verhalten (vgl. Meinhold 1987).

Diese vier Ansatzpunkte für Steuerung sind nicht als Alternativen gedacht. Sie müssen in jedem Hilfe(planungs)prozess neu gesucht und kombiniert werden.

These 3: Steuerung 2

Beim Steuern kommt es darauf an, sich zu verständigen: Vier Hände am Lenkrad können zu Komplikationen führen, insbesondere wenn andere auch noch bremsen oder sich in den Kurven auf die falsche Seite legen. Dieses Sich-Verständigen müssen die Fachkräfte des Öffentlichen und Freien Trägers untereinander ebenso leisten wie mit den AdressatInnen und diese wiederum untereinander. Verständigung muss stattfinden

- über Bereiche und Entwicklungen, die man stringent planen, nur „anplanen“ oder von Planungen vorläufig aussparen möchte;
- über die Ansatzpunkte beim Steuern, insbesondere also über Situationsbeschreibungen, Zielbestimmung, Festlegen von Aufgaben und Handlungen, bzw. den Veränderungsfokus, der mehr auf Situationen oder Personen liegen kann.

Die Steuerung einer Hilfe gelingt um so eher, je einiger sich die Steuermänner und -frauen über diese Punkte sind oder je klarer sie den Dissens zwischen ihren Positionen und Steuerungswünschen herausgearbeitet haben. Prinzipiell stellt der Hilfeverlauf in seiner Richtung und Dynamik eine Koproduktion dar, die von den Fachkräften des Öffentlichen ebenso mitbestimmt wird wie von denen des Freien Träger, von den Personensorgeberechtigten ebenso wie von den Kindern/Jugendlichen. Prinzipiell ist der Hilfeverlauf nie von einer Partei zu steuern und auch nicht von einer Koalition z.B. der der Fachkräfte (Schwabe 2002 a). Und doch hält sich diese Steuerungsillusion hartnäckig und sei es nur bei den Kritikern des Steuerungsanspruches (vgl. Urban/Münchmeier 2003).

These 4: Kommunikativer Prozess und bürokratisches Verfahren

Das Hilfeplanverfahren ist ein janusköpfiges Gebilde: Einerseits ein rechtsstaatliches Verfahren, das legitimieren soll, warum Eltern bei der Erziehung ihrer Kinder Unterstützung erhalten und warum dafür finanzielle Mittel aus den Steuerkassen an einen Freien Träger fließen sollen (Maas 1996). Andererseits ein kommunikativer Prozess, in das sich Professionelle und AdressatInnen unter Offenlegung ihrer, dem anderen jeweils unbekannten Informationen und mit offenem Ausgang einlassen sollen, um möglichst für alle Parteien passende Lösungen für schwierige Situationen zu entwickeln. Diese beiden Perspektiven können sich immer wieder überschneiden: Da die Legitimation für Hilfe nicht selbstverständlich erfolgt, sondern der Begründung bedarf, schwebt – völlig zu Recht – über dem Verfahren die Möglichkeit der De-Legitimation oder des rechtlichen Eingriffs (§ 1666 BGB): Das Hilfeersuchen kann abgelehnt, die Hilfe kann beendet werden, wenn sie nicht mehr ausreichend begründbar erscheint oder die Hilfe kann „verordnet“ werden, wenn der Klient sich nicht kooperativ genug zeigt. So mischen sich in das, was Professionelle und AdressatInnen sagen oder tun, strategische Interessen: seien es – je nach jeweils spezifischer, eigener Interessenlage – solche der Behauptung von (weiterer) Hilfsbedürftigkeit, seien es solche des Nachweises fehlender oder inzwischen zu Ende gegangener Hilfsbedürftigkeit. Das Jugendamt kann, um in diesem Verfahren zu Entscheidungen zu kommen, weder allein den AdressatInnen noch nur den Fachkräften des Freien Trägers trauen und muss sich doch auf deren Wahrhaftigkeit in den relevanten Kommunikationen verlassen. Es muss sich zugleich zur Hilfe bereit wie hilfe-kritisch verhalten. Nicht-Hilfe darf und muss eine Option des Hilfesystems bleiben (Baecker 1994). Der Suchprozess muss einerseits offen sein und so viel Zeit dauern dürfen wie er benötigt, wie sich andererseits in die inhaltlichen und arbeits-organisatorischen Strukturierungsschemata einfügen, die bürokratischen Verfahren zu eigen sind. Das Verfahren kann zugleich als Garant für Rechtsstaatlichkeit wie als Hebel zur Durchsetzung partikularer Interessen (z.B. Sparzwänge) fungieren. Das Hilfeplangespräch stellt zugleich eine Einladung zu einer „herrschaftsfreien Kommunikation" dar wie einen Austragungsort strategischer Interessen und damit instrumenteller Formen der Kommunikation. Diese Widersprüchlichkeiten sind nicht aufzulösen und müssen, wo sie spürbar werden, angesprochen werden können. Zugleich ist es die Verpflichtung der Professionellen,

- „die Realisierungsbedingungen konsensueller Kommunikation mit Klienten als eigene fachliche Aufgabe zu begreifen. ... Es ist nicht die Verpflichtung, naiv die Regeln herrschaftsfreien Diskurses anzuwenden" (Müller 1991, S. 105).
- „alle existierenden Realisierungsbedingungen des Ideals herrschaftsfreier Kommunikation, auch wenn sie sehr beschränkt sind, zu erkennen, zu nutzen und methodisch zu sichern" (ebd.).

Die Kapitel 4 zur Zielfindung, Zielformulierung und Zielentwicklungssystemen, Kapitel 5 zur Moderation im Hilfeplangespräch sowie Kapitel 6 zur kommunikativen Gestaltung von konflikthaften Aushandlungsprozessen verstehen sich als solche Beiträge zur methodischen Sicherung[3]. Ob ich

---

[3] Ergänzungen zu diesen Kapiteln sowie verdeutlichende Fallbeispiele und Materialien finden Sie auf der CD.

dabei den (rechtlichen) Verfahrenscharakter der Hilfeplanung gegenüber seiner kommunikativen Ausgestaltung zu stark vernachlässigt habe, müssen die LeserInnen beurteilen.

These 5: „Geeignet und notwendig"?

Zuweilen gibt das Gesetz den Fachkräften unmögliche Aufgaben auf: So heißt es z.B. im § 27 Abs. 1. KJHG im Prozess der Hilfeplanung sollen die Fachkräfte sich davon überzeugen, dass die Hilfe jeweils „geeignet und notwendig" sei. Ob eine Hilfe für eine bestimmte Fallkonstellation geeignet ist, kann man im Vorhinein nicht wissen, da hinsichtlich der vielen und komplexen Elemente, die den Verlauf einer Hilfe bestimmen, kein Fall dem anderen völlig gleicht und deshalb Erfolg in einem Fall aufgrund geringfügig anderer Elemente oder anderer Kombinationen derselben zu Misserfolg in einem ähnlich gelagerten führen kann.

Für die Eignung von Hilfen in Bezug auf Fallkonstellationen kann man bestenfalls Erfahrungswerte angeben und wir alle wissen wie selektiv diese gewonnen werden. Die Frage, ob eine Hilfe notwendig ist, kann noch unmöglicher entschieden werden: Man müsste schon Gott sein und die Schicksale der Menschen müssten im Schöpfungsplan festgelegt sein, um voraussagen zu können, ob eine Hilfe zur Verhinderung weiterer Missstände oder gar zur Besserung der Lebensumstände wirklich notwendig ist, also ob ohne sie garantiert etwas „Schlimmes" oder nur durch sie etwas „Gutes" geschieht. Das Ausbleiben von öffentlicher Hilfe kann im Einzelfall zur Mobilisierung anderer privaten Ressourcen führen; die Gewährung von Hilfe führt oft genug zu einer Eskalation der Problematik zumindest auf einigen Ebenen des Systems, auch wenn andere eine Entlastung erfahren: Ein Kind wird z.B. aufgrund der Hilfe im Heim nicht mehr geschlagen, aber noch weiter aus der Familie ausgestoßen; ein Mädchen ist nicht mehr den Prostitutionskontakten der Mutter ausgesetzt, aber folgt um so beharrlicher ihrem Schicksal desto stärker der Kontakt zu ihr unterbunden wird.

Kaum eine Hilfe ist vor solchen Unsicherheiten und Ambivalenzen gefeit, weder auf der Seite der AdressatInnen noch seitens der Professionellen, wenn diese sich denn nicht den Kopf vernebeln lassen von Vorschriften und Phrasen. Trotzdem müssen Hilfekonzepte im Einzelfall so geschrieben werden, dass die Sinnhaftigkeit von Hilfe für Externe nachvollziehbar wird und die gewählte Hilfeform muss aus mehreren als möglich beschriebenen Optionen als die geeignetste hervorgehen. Diese Darstellungen gelingen in der Regel umso besser, desto weniger sie sich gegenüber Zweifeln hermetisch abdichten und unangreifbar machen und desto klarer sie auch „Risiken und Nebenwirkungen" von Hilfe und spezifischen Hilfeformen benennen. Als professioneller Helfer sollte man den Zweifel gegenüber Hilfen genauso pflegen wie den Glauben an das Hilfreiche von Hilfe.

These 6: Zur Konstruktion von Hilfen (siehe Kapitel 3)

Für die Konstruktion von Hilfen sind drei Eckpunkte zentral, deren Benennung variieren kann, aber deren Bedeutung gleich hoch bleibt: Die fachlichen Überlegungen der Professionellen, die im **Hilfekonzept** ihren Ausdruck finden; die **Hilfeform**, in der diese Überlegungen eine organisatorische und alltagsbezogene Umsetzung erfahren sollen; und der individuelle **Hilfeplan**, der festlegt, was sich AdressatInnen in einem bestimmten Zeitabschnitt an Zielen setzen, die sie innerhalb dieser Hilfeform realisieren wollen. Alle drei Eckpunkte müssen die Vorstellungen und Wünsche der AdressatInnen bezogen auf die Gestaltung des jeweiligen Aspekts der Hilfe aufgreifen und weiter entwickeln. Anders: Hilfekonzept, Hilfeform und der individuelle Hilfeplan müssen an die „subjektiven Hilfepläne" (Schefold u.a. 1998) der AdressatInnen ankoppeln, subjektiv bedeutsame Elemente dieser Planungen aufgreifen und realisieren oder transformieren und dürfen nicht gegen deren tragende Überzeugungen verstoßen.

Hilfekonzept, Hilfeform und Hilfeplanziele können nicht jedes Mal *in derselben Reihenfolge* entwickelt werden; ebenso kann deren *Bedeutungsschwerpunkt* variieren. In manchen Hilfeprozessen müssen zuerst die Ziele bzw. Aufträge der beteiligten Personen geklärt werden und erst dann können Chancen und Risiken unterschiedlicher Hilfeformen diskutiert werden. In anderen Fällen kommt es darauf an, relativ schnell mit einer (evtl. als vorläufig gedachten) Hilfeform zu beginnen und später zu schauen, ob und wie dieser Rahmen methodisch und von den Zielen her auszugestalten ist.

Hilfeformen und Hilfekonzepte können nicht immer *auf demselben Niveau von Informiertheit und aufgrund der selben Qualität von Fallverstehen* entschieden und begonnen werden. In einigen Fällen sind Informationsbasis und Fallverstehen sehr weit entwickelt und es kann bereits zu Beginn der Hilfe ein entsprechend präzise ausgearbeitetes Hilfekonzept vorgelegt werden. In anderen Fällen muss eine Hilfe auf der Grundlage von kümmerlichen Informationen und einem unvollständigen Fallverstehen begonnen werden. Die für das Fallverstehen zentralen Informationen werden häufig erst im Rahmen sich entwickelnder Beziehungen im Laufe des Hilfeprozesses zugänglich.

Das Hilfekonzept muss daher anfangs notwendigerweise offen und relativ unstrukturiert sein. Schließlich können die einzelnen Elemente dieser Trias nicht immer *mit dem gleichen Grad an Beteiligung der AdressatInnen* entwickelt werden. Themen, Formen und Orte von Partizipation müssen variabel gestaltet werden. Während es in einigen Fällen unbedingt nötig sein kann, die AdressatInnen möglichst breit zu informieren und sie ausgiebig an der Entscheidung für oder gegen eine bestimmte Hilfeform zu beteiligen, kann es in anderen Fällen ratsam sein, bestimmte Hilfeformen in den Vordergrund zu rücken und andere gar nicht erst zur Diskussion zu stellen. Informationsvielfalt kann die Selbsttätigkeit der AdressatInnen anregen aber auch aufgrund zu vieler und zu komplexer Wahlmöglichkeiten unnötig verunsichern und blockieren.

Hilfeform und Hilfekonzept können im Ergebnis nicht immer *mit dem gleichen Grad an Zustimmung und Freiwilligkeit* aller an der Entwicklung Beteiligter beschlossen und begonnen werden. Das Zustandekommen eines Hilfeprozesses kann von mehr oder weniger Überredung, von mehr oder weniger Druck und von mehr oder weniger Freiwilligkeit der Beteiligten geprägt sein. Ein unfreiwilliger Beginn *kann* den Hilfeprozess dauerhaft behindern oder scheitern lassen. Das muss aber nicht sein (vgl. Conen 1999; Eichler/ Sperling 2002).

These 7: Partizipation 1

Partizipation, d.h. eine möglichst vielfältig und breit ausgestaltete Einbeziehung von Wünschen und Vorstellungen der AdressatInnen, muss sein; unter anderem auch deshalb, weil es das Gesetz vorschreibt. Viel dringender aber deswegen, weil die personenbezogene Dienstleistung Sozialarbeit auf Koproduktion angewiesen ist. Ohne dass der Adressat aktiv mitmacht, ohne dass er selbst ein Ziel verfolgt und ohne dass man sich vorher darüber einigt, worin sinnvolle Schritte zur Zielerreichung bestehen können, haben die Fachkräfte keine Chance (Schwabe 2000 d). Partizipation der AdressatInnen liegt im Eigeninteresse der Fachkräfte. Sie verkompliziert den Hilfeprozess nach dem Sprichwort „Viel‘ Köpf‘, viel Sinn“, will heißen: Viele Personen entwickeln viele u. U. auch gegensätzliche Möglichkeiten und Optionen. Die Erhöhung der Komplexität durch den Eigensinn der AdressatInnen ist nicht immer leicht auszuhalten (vgl. Wolf 2003). Deren „subjektiven Hilfepläne“ (Schefold 1998) können und dürfen den Fachkräften „unsinnig“ erscheinen. Trotzdem müssen sie wahrgenommen werden, muss man an diese ankoppeln und den AdressatInnen zeigen können, wie man sie realisieren kann bzw. wie man sie verändern muss, damit man sie realisieren kann. Andere Strategien wie Überreden, Schönfärbereien von Hilfeformen oder Druckmachen können zwar kurzfristige Gewinne bringen, die den Fachkräften allerdings durch spätere Verluste wieder vergällt werden können. Das spricht nicht per se gegen das Überreden oder gegen das Druckmachen (wohl gegen das Schönfärben), aber man muss wissen, dass es die AdressatInnen sind, die durch ihr Mitgehen oder Verweigern auch über den Erfolg dieser Strategien entscheiden.

These 8: Partizipation 2

Die Möglichkeit zur Partizipation stellt für einige AdressatInnen *eine Zumutung* bzw. ein Risiko dar (vgl. Schwabe 2000 d): Sie bekommen Angst, wenn sie sich mit Fachkräften an einen Tisch setzen und ihre Vorstellungen offen legen sollen, weil sie selten die Erfahrung gemacht haben, dass Gespräche etwas bringen außer noch mehr Ärger, Vorwürfe und Enttäuschungen. Sie fürchten in Loyalitätskonflikte zu geraten, wenn sie interne Konflikte und Interessensgegensätze transparent machen. Eltern haben

Angst davor ihre Autorität zu verlieren, wenn sie sich mit ihren Halbwüchsigen in Aushandlungsprozessen begeben sollen. Sie erhoffen sich vom Jugendamt die Stärkung ihrer Autorität und nicht deren In-Frage-Stellen durch Gespräche, in denen alle als gleichberechtigt bezeichnet werden. AdressatInnen fühlen sich häufig schutzlos, wenn sie auf die ihnen vertrauten Durchsetzungsstrategien, wie Bündnisse schmieden, Machtworte sprechen, sich unangenehmen Gesprächen entziehen, Ja sagen und Nein meinen, sowieso das tun, was man vorhatte, verzichten sollen. Als Helfer sollte man um diese mit Partizipation verbundenen Ängste und Erwartungen wissen. Die Fachkräfte haben die Aufgabe erlebbar zu machen, dass sich Partizipation lohnt. Auch ihre Form und Ausgestaltung muss im Verlauf der Hilfe entwickelt werden. Ziel ist ein Maximum an Selbstbestimmung im Laufe eines Prozesses zu erreichen. Häufig gelingt das anfangs am besten an unscheinbaren, aber materiellen Stellen, z.B. der Mitbestimmung der AdressatInnen bei Terminen oder Orten von Gesprächen. Entscheidend ist, ob sich das Gefühl einstellt, dass mit der Fachkraft jemand da ist, dem es gelingt, die Äußerungen der Beteiligten aufzunehmen und so weiter zu verarbeiten, dass mittelfristig Konsens und Aussöhnung gelingen.

These 9: Partizipation 3

Das Hilfeplangespräch stellt für die AdressatInnen eine Zumutung dar, allerdings – bei richtiger Dosierung und guter methodischer Unterstützung – eine Entwicklung fördernde.

Wer am Hilfeplangespräch teilnehmen lernt, erlernt damit zugleich Schlüsselkompetenzen, deren Transfer in andere kommunikative Situationen möglich ist und gefördert werden kann: Herausfinden, was man selbst will, seine eigene Position vertreten – auch gegen Widerstand scheinbar Überlegener oder Mächtigerer; sich probeweise in den anderen hineinversetzen, um das Thema aus seiner Perspektive zu sehen; Kompromisse eingehen, wo diese angesichts längerfristig angelegter Austauschprozesse und Abhängigkeiten notwendig erscheinen; verbindliche Absprachen treffen und sich daran halten; Prozessabschnitte nachträglich reflektieren und daraus Schlüsse ziehen. All das sind Schlüsselkompetenzen der Moderne, ohne die weder privates noch öffentliches, z.B. berufliches Leben, gelingen kann.

All diese Kompetenzen setzt das Hilfeplangespräch voraus und droht somit zur Überforderung zu werden, die abgewehrt oder unterlaufen werden muss. Wenn die Fachkräfte aber wissen, dass diese Kompetenzen erst im Verlauf des Verfahrens entwickelt werden müssen und das Hilfeplangespräch dazu eine konkrete Übungsplattform darstellt, zu der auch andere hinzutreten müssen, dann kann es die Bildungsbewegungen befördern, derer viele junge Menschen bedürfen. Gelungene Zielentwicklung ist immer auch Persönlichkeitsentwicklung.

These 10: Ziele

Das Wort Ziel und Plan hat zu Beginn der Hilfe in der inneren, emotionalen Grammatik vieler AdressatInnen entweder noch keinen oder keinen guten Platz. Sie kennen zwar die rationale Bedeutung dieser Worte, aber sie sind ihnen so fremd wie die Begriffe Qualität oder Management. Viele verbinden mit Zielen assoziativ Scheitern und mit Planen eine ihnen äußerlich bleibendes, von anderen diktiertes Schema, das weder ihre Interessen berücksichtigt noch ihre individuellen Zeit- und Wachstumsrhythmen.

Dennoch verfolgen alle AdressatInnen mit dem, was sie tun und lassen, Ziele und Interessen, lange bevor sie das erste Mal dazu aufgefordert werden, eine Zielformulierung im Rahmen der Hilfeplanung vorzunehmen. Diese Eigenziele aus der Lebenswelt werden von den AdressatInnen häufig mit großem Engagement verfolgt und teilweise auch erbittert gegen die Zielvorstellungen anderer verteidigt. Die klassische Situation in den Erziehungshilfen ist häufig nicht, dass ein Klient(ensystem) weiß, was er bzw. es will und SozialarbeiterInnen ihn bzw. es daran hindern, sondern, dass sich AdressatInnen erbittert bekämpfen, weil sie unterschiedliche Ziele verfolgen und diese Ziele oft auch noch in sich gebrochen und widersprüchlich sind: Die Mutter verfolgt das Ziel den zweiten Sohn „in der Spur“ zu halten, damit er nicht im Gefängnis endet wie der „Große“ und nimmt es dafür auch auf sich, ihn zu schlagen oder ins Zimmer einzuschließen. Der Sohn verfolgt das Ziel bei seiner kleinkriminellen Clique

Gefallen zu finden und einen angesehenen Platz in der Hierarchie einzunehmen und nimmt dafür in Kauf, dass die Mutter unglücklich ist und die Schwester ärgerlich, weil er mit ihrem Handy angibt. Alle drei haben die Nasen voll vom jeweils anderen, stellen sich ein Leben außerhalb der Familie ideal vor und sind doch zugleich auch darauf angewiesen, wenigstens in der Familie selbstverständlich dazugehören zu dürfen. Das Verfolgen der Ziele geschieht nicht immer bewusst und planvoll; zielorientierte und kalkulierende Aspekte weist allerdings auch das Verhalten von intelligenzschwachen SonderschülerInnen oder Alkohol abhängigen Erwachsenen auf.

An diese Eigenziele gilt es anzuknüpfen, sonst kann man sich die Hilfe sparen. Aber über diese häufig bornierten Eigenziele – selbst wiederum Ersatz für andere, auch demjenigen, der sie verfolgt, unklaren Bedürfnisse – muss man in der Hilfeplanung auch hinauskommen. Zielentwicklung findet nicht vor dem Beginn der Hilfe statt, sondern ist ein zentraler Bestandteil des Hilfeprozesses selbst. Die wenigsten AdressatInnen bringen Ziele mit, die sich für das, was ein Erziehungshilfeprozess leisten kann, als geeignet und tragfähig erweisen. In den meisten Fällen bedarf es dazu professioneller Unterstützung. Das gilt insbesondere für die erste Phase des Hilfeprozesses, aber auch für die weiteren Zielüberprüfungstermine anlässlich der Hilfeplanfortschreibung.

Die notwendige Unterstützung für die Zielentwicklung kommt nicht zustande, wenn die Fachkräfte ihrerseits bornierte institutionelle oder private Eigeninteressen verfolgen. Zielentwicklung heißt immer sich in die Lage zu versetzen, eine „exzentrische Position" (Körner 1992) einzunehmen, sowohl gegenüber den eigenen, ersten Zielen wie zu denen der AdressatInnen.

These 11: Zielentwicklung 1 (siehe Kap. 4)

Wenn man möchte, dass AdressatInnen für sich selbst stimmige Ziele formulieren, die zugleich von den engsten Familienmitgliedern bzw. den beteiligten HelferInnen akzeptiert werden können, und wenn man möchte, dass sie an der Umsetzung ihrer Ziele auch konkret arbeiten, bedarf es dazu eines *Zielentwicklungs-Prozesses*,

- der im Hilfeplangespräch beginnen und/oder dort abgeschlossen werden kann.
- der darüber hinaus in mehreren Vor- und Nachgesprächen angeregt, vertieft und begleitet werden muss.
- der ein gelungenes Zusammenspiel der Fachkräfte von Jugendamt und Freiem Träger voraussetzt (Phasen gemeinsamer Erarbeitung und Phasen der Delegation).
- dessen Ergebnisse durch schriftliche Formulierungen abgesichert und überprüfbar gemacht werden müssen.

Alle diese Voraussetzungen sind zu schaffen, wenn man möchte, dass der individuelle Hilfeplan den Hilfeverlauf steuert. Das Hilfekonzept und die Hilfeform tun es in jedem Fall – häufig in unerwünschter und nicht reflektierter Form – der Hilfeplan nur, wenn man ihn dazu aktiv in die Lage versetzt.

These 12: Zielentwicklung 2 (siehe Kapitel 4)

Eine qualifizierte Zielentwicklung setzt an den Zielen und Interessen der AdressatInnen an. Aber sie durchstößt auch die Ebene der bornierten Eigenziele, wo diese in selbst- oder fremd-destruktive Aktivitäten münden oder in einer solchen Weise verfolgt werden. Das geht nur, wenn sich die AdressatInnen erkannt bzw. emotional berührt fühlen. „Ja, der weiß oder ahnt zumindest, wie es sich für mich anfühlt und was mir wichtig ist" stellt die soziale Grundlage dar, um mit jemandem Ziele zu formulieren. Deshalb ist man als Helfer auf das Konzept der „stellvertretenden Deutung" angewiesen (vgl. Dewe u.a. 1993, in diesem Buch siehe Ende Kap. 4.2.1.) Dabei geht es nicht darum, AdressatInnen besser zu verstehen, als sie sich selbst verstehen, sondern sie mit einer Deutung anzusprechen, die es ihnen ermöglicht an eigenen Bildern festzuhalten und diese zugleich zu erweitern. Erst das Anknüpfen und die Differenz zum selbst schon Gedachten, führen zu einer produktiven Ansprache des Gegenübers. Diese Fähigkeit kann auf Seiten der Fachkraft als Frucht sorgfältiger diagnostischer Überlegungen zustande kommen oder als spontaner Akt relativ reflexionsfreien, intuitiven Verstehens.

Beide Wege der Verständigung sind nicht gegeneinander auszuspielen, aber beide können darauf verpflichtet werden, hinsichtlich ihrer Inhalte und Kommunikationsmedien beobachtet zu werden und Rechenschaft abzulegen, über das, was sie in Gang setzen oder blockieren: sei es einen Akt von Öffnung, eine positive Verstörung oder das Anpacken einer schon seit längerem liegen gebliebenen Aufgabe. Diagnosen können selten als wahr oder falsch qualifiziert werden, eher als fruchtbar oder unfruchtbar in Bezug auf bestimmte Prozesse und Handlungen. Aber auch hierbei handelt es sich um Zurechnungen, die je nach Standpunkt unterschiedlich ausfallen. Trotzdem sind sie notwendig: als theoriegestützte, Rationalität mit emotionalen Bildern verknüpfende, Informationen verbindende, Perspektiven eröffnende und Kommunikation anregende Verfahren der fachlichen Verständigung.

Als zweites bedarf es auf Seiten der Fachkräfte eines entwicklungspsychologischen Gespürs dafür, was in diesem Leben als Entwicklungsschritt ansteht und möglich ist. Entwicklungspsychologische Manuale, die beschreiben, was in einer bestimmten Altersstufe gekonnt sein soll, nützen wenig. Auch hier braucht die Fachkraft eine eigene, fachlich angeleitete Phantasie, um die des Kindes/ Jugendlichen oder seiner Familie befruchten oder erweitern zu können. „Stimmt, so könnte ich sein“ oder „so könnten und müssten wir werden, damit es besser wird“, stellt ein inneres Einverstandensein zu Verfügung, auf dessen Grundlage Zielformulierungen sinnvoll sind. Insofern ist die Fachkraft als Visionär gefragt.

Erst wenn diese Bereiche – emotionale Bedeutung und Vorstellungen über die eigene Entwicklung – geklärt oder zumindest erkundet sind und nur, wenn sich hierfür Konsense als zumindest vorläufig tragfähig erwiesen haben, ergibt der Prozess der Konkretisierung einen Sinn. Ohne eine solche konkretisierende Phase auf der Ebene des Verhaltens, d.h. ohne kleinschrittige Zwischenziele und abzuarbeitende Aufgaben zu benennen und diese in adäquate Planungsabläufe zu übersetzen, blieben einige der oben genannten Prozesse (ansprechen, Entwicklungsvisionen zu Verfügung stellen) ohne Konsequenz; aber ohne Kontaktaufnahme zu diesen basalen Überzeugungen, bleiben die Konkretisierungen steril und werden deswegen auch nicht umgesetzt. Konkretisierung darf kein Fetisch werden. Sie hat nur als Ergebnis eines Prozesses einen Sinn.

These 13: Ziele der AdressatInnen und Ziele bzw. Forderungen der Fachkräfte

In einigen Fällen reichen die Ziele, welche die AdressatInnen – auch mit Unterstützung – für sich selbst formulieren können, nicht dazu aus, den ganzen Hilfeprozess bzw. den Hilfeprozess ganz abzusichern. Beispielsweise schlägt ein Jugendlicher andere Kinder oder gar PädagogInnen, kann aber das Ziel, Konflikte gewaltfrei lösen zu lernen nicht oder noch nicht für sich selbst formulieren. Oder erlebt eine Mutter die Einschränkung ihres Alkoholkonsums als nicht relevant für das Thema „bessere Versorgung meiner Kinder lernen", das sie in anderer Hinsicht durchaus akzeptieren kann. In solchen Fällen dürfen, ja müssen die Fachkräfte eigene Ziele formulieren, die sie mit der Hilfe verbinden.

Diese können mit Forderungen an sich selbst (die Fachkräfte) oder die AdressatInnen und mit pädagogischen Aktivitäten verbunden sein. Formulierungen dazu können lauten: „Den Jugendlichen jedes Mal energisch mit den Gewalttaten zu konfrontieren, mit dem Ziel bei ihm Schuldgefühle wachzurufen oder ihn zu Wiedergutmachungen zu bewegen." Oder: „Die Mutter mit den Auswirkungen des Alkoholkonsums auf ihre Kinder zu konfrontieren, insbesondere deren Angst vor ihrer betrunkenen Mama, mit dem Ziel, dass sie erkennt, wie viel Kummer durch das Trinken für ihre Kinder entsteht" etc. Solche Zielformulierungen, die den Fachkräften – im guten Sinne – am Herzen liegen, gehören in das Hilfeplangespräch und auch in eine eigene Spalte im Hilfeplanprotokoll. Aber diese Ziele der Fachkräfte dürfen nicht mit denen der AdressatInnen verwechselt und ihnen unterstellt werden. Das kann man probeweise tun, aber man muss einen klaren Blick dafür haben, wo bzw. wenn diese Ziele (noch) nicht zu Zielen der AdressatInnen werden können. Diese können wichtige, für sich bedeutungsvolle und passende Ziele formulieren, auch wenn diese von den Zielen, die die Fachkräfte mit der Hilfe verbinden, weit entfernt liegen. Die Fachkräfte müssen dafür sorgen, dass sie ihre eigenen Ziele methodisch stringent und clever verfolgen und fachlich notwendig erscheinende Forderungen mit Hilfe von kreativen Mitteln auch durchsetzen – und sie müssen die AdressatInnen dabei unterstützen, deren eigene Ziele zu verfolgen. Beide Prozesse und beide Zielformen (Eigenziele und Fremdziele, siehe insbesondere Kap. 4.3.) muss man aber klar trennen.

Die praktische Arbeit mit den AdressatInnen lässt Raum für zielbezogenen Dissens zwischen AdressatInnen und Fachkräften. Es ist allerdings zentral, dass sie von ihren gegenseitigen Zielen wissen und dass diese miteinander kompatibel sind. Sollte das nicht der Fall sein oder sollten die Fachkräfte den Eindruck erhalten, dass ihnen von den AdressatInnen an für sie zentralen Stellen die Kooperation verweigert wird – dort wo es um die eigene körperliche Unversehrtheit geht oder die von Schutzbefohlenen – so muss das Hilfekonzept bzw. die Hilfeform in Frage gestellt werden.

These 14: Zielformulierungen im Betreuungsalltag

„Gute Zielformulierungen erkennt man daran, dass sie im Alltag der Erziehungshilfe anfangen, für die AdressatInnen eine Rolle zu spielen". „Ziele müssen im Alltag von den Fachkräften präsent gehalten werden, sonst werden sie vergessen". Beide Sätze stimmen: Zielformulierungen, die den Adressaten in den Gesprächen nicht emotional berührt haben, die keine visionäre Strahlkraft entfalten konnten, deren Verwirklichungsschritte nicht konkret vorstellbar wurden und mit denen keine Erwartung auf praktische Verbesserungen der eigenen Lebenssituation verbunden wurden etc., bleiben für den Alltag der Betreuung bedeutungslos. Von ihnen schlägt kein Funke über, der den trockenen Alltag entzünden könnte. So ist es dann der Betreuer, der den Jugendlichen oder Eltern hinterherläuft und sie mit Zielformulierungen „belästigt".

Und trotzdem: Kein noch so gelungener Zielentwicklungsprozess macht soviel Wind, dass die AdressatInnen durch seine Kraft nach vorne und immer weiter auf den Weg der Zielerreichung getrieben werden. Verabredungen über Aufgaben und Handlungsschritte auf der Grundlage von Hoffnungen verbindlich zu machen ist das eine; das andere bleibt aber das Erinnern im Alltag. Wenn da keine Fachkraft ist, die die Ziele und Aufgaben zum Thema macht, die mit dem Hilfeplanformular „herumwedelt", die Zusagen einfordert und bei Durststrecken unterstützt, werden die Zielformulierungen schwächer und sterben schließlich ab. Also muss man sie immer wieder präsent machen und ihnen neuen Schwung verleihen. Und doch gibt es keinen Entwicklungsprozess, der nicht auch leere, schmerzhafte und unproduktive Phasen, aufweist. Entwicklung ist kein linearer

Prozess, in dem kontinuierlich an den Zielen gearbeitet wird. Die Arbeit an den Zielen erfolgt in Schüben und Zweifeln und Erlahmen gehören dazu, damit neue Schübe entstehen. Für die Fachkräfte ist immer wieder neu zu prüfen – und es ist häufig beinahe unmöglich zu entscheiden – ob es sich bei Durststrecken um eine entwicklungslogisch notwendig „lahme Phase“ oder ein „Absterben“ eines falschen oder falsch unterstützten Ziels handelt.

These 15: Zielorientierung – verschiedene Formen

Zielorientierung als Messlatte für das Handeln der Fachkräfte bedarf in jedem Fall einer eigenen Definition und Vorgehensweise. Je nach Ausgangslage kann ganz Unterschiedliches zielorientiertes Handeln darstellen. Während man mit einer Familie relativ schnell zu verbindlichen Zielen auf der Ebene konkreter Handlungen und Aufgaben gelangen mag, kann Zielorientierung in einer anderen Familie heißen, erst einmal die unterschiedlichen Ziele offen zu legen und den Dissens herauszuarbeiten. Das führt manchmal scheinbar weg vom Finden eines gemeinsamen Ziels; aber das ist so und das Ziel ist wie so oft nur nach einer längeren Wanderung zu erreichen, bei der immer wieder offen ist, ob es überhaupt zu gemeinsamen Zielformulierungen kommt. Auch die Klarstellung des momentan unüberwindbaren Dissenses als solchen, kann neue Wege für individuelle Ziele eröffnen. So kommt es für die Fachkraft darauf an, sich von der Idee der Zielformulierung in der Arbeit leiten zu lassen und zugleich skeptisch zu sein gegenüber verfrühten oder falschen Formen. Konkrete, alltagsnahe Ziele in einer klientennahen Sprache formuliert, sind das Ziel der Hilfeplanung… aber der Weg dorthin kann nicht übersprungen werden… und der Weg besteht auch zahlreichen Teiletappen und lohnt sich auch, wenn das Endziel nicht erreicht wird.

These 16: Kooperation der Fachkräfte 1

Hilfeplanung ist ein Prozess, der immer wieder aus unterschiedlichen Blickwinkeln und Interessen heraus koordiniert und abgestimmt werden muss. Deswegen bildet erst die Einbindung Öffentlicher und Freier Träger, der Blick aus zwei Systemen, die Chance zum binokularen Sehen und damit zur Wahrnehmung von Perspektive und Tiefe. Die Würdigung dieses unterschiedlichen Sehens und Sehens von Unterschieden ist permanent bedroht durch perfekt eingespielte gegenseitige Verdächtigungen (Schwabe 2002 a): MitarbeiterInnen Öffentlicher Träger können unter dem Druck leerer kommunaler Kassen sehr schnell denken, dass sie von ihrem Partner das Geld „aus der Tasche gezogen", aber dafür keine adäquate Leistung bekommen. MitarbeiterInnen der Freien Träger leben in der ständigen Angst auf Leistungen und Ziele festgelegt zu werden, die im Rahmen der zu Verfügung gestellten Ressourcen nicht – oder nur durch unbezahlte Mehrarbeit – zu leisten sind. Auf beiden Seiten bestimmt das Sein das Bewusstsein. Neue, fallunabhängige Finanzierungsformen und gemeinsame Verantwortung für begrenzte Budgets können da heraus führen; vorläufig sind diese aber nur an wenigen Orten in Sicht.

So lange helfen nur klare Absprachen, ein gegenseitiges Einverstandensein mit der Möglichkeit und Notwendigkeit von Arbeitsteilung und Kontrolle: Vieles kann im Hilfeplangespräch nur angerissen, nicht aber detailliert genug ausgearbeitet werden. Deswegen sollte das Jugendamt bestimmte Konkretisierungsniveaus dem Freien Träger überlassen, allerdings in Form einer verbindlichen Delegation: Klar definierte Planungsschritte müssen klein gearbeitet, deren Ergebnisse dem Jugendamt in einer vereinbarten Frist rückgemeldet werden. Dafür muss man sich auf den anderen verlassen können und ihm bei Abweichungen an den „Karren fahren". Andere Vereinbarungen erfordern dagegen die Präsenz beider Fachkräfte: Sie müssen vor Ort gemeinsam vor und mit den AdressatInnen geklärt, eventuell auch in einem rasch folgenden zweiten Hilfeplangespräch weiter behandelt werden. Verbindlichkeit bezüglich der Ziele und Abmachungen herrscht immer nur bis zum nächsten Planungstreffen. Wer von einer Planung abweicht, hat die Pflicht dies dem Planungspartner anzuzeigen und zu klären, ob diese Abweichung einen neuen Planungstermin erforderlich macht oder nicht.

These 17: Kooperation der Fachkräfte 2

Für den Umgang mit Konflikten bezüglich Planungserfordernissen oder Planungsgrenzen oder bezüglich geleisteter, fachlicher oder unfachlicher Arbeit bedürfen die Fachkräfte von Öffentlichen und Freien Trägern eines Verfahrens. Zu oft werden Konflikte zu lange heruntergespielt und eskalieren dann oder werden auf eine unfaire Weise erledigt („dann belegen wir die halt nicht mehr"). Zunächst muss es erlaubt sein Konflikte zu haben und wahrzunehmen. Erst dann stellen sich die Fragen: Wer bearbeitet mit wem Störungen und Konflikte? Wie kann vermieden werden, dass diese zu Lasten der AdressatInnen ausgetragen werden? Wie kommt man zu Einigungen, die nicht auf Nachgeben oder Unterwerfung beruhen? Ein mehrstufiges Konfliktregelungsmodell sollte interne und externe Unterstützung bei der Klärung von Dissens vorsehen, z.B. eine paritätisch besetzte Schiedsstelle etc. Konflikte sollten endlich als etwas Normales hingenommen werden und evtl. sogar als Chance für die AdressatInnen etwas zu lernen. Am Modell der Fachkräfte könnten sie beobachten wie das geht: Ärger zeigen, ohne den anderen „in die Wüste zu schicken" und sich abstimmen, auch bei strittigen Punkten.

Soweit einige grundsätzliche Überlegungen zum Hilfeplanverfahren, an denen die LeserInnen prüfen können, ob die im Buch entfalteten Perspektiven sie ansprechen oder auf Distanz gehen lassen.

1.4 Die Kapitel im Überblick

Um alle Kapitel in einem einzigen Band präsentieren zu können, haben wir beschlossen, einige Teile (überwiegend besonders praxisnahe) aus dem Fließtext auszulagern und auf die beiliegende CD-Rom zu speichern. Was im Buch und was auf der CD-Rom zu finden ist, kann aus dem Inhaltsverzeichnis und im Text anhand der eingefügten Verweise ersehen werden.

In *Kapitel 2* wird der **Begriff des Ziels** näher untersucht: Jeder Begriff enthält ein relativ strukturiertes Set an „internen Ideen" und Implikationen. Einige dieser zentralen Ideen und Strukturen, die im Inneren des Wortes Ziel „schlummern", hoffe ich dargestellt zu haben; insbesondere die Mehrschichtigkeit der Motive, die „hinter" einem Ziel stehen und es häufig zu schwierig zu entschlüsselnden Bedeutungs-Überladung kommen lassen. Auch bei der mündlichen Zielformulierung bekommen wir nur die Spitze eines Eisberges zu Gesicht. Der weit größere Bedeutungsumfang bleibt zunächst unausgesprochen.

Schließlich geht es in diesem Kapitel um entwicklungspsychologische Voraussetzungen: Nicht jeder Adressat ist in der Lage Ziele zu formulieren, eigenes Verhalten zu planen, einmal formulierte Ziele zu verfolgen und Planungen im Alltag umzusetzen. Das alles sind hoch komplexe Fähigkeiten, die durch das Hilfeplanverfahren eingeübt werden können, die man aber bei den AdressatInnen nicht einfach als gegeben voraussetzen darf.

Kapitel 3 enthält das jugendhilfe-theoretische „Herzstück" des Buches Es entwickelt einen **Strukturierungsvorschlag für die Hilfeplanung** entlang der Begriffe **Hilfekonzept, Hilfeform** und **individueller Hilfeplan.** Mit diesem „begrifflichen Raster" sollen Anforderungen und Schwierigkeiten bei der Planung und Durchführung von Hilfen begriffen und reflektiert werden können. Dabei wird den Übergängen zwischen Hilfekonzept und Hilfeform bzw. diesen und dem Hilfeplan ebenso viel Aufmerksamkeit geschenkt wie der Frage wie offen oder strukturiert Hilfekonzepte angelegt bzw. wie locker oder fest „Planungen" mit diesen Konzepten verbunden sein sollen.

Kapitel 4 stellt das inhaltliche und methodische Zentrum des Buches dar, was sich auch im Umfang des Kapitels niederschlägt: **Fünf verschiedene Zielentwicklungssysteme** werden ausführlich vorgestellt und hinsichtlich ihrer methodischen Anwendung so genau entwickelt, wie das für ein Handbuch oder Lehrbuch notwendig ist (Kap. 4.2.–4.6.). Der Anspruch dieser Systeme ist es, Schritt für Schritt zu Zielformulierungen zu führen, die das Papier wert sind, auf das sie geschrieben werden.

Im Anschluss an die fünf Zielentwicklungssysteme geht das Buch drei zentralen Fragen nach, die alle fünf Systeme, aber auch die Hilfeplanung als solche betreffen: die Frage nach der Kooperation und Arbeitsteilung der bei der Zielentwicklung beteiligten Fachkräfte (Kap. 4.7.), der Frage nach angemessenen Formen der Verschriftlichung von Zielformulierungen im Hilfeplanprotokoll (Kap. 4.8.) und der Frage nach Indikatoren für das zielorientierte Vorgehen bei der Hilfeplanung auf Seiten der Professionellen (Kap. 4.9.). Auf Zielorientierung kann und muss man sich als Fachkraft verpflichten. Allerdings stehen dafür unterschiedliche Ebenen zur Verfügung, die verhindern, dass man einen AdressatInnen (oder sich selbst) auf eine für seine momentane Situation unpassende Weise bedrängen muss. Eine Übersicht über den Zielentwicklungsprozess auch unter Bedingungen von Konflikten und Dissens findet der Leser am Ende von Kapitel 6.

Kapitel 5 beschäftigt sich mit dem **Hilfeplangespräch** und den allgemeinen **Moderationsaufgaben** in diesem. Dabei war es mir vor allem wichtig das Einzigartige der Hilfeplangesprächssituation herauszuarbeiten, sei es für die AdressatInnen, die einem solchen Gesprächstyp bisher kaum in ihrem Leben begegnet sind (5.1), sei es für die Verantwortlichen, die in der Moderation des Hilfeplangesprächs vor einer Aufgabe stehen, die sich von herkömmlichen Gesprächsführungsformen in Beratung oder Mediation etc. stark unterscheiden (5.2 und 5.3). Die Kapitel 5.1.-5.3. sorgen für die inhaltliche Fundierung. Das methodische Handwerkszeug zu diesem Kapitel finden Sie auf der CD-Rom. Aufgrund der hohen Anforderungen, die das Hilfeplangespräch an alle stellt, wird dessen methodischer Vorbereitung eine große Bedeutung beigemessen (CD: Materialien und Vorlagen. Kapitel 5 – Vorbereitung und Planung des Hilfeplangesprächs). Des Weiteren werden sechs Moderationsinstrumente vorgestellt und ihre hilfeplangesprächsspezifische Verknüpfung anhand von zwei Beispielen entwickelt

(CD: Materialien und Vorlagen. Kapitel 5 – Gesprächsführungsinstrumente im Hilfeplangespräch). Praktische Moderationsbeispiele aus einer Lernwerkstatt mit JugendamtsmitarbeiterInnen sollen zeigen, wie groß der Spielraum auch für kreative und ungewöhnliche Gesprächsführungstechniken ist (CD: Materialien und Vorlagen. Kapitel 5 – Kreative Methoden der Gesprächsführung)

Kapitel 6 thematisiert „schwierige Hilfeplangespräche“ und zwar solche, bei denen es um die Auflösung **von Konflikten und verhärtetem Dissens** bezogen auf Ziele oder Hilfeformen geht. Dabei werden unterschiedliche **Positionen** beschrieben, welche die Fachkräfte angesichts solcher Ziel- und Interessenskonflikte einnehmen können, in die sie z.T. auch selbst involviert sein können. Drei unterschiedliche Wege stehen den Fachkräften in solchen Dissenssituationen zu Verfügung, die prinzipiell gleich gut sind, von denen aber je nach Situation zunächst nur einer beschritten werden kann: das parteiliche Durchsetzen von Positionen gegen einen anderen Systemteilnehmer, das unparteiliche Schlichten zwischen diesen oder das Verhandeln mit eigenen Interessen (Einen schematischen Überblick über das unterschiedliche Vorgehen findet sich auf der CD: Materialien und Vorlagen. Kapitel 6 – Ablaufschemata Zielentwicklung Dissens). An einem längeren Fallbeispiel wird ein Aushandlungsprozess über zwölf Schritte dargestellt (6.2). Was in dem Beispiel in individueller Manier erfolgte, wird ebenfalls systematisch anhand von Modulen entwickelt, die für bestimmte Aushandlungssituationen jeweils ausgewählt und geschickt verknüpft werden müssen, um ein Ergebnis zu erhalten (vgl. CD: Materialien und Vorlagen. Kapitel 6 – Eine Systematik des Schlichtens/Verhandelns). Es empfiehlt sich zunächst das Fallbeispiel (Familie Unger) und dann den systematischen Teil zu lesen.

Kapitel 7 (auf der CD unter Anhang. Kapitel 7) beschäftigt sich mit **Qualitätsstandards und -kriterien** für das Hilfeplangespräch und das Hilfeplanprotokoll. Als zentrale Kriterien werden benannt: Partizipation, Zielorientierung, Kooperation, Transparenz und Verbindlichkeit der Aufgabenerledigung. Für diese Standards werden Kriterien und zum Teil auch Indikatoren bzw. Kennziffern benannt. Im Rahmen dieses Buches stellt dieses Kapitel eine Art Prüfstein dar: An ihm soll gezeigt werden zu welchen konkreten Verabredungen zwischen Jugendamt und Freien Trägern man kommen kann und muss, wenn man die Inhalte dieses Buches ernst nimmt. Noch wichtiger als die inhaltlichen Vorschläge sind mir allerdings die methodischen und organisationspsychologischen Hinweise zum Thema Qualitätsentwicklungsprozesse: Wie muss man sie angehen bzw. welche Risiken und „Fallen" sind zu bewältigen, damit im Verlauf des Prozesses nicht nur Ergebnisse produziert werden, sondern diese von den MitarbeiterInnen auch in der Alltagspraxis umgesetzt werden. Dazu enthält dieses Kaptitel Erfahrungen aus drei unterschiedlichen Prozessen mit Qualitätsentwicklung, an denen ich als externer Moderator teilnehmen konnte.

In einem zweiten Anhang (ebenfalls auf der CD) findet der Leser ein „methodisches Kleinod": **Klaus ter Horst** hat seine Erfahrungen mit dem **Einsatz der Videokamera bei der Hilfeplanung** und im Hilfeplangespräch dargestellt. Diese Pionierarbeit gibt viele wichtige Anstöße.

Verschiedene Verzeichnisse runden das Buch ab: Das Fallschilderungsverzeichnis hilft Personen und Szenen wieder zu finden, die in mehreren Kapiteln auftauchen oder in einem Kapitel an weiter entfernten Stellen. Schließlich soll das Stichwortverzeichnis ermöglichen, zentrale Begriffe, die an mehreren Stellen erörtert werden, im Zusammenhang zu betrachten.

1.5 Wie das Buch zu lesen ist, was es nicht enthält

Die meisten LeserInnen werden dieses Buch bzw. die CD-Rom durchblättern und als „Steinbruch" nutzen, d.h. sich einzelne Teile heraussuchen, die zum Stand ihrer Kompetenzentwicklung bzw. zu den Praxisanforderungen, denen sie sich stellen müssen, passen. Viele Kapitel und Unterkapitel sind für sich lesbar und können für andere kopiert werden, um eine Diskussion über spezifische Planungsaufgaben anzuregen. Dieses kursorische und nach Verwendbarkeiten suchende Lesen ist völlig in Ordnung. Hoffentlich blättern diese LeserInnen ziemlich oft oder immer wieder und entdecken auf diese Weise nach und nach mehrere Ideen und Vorschläge des Buches.

Einige wenige LeserInnen werden das Buch systematisch angehen; um die mache ich mir eher Sorgen! Zu viele bzw. zu tiefe Einblicke in die interne Komplexität von Prozessen können schwindelig machen, das eigene Handeln verstören. Viele gute PraktikerInnen leisten hervorragende Arbeit, weil sie mit traumwandlerischer Sicherheit über die zahlreichen Dilemmata und Schwierigkeiten in ihrer Alltagspraxis hinweg zu sehen vermögen. Sie berücksichtigen sie, ohne an sie zu denken. Würden sie der „Gorgo" der Komplexität unverwandt ins Gesicht blicken, überfiele sie auf der Stelle Lähmung und Niedergang. Vom Gift der Komplexität muss man lange trinken, bis es sich in Medizin verwandelt oder nur in kleinen Dosen. Das Buch ist labyrinthischer geworden als es geplant war. Die Gliederung mit wenigen Kapiteln und vielen Unterkapitel mag darüber hinwegtäuschen: Unterhalb dieser Ebene handelt es sich um ein verschlungenes Knäuel immer wieder neuer und alter Bezüge, die in ihrer Vielfalt erschlagend wirken können. Zwar wird die Komplexität immer wieder handhabbar gemacht – so zumindest mein Anspruch – dennoch bricht sie sich doch auch ständig neu Bahn… Deswegen empfehle ich ein dosiertes, langsames Lesen mit vielem Vor- und vor allem Zurückblättern und Pausen, wenn man von Völlegefühlen geplagt wird.

Vielleicht kann das folgende Schaubild als grobes Schema für die inneren thematischen Zusammenhänge zwischen den Kapiteln und ihre jeweiligen Ansprüchen dienen:

Abbildung 5: Grafische Übersicht über die Kapitel des Buches

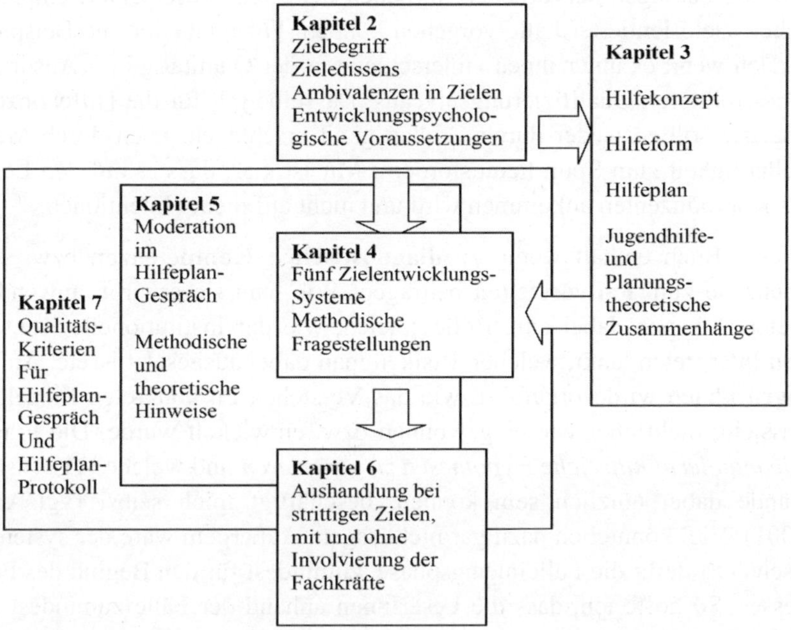

Gegenüber früheren Aufsätzen, in denen ich mich auch skeptisch zu den Möglichkeiten des Hilfeplangesprächs geäußert habe, herrscht in diesem Buch ein optimistischerer Grundton vor. Während ich früher vom Hilfeplangespräch als einer „bescheidenen Übung zwischen ideologischer Überfrachtung und strukturellen Widersprüchen" schrieb (vgl. Schwabe 1996), würde ich heute von einer „herausforderungsvollen Aufgabe" sprechen, aber immer noch auf die Einrahmung zwischen Ideologie und Widersprüchen bestehen. Der hoffnungsvollere Grundton ist dem Lehrer geschuldet, der ich inzwischen geworden bin. Wäre ich Praktiker geblieben, würde ich auch heute noch mehr auf die unlösbaren Spannungen und „die Last der großen Hoffnungen" hinweisen (Müller 1991).

Die vielen Dialogpassagen im Buch werden polarisieren (zum Entstehungskontext, vgl. Kap. 1.6.). Den einen werden die Gesprächsbeispiele zu perfekt sein – Ausdruck eines Qualifikationsniveaus, das sie selbst (noch) nicht erreicht haben. Anderen Fachkräften werden die Gesprächsführungsbeispiele der KollegInnen noch zu „stümperhaft“ sein. Sie werden vor allem die Passagen hervorheben, in denen man noch geschickter, empathischer, zielorientierter hätte vorgehen können. Für mich sind die Beispiele – auch wenn es unter ihnen Unterschiede in der Qualität gibt – Ausdruck eines mittleren Qualifizierungsniveaus. Dasselbe gilt für die Hilfekonzepte... sie sollten weder durch Großartigkeit erschlagen, noch durch Mangelhaftigkeit zum Spott herausfordern: Mir ist klar, dass es auf den Leser als Koproduzenten ankommen wird und nicht auf meine Intentionen.

Dieses Buch enthält wenig zu **diagnostischen Kompetenzen** bzw. solchen, die zum **Fallverstehen** beitragen: Wie man sie erwirbt, anwendet, welche Ebenen dabei eine Rolle spielen, wie der institutionelle Kontext den Interpreten lenkt, welchen Risiken man dabei ausgesetzt ist etc. An einigen Fällen wird vorgeführt, wie das Verstehen im konkreten Einzelfall aussieht, nicht aber wie es gewonnen bzw. entwickelt wurde. Die Frage, *wie man lernt hilfreiche Hypothesen zu generieren* und welche Wissensbestände dabei nützlich sein können, beschäftigt mich selbst (vgl. Ader 2001). Viel könnte ich dazu gar nicht sagen. Außerdem wäre der systematische Ort dafür die Falleingangsphase, zumindest für den Beginn des Prozesses. So hoffe ich, dass die LeserInnen anhand der Fälle zumindest ihr Fallverstehensrepertoire erweitern können, wenn sie dabei auch nicht systematisch angeleitet werden.

Dieses Buch enthält kaum etwas über **die notwendige Strukturqualität von Hilfeplanung**, also kaum etwas über institutionelle Voraussetzungen, Personalausstattung, unverzichtbare technische und logistische Hilfsmittel etc. (z.B. Computer). Das Buch verlässt sich ganz auf das reflexive und kommunikative Handwerkszeug des Professionellen, setzt also überwiegend auf Prozessqualität. Mir ist klar, dass diese nur die halbe Miete darstellt.

Wenn die Fachkräfte des Jugendamtes nicht einmal das Fahrgeld bekommen, um das Hilfeplangespräch beim Freien Träger oder in der Familie durchführen zu können, wenn im Amt aber andererseits sich weder genügend Stühle, noch Mineralwasser, noch ein ungestörter Raum organisieren lassen, dann schwindet die Bereitschaft und die Freude am methodischen Handeln. Ohne eine angemessene Personalausstattung ist vieles nicht machbar. An anderen Themen habe ich aufgezeigt, wie wichtig diese strukturellen Voraussetzungen sind (Schwabe 2000d und 2003) und wie ihr Fehlen die Fachkräfte an ihrer Aufgabe verzweifeln lassen kann.

Der eben geschilderte Mangel ist sicher systematisch angelegt: Wenn man Burkhard Müllers zentrale Differenzierung von „Fall von", „Fall für" und Fall mit" zugrunde legt (vgl. Müller 1993) und bedenkt, dass uns damit drei Perspektiven aufgegeben sind, deren gleichzeitige und gleichwertige Be(ob)achtung konstitutiv für Professionalität in der Sozialen Arbeit ist, dann muss man für dieses Buch eine Art „Schlagseite" konstatieren: Es ist zuallererst ein Buch für den „Fall mit" und vernachlässigt ganz sicher die Dimension des „Fall für". Dieser Mangel soll nicht bemäntelt werden.

1.6 Wie das Buch entstanden ist

Der § 36 des KJHG und das darin skizzierte Hilfeplan-Gespräch erweckten von Beginn seiner Einführung an mein Interesse (vgl. Schwabe 1992). Bestechend war die Idee in gemeinsamen Gesprächen mit den AdressatInnen den Prozessverlauf der Hilfe regelmäßig reflektieren und steuern zu können. Faszinierend war zu erleben wie AdressatInnen aber auch MitarbeiterInnen, die das Hilfeplangespräch anfangs als fremd und Zumutung erlebten, nach und nach Formen fanden, sich damit „anzufreunden" und es für ihre Interessen zu nutzen – oder auch nicht. Beflügelnd war außerdem die Möglichkeit mit dem Hilfeplangespräch „Neuland" zu betreten: Die Jugendämter waren zu Beginn der Neunziger Jahre von der Einführung des KJHG beinahe „überwältigt". Dieses hatte ihnen „auf einen Schlag" viele neue Aufgaben beschert; etliche davon betrafen überwiegend das Jugendamt und seine interne Organisation. Deswegen zeigten sich viele Ämter bei Schnittstellenthemen wie dem § 36 KJHG für Anregungen von außen und für gemeinsame Konzeptionierungen erstaunlich offen. So konnte ich schon bald gemeinsam mit MitarbeiterInnen des Jugendamtes des Rems-Murr-Kreises in Baden Württemberg und dem dort amtierenden Heimleiter-Kreis erste methodische Ideen wie z.B. einen Gesprächsleitfaden bzw. ein kreiseigenes Hilfeplanprotokoll entwerfen und ausprobieren. Als Heim- bzw. Erziehungsleiter habe ich über einen Zeitraum von sieben Jahren an weit über dreihundert Hilfeplangesprächen teilgenommen und

Einblicke in die Hilfeplanungs-Praxen von über dreißig verschiedenen Jugendämtern gewinnen können.

In den Jahren zwischen 1999 und 2004 habe ich zahlreiche Fort- und Weiterbildungen in Jugendämtern und bei Freien Trägern zum Thema Hilfeplanung durchgeführt. Bezogen auf die Partner fanden einige gemeinsam, andere getrennt statt. Einige bestanden in einmaligen Veranstaltungen, andere aus zwei oder drei mehrtägigen Treffen, bei zwei Jugendämtern handelte es um einen mehrjährigen Qualifizierungsprozess, teils mit, teils ohne die MitarbeiterInnen der Freien Träger. Alle Fortbildungen waren so konzipiert, dass die TeilnehmerInnen aktuelle Hilfeplanungsfälle einbringen konnten. Durch die Arbeit an diesen Fällen und die Hinweise der KollegInnen, die Ideen aus ihrer Praxis in die Fortbildung einbrachten oder Ideen aus der Fortbildung in ihrer Hilfeplanungspraxis ausprobierten, habe ich die hier dargestellten Gedanken und die dazu passenden Arbeitsinstrumente entwickelt. Das geschah häufig in mehreren Anläufen, weswegen von den Fortbildungsmaterialien an verschiedenen Orten unterschiedliche Fassungen existieren. Die KollegInnen übernahmen Arbeitsinstrumente in ihre Praxis, gaben mir Feedback bezogen auf die erste Version und probierten dann die gemeinsam entwickelte zweite Version aus. Vor allem das Drei-Ebenen-Zielentwicklungs-System wurde so in einem steten Hin- und Her aus Reflexion und praktischem Probieren (vgl. Kap. 4.2.) gestaltet. In den meisten Fällen konnte ich die Hilfeplanungs-Arbeit der KollegInnen nur indirekt beobachten und zwar anhand von Rollenspielen, die wir während der Fortbildungen durchgeführt haben. Zum einen Teil wurden diese mit der Videokamera aufgenommen und die Gespräche anschließend beinahe wörtlich festgehalten. Zum anderen Teil habe ich die Gespräche während der Rollenspiele protokolliert und anschließend aus dem Gedächtnis ergänzt. Die Dialog-Beispiele aus dem Text stammen demnach

- aus Rollenspielen und Fallschilderungen anlässlich von Fortbildungen zur Hilfeplanung
- aus der Erinnerung des Autors an selbst erlebte Hilfeplangespräche bzw. Hilfeverläufe. Sie sind hier so authentisch wie möglich in Form von Dialogen wiedergegeben.

Wie zu ersehen ist, haben die FortbildungsteilnehmerInnen einen großen

Teil des im Buch präsentierten Materials selbst eingebracht. Manche Fälle wurden der besseren Lesbarkeit vereinfacht bzw. verdichtet. Die Grenzen zwischen Fallschilderung, Fallrekonstruktion und Fallerfindung müssen dabei als fließend gedacht werden. Den MitarbeiterInnen der Jugendämter und Freien Träger sei für ihre engagierte Mitwirkung an den Veranstaltungen gedankt; den Leitungsstäben, die mich engagiert haben, für das Vertrauen, das sie mir entgegengebracht haben und für die sehr gute Kooperation im Vorfeld und während der Fortbildungen. Mein besonderer Dank gilt

- dem Jugendamt der Stadt Oldenburg
- dem Jugendamt Harburg (alle drei Regionalteams) der Hansestadt Hamburg
- dem Jugendamt des Landkreises mit Sitz in Gotha
- dem Jugendamt Wandsbeek der Hansestadt Hamburg und der AG § 78 Untergruppe Hilfeplanung
- dem Jugendamt Spandau in Berlin und der AG § 78 Untergruppe Hilfeplanung
- dem Jugendamt Reinickendorf in Berlin
- dem Jugendamt Neukölln in Berlin
- der Stadtteil- und milieuorientierten Erziehungshilfe (SME) Hamburg Altona
- der Evangelischen Gesellschaft Stuttgart e.V.
- dem Ambulante Hilfen Berlin e.V. (AB)
- der Kindervilla Ilmtal e.V. (Thüringen)
- der Wadzeckstiftung in Berlin

Auch den StudentInnen der Evangelischen Fachhochschule Berlin sei ausdrücklich gedankt. Sie haben in den Gesprächsführungsseminaren häufig über den von mir ausgeübten Zwang zu Rollenspielen gestöhnt; hoffentlich haben sie davon auch profitiert.

Man könnte einwenden, dass ein Praxis- und Methodenbuch, das sich in großen Teilen auf Beispiele aus Fortbildungssituationen bzw. aus der eigener Erfahrung stützt, unbefriedigend bleiben muss, weil es ja nicht die tatsächliche, empirische Alltagsarbeit sondern nur eine simulierte bzw. erinnerte Praxis zur Grundlage hat. Das ist sicher ein Mangel, auch wenn man betonen muss, dass sich die KollegInnen in den Rollenspielen häufig mit hohem Engagement in schwierige Situationen „hineinbegeben“ haben und sie sich in den gespielten Rollen – SozialarbeiterInnen oder KlientInnen – „echt“ erlebt haben bzw. von den KollegInnen als „echt“ erlebt wurden. Ich hoffe in Zukunft – auch auf Grund des Buches – noch mehr und bessere Möglichkeiten zu bekommen, KollegInnen mit der Videokamera in ihrer Alltagspraxis zu begleiten.

Insbesondere wäre es spannend zu beobachten, wie sich die verschiedenen dargestellten Zielentwicklungssysteme im Praxistest bewähren d.h. welche MitarbeiterInnen am besten mit welchem Zielentwicklungssystem klar kommen, welche AdressatInnen am besten mit welchem Zielentwicklungssystem zu erreichen sind und mit welchem Zielentwicklungssystem die nachhaltigsten Zielformulierungen ermöglicht werden etc. Solche empirischen Untersuchungen an realen Prozessen und ihren (Er)Folgen stehen dringend an. Wie wichtig dabei das Medium Video-Kamera sein kann, geht auch aus dem Beitrag von Klaus ter Horst hervor (siehe Anhang).

Schließlich möchte ich an dieser Stelle einigen Personen meine Anerkennung aussprechen, die wesentlich zur Fertigstellung des Buches beigetragen haben: **Besonderer Dank** gebührt meiner Frau Sylvia, die mich viele Stunden und Tage „vor mich hin werkeln ließ“ und mir „den Rücken frei hielt“, meinem Freund Karl-Heinz Thimm für seine geduldige Erst-Lese-Bereitschaft, seine motivierenden Worte und hilfreichen Korrekturen, Maja Heiner und Hiltrud von Spiegel für ihre fachlichen Anregungen und ihre persönliche Ermutigung, meinem Freund Miguel Abilahoud in Mailand, meinen Verwandten in Reupelsdorf und meinem Bruder Johannes für das Zur-Verfügung-Stellen der „ruhigen Plätze“ zum Arbeiten. Und – last but not least – meinen IGFH-„Lektoren“ Josef Koch und Stefan Lenz für ihre zahlreichen, immer präzisen und äußerst konstruktiven Rückmeldungen bei mehreren Treffen in Frankfurt am Main. Unsere konzentrierten Arbeitssitzungen haben immer auch Spaß gemacht. Der „alte“ Geschäftsführer Wolfgang Trede hat die Idee zu diesem Buch noch mit auf den Weg gebracht. Ohne das Engagement von Josef Koch, dem „neuen“ Geschäftsführer, wäre aber unter dem Dach der IGFH nichts daraus geworden. Für technische Unterstützungen danke ich Herrn Aridas und Herrn Klose von der Evangelischen Fachhochschule Berlin.

2 Nachdenken über Ziele

In diesem Kapitel soll der zentrale Begriff „Ziel" entfaltet und einige, ihn fundierende theoretische (z.B. entwicklungspsychologische) Gesichtspunkte erörtert werden. Man kann dieses Kapitel auch später lesen, wenn sich aus der Beschäftigung mit praktischen Fragen Reflexionsbedarf ergibt.

Übersicht

Kapitel 2.1 enthält eine erste Definition und versucht die Bedeutung des Wortes „Ziel" in Kontakt und Abgrenzung zu anderen Begriffen aus dem Bedeutungsumfeld darzustellen, also in Bezug auf Begriffe wie „Absicht", „Anliegen", „Wille" etc. In Kapitel 2.2 wird der Zielbegriff ausgehend von einer konkreten Zielformulierung aufgeschlüsselt. Eine dafür entwickelte „Zielematrix" zeigt, dass sich immer mehrere Ziele hinter einem formulierten oder gedachten Ziel verbergen. Diese Einsicht führt in Kapitel 2.3 zur Untersuchung der sozialen Zusammenhänge: Anhand eines ersten längeren Fallbeispiels aus der Praxis der Erziehungshilfe wird aufgezeigt, dass und in welcher Hinsicht Ziele verschiedener Personen widersprüchlich oder gar in sich gegensätzlich sein können. Kapitel 2.4 zeigt auf, dass die Fähigkeit Ziele zu bilden und zu formulieren eine komplexe Kompetenz darstellt, deren entwicklungspsychologische Fundamente nicht bei allen AdressatInnen gleichermaßen als gegeben vorausgesetzt werden können. Dabei werden unterschiedliche Typen von Mängeln in dieser Entwicklung beschrieben, die der Praktiker erkennen können sollte, um mit ihnen adäquat umgehen zu können.

2.1 Wünsche, Ideen, Absichten und ihr Zusammenhang mit Zielen

Eine erste Annäherung an das semantische Feld in erkundender Absicht

Was meinen wir, wenn wir von Ziel sprechen? Was gibt uns die (deutsche) Sprache an Hinweisen in Bezug auf die Bedeutung dieses Wortes bzw. verwandter Begriffe? Was ist in dem Wort Ziel angelegt und mitgedacht, das sich nur in weiteren Sätzen und Diskursen entfalten lässt? Welches Wort- und Bedeutungsumfeld lässt sich um den Begriff Ziel entwickeln?

Zunächst und ursprünglich meint Ziel *einen Ort im Raum*, den man *mittels Bewegung* (eigener oder ausgelöster Bewegung wie bspw. beim Schießen eines Pfeils) zu erreichen sucht. Dieser Ort ist zu Beginn der Bewegung (Lauf, Wanderung, Bogenschuss etc.) festgelegt (Zentralinstitut für Sprachwissenschaft 1993). Zu dieser ursprünglichen materiellen und körper-bezogenen Bedeutung kommt sehr früh in der Wortentwicklung die *übertragene „geistige" Bedeutung* hinzu: Ziel ist, was jemand mit Plan und Aufwand anstrebt, zu erreichen sucht, wobei das ebenso etwas Materielles (z. B. ein eigenes Haus) sein kann wie etwas Spirituelles (z. B. die „Erleuchtung").

Etymologie des Begriffs Ziel

Von der Etymologie her, ergibt sich ein Bezug zum griechischen „Telos": Ende, Schluss(punkt), das auch im englischen „till" (bis zu, nach) steckt.

Bereits im Germanischen löst sich der Begriff „zielen" von seinem unmittelbaren Ortsbezug (Zielscheibe) und bekommt übertragene Bedeutungen wie „auf etwas bezogen sein, auf etwas gerichtet sein" und später „sich bemühen, etwas zu erreichen suchen". Ähnliche Begriffserweiterungen haben z. B. die englischen Worte „target" (Zielscheibe) und „goal" (Tor) erlebt, die beide im Sinne von „Ziel" verwendet werden.

Neben diesen ortsbezogenen Zielbegriffen, existieren in den verschiedenen Sprachen immer auch abstraktere und stärker philosophisch aufgeladene Konzepte wie „skopos" (griechisch), scopo oder meta (italienisch), objective (englisch), die im Deutschen eher mit dem Begriff „Zweck" verbunden werden.

Zusammenhang bzw. Abgrenzung von Ziel und Idee/ Wunsch/ Anliegen/ Traum

Ziele beziehen sich auf einen erstrebenswerten Zustand (einen Schulabschluss zu erreichen, eine bestimmte Summe Geld zu verdienen, das Vertrauen einer Person zu erwerben) bzw. ein Gut, das man zu erlangen versucht (ein eigenes Haus, eine Arbeitsstelle, die den eigenen Neigungen und Fähigkeiten entspricht, ein bestimmtes, seltenes Exemplar, z. B. einer Briefmarke etc.). Ziele beziehen sich immer auf etwas, was man aktuell (in der Gegenwart) nicht hat, aber in Zukunft erreichen können oder besitzen möchte. Insofern implizieren sie immer Wünsche, Anliegen bzw. Vorstellungen resp. Ideen über wünschenswerte Zustände, die davon ausgehen, dass man einen Mangel konstatiert.

Das Wort Idee bezeichnet eine Vorstellung unterhalb der Schwelle des Wünschens: Äußert man eine Idee, dann weiß man noch nicht, ob man das in ihr Entworfene wirklich wird und ob es sich realisieren lässt. Die Idee könnte man als erste Skizze eines möglichen Zieles begreifen.

Das Wort Anliegen unterscheidet sich von dem Wort Wunsch insofern, als es „relevante andere" einführt, an die ich mich zur Erfüllung eines Wunsches wenden kann („… ich wende mich mit diesem Anliegen an Dich…") und/ oder von denen ich zur Erfüllung meines Wunsches bzw. Zieles abhängig bin. Das Wort Anliegen enthält demnach eine soziale Dimension, die dem Wunsch (bzw. dem Ziel) nicht automatisch innewohnt.

Aus Wünschen/ Anliegen/ Ideen von erstrebenswerten Zuständen resultieren jedoch nicht notwendig Ziele. Damit aus einer Idee/ einem Wunsch/ einem Anliegen ein Ziel wird, müssen drei Bedingungen erfüllt sein: Erstens muss sich der Wunsch/die Idee eine gewisse Intensitätsschwelle überschreiten, zweitens muss er/sie sich über eine bestimmte Zeitdauer hinweg als stabil, d.h. gleich bleibend wichtig bzw. bedeutungsvoll erweisen und sich drittens als einen Zustand darstellen, der nicht von alleine eintreten wird. Der angestrebte Zustand ist im „normalen" Gang der Dinge nicht vorgesehen. Zur Erreichung oder auch nur Annäherung an mein Ziel, muss ich etwas unternehmen, mich engagieren, etwas tun, den Lauf der Dinge aktiv beeinflussen. Und zwar nicht nur einmal, sondern über einen Zeitraum hinweg.

Hier ist auch der Unterschied zwischen Ziel und Wunschtraum begründet. Wenn eine Jugendliche z.B. sagt, „mein Wunschtraum ist es Tierärztin zu werden", so hält sie die Realisierung dieses Traumes für wenig wahrscheinlich. Sie rückt das Ziel in weite Ferne, akzentuiert die persönliche Bedeutsamkeit dieses Ziels, aber hält es (zumindest momentan) nicht für opportun sich über Schritte zur Realisierung des Traumes Gedanken zu machen. Häufig ist dies dann der Fall, wenn ein Blick auf die vorhandenen Ressourcen bzw. Mittel zur Zielerreichung erkennen lassen, dass diese nicht ausreichen werden. Zum Beispiel besitzt dieses Mädchen „nur" einen Hauptschulabschluss; deswegen erscheint das Ziel „Tierärztin werden" im Moment als kaum realisierbar.

Zusammenhang und Abgrenzung von Ziel und Willen bzw. Wollen

Zielformulierungen sind Willenserklärungen. Mit einer Zielformulierung stelle ich mir (und – aber nicht zwingend – anderen) vor Augen, was ich erreichen will. Wenn sich dieser „mein Wille" nicht realisieren lässt, dann ist das immer auch mit einer Enttäuschung verbunden. Ich habe nicht erreicht, was ich erreichen wollte. Somit setze ich mich mit der Formulierung meines Willens (und sei es auch nur vor mir selbst) immer auch der Möglichkeit der Enttäuschung aus. Wer sich ein Ziel setzt, kann scheitern.

Ohne einen eigenen Willen, ohne dass ich es „wirklich will", ohne dass ich entschlossen bin, lässt sich mein Ziel nicht erreichen; oder fühlt sich zumindest Zielerreichung nicht als persönlicher Gewinn an. Ziele resultieren demnach aus einem Willensbildungsprozess. Ich muss mir darüber klar werden, was ich will bzw. nicht will. Und ich muss wollen können: Wo kein Wille ist, ist auch kein Ziel. Wo ein Wille ist, ist auch ein Weg – zum Ziel!

Dabei unterscheidet sich das Wollen der Zielerreichung vom Begehren oder triebhaften Wollen durch den Akt des Abwägens und Entscheidens: Zur Erreichung meines Ziels muss ich entschieden sein, d.h. diesem Ziel aus einer Anzahl anderer möglicher Ziele den Vorzug gegeben haben. Beim triebhaften Wollen oder Begehren treibt mich etwas Zwingendes wie bspw. sexuelle Bedürfnisse oder Hunger etc. Beim Ziel treibt mich die Freiheit einer Entscheidung, die mich allerdings auch verpflichtet. **Zielformulierungen sind Willenserklärungen**. Allerdings reicht der „feste Wille" alleine nicht aus. Zum Wollen bzw. Willen müssen andere Dinge hinzutreten: Mittel zur Zielerreichung (siehe Traum), Engagement (siehe Wünschen) aber auch kluger bzw. nachhaltiger Einsatz der Mittel: Ich erreiche das Ziel nicht, wenn ich meine Kräfte am Anfang „verschleudere" und später „erlahme".

Ich muss die Kraft, die hinter meinem Wollen steht, zugleich konzentrieren und portionieren. Wenn ich zulasse, dass meine Kräfte „zersplittern" (beispielsweise dadurch, dass ich auf zu vielen Hochzeiten tanze), kommt das Vorhaben gar nicht erst zustande. Deshalb muss ich anfangs meine Kräfte sammeln. Wenn ich aber zu Beginn zu ungestüm vorgehe, mich über meine Kräfte engagiere oder planlos vorgehe, fehlen mir die Kräfte für spätere Hürden oder Durststrecken. Ziele bedürfen mithin eines planvollen Umgangs mit den eigenen Kräften.

Zusammenhang und Abgrenzung von Ziel und Absicht bzw. Intention

Zur Erreichung eines Ziels ist ein Wille und planvolles Handeln erforderlich. Insofern implizieren Ziele Absichten bzw. Intentionen. Auch diese Begriffe operieren mit einer Ziel-Mittel-Relation. Ich beabsichtige mit bestimmten Handlungen (z.B. anlächeln, anschauen, mit einfachen Worten Hilfe anbieten) ein bestimmtes Ergebnis zu erreichen (z.B. im Pflegekontext die Kooperation der altersverwirrten Dame für den Vorgang des Waschens zu gewinnen). Damit setze ich bestimmte Handlungen absichtsvoll im Dienste bestimmter Interessen oder Aufgaben ein. Diese Handlungen können an privaten Interessen orientiert aber ebenso gut durch fachliche Leitlinien motiviert sein und im Dienste der KlientInnen stehen.

Die Differenz von Absicht/Intention zu Ziel liegt in der Länge der Handlungskette und damit zusammenhängend im Planungsaufwand. Spreche ich von Intentionen oder Absichten, dann denke ich meist an einen in einer Situation abzuschließenden Handlungszusammenhang und ein konkretes Ziel: die Kooperationsbereitschaft für das Waschen bestimmter Körperteile erreichen, das jetzt stattfinden und in zehn Minuten abgeschlossen sein soll.

Dagegen verwenden wir den Ziel-Begriff für Absichten, die sich auf längerfristig angelegte, situationsübergreifende Handlungsketten und allgemeinere Ziele beziehen. Wenn ich z.B. das Vertrauen der altersverwirrten Damen erlangen will, so dass sie sich einigermaßen regelmäßig über mein Erscheinen freut und ich ihre Kooperationsbereitschaft nicht jedes Mal wieder neu gewinnen muss und diese auch für andere Zusammenhänge nutzen kann, wie z.B. einen Spaziergang oder Unterstützungsleistungen beim Essen, dann bedarf es dazu verschiedener miteinander verbundener Verhaltensweisen, die ich über einen längeren Zeitraum, in mehreren Situationen praktizieren muss. Ziele sind nur über Handlungsketten zu erreichen, die durch Planungen entworfen und strukturiert werden. Das Ziel beispielsweise, einen Jugendlichen zur Wiederaufnahme des regelmäßigen Schulbesuches zu bewegen, setzt ein sehr viel längerfristiger angelegtes, aus unterschiedlichen Elementen zusammengesetztes Handlungskonzept voraus, als die Intention, ihn anlässlich eines Frustrationserlebnisses zu beruhigen oder zu trösten etc.

2.2 Ziele, Mittel und Motive

Eine zweite Annäherung in strukturierender Absicht

Was haben wir bisher an Wissen über Ziele gewonnen? Ziele (im übertragenen Sinne) sind in der Zukunft liegende, wünschenswerte Ereignisse oder Zustände, denen man sich durch den Einsatz bestimmter Mittel innerhalb von strukturierten Handlungsketten schrittweise anzunähern beabsichtigt. Das Erreichen des Ziels kann mehr oder weniger wahrscheinlich, nie jedoch selbstverständlich sein. Zur Erreichung des Ziels/ Annäherung an das Ziel müssen Mittel eingesetzt werden (d.h. Ressourcen wie Zeit, Kraft, Geld etc.) und diese in Ideen, Handlungen bzw. Übungen etc. (die eigentlichen Mittel) umgesetzt werden. Dazu müssen Ziele und Ressourcen einerseits und Mittel und Handlungen andererseits gedanklich in ein Verhältnis gesetzt werden. Planung ist mithin ein Prozess, in dem Ziel-Mittel-Relationen entwickelt, festgelegt und organisiert werden. Daran lassen sich zahlreiche differenzierende Fragen anknüpfen:

- Wer ist es, der wünscht, dass ein Ziel erreicht wird und wer ist es, der die Mühen der Zielerreichung auf sich nimmt?
- Ist das Ziel strittig oder unstrittig?
- Sind die Ressourcen ausreichend, um aus ihnen die geeigneten Mittel zur Zielerreichung entwickeln zu können?
- Welche Mittel sollen eingesetzt werden?
- Wer setzt diese Mittel ein? Und wer achtet darauf, ob dieser Mitteleinsatz nach Plan erfolgt?
- Wäre das Ziel auch mit anderen Mitteln oder auf anderen Wegen erreichbar?
- Wie hoch wird der Grad der Wahrscheinlichkeit eingeschätzt, mit dem dieses (festgelegte) Ziel mit den (bestimmten) Mitteln zu erreichen ist?

Mit diesen Fragen, sind wir schon mitten in möglichen Diskussionen konkreter Ziele. Aber damit es zum Sprechen über Ziele kommen kann, muss jemand sein(e) Ziel(e) offen legen, d.h. eine Zielformulierung von sich geben. Damit wollen wir uns im nächsten Abschnitt beschäftigen.

Anhand der Untersuchung einer Zielformulierung hoffen wir, nicht nur typische Merkmale verbaler Zielbestimmungen zu gewinnen, sondern auch die innere gedankliche Struktur der Zielformulierung klären zu können. Um gleich ein Beispiel aus dem Kontext der Hilfeplanung zu nehmen: Eine Mutter antwortet auf die Frage „Was ist für Sie das Ziel der Hilfe?" „Der Junge soll wieder in die Schule gehen. Das ist für mich das Ziel der Hilfe. Ich hab schon alles probiert. Jetzt soll der Betreuer machen. Notfalls soll er den Markus an den Haaren zur Schule schleifen!"

Wir wollen diesen Satz nicht inhaltlich bewerten, sondern ihn zunächst von seiner formalen Struktur her aufdröseln: In diesem Satz finden wir eine für Zielformulierungen charakteristische Dreiteilung, deren einzelne Glieder mehr oder weniger artikuliert sein können (siehe Zielematrix nächste Seite):

- Eine Zielbestimmung („zur Schule gehen"), die von jemandem (Mutter) für jemanden (Sohn) formuliert wird (siehe 1 und 2). Die beiden „Personen" können zusammenfallen (ich… für mich) oder sich auf zwei Einheiten beziehen (ich… für ihn bzw. er… für mich etc.)
- (Vorläufige) Überlegungen zu Mitteln („notfalls… an den Haaren schleifen") und/oder Personen, die diese Mittel einsetzen sollen (der Betreuer) (siehe 3. und 4.)
- Eine (zunächst) unausgesprochene, nach oben hin offene Liste weiterer Ziele, die für das geäußerte Ziel (zur Schule gehen) von Bedeutung sind, siehe 5., 6. und 7.)

In der folgenden Abbildung 6 hebt die gestrichelte Linie den *Kern der Zielformulierung* (1. und 2.) von seiner doppelten Nachbarschaft ab, d.h. nach oben zum *Kontext der Wünsche und Motive* (5., 6. und 7.) und nach unten zum *Kontext der einzusetzenden Mittel und der zuständigen Personen* (3. und 4.). Verbale Zielformulierungen sind prinzipiell auch ohne diese „Nachbarn" denkbar, sie entfalten sich allerdings nur im Kontakt mit diesen „Kontextelementen".

Zur Analyse von Zielvorstellungen bietet sich als Methode die Darstellung einer Zielematrix an, die aus Zielkern, Motiv- und Mittelkontext besteht (eine leere Matrix finden Sie auf der CD unter Materialien und Vorlagen. Kapitel 2 – Zielematrix): Hier ein Beispiel für eine Zielmatrix im Fall von Lukas und seiner Mutter, Frau Lang (Fall 7).

Abbildung 6: Zielematrix zur Analyse von Zielvorstellungen

Zielematrix zur Analyse bzw. Erkundung von Zielvorstellungen		
Motiv-kontext ↑	**7. Vorstellungen vom „guten Leben" (Warum?)**	Die Mutter imaginiert sich bei ihren Zielformulierungen eine Zeit, in der ihr Sohn ca. 25 – 30 Jahre alt ist. Diese Zukunft soll deutlich weniger von Sorgen geprägt sein als die Jetztzeit. Von der Lebensbilanz wünscht sich die Frau Lang, Mutter eines Sohnes sein zu können, aus dem „etwas geworden" ist. Sie erhofft sich ein mittleres Lebensalter, in dem ihre eigenen Interessen wieder stärker im Mittelpunkt stehen.
Erweiterter Motiv-kontext ↑	**6. Motive: Wünsche, Hoffnungen, Befürchtungen und Gefühle, die mit dem Ziel in Verbindung stehen (Warum?)**	Motive (hier nur) für A: „Der Junge soll…" • später einmal für mich sorgen: Dafür braucht er einen ordentlichen Beruf ⇨ *Hoffnung* • mir später nicht auf der Tasche liegen: Dazu soll er finanziell autonom sein ⇨ *Sorge, Befürchtung* • das (an Bildung/ Schulabschluss) erreichen, was mir verwehrt blieb ⇨ *eigene Biographie* • mit dem Besuch der Schule zeigen, dass wir „Normal" sind ⇨ *sozialer Status* • mit dem Besuch der Schule zeigen, dass ich trotz allem eine gute Mutter bin ⇨ *Gefühle*
Motiv-kontext ↑	**5. Zweck(e)/ mit der Zielformulierung unmittelbar verbundene Absicht(en) (Wozu?)**	Möglichkeit A: Der Junge soll einen Hauptschulabschluss machen, um mit diesem eine Lehrstelle zu bekommen und/oder Möglichkeit B: Der Junge soll weg von der delinquenten Clique, soll den Vormittag unter Aufsicht von Erwachsenen verbringen.
Kern der Ziel-Formulierung	**1. Verbal geäußertes Ziel (Was?)**	Der Junge soll (wieder) (regelmäßig) in die Schule gehen.
	2. Adressat der Zielformulierung (Wer?)	„Der Junge" – der Sohn mit Namen Lukas
↓	**3. Ideen über die Ziel-Mittel-Relation (Wie?)**	„soll machen" „Lukas notfalls auch an den Haaren zur Schule schleifen"
Mittel-kontext	**4. Ideen über Zuständigkeit für die Ziel-Mittel-Realisierung**	„ich habe (schon) alles getan" „der Betreuer soll machen"

Aufgrund der bisherigen Überlegungen kommen wir zu folgenden Erweiterungen der Definition:

- Ziele werden von jemandem für jemanden formuliert. Die Ziele formulierende Person und der Adressat der Zielformulierung können identisch sein (ich will dieses Ziel erreichen) oder unterschiedlichen Personen sein (Ich will, dass Du dieses Ziel erreichst.).
- Als jemand, der Ziele formuliert, kann ich mich selbst für die Ziel-Mittel-Realisierung zuständig sehen oder diese an andere delegieren (wollen).
- Alle verbalisierten Ziele haben einen Bezug zu anderen allgemeineren, häufig mit gedachten, aber nicht mit benannten Zielen, die man auf einer Ebene Zwecke, auf einer anderen Ebene Motive nennen kann. Zwecke sind unmittelbar an die Zielerreichung geknüpfte Gewinne bzw. Vorteile. Motive sind Triebkräfte, die in emotionalen Zusammenhängen wurzeln. Der Zusammenhang zwischen formuliertem Ziel und Zwecken bzw. Motiven kann dem Zieleformulierenden und/ oder dem Adressaten der Zielformulierung klar bzw. bewusst sein oder nicht.

Die zentralen Fragen, die man an jede Zielformulierung stellen kann, lauten:

- Die Frage nach dem Adressaten: Wer soll das Ziel erreichen?
- Die Frage nach dem Inhalt: Worin besteht das Ziel, was soll erreicht werden?
- Die Frage nach den Mitteln: Wie soll das Ziel erreicht werden?
- Die Frage nach den Verantwortlichen für den Einsatz der Mittel: Wer soll was zur Erreichung des Zieles investieren und/ oder die Mittel zur Verfügung stellen?
- Die Frage nach den Zwecken: Wozu soll dieses Ziel erreicht werden?
- Die Fragen nach den Motiven und emotionalen Gründen: Warum soll dieses Ziel erreicht werden?

Soweit zur inneren Struktur der Zielformulierung und des Ziels an sich. Bei weiterem Nachdenken ergeben sich jedoch noch weitere Einblicke in diese: Die *Trennung zwischen Zielen und Mitteln zur Zielerreichung und deren Verhältnis ist nicht so eindeutig* wie man auf den ersten Blick annehmen könnte. Das erste und scheinbar wichtigste geäußerte Ziel ist, dass der Junge regelmäßig zur Schule geht. Aber das Zur-Schule-Gehen selbst ist wiederum ein *Mittel*, das unterschiedlichen Zwecken dienen kann.

Es kommt entscheidend darauf an, ob die Eltern mit dem regelmäßigen Schulbesuch das weiterführende Ziel (den Zweck oder die Absicht) verbinden, dass der Junge einen Schulabschluss macht und/ oder dass er tagsüber unter der Aufsicht von Erwachsenen steht und sich nicht auf der Straße herumtreibt. Falls es um den Schulabschluss geht, so kann dieser auf einer wiederum übergeordneten Ebene ein Mittel zur Erreichung einer Ausbildungsstelle bzw. für eine erfolgreich ausgeübte Berufspraxis sein.

Diese Berufspraxis wiederum kann als ein Mittel betrachtet werden, das eine eigenständige ökonomische Existenz des Sohnes sicherstellt und/ oder die finanzielle Versorgung der „alten" Eltern durch ihren arbeitenden Sohn garantiert. Dabei geht es nicht nur um ökonomische und materielle Motive, sondern auch um psychologisch motivierte Ziele, die wir hier „Bedürfnisse" nennen wollen. Ein Motiv für die Zielvorstellung des regelmäßigen Schulbesuches des Sohnes, könnte darin liegen, dass die Mutter ihre eigenen Bildungserwartungen nicht erfüllen konnte und nun darauf angewiesen ist, dass „wenigstens" der Sohn das schafft, was ihr verwehrt blieb. Am Ende der nach oben offenen Ziel-Mittel-Spirale stehen Vorstellungen vom „guten" oder „richtigen" Leben, denen andere Ziele in ihrer ganzen Bandbreite von psychologischen Motiven bis hin zu ökonomischen Kalkülen untergeordnet werden können.

So ergibt sich *eine aufsteigende Ziel-Mittel-Kaskade*, bei der das Ziel auf einer Ebene gleichzeitig ein Mittel auf einer anderen, übergeordneten Ebene darstellen kann (siehe Abb. 7 mit Beispiel und Abb. 8 abstrakt). Das verbal geäußerte Ziel ist demnach auf andere Ziele hin orientiert, die selbst nicht geäußert werden, die aber in Bezug auf die Bedeutung des Ziels (für den der es formuliert) und die Energie, mit der es verfolgt wird, eine große Rolle spielen.

Abbildung 7: Ziel-Mittel-Kaskade

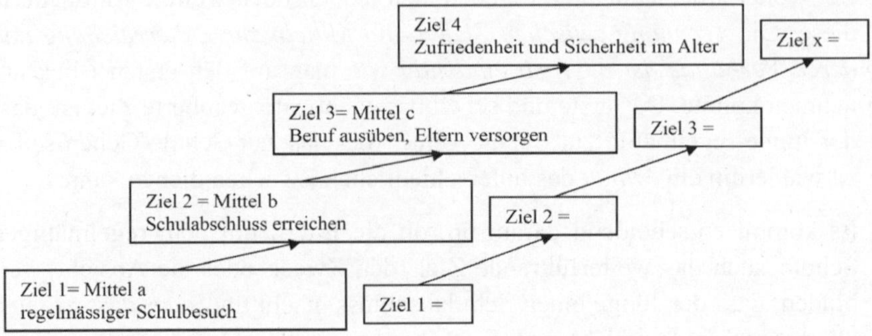

Diese hier zunächst abstrakt anmutenden Zusammenhänge, werden spätestens wenn es um das Verhandeln bei Zieldissens zwischen AdressatInnen geht, eine große praktische Bedeutung bekommen. Denn häufig lässt sich eine Person davon abbringen, dass das von ihr formulierte Ziel 1 oder 2 verfolgt werden muss, wenn man ihr aufzeigen kann, dass ihr Ziel 3 oder 4 auch auf anderen Wegen und mit anderen Mitteln als den bisher gedachten (Mittel a und b) erreicht werden kann. Aber dazu später (vgl. Kap. 6). Der Ziel-Mittel-Kaskade entspricht eine umgekehrt verlaufende Bedeutungs-Kaskade, die sich von oben nach unten „ergießt" (siehe Abb. 7 für unser Beispiel und Abb. 8 für den abstrakten Zusammenhang).

Wie man diesen Schaubildern entnehmen kann, wird das formulierte Ziel von den *Bedeutungen*, die den (evtl. nicht benannten) Zielen auf anderen Ebenen (die zugleich Mittel sind) zufließen, „aufgeladen". Mit dem formulierten Ziel 1 sind direkt nur 2 Bedeutungen verbunden. Um seine Wichtigkeit für die Mutter abschätzen zu können, muss man wahrnehmen, dass es für sie persönlich mit acht weiteren Bedeutungen aufgeladen ist (siehe Bedeutungen Ziel 2 und Ziel 3). Diese hohe emotionale Aufladung bzw. diese Bedeutungsüberfrachtung macht verständlich, warum häufig auch scheinbar nebensächliche Entscheidungen (z.B. Fenster auf oder zu, grüner oder gelber Lampenschirm etc.) mit so großer Erbitterung verlangt oder verteidigt werden. Ohne dass die hinter dem Ziel stehenden Motivkomplexe erhellt werden, ist in den meisten Fällen keine Lösung des Konflikts möglich. Das gilt umso mehr für die Zielkonflikte der AdressatInnen. Für SozialpädagogInnen bedeutet das, sich gegenüber Zielformulierungen von AdressatInnen offen und neugierig zu verhalten: Ziele sind Landschaften, die es zu erforschen und zu durchwandern gilt…

Abbildung 8: Ziele und ihre Bedeutungen

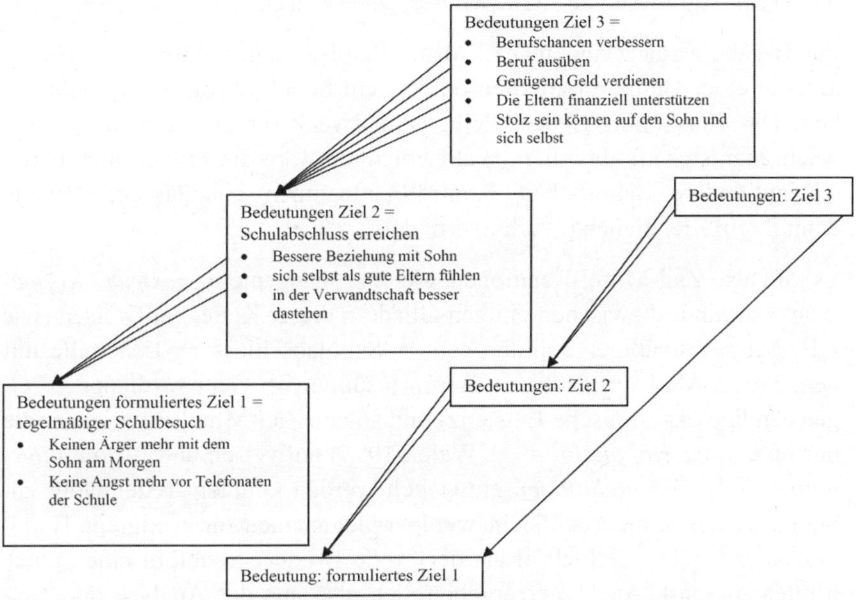

Die Motivkomplexe, die zur Formulierung bzw. Verfolgung eines Ziels führen, können – wie oben aufgezeigt – heterogener Natur sein. Sie verdichten sich zu starken „Wünschen“, hinter denen je einzigartige Mischungen unterschiedlichster Bestrebungen stehen können (vgl. Abb. 6: Zielematrix, linke Spalte, Punkt 5 oder Abb. 7).

Bei aller Heterogenität besitzen diese Mischungen allerdings einen jeweils spezifischen Koppelungsgrad mit den Zwecken bzw. Zielinhalten. Beim Betrachten der Zielematrix wird sofort deutlich, dass sich alle unter 5. stehenden Aspekte gut mit dem Zweck A (Schulabschluss) verbinden lassen, nicht aber mit dem Zweck B (weg von der Straße/unter Aufsicht von Erwachsenen). Hier spielen andere Wünsche und Motive eine Rolle. Der Mutter braucht es beispielsweise nicht um einen Schulabschluss gehen, sondern darum, dass der zweite Sohn nicht das Schicksal seines Bruders wiederholt, der wegen Raubüberfall eine mehrjährige Haftstrafe verbüßt, was die Mutter für sich als „eigenes Versagen" reflektiert. Den zweiten Sohn besser zu beaufsichtigen entspräche somit auch ihrem Wunsch, sich wenigstens für diesen als „gute Mutter" zu erweisen.

Für B gäbe es ganz andere Ziel-Mittel-Realisierungen. Der Junge könnte auch in einer Gärtnerei arbeiten oder in ein Schulverweigerer-Projekt gehen. Das Zur-Schule-Gehen bleibt dem Zweck (unter Aufsicht von Erwachsenen stehen) äußerlich. Wahrscheinlich wäre die Mutter auch bereit sich auf andere „Schutz- bzw. Kontrollmaßnahmen" einzulassen, wenn sie denn ihrem Ziel dienen („verhindern, dass…").

Es gibt also Ziel-Mittel-Relationen, die eine stringente bzw. *strikte Koppelung* – zumindest zwischen einigen Gliedern dieser Kette – aufweisen (wie z.B. bei regelmäßiger Schulbesuch → Schulabschluss → Lehrstelle auf dem Freien Markt → Stelle → Berufsausübung → Geld verdienen → eigenständige ökonomische Existenz) und solche Ziel-Mittel-Relationen, die nur eine *„lose Kopplung"* (vgl. Weick 1995) aufweisen und für die *alternative Ziel-Mittel-Relationen* entwickelt werden könnten (regelmäßig zur Schule gehen → mehr Aufsicht/weniger Gelegenheit für kriminelle Handlungen → anderes Schicksal als der große Bruder → Gefühl eine „gute" Mutter zu sein). Auch hier ergeben sich also aus der Analyse der Zielstruktur unmittelbar Anwendungsmöglichkeiten für die praktische Arbeit.

Weiter oben habe ich bereits darauf hingewiesen, dass die Zwecke/Wünsche/Motive im oberen Drittel der Zielmatrix häufig unausgesprochen bleiben, d.h. sie sind demjenigen, der das Ziel formuliert, nicht unbedingt klar und präsent. Manchmal werden sie sogar bewusst verborgen gehalten.

So kann – um ein Beispiel aus der Politik anzuführen – das Ziel einen Krieg zu führen offiziell mit dem Zweck Freiheit für eine unterdrückte Minderheit herstellen begründet werden, ohne sich zu anderen evtl. im

Vordergrund stehenden Zwecke, wie z. B. Zugang zu Rohstoffquellen bekennen zu müssen. Täuscht man sich selbst bzw. andere über die „wahren" Motive, so kann man von den offiziell geäußerten Zielen als Ideologie sprechen. Allerdings ist es in vielen Fällen angemessener, von einer Heterogenität der Zwecke/Wünsche/Motive für die Zielverfolgung auszugehen, deren Komplexität Begriffe wie „wahre" und „nur vorgetäuschte" Motive nicht gerecht werden. Auch der Umgang mit Unterstellungen und das Aufdröseln solcher Motivkomplexe werden uns noch weiter beschäftigen (vgl. Kap. 6).

2.3 Interessen- und Zielkonflikte

...zwischen den AdressatInnen und „in" ihnen selbst

Im Folgenden werden wir anhand eines praktischen Falls die Komplexität von Zielkonflikten darstellen. Nach einer Falldarstellung wird zunächst analysiert, auf welchen Ebenen *zwischen den* Protagonisten Dissens besteht und dann untersucht, in welchen Spannungen und Ambivalenzen die Ziele bei den *Personen selbst* stehen (Analyse der Konflikte). Anschließend werden Konsequenzen für die Praxis gezogen (Fazit).

Einführung

Interessen- und Zielkonflikte existieren in den meisten Familien schon lange bevor jemand auf die Idee kommt, das Jugendamt um Hilfe zu bitten oder bevor jemand dem Druck Dritter nachgibt und dieses „endlich" einschaltet. Insofern wäre es völlig unrealistisch zu erwarten, die AdressatInnen könnten sich rasch und problemlos auf das oder die Ziele der Hilfe verständigen. (Manchmal sieht es so aus, aber der Hilfeverlauf zeigt häufig, dass die Verständigung nur eine oberflächliche oder strategisch motivierte war.) Im Gegenteil: Die unterschiedlichen Ziele und Interessen, welche die Einzelnen im Alltag verfolgen und der Streit über ihre Legitimität (hinsichtlich der Zwecke oder der eingesetzten Mittel), werden meist ohne Umstände in die neue Situation mit dem Helfer transportiert. Dieser sieht sich verschiedenen **Instrumentalisierungsversuchen** ausgesetzt. Das kann in mehreren Formen geschehen:

(A) Der/die Sozialarbeiter/in wird von mehreren Familienmitgliedern (evtl. auch anderen Interessierten, vgl. Schwabe 2000f) umworben bzw. umkämpft. Mehrere Personen erwarten (mehr oder weniger offen), dass er/sie sich auf ihre Seite stellt und den anderen Personen klar macht, dass die jeweils eigenen Ziele und Interessen die einzig vernünftigen sind und die anderen – bezogen auf ihre Ziele oder die von ihnen eingesetzten Mittel – Unrecht haben.

(B) Der/die Sozialarbeiter/in sieht sich alleine an der Seite der Person, die ihn/sie eingeschaltet hat. Diese klagt ihm/ihr wortreich ihr Leid. Leider entziehen sich die anderen Familienmitglieder, so dass es gar nicht über einen Austausch ihrer Sichtweisen kommen kann. Diese anderen erleben das Eintreten des Jugendamts als weiteren Schachzug im Kampf um die (Definitions- und Kontroll-)Macht in der Familie, auf den sie ihrerseits mit Rückzug reagieren. (Nicht selten stellt die Person, die das Jugendamt eingeschaltet hat, dessen Mitarbeiter vor die Alternative: Entweder er schafft es die anderen Familienmitglieder an den Tisch zu holen oder er kann wieder gehen.)

(C) Der/die Sozialarbeiter/in erlebt eine nach außen einige Familie, die ein großes Interesse daran hat, von fremden „Störenfrieden" (Schule, Nachbarn etc.) „endlich" in Ruhe gelassen zu werden. Der/die MitarbeiterIn des Amtes soll als Verbündeter der Familie auftreten und die anderen zurückweisen, bekommt aber zugleich wenig Einblick in die interne Dynamik der Familie: Es lässt sich lediglich ein „Brodeln" hinter der Fassade wahrnehmen. Die Familienmitglieder haben häufig auch untereinander heftige Konflikte, aber sie waschen prinzipiell ihre „schmutzige Wäsche nicht in der Öffentlichkeit" (wie mir einmal ein Vater sagte) oder haben zu wenig Vertrauen gegenüber dem Jugendamt als Partner bei der innerfamiliären Konfliktbehandlung

Alle drei Situationen beinhalten hohe Herausforderungen für den/die Sozialarbeiter/in. Zunächst ist es wichtig zu erkennen, was los ist und das auch offen zu kommunizieren.

Im Fall A muss man eine öffentliche Neutralitätsverpflichtung vornehmen und den Parteien gegenüber begründen können, warum gerade Neutralität hilfreich sein kann. Im Fall B kommt es darauf an, jeden Einzelnen zu erreichen, beispielsweise mit einem persönlichen Anschreiben etc. Im Fall C muss man vertrauensbildende Maßnahmen einleiten oder seine Hilfsbereitschaft bzw. Nützlichkeit an anderen Stellen unter Beweis stellen, um einen Zugang zum System zu bekommen.

Die Situation wird nicht dadurch einfacher, dass auch die MitarbeiterInnen des Jugendamtes eigene Vorstellungen darüber haben, was „vernünftige Ziele" sind bzw. wie diese zu entwickeln sind (z. B. was man als Sozialarbeiter dazu alles von der Familie wissen und erfragen muss etc.)[4].

Falldarstellung

An dem folgenden Fall wollen wir uns mit der Unterschiedlichkeit der Ziele von AdressatInnen beschäftigen.

> *Fall 1*: Anton macht Schwierigkeiten
>
> Frau Appelt, eine 40 Jährige Frau, allein erziehende Mutter, ganztags als Sekretärin eines Abteilungsleiters in einem großen Betrieb tätig, ruft im Jugendamt an, weil es mit ihrem 14,2 Jahre alten Sohn Anton „diverse Schwierigkeiten" gibt. Er wurde mehrfach wegen Schwarzfahrens (4 Mal) und Ladendiebstähle (3 Mal) erwischt (Zigaretten und Kleidungsgegenstände). Die Schule meldete sich wiederholt wegen Fehlzeiten (ca. 6 Mal). Die Nachbarn beschweren sich über laute Musik, in der Zeit, in der der Sohn zu Hause ist und die Mutter arbeitet.
>
> Ihre erste Idee lautet „... da müsste jemand mal mit meinem Sohn reden, am besten ein Mann, und ihm klar machen, was er alles bei mir hat, wie gut es ihm geht und dass er da auch ein bisschen Dankbarkeit zeigen müsste". Auf die Frage, ob es jemanden in der Familie gibt, der diese Aufgabe mit Aussicht auf Erfolg übernehmen könnte, wird deutlich, dass die „Familie" relativ isoliert lebt: Der Vater von Anton, ein Maschinenbauingenieur aus Sri Lanka habe sie kurz nach der Geburt verlassen, sei in sein Heimatland zurückgegangen und habe sich seitdem nicht mehr gemeldet. Die beiden Eltern der Frau sind gestorben.

---

[4] Ausführlicher zur Position der Sozialarbeiterin vgl. Kap. 6.2.

Ihr Bruder ist nach Venezuela ausgewandert und steht im Alltag nicht zur Verfügung. Auf die Frage, was ihr denn Hoffnung mache, dass ihr Sohn auf einen fremden Menschen, noch dazu vom Jugendamt, hören könnte, weiß die Mutter selbst keine Antwort. Sie sagt: „Ich dachte, dazu wären Sie da...".

Der Sozialarbeiter bietet ihr ein Gespräch an, das 10 Tage später zu Hause – einer geschmackvoll eingerichteten Mietwohnung – stattfindet. Frau Appelt trägt, wie sie selbst sagt, ihren „Büro-Dress". Sie erscheint als eine sehr gepflegte, aber älter wirkende Frau, die zunächst relativ distanziert und geschäftsmäßig auftritt. Anton ist nicht da. Der Sozialarbeiter fragt bald: „Was sind denn momentan in Ihrem Leben die wichtigsten Ziele, die Sie verfolgen und was sind wichtige Ziele im Leben Ihres Sohnes?". Die Mutter findet die Frage erst „merkwürdig", beginnt aber zu erzählen, nachdem der Sozialarbeiter ihr vermitteln kann, dass er nach Anknüpfungspunkten für das Gespräch mit dem Sohn sucht und deswegen mehr von ihrem Leben erfahren möchte.

Bei diesem Gespräch ergibt sich folgendes Bild über die gleichen und unterschiedlichen Ziele von Mutter und Sohn. Der Sozialarbeiter schreibt diese jeweils auf zwei verschiedenfarbige Karteikarten, die er der Mutter zum Lesen und Korrigieren jeweils hinschiebt[5]. Frau Appelt berichtet:

Ziele Mutter 1:

In meiner jetzigen Tätigkeit als Chefsekretärin bekomme ich endlich die Anerkennung, die ich mir immer schon gewünscht habe. Außerdem kann ich mir nur so die Dinge leisten, die mich zufrieden machen (Reisen, Fitness-Studio, Pop-Konzerte). Dafür nehme ich einen 10-stündigen Arbeitsalltag in Kauf. Es ist hart, aber es stimmt für mich so. Und auch für Anton fällt da ne Menge ab: Taschengeld, Markenklamotten, Urlaub.

---

[5] Zur Methode des Arbeitens mit Zielkarten siehe CD: Materialien und Vorlagen – Kapitel 5 – Kreative Methoden der Gesprächsführung

Ziele Sohn 1 (nach Angaben der Mutter):

Möglichst viel Freiheit, möglichst ohne Einmischung und Vorgaben das tun können, was er will. Viel Zeit mit der Clique verbringen. Diese bietet Anerkennung, Spaß und Action.

Der Sozialarbeiter konstatiert, dass Mutter und Sohn zumindest auf den ersten Blick ähnliche Ziele haben, wie Anerkennung finden und Dinge tun, die Spaß machen und formuliert die Hypothese. „Eigentlich müssten sie sich doch ganz gut verstehen…“. Die Mutter kann das auch so sehen: „Das hat auch viel Jahre sehr gut mit uns funktioniert, nur macht er jetzt immer häufiger seine Eskapaden, so dass ich mich dauernd um seine Angelegenheiten kümmern muss!“

An dieser Stelle formuliert der Sozialarbeiter eine Hypothese, mit der er an das Denken der Mutter anzukoppeln hofft: Es scheint als hätten Mutter und Sohn zunächst miteinander keinen Konflikt. Zwischen ihnen entstehen die Konflikte erst, weil andere ihre Konflikte mit Anton zu Angelegenheiten der Mutter machten. Dadurch gerate sie unter Druck (was ihre Kraft für die Arbeit anbetrifft) und er mit ihr in Streit, weil sie sich in sein Leben einmische, was sie müsse und er nicht wolle.

Diese Hypothese findet die Mutter sehr entlastend. Sie gesteht dem Sozialarbeiter, dass sie Vorwürfe erwartet habe (und von Kolleginnen auch schon gehört hätte), dass sie sich zu wenig um ihren Jungen gekümmert habe. Dabei hätte das bis letztes Jahr gut „funktioniert“ (das dritte Mal, dass dieses Wort fällt). Sie hätten beide „viele Freiheiten“ gehabt (z.B. drei Wochen getrennt Urlaub gemacht, er mit einer Jugendgruppe in Griechenland und sie auf Mallorca) und trotzdem zwei-, dreimal die Woche abends „schön zusammen gesessen beim Fernsehen“ und am Wochenende zusammen ins Fitness-Studio gegangen etc.

Seit gut einem Jahr hätte sich das aber verändert, vor allem seit dem Anton eine Clique kennen gelernt hätte, mit denen er zusammen seine „Eskapaden“ mache. In diese werde sie mehr einbezogen als sie sich „leisten könne“. Lehrer, Nachbarn, die Beförderungsgesellschaft, alle würden sich an sie wenden: „Was soll ich denn jetzt machen, ich kann doch nicht die ganzen Telefonate und Briefe unbeachtet lassen, am Ende kommt uns dauernd die Polizei ins Haus … neulich war sie schon da“

Der Sozialarbeiter lenkt das Gespräch auf die großzügige materielle Ausstattung, die der Sohn bisher von der Mutter erfahren hat. Ob dieser nicht eine Art „Deal“ zugrunde gelegen hätte: „Ich statte Dich sehr gut aus und Du bist dafür ein ordentlicher Sohn, der seiner Mutter keinen Ärger macht?“ Die Mutter kann das auch so sehen, auch „wenn ich es ihm so nie gesagt habe … aber so hab ich mir das schon vorgestellt.“

Ziele Mutter 2:

Anton soll in Schule und Öffentlichkeit so funktionieren, dass es keinen Ärger gibt. Alle Konflikte um sein Verhalten (Anrufe der Schule, Polizei, Nachbarn) rauben mir die Kraft, die ich für meine Arbeit brauche.

Ziele Sohn 2 (nach Angaben der Mutter):

Mutter soll mich in Ruhe lassen. Ich regle meine Konflikte selbst, zumindest mit den Menschen, die mir wichtig sind. Bei den anderen ist es mir egal: „… die bellen nur, beißen eh nicht…“

Der Sozialarbeiter fragt zunächst, ob Anton heute auch noch so viel Wert auf diese gute Ausstattung lege, was die Mutter bejaht. Dann fragt er, ob man diesen Deal zwischen Mutter und Sohn nicht offen machen könnte: Weiterhin so gute materielle Ausstattung, aber nur gegen die Leistung, dass er entweder keine „Eskapaden“ mache (der Sozialarbeiter greift das Wort der Mutter auf) oder sich wirklich selbst darum kümmere, z.B. Bußgeld vom Taschengeld bezahlen oder sich selbst bei der Jugendgerichtshilfe melden etc. Die Mutter sagt daraufhin: „Das hab ich ja schon versucht. Ich hab ihm schon zweimal das Taschengeld gekürzt. Aber er hat mir nur ins Gesicht gelacht und an dem Tag hat er sich zum ersten Mal was zum Anziehen gestohlen, wobei sie ihn Gott sein Dank nicht erwischt haben. Er sieht das mit dem Geld von mir als selbstverständlich an, das ist ja der Konflikt zwischen uns, dass er jetzt meint, das wäre sein gutes Recht“. Der Sozialarbeiter fragt, wie es mit der gestohlenen Hose weiter gegangen sei. Die Mutter berichtet, dass ihr Anton nach dem Streit angeboten habe, die Hose wieder zurückzubringen. Ihres Wissens hätte er das auch gemacht.

Ziele Mutter 3:

Dafür, dass ich Dich materiell so gut ausstatte, erwarte ich eine Gegenleistung: Dass Du funktionierst und mir Ärger vom Hals hältst.

Ziele Sohn 3 (nach Angaben der Mutter):

„Wohnung, gutes Essen, Klamotten, Taschengeld…das will ich auch weiterhin haben… aber dafür bin ich keine Gegenleistung schuldig."

Sozialarbeiter: „Aber ich verstehe das noch nicht ganz: Sie sitzen doch am längeren Hebel! Sie könnten doch sagen: Auch wenn Du klaust, für jeden Ärger, um den ich mich kümmern muss, gibt es Geldabzug. Oder anders herum, für jeden Ärger, um den Du dich selbst gekümmert hast, wie mit der Hose, gibt es eine Prämie!" Darauf wehrt die Mutter ab: Damit ließe sich der Junge nicht kaufen. Als der Sozialarbeiter insistiert, es käme auf einen Versuch an, entgegnet die Mutter: „Aber das geht doch nicht. Ich will doch auch gern, dass er ordentlich rumläuft und schick aussieht, und mir ist lieber, er isst bei McDonalds, auch wenn's teurer ist, als an irgend so einer billigen Frittenbude…". Bei diesen Worten wird Frau Appelt sehr weich und beinahe weinerlich. Der Sozialarbeiter bemerkt diesen Stimmungswechsel und fragt nach: „Ihnen ist es schon sehr wichtig, dass es Ihrem Sohn richtig gut geht?" Daraufhin erzählt die Mutter von ihrer Kindheit und Jugend, die sie in relativer Armut verbracht hat: „Da hat manchmal das Brot nicht gereicht und ich musste zu den Nachbarn und fragen…". Daraufhin schreibt der Sozialarbeiter eine weitere Karte:

Ziele Mutter 4:

Mein Sohn soll es besser haben, als ich es in meiner Kindheit hatte. Armut ist etwas so Demütigendes.

Darauf die Mutter (jetzt wieder straffer von der Körperspannung her): „Ich habe es mir geschworen, dass mein Kind das nie erleben muss und ich bin stolz, dass ich das geschafft habe…" Der Sozialarbeiter: „Man könnte sogar sagen, dass die viele Arbeit, die Sie sich machen und die gute Ausstattung , dass das Ihre Art ist, Ihrem Sohn Ihre Liebe zu zeigen…"

Frau Appelt zeigt sich verwirrt, aber auch erfreut bzw. gerührt: „Dass Sie das so sehen können… ich hab` eigentlich oft den Eindruck, dass ich ganz anders sein müsste.“ Im weiteren Gesprächsverlauf schildert sie, dass sie sich manchmal selbst im Kontakt mit anderen – auch ihrem Sohn – häufig als zu kühl und unnahbar erlebt. Das sei auch ein Grund gewesen, warum sich verschiedene Männer von ihr getrennt haben. Sie habe lange Zeit versucht das zu verändern, hätte das auch in zwei Beziehungen mit Männern ausprobiert, käme aber immer mehr dazu sich so zu lassen, wie sie sei: „So bin ich und damit kann ich leben!“

Der Sozialarbeiter schlägt Frau Appelt eine Formulierung vor, die sie teils annimmt, teils korrigiert. Ihrer Formulierung lautet:

Ziele Mutter 5:

Ich will Anton auf meine Art die mir mögliche Form von Liebe zeigen. Ich bin nicht der „zärtliche Typ“ und mit den Männern hab ich es auch nicht so. Ich weiß, dass mir da was fehlt. Aber arbeiten kann ich und das mache ich nicht nur für mich.

Mit dieser Sequenz endet das erste Gespräch. Bevor sich der Sozialarbeiter verabschiedet, schreibt er noch einen Brief an Anton und klebt diesen in einem Umschlag außen an dessen Zimmertüre:

Lieber Anton *

Es war ganz hilfreich, dass Du heute Abend nicht hier warst. So konnte ich erst mal in Ruhe Deine Mutter anhören. Sie hat mir den Eindruck vermittelt, dass Du ein mutiger junger Mann bist, der Konflikte mit anderen riskiert und diese Konflikte auch selbst regeln will. Dass Du das kannst, hast Du ja schon mit der Geschichte mit der Hose bewiesen. Das alles macht mich neugierig, Dich kennen zu lernen. Prinzipiell ist Dein Anliegen okay für möglichst viele Sachen selbst verantwortlich zu sein. Ein Problem ist, dass Deine Mutter vom Gesetz her verpflichtet ist, sich um einige Dinge zu kümmern. Das andere ist, dass sie sich manchmal Sorgen um Dich macht, was ich verstehen kann. Trotzdem macht es Sinn darüber nachzudenken, wie viel Einmischung von ihrer Seite sein muss und wo Du weiterhin frei sein kannst und sollst. Darüber würde ich gern mit Dir reden. Vielleicht gibt es von Deiner Seite ja noch andere Themen.

Bitte rufe mich im Lauf der nächsten Woche an, am besten am Mittwoch in der Zeit von 13.00 bis 16.00.

Mit freundlichen Grüßen

Wenn man die Aussagen der Mutter in Form einer Zielematrix darstellen möchte, dann könnte diese so aussehen:

Abbildung 9: Zielematrix von Frau Appelt

Zielematrix zur Analyse bzw. Erkundung von Zielvorstellungen		
Motivkontext ↑	**7. Vorstellungen vom „guten Leben“ (Warum?)**	Vorstellungen von Frau Appelt: • Berufliche Anerkennung • Von Anton und anderen als Mutter angesehen werden, die sich gut kümmert • Freiräume für eigene Unternehmungen und Hobbies ohne Anton • Ein gutes Leben jetzt und eine gute Rente für Freiräume auch im Alter
Erweiterter Motivkontext ↑	**6. Motive: Wünsche, Hoffnungen, Befürchtungen und Gefühle, die mit dem Ziel in Verbindung stehen (Warum?)**	Motive: • Der „alte“ Kontrakt soll wieder in Geltung treten: Materielle Zuwendung gegen „Brav sein“ zur Schaffung von Freiräumen für Beide • Der Junge soll es besser haben, als ich es gehabt habe; er soll nie Armut erleben • Der Junge soll das Materielle als das nehmen, was es für mich bedeutet: eine Form von Liebe
Motivkontext ↑	**5. Zweck(e)/ mit der Zielformulierung unmittelbar verbundene Absicht(en) (Wozu?)**	Möglichkeit A: Der Junge soll weg von der delinquenten Clique und/oder Möglichkeit B: Ich will in Ruhe meiner Arbeit nachgehen können und keine Kraft für seine Eskapaden vergeuden
Kern der Ziel-Formulierung	**1. Verbal geäußertes Ziel (Was?)**	„Der Junge soll (wieder) funktionieren …“
	2. Adressat der Zielformulierung (Wer?)	„Der Junge“ – der Sohn mit Namen Anton
↓	**3. Ideen über die Ziel-Mittel-Relation (Wie?)**	„Mal mit ihm reden, ihm klarmachen, dass…“
Mittelkontext	**4. Ideen über Zuständigkeit für die Ziel-Mittel-Realisierung**	„das Jugendamt, ein Mann...“

Eine ähnliche Zielematrix wurde später auch mit und für Anton erstellt. Beide wurden mit Mutter und Sohn in Einzelgesprächen rückgekoppelt. [6]

Die Hypothese, die der Sozialarbeiter sich über den Sohn gebildet hat und auf die der Brief aufbaut, lautet etwa so: „Anton tut einiges dafür, seine Mutter in sein Leben zu involvieren und zugleich weist er sie zurück, wenn sie sich kümmern muss. Er scheint bezüglich dieses „Kümmerns" ambivalent: Er will es und will es nicht. Er möchte sich selbst außerhalb des mütterlichen Schutzes ausprobieren und zugleich könnte es ihn ärgern, dass sie ihn mit Geld und Markenklamotten abspeisen möchte." Der Brief baut auf diese Hypothesen auf und versucht Anton zu vermitteln, dass beides möglich ist: das Sich-Kümmern der Mutter und die Autonomie.

Eine Woche später kommt es tatsächlich zu dem Gespräch zwischen Anton und dem Sozialarbeiter. Anton erscheint als ein hübscher Junge von zarter Statur und ist auffällig gut gekleidet. Die Abstammung von einem Asiaten ist überraschend wenig deutlich. Seine Gesichtszüge wirken eher weich, im Kontrast dazu lümmelt er sich provokativ auf dem Stuhl und redet mit betont „rotzigem" Jargon. Zu Beginn sagt der Sozialarbeiter: „Die Sache mit der Hose hat mich sehr beschäftigt. Hast du die tatsächlich zurückgebracht?". Anton bestätigt, dass er sie am nächsten Tag heimlich in das Geschäft zurückgetragen habe, fügt aber – beinahe stolz – hinzu: „Ne Woche später ham se mich im selben Geschäft aber erwischt". Der Sozialarbeiter: „Mir ist klar, dass du die Idee deiner Mutter das Jugendamt einzuschalten ziemlich daneben findest. Allerdings wirst du demnächst sowieso vom Jugendamt hören, nämlich von der Jugendgerichtshilfe. Die muss sich an dich und deine Mutter wenden, wenn Straftaten bekannt werden, weil du ja inzwischen strafmündig bist. Ich weiß, dass auch das dir keine Angst macht. Trotzdem möchte ich gern mit dir überlegen, ob und wie deine Ziele und die deiner Mutter zusammengehen können. Wenn dir diese Idee nicht gefällt, kannst du noch immer auf Konfrontationskurs gehen, das kann dir keiner nehmen. Das liegt ganz bei dir!".

Dann fragt er Anton, ob seine Mutter seine Ziele gut formuliert hätte und

---

[6] Auf der CD: Fälle und Szenen - Familie Appelt wird ein Hilfekonzept zu diesem Fall vorgestellt, das auf den Analysen aus diesem Kapitel beruht.

liest ihm Zielkarte 1 vor. Anton stimmt zu. Danach fragt er ihn nach seiner Ansicht zu dem „Deal" „Gute Ausstattung gegen gutes Benehmen". Anton ist über die Formulierung „Deal" verblüfft und lächelt unwillkürlich. „So hätte das meine Mutter gern, aber das mache ich nicht mehr mit. Ich scheiß auf ihr Geld, meine Freiheit ist mir wichtiger!" Auf die Frage, was er unter Freiheit verstünde, antwortet Anton: „Ich mach halt, was ich will, auch krumme Dinger". Der Sozialarbeiter macht klar, dass seine Mutter gar nicht anders könne, als sich um Briefe mit Geldforderungen bzw. Aufforderungen zur Vorstellung bei der Polizei etc. zu kümmern, da sie sonst selbst rechtlich belangt werden könnte. Anton zuckt mit den Schultern: „Ihr Pech, dann muss sie sich halt kümmern, aber mich soll sie in Ruhe lassen!" Der Sozialarbeiter fragt nach, was es denn mit Antons Ankündigung auf sich hätte, dass er Ärger und „krumme Dinger" selbst in Ordnung bringen wolle. „Einmal hast du ja schon gezeigt, dass du dazu in der Lage bist. Aber mir ist nicht klar, ob das so ein Spruch ist, mit dem du deine Mutter abfertigst oder meinst du das ernst und hättest gerne mehr Unterstützung dafür?" Anton lächelt wieder unwillkürlich und antwortet „Manchmal schon, manchmal ist es mir auch egal... schad´ ja nichts, wenn sie auch mal im Viereck springt". Der Sozialarbeiter: „Das heißt, du führst momentan auch so eine Art Krieg gegen deine Mutter?" Anton: „Das geht Sie gar nichts an!" Es entsteht eine angespannte Stille. Der Sozialarbeiter hat den Eindruck zu weit gegangen zu sein. Er vermutet Anton gegenüber zu schnell zu viel „Durchblick" gezeigt zu haben und hat nun das Gefühl selbst Beratungsbedarf zu haben, was er vor Anton offen legt. Er stellt ihm in Aussicht – je nach Ergebnis seiner Beratung – entweder mit ihm und seiner Mutter gemeinsam oder noch mal mit ihm alleine sprechen zu wollen. Zum Schluss sichert er Anton zu, dass er der Mutter zwar vom Zustandekommen des Gesprächs berichten, jedoch nichts über die Inhalte sagen würde. Anton verabschiedet sich – überraschenderweise mit den Worten „also, bis demnächst".

Analyse der Konflikte zwischen Mutter und Sohn und „in" jedem von beiden

Nach den beiden Gesprächen wendet sich der Sozialarbeiter an sein Stadtteilteam. Gemeinsam mit den KollegInnen werden dort die Interessen- und Zielkonflikte der beiden besprochen und so auf den Punkt gebracht:

Abbildung 10: Unterschiedliche Vorstellungen, Interessen und Ziele

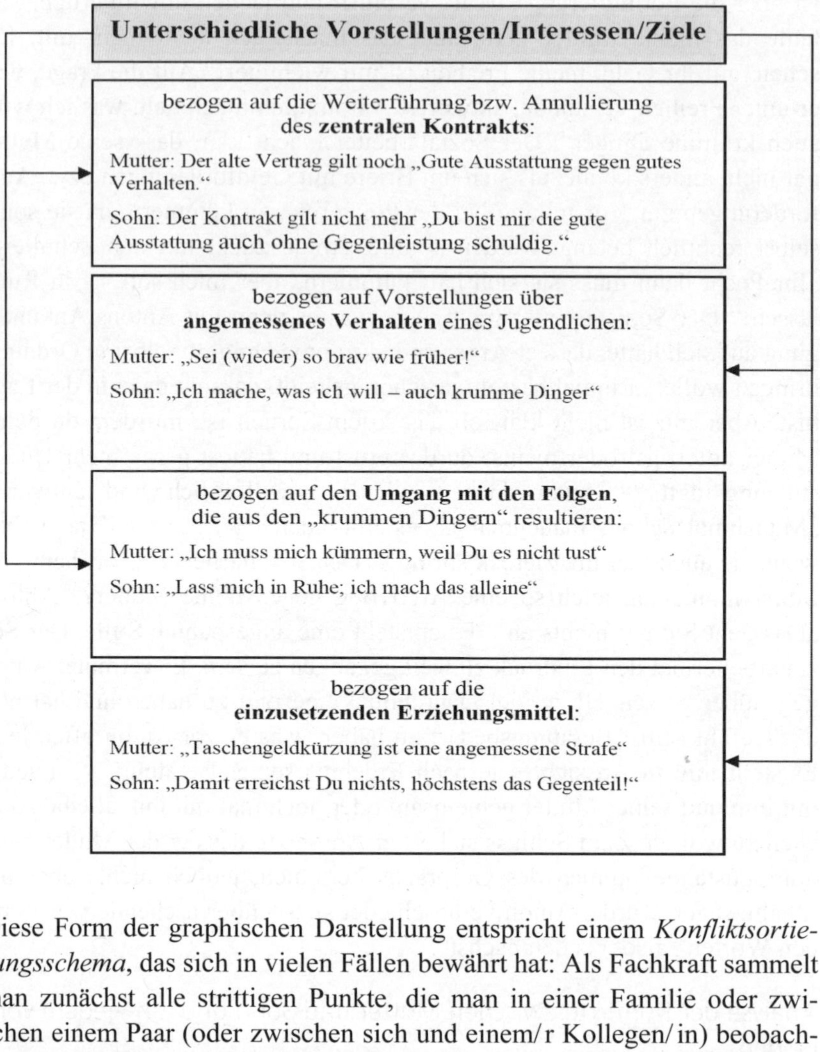

Diese Form der graphischen Darstellung entspricht einem *Konfliktsortierungsschema*, das sich in vielen Fällen bewährt hat: Als Fachkraft sammelt man zunächst alle strittigen Punkte, die man in einer Familie oder zwischen einem Paar (oder zwischen sich und einem/ r Kollegen/ in) beobachtet zu haben glaubt und versucht dann zu bestimmen, ob es einen zentralen Konflikt gibt, von dem die anderen als „abgeleitet“ betrachtet werden können. Im Fall von Frau Appelt und Anton schien das der Fall zu sein. Den oder die Hauptkonflikte, schreibt man an erste Stelle (siehe oben: zentraler

Kontrakt). Die anderen Konfliktthemen ordnet man nach ihrer Bedeutsamkeit von oben nach unten an – so wird auf einen Blick deutlich, was zwischen Mutter und Sohn strittig ist. Dieses Konfliktsortierungsschema entspricht den Vorstellungen der Fachkräfte. In einem zweiten Schritt sollte es den AdressatInnen vorgestellt werden. Sie können neue Themen benennen oder die Rangfolge der Bedeutungen verändern. In vielen Fällen habe ich erlebt, dass Familien den Profis dankbar sind, wenn sie ihre Konflikte in einer solchen sortierten Fassung präsentiert bekommen und anschließend mitsortieren können.

Nach dieser Analyse wird jedoch noch eine zweite Ebene von Konflikten deutlich: Die Interessen und Ziele jeder der beiden Person befinden sich auch untereinander in Spannung. Bei Frau Appelt wird folgender Zielkonflikt bzw. folgende Ambivalenz für zentral gehalten: Einerseits will sie in Ruhe ihrer Arbeit und ihren Interessen nachgehen und braucht dazu einen „braven" Jungen, der ihr den Rücken frei hält. Andererseits ahnt sie selbst, dass sie ihrem Sohn mit diesem Deal zu wenig gibt/ gegeben hat und ihr deshalb die materiellen Vergünstigungen, die sie ihm gewährt, selbst eine Herzensangelegenheit sind. Sie steht in dem Dilemma, dass sie zugleich eine „erfolgreiche bzw. beruflich anerkannte Frau" und „gute Mutter" sein will bzw. in dem von außen an sie heran getragenem Dilemma, dass sie sich (um die krummen Dinger) kümmern muss, aber nicht kümmern will. Das führt zu der widersprüchlichen Kommunikation an ihren Sohn: „Ich bin gut, weil ich dich so toll ausstatte, erkenne das an! Ich weiß schon, dass ich nicht gut genug bin, mach mir ruhig Ärger, ich habe es verdient!".

So stellt z.B. für die Mutter die „gute materielle Ausstattung" des Sohnes:

- einerseits ein „Mittel für einen Zweck" dar (zentraler Kontrakt): Sie will damit den Rücken frei haben für ihre Berufstätigkeit, die ihr materielle und finanzielle Befriedigung verschafft.
- zugleich ihr eigenes Bedürfnis. Selbst wenn der Sohn es nicht mehr wollte, bleibt es ihr Ziel die „gute Ausstattung", „an den Mann zu bringen." Aufgrund ihrer eigenen Geschichte fungiert diese wie ein Bannfluch gegenüber den eigenen Armutserfahrungen in der Kindheit. Sie zeigt sich damit selbst, dass sie „es geschafft" hat.
- wieder auf einer anderen Ebene stellt die „gute Ausstattung" ihre Art dar, ihm ihre Liebe zu zeigen, was ihr ein Anliegen ist: Eine Liebe, die sich durchaus bewusst ist, dass sie von Form und Inhalt her begrenzt

ist, die aber auch Aspekte ernst gemeinter und persönlicher Zuwendung enthält.

Weil die Mutter mit der „guten Ausstattung“ verschiedene Ziele verfolgt/Bedürfnisse befriedigt, können sich diese in die Quere kommen: Denn entweder muss sie mit dem Pfund „Ausstattung“ wuchern, und somit ihrem Sohn konsequent die materiellen Vorteile vorenthalten. Oder sie erfüllt damit sich selbst zentrale Bedürfnisse (mein Kind soll es besser haben – das ist meine Form ihm Liebe zu zeigen). In diesem Fall kann sie ihm diese Ausstattung nicht entziehen, weil sie sich damit selbst schadet. Verzichtet sie oder der Sohn auf diese Ausstattung, dann hat sie keine Bestätigung mehr und keinen Liebesbeweis.

Seine „krummen Dinger“ können verstanden werden als…

- Mutproben, mit denen er bei der Clique Anerkennung finden will.
- Wunsch nach Reibung mit erwachsenen Autoritäten.
- Versuche mit wachsender Autonomie umgehen zu lernen: Wohin führt mich das, wenn ich so etwas mache?
- Versuche die „kühle“ Mutter im „Viereck springen zu lassen“.
- Bestrafungen der Mutter dafür, dass sie ihn mit Materiellem („ihr Scheißgeld“) abspeist bzw. sich so ihre Freiheiten erkaufen möchte.

Bei Anton wird folgender Zielkonflikt bzw. folgende Ambivalenz für zentral gehalten: Einerseits will er sich aus der engen Bindung an seine Mutter befreien, weil er hinter dem „Deal“ auch ihr Desinteresse an ihm und ihre allzu strikte Orientierung an ihren eigenen Interessen spürt. Sein Weg, sich von der Mutter zu distanzieren, geht über die Clique und das Klauen bzw. Schule schwänzen. Dabei erlebt er Autonomie und ist auch durchaus in der Lage Verantwortung zu übernehmen (siehe Hose). Andererseits will er seine Mutter im „Viereck springen“ sehen, das heißt er genießt es auch, wenn sie sich um ihn sorgt. Er will schon noch, dass sie mit ihm innerlich und äußerlich beschäftigt ist. Dabei sendet er die widersprüchliche Botschaft: „Kümmere dich um mich, lass mich in Ruhe“. Was die Mutter auch macht (kümmern oder ihn in Ruhe lassen), kann er zurückweisen und sie somit auch ein Stück „hängen lassen“, wie er sich von ihr hängen gelassen fühlt.

Und nun? Was soll man in diesem Fall tun? Die Vielfalt von ungeklärten Interessens- und Zielkonflikten zwischen und in AdressatInnen macht jeden Hilfeansatz kompliziert. Als Helfer wird man unweigerlich in die Dynamik dieser AdressatInnen verwickelt.

Noch komplizierter wird die Situation, wenn HelferInnen in diese Konflikte auch noch *eigene Zielvorstellungen* einbringen, die nicht an den eigenen Zielvorstellungen der Personen ansetzen oder (die über implizite Vorwürfe) den Druck auf eine oder beide Parteien erhöhen. Eine nahe liegende, aber eher destruktiv wirkende Vorstellung wäre z.B. „Bei Anton handelt es sich um einen Fall von Wohlstandsverwahrlosung. Die Mutter, die ihre Karriere über die Bedürfnisse ihres Sohnes stellt, muss sich nicht wundern, dass sich ihr Sohn so schlecht entwickelt. Sie muss sich ihrem Sohn ab sofort mehr zuwenden, sei es liebevoll, sei es mit Strenge und Konsequenz. Das Ziel muss sein, dass die Mutter erkennt, was sie in der Vergangenheit versäumt hat. Man muss ihr beibringen, was sie ihrem Sohn an mütterlicher Zuwendung schuldig ist.“ Diese Gedanken nenne ich destruktiv, weil sie aufgrund eines bürgerlich verengten Mutterbildes Frau Appelt die „Schuld an der Misere“ zusprechen. Frau Appelt wird das spüren und innerlich in Widerstand gehen. Entweder wird sie das Jugendamt als Hilfepartner aufgeben oder eine Hilfeform, die auf die „Korrektur ihrer Persönlichkeit“ aus ist, unterlaufen. Mit der obigen Konstruktion würde man verkennen, dass diese Mutter sich im Rahmen ihrer Möglichkeiten (!) sorgt und Gedanken macht.

Wenn man diese nicht würdigt – wie es dem Sozialarbeiter hervorragend gelingt – wird man ihr bestenfalls Schuldgefühle machen. Aber diese Frau hat ihren Sohn bis zum Alter von 12 oder 13 Jahren, ohne dass er auffällig geworden wäre und ohne fremde Hilfe groß gezogen. Sie hat sich nebenbei fortgebildet, gearbeitet und Steuern gezahlt. Das alles ist eine große Leistung! Und daran lässt sich anknüpfen.

Ebenfalls destruktiv wäre die Konstruktion: „Der Sohn ist nicht nur einer kalten und lieblosen Mutter ausgesetzt, sondern vor allem einer Frau, die ihm keinen Halt zu geben vermag. Deswegen hat er sich zu einem rücksichtslosen, undankbaren, gierigen, materiell gepolten Jungen entwickelt. Das ehemalige Schoßhündchen ist inzwischen zum Pitbull mutiert. Deswegen muss er dringend aus der Familie genommen werden und in ein klar strukturiertes Erziehungssetting gegeben werden: Tagesstrukturierung, männliche Vorbilder, klare Werte, Arbeit und Erlebnispädagogik und Konfrontation sind angesagt, um zu verhindern, dass der Junge weiter auf die schiefe Bahn gerät".

Vielleicht lächeln viele Leser angesichts dieser Beschreibungen. Aber sowohl diese als auch die von der „Wohlstandsverwahrlosung" tauchten in einer Teambesprechung im Jugendamt einer deutschen Großstadt (West) auf – diese Beschreibungen, unter vielen anderen! Auch bei der zweiten Variante ist das Strickmuster das gleiche. Sie verkennen die Kompetenzen der Protagonisten: Dass der Junge die gestohlene Hose wieder zurückbringt, zeigt nicht nur technische Fähigkeiten, sondern kann auch als Ausdruck eines Wertebewusstseins gelesen werden und darüber hinaus als ein Beispiel für einen gelungenen Einigungsprozess zwischen Mutter und Sohn auch und gerade in einem zugespitzten Konflikt. Ähnlich wie bei der Mutter darf man auch bei dem Jungen vermuten, dass er jahrelang relativ zufrieden mit seiner Mutter und mit dem zwischen ihnen etablierten Kontrakt gelebt hat. Und seine Rebellion gegen diesen Kontrakt zeigt, dass er genügend Rückgrat hat, es mit einer mächtigen Frau aufzunehmen. Diese Stärke muss ihm jemand vermittelt haben!

Und was bringt uns die Analyse des Falls an Erkenntnissen? Die Interessen und Ziele von Personen können auf unterschiedlichen Ebenen unterschiedlich und konfliktreich sein. Bei Familien, die für Erziehungshilfe in Frage kommen und/oder diese anfragen, ist es sinnvoll damit zu rechnen, dass mehrere der folgenden Punkte zwischen den Mitgliedern strittig sind:

- Was ist der *zentrale Kontrakt*, welcher der (früheren oder momentanen) Beziehungsgestaltung zugrunde liegt bzw. lag und ist dieser noch gültig?
- Welche *Pflichten und Rechte* haben *Kinder/Jugendliche* gegenüber ihren Eltern?
- Welche *Pflichten und Rechte* haben *Eltern* gegenüber / in Bezug auf ihre Kinder?

- Was ist *angemessenes Verhalten* (für ein/en ...-jähriges/n Kind/Jugendlichen)?
- Was sind *angemessene Erziehungsmittel* der Eltern gegenüber dem Kind, auch bei „unangemessenem Verhalten"?
- Wann bzw. in welchen Situationen soll/darf man *externe Hilfe/Helfer(systeme)* bemühen bzw. mit welchem Ziel wendet man sich an externe Helfer?

Die Interessen und Ziele der Personen können sich aber auch untereinander in Spannungen befinden. Diese Spannungen bzw. Ambivalenzen betreffen u.a. die Themen:

- Hin-und-hergerissen-Sein zwischen Pflicht und Neigung
- Wunsch nach Autonomie bei gleichzeitigem Wunsch nach Versorgung bzw. Bindung
- Wenig Interesse am bzw. für den anderen bei gleichzeitigem Wunsch von diesem anerkannt zu werden oder auf diesen Einfluss zu haben
- Wunsch, äußeren Anforderungen zu genügen („normal" zu sein) bei gleichzeitigem Wunsch, den eigenen individuellen Weg zu gehen
- etc.

Über diese und andere Widersprüchlichkeiten in den Gefühlen und damit auch in den Motivkomplexen, die hinter den Zielformulierungen stehen, sollte man sich nicht wundern.

Im Gegenteil: Ambivalenz und Widersprüchlichkeit sind normale und spontane Merkmale bei beinahe allen emotionalen Phänomenen. Erst in einem Prozess, den ich Zielentwicklung nenne, kommt es – wenn er denn gelingt – zu einer Klärung und Vereinheitlichung des Willens und Wollens.

2.4 Vom Handlungsimpuls zum erklärten Ziel

Subjektive Voraussetzungen für Zielformulierungen

Bisher gingen wir davon aus, dass jede Person in der Lage (und willens) ist, ihre Absichten bzw. ihren Willen auszudrücken und eigene Ziele zu formulieren. Diese Fähigkeit bildet die Grundlage dafür, sich in den Hilfeprozess mit eigenen Vorstellungen – evtl. im Widerstand zu fremden Zielen – einzubringen, um den Hilfeprozess möglichst im Einklang mit den eigenen Anliegen zu gestalten. Das selbstverständliche Vorhandensein dieser Fähigkeit ist aber in Frage zu stellen. Ziele bilden und als eigene Anliegen formulieren zu können, stellt eine komplexe und voraussetzungsreiche Kompetenz dar. Vier „Bausteine", die für die Entwicklung dieser Kompetenz zentral sind, werden in diesem Kapitel holzschnittartig skizziert:

- Baustein 1 betrifft das Selbstbild: Wissen, wer ich bin und was ich will.
- Baustein 2 betrifft die Selbsterfahrung: Wissen, dass ich etwas bewirken kann.
- Baustein 3 betrifft die Anleitung bei Planungsprojekten bzw. die Unterstützung von kindlichen Planungsprojekten: Wissen, wie man Planungen macht und umsetzt.
- Baustein 4 betrifft das Erleben von Verlässlichkeit: Wissen, dass Geplantes auch getan wird.

Wenn klar ist, dass auch für Baustein 1 und 2 Sozialisationserfahrungen eine wichtige Rolle spielen, könnten Baustein 1 und 2 als „innere Voraussetzungen" und Baustein 3 und 4 als „sozialisatorische" oder „äußere Voraussetzungen" bezeichnet werden.

Fehlen einzelne dieser Bausteine, kommt es zu mehr oder weniger gravierenden Defiziten in der Fähigkeit Ziele zu formulieren und/oder Ziele zu verfolgen. Diese Defizite werden hier unter einer entwicklungspsychologischen Perspektive beschrieben. Sie bleiben zumeist unterhalb der Schwelle psychiatrischer Auffälligkeiten, beeinträchtigen aber die Lebensführung der davon Betroffenen oft in maßgeblicher Hinsicht. Ein diagnostischer oder – wer lieber möchte – fallverstehender Blick auf den Entwicklungsstand dieser Kompetenzen ist für den „Hilfeplaner“ unerlässlich. Bei der Beschreibung dieser Mängel geht es mir nicht um die Pathologisierung der Betroffenen. Im Gegenteil, es geht darum, sie vor unsensiblen PlanerInnen zu schützen. Erkennt man ihre Defizite, heißt das nicht, dass mit ihnen Zielentwicklung und Planung unmöglich wären; sie bedürfen aber einer besonderen methodischen Kompetenz seitens der Professionellen.

Sicherlich gibt es in Bezug auf das Zieleformulieren auch eine umgekehrte Pathologie, also Personen, die sich immer und überall Ziele setzen und diese zwanghaft erreichen müssen: Personen, die aus jedem Spiel einen Wettkampf um Punkte machen und ihre Joggingstrecke nur genießen können, wenn sie sie ständig ausdehnen. Personen, die in ernsthafte Depressionen versinken, wenn sie einmal etwas nicht geschafft haben. Personen, die ihre Zeit bis zur letzten Minute verplanen und geradezu Angst bekommen vor freien Tagen. Personen, die alles immer selbst in die Hand nehmen müssen und die kein Vertrauen haben, dass es andere oder das „Schicksal“ auch mal gut mit ihnen meint. Personen, die unfähig sind etwas „geschehen“ zu lassen, die Kontrolle aufzugeben oder sich unerwarteten Anforderungen zu stellen. An dieser Hypertrophie des Zieleformulierens und Planens, an der ständigen Instrumentalisierung eigener oder fremder Eigenschaften, dürften in unserer westlichen Leistungsgesellschaft mehr Menschen leiden als an den weiter unten geschilderten Defiziten. Sie können geradezu als „Signum der Moderne“ begriffen werden (Marcuse/Schmidt 1974). Sicherlich leiden mehr Professionelle an dieser „Krankheit“ als AdressatInnen.

Deswegen müssen vor allem „Planungsfans“ aufpassen, wenn sie auf Personen stoßen, die an Zielformulierungs- und Planungsdefiziten leiden, da in diesen Begegnungen immer auch eigene, häufig unreflektierte Präferenzen und Haltungen auf den Prüfstand kommen. Das In-den-Tag-Leben, das Sich-treiben-Lassen, das ständige Improvisieren und die Hoffnung, „es wird schon irgendwie gehen“ stellen zugleich (beneidenswerte aber keineswegs zu idealisierende) Ressourcen dar wie auch Defizite, welche die Teilnahmechancen der davon Betroffenen enorm einschränken. Hier gilt es beide Seiten im Blick zu halten.

Neben den entwicklungspsychologischen Voraussetzungen für Zielformulierungen und Planungsverhalten, gibt es allerdings auch aktuelle Umstände, die es den AdressatInnen ratsam erscheinen lassen, sich bezüglich des Zieleformulierens nicht auf die Ansprüche der HelferInnen einzulassen. Diese offenen oder subtilen Verweigerungen sind eher von aktuellen Erfahrungen mit dem Hilfesystem und von strategischen Interessen motiviert. Hierzu werden noch einige Gedanken am Ende des Kapitels folgen.

Baustein 1: Das Selbstbild – Wissen, wer ich bin und was ich will

Um ein eigenes Ziel bilden und formulieren zu können, muss ich wissen, was ich will bzw. anstrebe. Dazu brauche ich ein konsistentes Bild von mir selbst und meinem Wollen, d.h. dass ich diese zumindest in basalen Gegebenheiten als kontinuierlich erfahre.

Ohne die Erfahrung *personaler Kontinuität* (Kontinuität im Sein und Wollen) fehlt dem Subjekt die Grundlage für die Bildung von Zielen und die Formulierung von eigenen Anliegen (Fend 1991, Hurrelmann u.a. 1985), denn wenn ich mich morgen (oder in 10 Minuten) als jemand anderen erlebe bzw. etwas anderes will als heute, dann sind Ziele, die eine stabile Präferenz von erwünschten Zuständen implizieren, sinnlos. Zielbildung setzt Identität voraus, die Gewissheit auch im Wechsel von Orten, Personen und Kontexten „ich selbst" zu bleiben. So sagt ein Jugendlicher, der eine Reihe von Problemen hat, aber durchaus als identitätsstark gelten kann: „Ich weiß, was ich will; ich mache es nicht immer; aber im Prinzip weiß ich es. Und auch wenn ich es zwischendrin vergesse, komme ich doch immer wieder darauf zurück!"

Je fragmentierter oder diskontinuierlicher sich ein Subjekt in Bezug auf sein eigenes Sein und Wollen erlebt, je unsicherer das Gefühl der eigenen Identität ausgebildet ist, desto mehr ist es darauf angewiesen von Impuls zu Impuls zu leben und jeden zu befriedigen, ohne jedes Mal einen Zusammenhang zwischen ihnen und von diesen zu sich herstellen zu können. Man lebt dann „von Moment zu Moment", ohne Anspruch dass diese eine nachvollziehbare oder konsistente Ereigniskette darstellen. Man lässt sich treiben… Die jeweils aktuellen Ereignisse und ihre Dynamik steuern dann, was man tut und wie man handelt. So kommt es bisweilen zu Handlungen, die einem selbst unverständlich sind. Sie entfalten eher das Potential der Situation als das des eigenen Selbst (aus aggressiven Handlungen darf deswegen nicht immer auf eine aggressive oder hasserfüllte Persönlichkeit geschlossen werden).

Das kann auch das Hilfeplangespräch betreffen: Dort stimmt man u. U. Planungen zu, die man kurze Zeit später als fremd und hohl erlebt. In der Situation selbst kann man aber durchaus überzeugt davon gewesen sein, dass man das wollte. Das Problem ist immer wieder: „Wer bin ich und was will ich?“ Verbindliche Absprachen sind auf dem Hintergrund dieser Unsicherheit nicht möglich. Jemanden dieses Typs zu verbindlichen Zusagen drängen heißt beinahe ihn zur Lüge auffordern.

Es gibt normale und pathologische Formen der Unklarheit im Sein und Wollen: In allen Lebensaltern ist mit einem Mangel an Kohärenzgefühl und in Folge dessen mit dem Fehlen von Entschlossenheit bzw. mit dem Gefühl zwischen mannigfachen Impulsen hin und her zu pendeln oder mit dem „Driften“ als Lebensform ist zu rechnen.

Für Säuglinge und Kleinkinder stellt das Leben von Moment zu Moment, noch ohne ein Gefühl von Ganzheit, die für sie angemessene Existenzform dar (siehe Winnicott 1974, S. 47 ff).

Grundschulkinder besitzen in der Regel ein klares Bild von sich. Trotzdem können sie es immer wieder genießen von Beschäftigung zu Beschäftigung zu springen und folgen dabei ihren inneren Impulsen, bald in der Aktivität, bald in Tagträumereien. Die Konzentrationsspannen werden nur langsam größer und so lange das Kind immer wieder einmal in einer Beschäftigung ganz aufgeht oder etwas zielstrebig verfolgt, muss man sich als Eltern keine Sorgen machen.

Für den Zeitraum der Pubertät kann das „Driften“ als ein zentrales Lebensgefühl angenommen werden. In der Jugendphase geht es darum gewachsene innere Strukturen (auf psychologischer und neuronaler Ebene) loszulassen und umzubauen. Eine zu schnelle und zu klare Neuordnung beendet diesen notwendigen Umbauprozess möglicherweise zu früh. Der Prozess braucht Zeit und muss ausgehalten werden. Winnicott spricht deswegen von einem „Übergangsraum“ („doldroom“) (Winnicott 1988,

S. 187ff). In dieser Zeit weiß man als Jugendlicher noch nicht was man will, aber man weiß, was man nicht will. Und man ist als Entwicklungsaufgabe geradezu verpflichtet, sich auf nichts Falsches – etwas das dem eigenen unsicheren Identitätsgefühl übergestülpt wird – einzulassen.

Aber auch bei Erwachsenen kennt man solche Phasen. Wir alle haben immer wieder das Bedürfnis unsere Aufmerksamkeit schweifen lassen zu dürfen und in Zustände von wohliger Diffusion einzutauchen. Ein Leben, das nur aus gerichteter Aufmerksamkeit und zielstrebigem Handeln besteht, ist schlechterdings nicht vorzustellen. Und gerade in Anbetracht von Krisen, z. B. Trennungs- und/oder Trauerprozessen, angesichts derer man sich völlig umstellen muss, erlebt man immer wieder, dass man nicht mehr weiß, was man will und wer man selbst eigentlich ist.

Von diesen in den Lebensphasen adäquaten, vorübergehenden Formen von Diffusion und Unklarheit, müssen Formen abgegrenzt werden, in denen das Identitätsgefühl dauerhaft beeinträchtigt ist. Dabei kann man „Fragmentierung" von „Ambivalenz" unterscheiden: Einem *fragmentierten Selbstbild* entspricht ein ungeordnetes, chaotisches, „haltloses" Leben. Gruppen, Ideologien oder manisch verfolgte Aktivitäten können eine Art Ersatzhalt bieten. Aber auf einer tieferen Ebene herrscht Ungewissheit und Ratlosigkeit bezogen auf das eigene Wollen und stimmige Zukunftspläne. Diese Ratlosigkeit kann im Betreuungszusammenhang häufig nur ausgehalten, sie kann aber nicht – beispielsweise durch einen forcierten Zielformulierungsprozess – übersprungen werden. Zielentwicklung kann hier bestenfalls an einigen ganz basalen Bedürfnissen anknüpfen.

Demgegenüber entspricht Ambivalenz einer reiferen Organisationsform des Selbst: *Ambivalenz* meint das Hin-und-her-gerissen-Sein zwischen zwei relativ klar umrissenen Tendenzen: Ich will… und will doch wieder nicht…, z. B. zur Schule (zur Entziehungskur, zur Therapie etc.) gehen, mich mehr und besser um meine Kinder kümmern, meine Wut bezähmen und nicht mehr zuschlagen. Ambivalenz setzt einen Klärungsprozess voraus, damit es zu sinnvollen Zielformulierungen kommen kann. Oft geht es darum mit dem „verhindernden" Teil im eigenen Selbst in Kontakt zu kommen bzw. Ziele so zu formulieren, dass sie beiden Seiten der Ambivalenz gerecht werden.

Baustein 2: Die Selbsterfahrung –
Wissen, dass ich etwas bewirken kann

Für das Bilden von Zielen bedarf das Subjekt der Erfahrung, dass sein Handeln zu etwas führt, was es selbst wollte. Am Anfang der Entwicklung ist es eine einzelne Handlung, die ihr Ziel erreicht oder nicht (z. B. das ungeschickte Greifen des Säuglings nach einem Gegenstand oder das Schreien, das die Mutter herbeiholt). Absicht, Handlung und Erfolg fallen innerhalb einer Bewegung in eins; sie treten erst nach und nach auseinander.

Wenn eigene Vorhaben scheitern, kann immer noch die Phantasie einspringen: Man halluziniert sich dann die Wunscherfüllung. Aber die ersten realen Erfolge spornen an. Damit Entwicklung stattfindet, müssen die Aufgaben angemessen schwieriger werden: Das Baby verbindet eine Streckbewegung der Hand mit einer Kriechbewegung, mehrere Bewegungen müssen koordiniert werden etc. Die Handlungsketten werden länger: Erst muss das Kleinkind zum Karton robben, dann mühsam den schweren Deckel liften, dann im Papier wühlen, bis es das geliebte Kuscheltier (wieder)findet, das der Vater vor seinen Augen versteckt hat (vgl. Oerter/Montada 1995, S. 135; Schäfer 1989). Die in der Vor- oder Rückschau stattfindende Verbindung von Absicht (Ziel) und Handlung eröffnet die Möglichkeit eigene Handlungen als zielführend und erfolgreich in meinem Sinne erfahren zu können. Das ermutigt weiteres Planungsverhalten.

Das eigene Wollen und seine Verbindung mit dem Handeln erweist sich als eine steuernde Größe. Das Gefühl von „*Selbstwirksamkeit*" stellt sich ein (Silberstein 1988). Weil man reale Erfolge erzielt, weil das Handeln in der Realität Befriedigungen ermöglicht, ist man zur Erfüllung der eigenen Wünsche immer weniger auf das Phantasieren angewiesen. Omnipotenzgefühle können nach und nach aufgegeben werden. Selbstwirksamkeit meint etwas Doppeltes: A) Ich bin jemand, der sich eine Handlung vornehmen und diese auch ausführen kann. Und: B) mit den Handlungen, die ich plane und ausführe, erreiche ich das von mir anvisierte Ziel. Erst A und B zusammen führen zu dem Gefühl: Es lohnt sich etwas zu planen und es dann auch zu tun; „ich kann damit etwas erreichen … Oder auch nicht".

Entweder habe ich mir dann zu viel vorgenommen, entsprechen meine

Ziele (noch) nicht meinen Fähigkeiten (ich will eine Geschichte schreiben, aber bekomme meine Gedanken nicht geordnet); es fehlt mir an Ausdauer (den Text zu Ende zu schreiben, auch wenn meine Hand wehtut oder meine Freunde nach mir rufen) oder mein Produkt wird anders eingeschätzt als ich erwartet hatte: Für mich stellt es einen Erfolg dar, die anderen machen sich darüber lustig (über meine krakelige Schrift), es wird nicht als Ergebnis anerkannt.

Alle drei Erfahrungen (zu geringe Kompetenzen, zu wenig Ausdauer, zu wenig Anerkennung für meine Mühe) können enttäuschen und beschämend erlebt werden. Gleichzeitig können sie aber auch anspornen: Sich illusionäre Vorhaben abzuschminken und sich geeignetere, weil angemessenere Ziele auszuwählen, mehr Durchhaltevermögen zu entwickeln, vorher genauer darauf zu achten, was die Anforderungen der relevanten anderen an das Endprodukt sind oder sich unabhängiger zu machen von deren Urteil. Nur wenn sich die Misserfolgserlebnisse in allen drei Bereichen zu oft wiederholen, führt das zu einem Stillstand der Fähigkeit zur Zielentwicklung oder des Planungsverhaltens (Seligman 1995).

Auch hier kann man unterschiedliche Formen bzw. Intensitätsgrade unterscheiden:

- Steckenbleiben im Phantasieren (1)
- Entwicklung einer sich verhärtenden Misserfolgsorientierung (2)
- Bequemer Rückzug in eine passive „Fürsorgeerwartung", in ein „Versorgt werden" (3)

Zu (1): Manche AdressatInnen bleiben im Bereich des *Phantasierens* stehen: Sie lassen sich schnell auf das Formulieren von Zielen ein, aber verfolgen dabei fast immer Projekte, die „eine Nummer" zu groß für sie sind. Aber von Skepsis wollen sie nichts hören… Je größer das Ziel, umso besser in ihren Augen. Häufig gelingt es ihnen sogar die SozialarbeiterInnen gegen deren Überzeugung von den unpassenden Zielen zu überreden. Allerdings scheitern die meisten Vorhaben, weil die eigenen Mittel (Fähigkeiten und Ausdauer) dazu doch nicht ausreichen. Aber dieses Scheitern wird von der Person nicht als solches verbucht – es macht ihnen (scheinbar) nichts aus, es wird schnell wieder vergessen und durch eine neue Zielplanung, auf einem ganz anderen Bereich, kompensiert. Es scheint, dass für diese Gruppe von AdressatInnen mit ihren großen Zielen ein narzisstisches Hochgefühl verbunden ist, das um seiner selbst willen genossen wird. Die Realisierung des Ziels ist demgegenüber unwichtig. Die Realität als ein Bereich jenseits der eigenen Wunschbilder, als ein Bereich möglicher, realer Erfolge, hat sich bei diesen Personen noch nicht konstituiert oder wurde auf eine emotionale Hinterbühne verbannt. Dort fristet sie ein kümmerliches Dasein. Gelingen scheint es nur beim Träumen zu geben, in der phantasierten Omnipotenz.

In der Geschichte solcher Personen ist häufig ein Bruch zu finden: Phasen guter Versorgung und enger Bindung an Bezugspersonen, wechseln mit Phasen, in denen die Kinder alleine gelassen werden und die Versorgung in physischer wie psychischer Hinsicht „zusammenbricht". In diesen „leeren Zeiten" haben sich die Kinder mit Phantasien über den Tag gerettet, haben sich imaginäre Parallelwelten aufgebaut, in denen sie quasi „überwintern" konnten bis wieder bessere Zeiten anbrechen. Zusätzlich fehlt es an sachkundiger und zugleich aktivierender Unterstützung bei der Entdeckung und Eroberung der Welt: Entweder sollen diese Kinder alles von alleine können – was sie nicht leisten können – oder sie sollen klein und abhängig bleiben; in gewisser Weise haben sie diesen Wunsch ihrer Eltern erfüllt.

Zu (2): Andere AdressatInnen scheuen sich überhaupt ein Ziel ins Auge zu fassen, weil sie von Beginn an damit rechnen, auch an diesem zu scheitern. Bei ihnen hat sich eine dezidierte *Misserfolgsorientierung* eingestellt. Sie trauen sich selbst nichts zu und scheinen es sich und anderen immer wieder beweisen zu müssen, dass sie „zu nichts taugen". Das Überzeugt-Sein vom eigenen Nicht-Wert bzw. Nicht-Können ist bei ihnen keine Attitüde. In der Geschichte dieser Personen findet man häufig traumatische Ereignisse, die das Zutrauen zu sich selbst auf massive Weise erschüttert haben, wenn die elenden Lebensbedingungen es überhaupt in Ansätzen entstehen ließen (Petermann 1995, S. 244 ff). Häufig fehlen familiäre Vorbilder, die etwas geschaffen haben, auf die man stolz sein kann und von denen Kraft für die eigene Lebensgestaltung ausgeht. Der von außen an sie heran getragene Anspruch, die eigene Zukunft zu planen und dafür Ziele aufzustellen, kann von diesen Personen als „gefährlich" erlebt und deswegen – mehr oder weniger aggressiv oder subtil – abgewehrt werden: Jede ernst gemeinte Planung erleben sie als u. U. extrem risikoverhaftet. Lieber gar nichts planen als eine „neue Schlappe" einstecken. Deswegen ist es von vorneherein sinnvoll Ziele probeweise zu formulieren, sie bewusst „klein" zu halten und selbst bei kleinen Zielen das Scheitern offensiv mit einzuplanen.

Zu (3): Als am wenigsten dramatisch von der Entstehungsgeschichte her, jedoch pädagogisch dennoch herausforderungsvoll, kann das folgende dritte Muster gelten: Sicher gibt es auch Personen, die man bezogen auf das Verfolgen von eigenen Zielen als „faul" oder unengagiert bezeichnen kann, ohne dass man für sie ein tief verankertes Gefühl von „Selbstunwirksamkeit" annehmen müsste: AdressatInnen, die es nie gelernt haben sich gegen innere und äußere Widerstände „durchzuboxen" oder „Durststrecken" zu überwinden. Im Gegensatz zu den vom eigenen Scheitern Überzeugten, zeichnen sie sich durch einen Mangel an Training aus.

Durchzuhalten wurde ihnen nicht abverlangt oder es hat nie wirklich gelohnt. Was man wollte, bekam man ja doch, auch ohne Anstrengung. So stellt sich die Erwartung ein, dass es die anderen schon richten werden. „*Passive Fürsorgeerwartung*" haben Mollenhauer/Uhlendorff diesen Habitus genannt, weil sie ihn unter ErziehungshilfeadressatInnen immer wieder beobachtet haben (Mollenhauer/Uhlendorff 1995, S. 82ff). Seligman spricht in diesem Zusammenhang von „erlernter Hilflosigkeit" (Seligman 1995).

Dieser Sozialisationsrückstand kann häufig durch ein entsprechendes Setting kompensiert werden: Klare Forderungen, strukturierte Planungen, Fokussierung der begleitenden PädagogInnen auf Ansätze zur Aktivität und gelingende Bemühungen seitens des Kindes/Jugendlichen sowie eine gute Mischung aus Druck und Anerkennung durch relevante andere kann diese Personen durchaus weiterbringen. Vorausgesetzt, sie wollen es. Aber selbst dann muss man damit rechnen, dass sie die Mühen der Zielverfolgung als zu hoch kalkulieren und dafür die Schattenseiten des Müßiggangs – zunehmende soziale Exklusion – in Kauf nehmen. Häufig bedürfen sie mehrerer Anläufe bis sie etwas erreichen, was sich in ihren Augen lohnt und nicht als „zu stressig" erlebt wird.

Der Vater (oder die Mutter) backt mit den Kindern Kuchen. Ein kleines Projekt, das ein wenig Spaß an dem verregneten Nachmittag bringen soll. Der Vater fragt: „Was brauchen wir denn alles für einen Kuchen?" Ein Kind weiß „Mehl", ein anderes „Eier", dem dritten fällt das Lied „Backe, Backe, Kuchen ein". Es wird gesungen und die Anregungen daraus werden aufgegriffen. So werden um die Rührschüssel herum nach und nach alle Zutaten versammelt. Danach werden die Aufgaben verteilt und los gebacken.

In solchem einfachen, alltäglichen Tun kann man die Keimzellen für zukünftige Planungsprojekte sehen. Ein zu erstellendes Produkt oder eine Aktivität (wie bspw. der Schwimmbadbesuch) wird beschlossen und vorbereitet. Die Kinder werden in die Planung und die Organisation oder Produktion mit einbezogen. Sie erfahren, was es heißt, etwas zu planen. Sie erleben beim Backen oder im Schwimmbad auch, dass man etwas vergessen hat: die Schokokuvertüre oder das Federballspiel. Sie bekommen mit, wie ärgerlich das ist, aber auch wie man damit umgehen, wie man improvisieren kann. Daraus ergeben sich Merkposten für das nächste Mal: „Das nächste Mal schauen wir vorher noch mal genau nach …, das nächste Mal fangen wir früher damit an …, das nächste Mal schreiben wir uns eine Einkaufsliste" etc. So werden Planungsprojekte durch die *Reflexion von Planungsfehlern* nach und nach weiter qualifiziert.

Noch besser lässt sich planen lernen, wenn die Kinder ganz eigene Projekte und Ziele in die Tat umsetzen wollen. Kinder möchten an Opas Geburtstag eine Zirkusvorstellung geben, einen Flohmarkt mit alten Spielsachen draußen auf dem Bürgersteig abhalten oder eine Fahrradtour zum Baggersee unternehmen. Was muss man da nicht alles vorbereiten: Eintrittskarten, Preisschilder oder Proviantbeutel. Eltern können dabei als Planungsberater eine Rolle spielen, aber oftmals ist es erstaunlich, an was die Kinder alles selbst denken. Aber bevor geplant werden kann, müssen die Eltern jedoch erst einmal zustimmen. Etliche Kinder haben die Erfahrung verinnerlicht, dass sie für die Realisierung ihrer Wünsche oder das Entwickeln eigener Projekte keine Unterstützung erhalten. Die Erwachsenen erleben ihr eigenes Leben häufig als so fremdbestimmt (u.a. von den

Kindern), haben den Eindruck, dass sie mit ihren Wünschen dauernd zurückstehen müssen, dass ihnen die Wünsche der Kinder häufig als zusätzliche Zumutungen erscheinen. Deswegen erwartet man von dem Kind in erster Linie Unterordnung unter die elterlichen Planungen und mag es ihnen nicht zugestehen, eigene Wünsche zu verfolgen.

Wenn die Welt sich gegenüber den eigenen Wünschen als so widerständig erweist, dann lernt man eher sich bei bietenden Gelegenheiten schnell etwas zu nehmen oder es heimlich zu tun, aber der Weg vom Wünschen übers Planen zum Realisieren wird verbaut. Solche Kinder oder Jugendliche sind häufig äußerst misstrauisch gegenüber Planungsvorhaben, selbst wenn sie Themen berühren, die sie interessieren.

Kindliche Planungsprojekte und ihre Umsetzung bedürfen der *Anerkennung durch relevante andere* (z.B. die Eltern), des Trostes bei ihrem Scheitern und der nachträglichen Reflexion, um herauszufinden, was man das nächste Mal anders machen könnte. Misserfolge müssen verarbeitet werden. Wenn man das Kind hänselt oder beschämt, weil es sein Ziel nicht erreicht hat, lähmt man seine Initiative für weitere Vorhaben. Menschen, die das eigene Wünschen bzw. „Ideen-Spinnen" nicht gelernt haben und die keine Erfahrungen mit eigenen, kleinen Planungsprojekten haben, stehen bei der Hilfeplanung häufig wie der sprichwörtliche „Ochs vorm Berg".

Baustein 4: Das Erleben von Verlässlichkeit – Wissen, dass Geplantes auch getan wird

Das Sprechen über Ziele führt in der Regel zu Verabredungen über mögliche Handlungen, die in der Zukunft getan werden sollen. Diese möglichen, die Zielerreichung unterstützenden Handlungen sollen im Alltag auch tatsächlich umgesetzt werden. Mithin braucht es einen Schritt vom hypothetischen Planen zum festen, *eigenen Vorsatz* und einer *öffentlichen Selbstverpflichtung*: „Ja, das will und das werde ich tun!" Dazu bedarf es der Fähigkeit, Verbindlichkeiten eingehen zu können, d.h. sich binden lassen durch die eigene Zusage, das eigene Wort. Alle HilfeplanerInnen haben schon die Erfahrung gemacht, dass man auf die Zusagen einiger AdressatInnen „nichts geben kann“. Dass sie zwar zustimmen, sich aber dadurch nicht verpflichtet fühlen, jedenfalls nicht in einer verbindlichen Form, aus der auch für den Hilfeplaner etwas Greifbares resultiert.

Wie kommt das? Damit die eigenen Worte als etwas erlebt werden, das einen selbst auf die Inhalte des Gesagten verpflichtet, bedürfen Kinder der Erfahrung, dass sich die für sie zuständigen Erwachsenen ihnen gegenüber an das halten, was sie sagen: „Mama, wann gehen wir wieder ins Schwimmbad“, fragt die Fünfjährige. „Morgen“, sagt die Mutter. Am nächsten Tag fragt das Kind wieder und wird wieder auf morgen vertröstet oder sogar angegriffen: „Jetzt nerv‘ nicht mit deinem ewigen Schwimmbad, wir gehen ja schon, irgendwann“.

So müssen viele Kinder erleben, dass Erwachsene nicht verlässlich sind: Unzuverlässig im Reden und/oder im Tun, wie z.B. der regelmäßigen Versorgung. Sicherlich geht der Verlässlichkeit von Worten, die Erfahrung der Verlässlichkeit von Gesten und von bloßer Präsenz voraus. „Mutter oder Vater sind da, ich kann mich darauf verlassen – oder sie kommen, wenn ich sie rufe!“ Für viele Kinder wiederholt sich mit der Unzuverlässigkeit im Reden, die sie bei Bezugspersonen – auch bei PädagogInnen – erleben, nur die Unzuverlässigkeit im Versorgt-Werden, die sie schon kennen. Wenn Kinder *zu wenig die Erfahrung von Verlässlichkeit* machen konnten oder zu oft erfahren mussten, dass Zusagen nicht eingehalten werden, ja dass Versprechen gebrochen werden, haben sie *wenige Chancen zu lernen, was Verbindlichkeit bedeutet*. Ihre eigenen Worte, aber auch die Zusagen oder Ansagen anderer Menschen, bedeuten ihnen wenig. „Es kommt sowieso immer alles anders als vorher besprochen. Man muss flexibel bleiben. Wer sich festlegt, täuscht sich oder andere. Man sagt mal Ja, aber nachher muss man schauen, was das aktuell Günstigste ist“, so könnte man ihre innere Überzeugung übersetzen. Das bedeutet aber, dass man als Gegenüber die „Kontraktfähigkeit“ solcher Personen bezweifeln muss. Sie wissen nicht, was es heißt, ein Versprechen abzugeben oder sich mit der Unterschrift unter den Hilfeplan zu etwas zu verpflichten. Das sind für sie zunächst äußere, leere Formen, die sie vielleicht sogar füllen wollten, aber nicht können.

Muss man sich deshalb davor hüten, an solche AdressatInnen Forderungen nach Verbindlichkeit zu stellen und muss man deshalb auf Kontrakte mit ihnen verzichten? Günther Bittner hat einen Aufsatz geschrieben mit dem provozierenden Titel ‚Der Mensch ein Geschöpf des Vertrags…‘ In der Sozialpädagogik, so Bittner, gehe es darum, Kinder und Jugendliche „in den Gesellschaftsvertrag einzubinden, ihnen soziale Zuverlässigkeit zu geben und abzuverlangen – und dies wird *erreicht, indem der Erzieher mit ihnen einen Vertrag schließt*“ (Bittner 1985, S. 623, kursiv im Original). Der Vertrag wird hier geradezu als eine sozialpädagogische Kernmethode beschrieben, um Kinder und Jugendliche, die Unzuverlässigkeiten erlebt haben und unzuverlässig sind, in soziale Verbindlichkeiten einzuführen. Der Hilfeplan kann so als „…Angebot eines Sozialraumes mit überschaubaren Rechten und Pflichten in einem sozialvertraglich geregelten Verhältnis“ betrachtet werden, „bei dem jeder weiß, was er darf und nicht darf, und bei dem er über Rechte und Pflichten mitzubefinden hat“ (ebd.). An vier Beispielen aus der Geschichte der Sozialpädagogik (Freud, Father Flanagan, Makarenko, Pestalozzi) zeigt Bittner einige Möglichkeiten auf, was PädagogInnen tun können, um diese Vertragsfähigkeit mit zu entwickeln:

- Das Kind/den Jugendlichen an zuverlässige Versorgung und regelmäßige, nützliche Dienstleistungen gewöhnen, so dass es/er irgendwann bereit ist sich diese – auch wieder entziehbaren – Bequemlichkeiten mit der Verpflichtung auf Gegenleistungen zu erhalten (A. Freud).
- Aufzeigen, dass sich alle Kinder – auch die deviantesten – freiwillig an vertragsähnliche Bestimmungen halten können, z. B. die Anweisungen eines Bandenbosses oder die Loyalitätsverpflichtungen der Bande (Father Flanagan).
- Eine Spaltung in der Person des Kindes initiieren, indem sich der Pädagoge mit dem vertragsfähigen Anteil gegen den devianten verbündet (Makarenko).
- Sich dem Kind als „Meister“ anbieten, von dem es sich in die Pflicht nehmen lässt, was nur möglich ist, wenn man es mit seinem Habitus oder seinen Kompetenzen beeindrucken konnte und ihm Identifikationsmöglichkeiten anbietet (Pestalozzi).

Auch wenn diese sehr unterschiedlichen Beispiele bei Bittner, jedes für sich alleine, eine Veränderung bei den scheinbar kontraktunfähigen Subjekten hervorzurufen vermögen, so müssen SozialpädagogInnen in der Regel auf die Verknüpfung mehrerer solcher Strategien setzen. Solche indirekten Strategien, müssen die direkten, die in der Jugendhilfe unter dem Stichwort „Partizipation“ diskutiert werden, ergänzen (vgl. Blandow u. a. 1999).

Allen Beispielen gemeinsam ist die Überzeugung, „dass die Konstituierung des Vertragsmenschen keineswegs nur eine kognitive Angelegenheit ist, im Gegenteil, „(…) die emotionale Grundlegung dieser sozialen Verlässlichkeit ist das eigentlich Entscheidende“ (Bittner 1985, S. 622).

So kommt es im Hilfeplangespräch also – zumindest bei den Unzuverlässigen – zu der abenteuerlichen Unternehmung, dass man mit Personen Kontrakte schließen muss, die noch gar nicht kontraktfähig sind; man muss es jedoch trotzdem tun, weil sie sonst nicht kontraktfähig werden. Dies hat allerdings nur dann eine Chance auf Erfolg, wenn es in einer geschickten, ihnen angemessenen Weise getan wird. Damit das gelingt, darf man einen bestimmten Umfang an Kontraktpunkten nicht überschreiten und muss sich selbst als Vorbild an den Vertrag halten und mit einem hohen Maß an „Fehlerfreundlichkeit“ ausgestattet sein[7], um das Straucheln auf dem Weg zur Kontraktfähigkeit hinnehmen zu können. Zugleich muss man mit einem guten Blick dafür ausgerüstet sein, wann es Zeit ist, ärgerlich zu werden und etwas energisch einzufordern. Folgen wir Bittner, so darf diese Arbeit als „Schöpfungswerk“ begriffen werden: Sie trägt zur vollen Subjektwerdung des Menschen bei.

[7] vgl. dazu den Begriff der *Kontraktrelevanz* in Kap. 5.2.

Zusammenfassung

Die vier geschilderten Voraussetzungen für die Fähigkeit Ziele bilden und formulieren zu können, hängen zusammen und greifen ineinander. Bei den meisten AdressatInnen einer Erziehungshilfe ist davon auszugehen, dass ihnen Ausschnitte oder ganze Bereiche dieser Kompetenzen fehlen. Sie können fehlen, weil sie entwicklungspsychologisch noch gar nicht gebildet werden konnten oder sie können – in einem Akt der Regression und/ oder des Widerstands – (wieder) aufgegeben worden sein. Als Sozialarbeiter kommt man in ein Dilemma: Man soll Ziele entwickeln mit Personen, die dazu gar nicht oder nur in Ansätzen in der Lage sind oder von denen man noch nicht weiß, wie es mit ihren Zielentwicklungskompetenzen bestellt ist. Oder anders: Dem Sozialarbeiter stellt sich nicht nur die Frage, welche Ziele für die AdressatInnen sinnvoll sind sondern auch, ob das Zieleformulieren überhaupt sinnvoll ist bzw. wie diese Kompetenz dialogisch zu entwickeln wäre.

Aber nicht immer ist es der Blick in die Vergangenheit, der hilft verweigerte Zielformulierungen, ungeschicktes Planungsverhalten oder rasch wechselnde Ziele und Interessen zu verstehen. Manchmal sind diese Verhaltensweisen auch von ganz aktuellen Anlässen motiviert, die das Helfersystem oder eigene strategische Planungen betreffen. So lässt sich die forcierte Abwehr gegen das Formulieren von Zielen z. B. auch (oder zusätzlich) als Antwort auf das Drängen „relevanter anderer" verstehen bzw. als eine Durchsetzungsstrategie gegenüber fordernden Erwachsenen/ SozialarbeiterInnen, die einen mit klaren eigenen Zielvorstellungen „auf die Pelle rücken". Diesen gegenüber ist es dann ein „Gebot der Klugheit" sich „ziellos" zu präsentieren, weil

- man fürchtet verbal unterlegen zu sein und die eigenen Ziele „zerpflückt" zu bekommen, wenn man sie offen äußert.

- man ahnt, dass man für die eigenen Ziele bzw. die Mittel, die man zu ihrer Erreichung einsetzt (z. B. Geld stehlen), kaum gute Argumente hat. Oftmals handelt es sich bei dem, was man verfolgt, nicht um ein Ziel, sondern um etwas, zu dem man sich innerlich gedrängt fühlt, um ein triebhaftes Wollen, dem man sich nicht widersetzen zu können glaubt.

- man sich nicht klar darüber ist, was man selbst will, auch nicht klar darüber, ob man sich klar werden will (das könnte gefährlich sein, siehe den nächsten Punkt). Klar ist nur, dass man das, was die Erwachsenen wollen, nicht will.

- man selbst Verschiedenes bzw. Widersprüchliches will und sich zwischen den verschiedenen Impulsen nicht entscheiden kann und auch keine Sprache dafür besitzt das Auseinanderlaufen der eigenen Impulse zu benennen.

- man sich selbst als fremdbestimmt erlebt, aber lieber die zumindest auch lustvoll getönte Fremdbestimmung durch die Clique/ die Droge/ den Alkohol/ die Abhängigkeit etc. in Kauf nimmt, als die sehr viel weniger attraktive Fremdbestimmung durch die Erwachsenen bzw. die Vernünftigen.

- weil man sich im Kampf mit XY befindet und sich von diesem nicht die „Wahl der Waffen“, hier: verbale Auseinandersetzung über Ziele und wie sie zu erreichen wären, diktieren lassen will.

Man darf sich diese Selbst-Positionierungen nicht zu bewusst vorstellen. Sie sind ihren TrägerInnen nicht immer durchsichtig und können nicht ohne weiteres zurückgenommen werden, zumindest nicht so lange die Erwachsenen/ die Vernünftigen keine Bereitschaft zeigen von ihren Positionierungen abzurücken.

Für die Fachkräfte kommt es zunächst darauf an, diese Haltungen wahrzunehmen und ihren verborgenen Sinn zum Ausdruck zu bringen.

Wie wir gesehen haben, können bei AdressatInnen, die sich mit der Formulierung von Zielen schwer tun, deren Planungshorizont auf den nächsten Tag oder die nächste Woche eingeschränkt ist oder die sich nicht an Abmachungen halten können, ganz unterschiedliche Hintergründe eine Rolle spielen. Eines ist allen gemeinsam: Wir begegnen bei ihnen dem Umstand, dass das Verfahren „Hilfeplanung" für die meisten AdressatInnen eine Konfrontation mit Ansprüchen darstellt, die für sie ungewohnt sind und denen sie weder sofort noch ganz gewachsen sind. Darin stecken eine Chance und eine Gefahr. Die Gefahr ist, dass das Verfahren den AdressatInnen äußerlich bleibt, sie es als eine fremdbestimmte Veranstaltung absitzen oder es nur strategisch bedienen, auf jeden Fall nicht für sich selbst nutzen können. Die Chance liegt darin, dass man im Vollzug der Hilfeplanung einige der dafür erforderlichen Kompetenzen erwerben oder vertiefen kann, vielleicht sogar anschließend auf andere Kontexte übertragen kann. Denn zweifellos handelt es sich um Schlüsselkompetenzen, die in vielen sozialen und professionellen Bereichen von großer Bedeutung sind. Es ist die Art und Weise der Zielentwicklung, die darüber entscheidet darüber, ob dieses Verfahren als Überforderung erlebt wird oder als eine Möglichkeit zur Kompetenzerweiterung. *Zielentwicklung ist immer auch eine Chance zur Persönlichkeitsentwicklung.*

3 Hilfekonzept, Hilfeform, individueller Hilfeplan

Die drei fachlichen Strukturelemente des Hilfeplanungsprozesses

Bevor wir uns im Kapitel 4 mit konkreten Zielformulierungen im Kontext bestimmter Hilfeprozesse beschäftigen und anschauen, wie diese im Gespräch über professionelle Moderation entwickelt und abgesichert werden können, möchte ich mein Verständnis einiger zentralen Begriffe und Praktiken der Erziehungshilfen darstellen.

Zu leicht könnte sonst der Eindruck entstehen die Entwicklung von Zielen und die Einigung auf Ziele sei ein isolierbarer Teilprozess der Hilfeplanung, der nachträglich oder zusätzlich zur Entwicklung eines Hilfekonzeptes und zur Auswahl der Hilfeform, quasi als deren Anhang, gestaltet werden kann. Das mag in vielen Fällen so praktiziert werden, aber genau diese Art der Praxis muss für das Scheitern etlicher Hilfeprozesses verantwortlich gemacht werden. Sinnvoller scheint es mir davon auszugehen, dass der Hilfeplanungsprozess von drei Eckpunkten her zu bestimmen ist (man könnte sie auch "*Struktur bildende Elemente*“ nennen): dem **Hilfekonzept,** der **Hilfeform** und dem individuellen **Hilfeplan.**[8] Diese drei Eckpunkte müssen im Verlauf jeder Hilfe parallel und im Kontakt zueinander entwickelt werden, was nicht ausschließt, dass in einigen Phasen der eine oder andere Aspekt stärker im Vordergrund steht. Im günstigen Fall bilden die drei Elemente eine dynamische Einheit, innerhalb der sie sinnvoll aufeinander bezogen sind d.h. sich ergänzen und gegenseitig befruchten können.

---

[8] „Individueller Hilfeplan“ ist nicht zu verwechseln mit „subjektiver Hilfeplan“, wie Schefold u. a. (1998, S. 45) die subjektiven, häufig unausgesprochenen, laienhaften, aber Lebenswelt erfahrenen Vorstellungen der AdressatInnen über Art und Umfang der zu leistenden Hilfe genannt hat. Ich würde eher von „subjektivem Hilfekonzept“ sprechen. Zusätzliche Verwirrung ergibt sich, weil bei Schefold „subjektiver Hilfeplan“ manchmal auch „individueller Hilfeplan“ genannt wird.

In den knappen Kapiteln 3.1., 3.2. und 3.3. werden die theoretischen Grundlagen entwickelt: definitorisch (Begriffsklärung 3.1.), dynamisch (Zusammenspiel und Spannungen zwischen den drei Elementen 3.2.) und genetisch (wie, d.h. in welcher Reihenfolge und mit welchen Rückkoppelungsschleifen sollen sie – von den Fachkräften und gemeinsam mit den AdressatInnen – entwickelt werden 3.3.). Kapitel 3.4. setzt sich mit der Frage auseinander, an welchen „Stellen“ bzw. zu welchen Zeitpunkten Hilfeplanungen strukturiert und/oder offen gestaltet werden müssen. Auf der CD finden Sie unter Fälle und Szenen fünf ausführlich dargestellte „best practice“-Beispiele für erste Hilfeplanungen, die zugleich das Spektrum der möglichen bzw. nötigen Strukturierungsgrade von Hilfekonzepten aufzeigen (vgl. CD: Fälle und Szenen – F1; F3; F4; F5).

Für dieses Kapitel braucht der Leser anfangs etwas Geduld: Wenn man sich durch die ersten drei Unterkapitel „durchgebissen“ hat, erntet man – hoffentlich – die „Früchte“. Ohne ein ungefähres Verständnis der zentralen Begriffe, kann man diese – so fürchte ich – nicht recht einordnen.

3.1 Definition von Hilfekonzept, Hilfeform, individueller Hilfeplan

Womit beschäftigt sich Hilfeplanung? Was sind die zentralen Entscheidungen bzw. „Meilensteine“ im Prozess der Hilfeplanung? Diese gruppieren sich um drei Begriffe: Das Hilfekonzept, die Hilfeform und den individuellen Hilfeplan.

Das Hilfekonzept: Darunter verstehe ich hier ein mehr oder weniger strukturiertes Set von Ideen darüber, welche internen und externen bzw. welche materiellen und psychischen Belastungen zu dem Hilfebedarf geführt haben und wie, d.h. mit welchen Mitteln in diesem Fall effektiv geholfen werden kann. Diese beiden zentralen Fragen (Was ist hier los? Was sollen wir tun?) können zur Ausarbeitung expliziter, reflektierter, elaborierter, verschriftlichter und veröffentlichter Hilfekonzepte führen oder sich in impliziten, zunächst nur aus vagen Ideen bestehenden, der Fachkraft selbst unklaren oder anderen gegenüber geheim gehaltenen Hilfekonzepte niederschlagen.

Betrachten wir zunächst den *Weg der fachlichen Reflexion*: Zur Beantwortung der für das Hilfekonzept zentralen Fragen ist es wichtig, einerseits die Meinungen und Perspektiven (d.h. auch die Befürchtungen und Hoffnungen) der Klienten zu erfahren, und andererseits eine eigene fachliche Einschätzungen zu entwickeln. Für die Formulierung eines schlüssigen Hilfekonzepts sind deswegen immer (möglichst informierte und multiperspektivisch angelegte) fachliche Einschätzungen zum/zur Fallverstehen/Diagnostik bedeutsam (eine Rekonstruktion der Problemgeschichte inklusive einer Ressourcen- und Defizitanalyse) (vgl. Hansbauer 2002). Dazu gehört auch eine *Analyse der inter- und intrapersonellen bzw. -institutionellen Widersprüche und Ambivalenzen* in Bezug auf Aufträge und Erwartungen an die Hilfe, insbesondere wenn Hilfeprozesse bereits stattgefunden haben und gescheitert sind.

Schließlich muss das Hilfekonzept die Fragen beantworten, *wem in diesem Fall mit welchen Mitteln in welchen Zeiträumen* geholfen werden soll und – genauso so wichtig – welche Themen oder Probleme nicht bearbeitet werden sollen; sei es, weil die AdressatInnen das nicht wünschen, sei es dass die knappen Ressourcen, die zu gemeinsamen Prioritätssetzungen verpflichten, das nicht erlauben. Dabei lassen sich methodische und strategische Aspekte unterscheiden.

Strategische Fragen betreffen Themen wie: Ist in dieser Familie die Autorität der Eltern gegenüber den (unerzogenen) Kindern zu stärken und vor allem an deren Grenzziehungskompetenzen anzusetzen oder geht es in dieser Familie eher darum Aushandlungsprozesse zwischen Kindern und Eltern einzuüben, so dass diese zu einvernehmlichen Regelungen kommt? Ist es sinnvoll an der Verbesserung der Beziehung zwischen Mutter und Sohn im gemeinsamen Haushalt zu arbeiten oder ist es eher sinnvoll auf eine Trennung der Wohnorte zu setzen, um aus der Distanz heraus zu sehen, welche Konflikte fortbestehen und wie diese angegangen werden können? Muss die Kindeswohlgefährdung in diesem Fall als so gravierend angesehen werden, dass bei einer Anrufung des Familiengerichts ein Sorgerechtsentzug wahrscheinlich ist oder nicht?

Bei den *methodischen Überlegungen* geht es um Fragen wie: Welche Art der Gesprächsführung ist für dieses Adressatensystem angemessen: eine vorsichtig tastende, möglichst vieles offen lassende oder eine klar strukturierende, auch mit Vorgaben operierende Form? Oder ist in diesem speziellen Fall eine Suchttherapie die Voraussetzung dafür, dass an den Erziehungskompetenzen gearbeitet werden kann? Oder lässt sich auch unter den Bedingungen weiteren Alkoholkonsums sinnvoll mit den Eltern an einigen Punkten bezüglich ihrer Erziehungskompetenzen arbeiten? Häufig überschneiden sich die Aspekte methodischer und strategischer Natur.

Für die Generierung und die Beantwortung der methodischen und strategischen Fragen spielen die fachlichen Sozialisationen und Deutungsmuster der Professionellen (systemisch, analytisch, verhaltenstherapeutisch orientiert etc.) eine wichtige Rolle.

Bisher wurde ein fachlich elaboriertes Modell von „Hilfekonzept" vorgestellt. Tatsächlich können Hilfekonzepte aber mehr oder weniger elaboriert und reflektiert sein, d.h. sie können in verschriftlichter Form vorliegen, logisch gegliedert sein und stringent argumentieren; sie können aber auch „implizit" sein, d.h. nur im Kopf eines/einer Sozialarbeiter/in existieren, in Form einer Kette lose miteinander verbundener Ideen und Eindrücke, deren Elemente sogar in Widerspruch zueinander stehen können. Auch dann „steuert" das Hilfekonzept die weitere Planung, allerdings in Form von Vorannahmen und Überzeugungen, ohne dass diese der betreffenden Person bewusst sein müssen. Freilich kann diese Form auch eine (notwendige) Vorform sein, weil sich Hilfekonzepte in der Regel entwickeln und Schritt für Schritt Gestalt annehmen.

Mit Hilfekonzept ist hier also all das gemeint, was im Rahmen fachlicher Überlegungen und Annahmen – gleich welcher Qualität – in die Planung und Steuerung eines Hilfeprozesses einfließt. In jedem Fall wird das Hilfekonzept bei der Planung und Durchführung der Hilfe eine wichtige Rolle spielen. Die Hilfekonzepte der Fachkräfte können mit den Hilfekonzepten der AdressatInnen konfligieren oder harmonieren. Von einem fachlichen Hilfekonzept im eigentlichen Wortsinn kann nur gesprochen werden, wenn dieses die Hilfekonzepte der AdressatInnen reflektiert, dort wo es fachlich sinnvoll ist realisiert und wo nötig so transformiert, dass jene ihre Ideen und Vorstellungen aufgehoben sehen.

Die Hilfeform: Darunter verstehe ich Vorstellungen in Bezug auf den Ort der Hilfeerbringung, das Arrangement von Personen, die diese Hilfe gestalten sollen und den organisatorischem Rahmen, innerhalb dessen die Betreuung geschehen soll.

Zusätzlich zu den traditionellen Hilfeformen Heim, Pflegefamilie und Familienfürsorge, die in mehreren Schüben reformiert und professionalisiert wurden, hat sich in den letzten 30 Jahren ein breites Spektrum an neuen Hilfeformen entwickelt, deren Kanon im KJHG auf wenige Linien festgelegt wurde (vgl. die §§ 28–35 KJHG). So unterscheidet sich bspw. das Heim als Ort von den anderen Hilfeformen (vgl. Winkler 1988). Um dort anzukommen, verlassen Kinder und Jugendliche, wenn auch nur vorübergehend, ihr Elternhaus und ihre bisherige Wohnumgebung. Sie erfahren am *„anderen Ort"* Heim eine andere Gestaltung von Alltag. Sie verbringen dort „Tag und Nacht". Deswegen spielt der Versorgungsauftrag im Heim eine wichtige Rolle, an den eine Reihe körperbezogener Verrichtungen wie Essen, Waschen und Schlafen gekoppelt sind, an die pädagogisch angeknüpft werden kann und soll. Die Räume, in denen sich die Kinder/Jugendlichen bewegen, können gemütlich sein, aber sie bleiben Räume einer Institution der „Öffentlichen Erziehung" und können nur eingeschränkt als „Privaträume" besetzt werden (Niederberger/Bühler-Niederberger 1988).

Die Gruppe der anderen Kinder und Jugendlichen und die HeimpädagogInnen, die in einem bestimmten Rhythmus arbeiten, sind zentrale Bestandteile *des personellen Arrangements im Heim.* Außen- oder Innenwohngruppe, betreute Wohngemeinschaft oder das „milieunahe Heim um die Ecke" bieten *unterschiedliche organisatorische Rahmenbedingungen.*

Die Hilfeform „Heimerziehung" lässt sich trotz ihrer großen internen Differenzierungen deutlich abgrenzen von dem anderen Ort, den eine Pflegefamilie anbietet (die private Wohnung als Ort des Zusammenlebens, ein lebensweltlich organisiertes Wohnumfeld etc.), dem anderen personellen Arrangement, das im Anbieten einer längerfristigen, quasi-elterlichen Beziehung zu Personen ohne sozialpädagogische Ausbildung besteht und dem anderen organisatorischen Rahmen, in dem die Pflegepersonen einzeln, aber direkt mit dem Jugendamt kommunizieren oder von einem Freien Träger „verwaltet und beraten" werden. Und diese Hilfeform lässt sich wiederum abgrenzen von dem Ort, an dem sich eine SpFH abspielt (der Wohnung der AdressatInnen, in denen der Familienhelfer zu Gast ist), dem personellen Angebot, das in einer ausgebildeten Fachkraft besteht, die mehrere Familienmitglieder – idealerweise die ganze Familie – in die Hilfe verwickeln will. Im Gegensatz zu den stationären Hilfen, sehen es die organisatorischen Rahmenbedingungen bei der SpFH vor, dass der Helfer zur Familie geht. Es handelt sich also somit um eine ambulante Form der Hilfe.

Stichwort Flexible und sozialraumorientierte Hilfen

Unterschiedliche Hilfeformen bergen je andere Möglichkeiten und Chancen bzw. Risiken und Nebenwirkungen in sich.

Das gilt in hohem Maße für die traditionellen Erziehungshilfeformen, aber auch für **flexible bzw. sozialraumorientierte Hilfeformen.** Auch sie kommen um die Bestimmung eines Ortes (wo ist es sinnvoll den Jugendlichen zu treffen, z.B. im Jugendzentrum oder in den Räumen der Schule etc.), eines personellen Arrangements (wer, wie oft etc.) und einer organisatorischen Form (z.B. Jugendhilfestation, Sozialraumteam etc.) nicht herum.

Ihr Vorteil liegt darin, Hilfen individuell zuzuschneiden, Hilfesettings schneller zu verändern und Übergänge zwischen unterschiedlichen Hilfeformen herstellen zu können.

Nachteile können in der Überforderung der Professionellen liegen, die häufig nicht in jeder Hilfeform gleich gut sind und dem geringeren Stellenwert von festen Strukturen und alltagsenthobenen Rückzugsräumen liegen.

Auch die Präferenz bzw. Entscheidung für eine bestimmte Hilfeform kann mehr oder weniger reflektiert und begründet erfolgen, an Erfahrungswerten mit einzelnen Hilfeformen, Trägern bzw. Personen orientiert sein oder durch lokale Voraussetzungen (welche Hilfeformen sind vor Ort etabliert oder momentan verfügbar) festgelegt sein (Seckinger u.a. 1998, S. 117ff). In jedem Fall wird die Frage nach der geeigneten Hilfeform bei der Planung und Durchführung der Erziehungshilfe eine wichtige Rolle spielen.

Das dritte Strukturelement ist **der individuelle Hilfeplan.** In diesem wird festgehalten, was die AdressatInnen im Rahmen einer bestimmten Hilfeform erreichen resp. Verändern, bzw. wie sie diese für sich persönlich nutzen wollen. *Dieser individuellen Hilfeplan ist auf Bildungsbewegungen von AdressatInnen innerhalb einer bestimmen Hilfeform angelegt.* Kommt es nicht zu diesen (Selbst)Bildungsbewegungen, muss gefragt werden, ob das Ziel falsch gewählt war oder ob das Hilfekonzept und damit auch die Hilfeform unpassend waren.

Die Zielentwicklung im Rahmen des individuellen Hilfeplans verfolgt zwei Linien: Aus anfänglich meist unklaren Wünschen, Hoffnungen oder auch Befürchtungen sollen möglichst *klare und konkrete, d. h. realisierbare Zielformulierungen* entstehen und aus -anfänglich meist umstrittenen und mit Dissens behafteten Zielideen sollen möglichst *gemeinsame Ziele* hervorgehen oder zumindest solche die nebeneinander verfolgt werden können.

Da viele Ziele nur aufgrund von konkreten Bemühungen erreicht werden können, werden Aufgaben/ Handlungsvollzüge verteilt bzw. abgesprochen, die der Zielerreichung dienen sollen (bspw. regelmäßige Elterngespräche, Teilnahme an einem Bewerbungstraining etc.). Diese Aufgaben sollen so verteilt sein, dass alle in den Hilfeprozess involvierten Personen wissen, worin die Ziele bestehen und was diesbezüglich ihre Aufgaben sind. *Kooperationsrelevante Absprachen werden schriftlich festgehalten.* Die (Nicht-)Erledigung dieser Aufgaben und der mit ihrer Erfüllung bzw. Nicht-Erfüllung einhergehende Grad der Zielerreichung wird im nächsten Hilfeplangespräch reflektiert und bildet wiederum die Grundlage für Korrekturen an der bisherigen Planung.

Qualifizierung der Hilfeplanziele

Der individuelle Hilfeplan kann mehr oder weniger partizipativ entwickelt oder einseitig vorgegeben sein, mehr oder weniger individualisiert oder schematisch formuliert werden, mehr oder weniger konkret oder vage ausgestaltet sein und mehr oder weniger verbindlich oder unverbindlich vereinbart werden. Vergleicht man reale Hilfeplanformulare, dann ist man immer wieder von der Bandbreite an Möglichkeiten und Qualitätsunterschieden frappiert.

Im Gegensatz zu Hilfekonzept und Hilfeform kann man bei den Hilfeplanzielen nicht immer davon ausgehen, dass sie steuernd auf den Hilfeprozess Einfluss nehmen. Sie werden nur dann zu einem relevanten Bezugspunkt für die Gestaltung der Hilfe, wenn sie qualifiziert entwickelt und dokumentiert werden und wenn sie darüber hinaus in einer konstruktiven und geschickten Art und Weise erinnert und lebendig gehalten werden.

Während im Hilfekonzept die großen Linien der Hilfe (z.B. Hintergründe und Hilfebedarf, Ausprägung vorhandener Ressourcen, Trennung der Lebensbereiche von Mutter und Sohn oder gemeinsame Bearbeitung der Probleme, ambulant oder stationär) und die inhaltlichen und methodischen Ansatzpunkte (beim Kind oder den Eltern, beim Alkoholkonsum oder den Erziehungsschwierigkeiten etc.) beschrieben werden, wird mit der Hilfeform vor allem das räumliche und personelle Arrangement festgelegt, innerhalb dessen das Hilfekonzept umgesetzt werden soll und mit dem individuellen Hilfeplan die anzustrebenden, zu verändernden oder zu stabilisierenden Situationen bzw. Verhaltensweisen und die dafür notwendigen Handlungsschritte und Unterstützungsleistungen seitens der Familienmitglieder und der professionellen HelferInnen vereinbart.

Den drei zentralen Elementen der Hilfeplanung sind jeweils reale Akte bzw. Dokumente zuzuordnen: Das Hilfekonzept bildet die Grundlage für die jugendamtsinterne Entscheidung über Art und Umfang der zu gewährenden Hilfe, die in der Regel aufgrund eines strukturierten (Zwischen-) Berichts der Fallbearbeitung stattfindet, welcher Problem-/Fallanalyse oder Arbeitskonzept genannt wird. Über die Hilfeform wird spätestens mit der Anfrage an eine bestimmte Institution entschieden, endgültig und offiziell mit dem Bewilligungsbescheid, der an den Träger ergeht. Dem individuellen Hilfeplan ist das Hilfeplangespräch bzw. -protokoll zuzuordnen.

Hilfekonzept? Hilfekonzept!

Die Erarbeitung eines Hilfekonzepts ist zunächst Aufgabe der fallzuständigen Fachkraft des Jugendamtes. Sie begleitet die Familie von den ersten Kontakten bis zur Entscheidung über eine Hilfeform und die Realisierung derselben bei einem bestimmten Träger nach dem Kontrakt- und dem Hilfeplangespräch (siehe 4 Phasen Modell in Kap 1.).

Etwa zur Hälfte dieser Strecke muss die Fachkraft eine Entscheidung darüber herbeiführen, ob der Hilfebedarf erziehungshilferelevant ist oder ob er durch andere Unterstützungsformen beantwortet und aufgehoben werden kann (zur Kritik an diesem Vorgehen Hinte/Litges/Springer 1999; zu unterschiedlichen Gestaltungsmöglichkeiten dieser Planungsphase siehe Uhlendorff 2002, S. 860ff).

Diese Entscheidung geschieht nach dem Anspruch des § 36 KJHG „im Team" und beinahe immer auf der Grundlage eines schriftlichen Berichts, der „Problemanalyse" (z.B. in Hamburg oder Kassel), des „anspruchsbegründenden Berichts (z.B. Brandenburg), der „Situationseinschätzung der Fachkraft" (z.B. Oldenburg) etc., in diesem Buch „Hilfekonzept" genannt.

In vielen Fällen ist es sinnvoll an der Erarbeitung des Hilfekonzepts MitarbeiterInnen von Freien Trägern zu beteiligen, wobei vorher klar sein muss, ob man sie dabei „nur" als FachberaterInnen verwenden möchte, deren (Denk-)Arbeit z.B. in Form von Fachleistungsstunden bezahlt werden muss, oder ob man sie als PartnerInnen an der Hilfeplanung beteiligt, weil es wahrscheinlich oder klar ist, dass sie den Fall anschließend in Form einer Betreuungsleistung „übernehmen" werden.

Im Rahmen dieser vorläufig resümierenden Zwischenberichte, die erstmals konkrete Vorschläge zur Diskussion stellen, sollte – zumindest wenn man sie professionell verfassen will – strikt zwischen den Problembeschreibungen der Klienten bzw. ihren Hilfeerwartungen und den Problembeschreibungen der Fachkraft bzw. dem, was diese für diesen Fall an Hilfemöglichkeiten sieht, unterschieden werden.

Diese Trennung ist aus mehreren Gründen sinnvoll: Sie ermöglicht der fallführenden Fachkraft zu sehen, in welchen Punkten zwischen fachlicher und lebensweltlicher Einschätzung Konsense bzw. Dissense existieren.

Die Kontrastierung zwischen Fach- und Klientenperspektive ermöglicht den mitentscheidenden KollegInnen einen Einblick in die Dynamik der Fallentwicklung. Beim Scheitern einer Hilfeoption kann man rückblickend beobachten, welche Option sich im weiteren Hilfeverlauf durchgesetzt hat und ob es sinnvoll ist an andere, „untergegangene" oder vorläufig aufgeschobene Ideen anzuknüpfen.

Es ist klar, dass in diesen Papieren auch solche Beobachtungen und Überlegungen der Fachkraft festgehalten sind, die in dieser Form den Klienten nicht bekannt sind, weil es sich dabei um noch ungeklärte fachliche Fragen handelt, um Hypothesen oder Zweifel, die man (zunächst) nicht mit den Klienten diskutieren kann. Zweifellos ist das bei einigen dieser Fragen sinnvoll, aber längst nicht bei allen.

Ein mögliches Gliederungsschema für ein fachlich elaboriertes Hilfekonzept sieht so aus:

1. Ausgangslage: Wie kamen Kontakt zu Jugendamt und Antrag auf HzE zustande?
2. Problembeschreibungen aus Sicht der AdressatInnen
3. Problembeschreibung der Fachkraft bzw. unterschiedlicher Fachkräfte
4. Welche Ressourcen werden von wem wahrgenommen?
5. Wünsche und Ideen der AdressatInnen bezüglich der Gestaltung der Hilfe
6. Fachliche Gesichtspunkte für die Gestaltung der Hilfe

7. Wie soll die Hilfe konkret aussehen? Was muss der Träger (Einrichtung, die PädagogInnen vor Ort) leisten bzw. können? Welche Aufgaben kommen auf sie zu?
8. Hilfeform, Aufwand und Finanzierung
9. Welche anderen möglichen Optionen werden im Moment nicht verfolgt und warum?
10. Wurden Hilfebedarfe erkannt, die keinen Eingang in das Hilfekonzept oder die Hilfeform erhalten? Warum? Mit welchen Risiken?
11. Konkrete Realisierungsschritte: Aufgaben Fachkraft JA/ Aufgaben Fachkraft Freier Träger
12. Was muss noch geklärt werden, bevor die Hilfe „anlaufen" kann?

3.2 Zusammenhang und Spannung von Hilfekonzept, Hilfeform und individueller Hilfeplan

Die diskursive Entwicklung und Festlegung von Hilfekonzept, der Hilfeform und der Hilfeplanziele sehe ich als drei ineinander verschlungene Stränge des Hilfeplanungsprozesses an. Da die drei Stränge bezogen auf den Hilfeverlauf ein sinnvolles Ganzes bilden sollen, müssen sie aufeinander bezogen sein und können nur parallel bzw. in ständigen Rückkoppelungsschleifen *miteinander* entwickelt werden. Das schließt nicht aus, dass in einzelnen Phasen des Hilfeplanungsprozesses jeweils unterschiedliche Stränge in den Vordergrund rücken und intensiver bearbeitet werden. Prinzipiell stehen alle drei in einem Verhältnis der Umsetzung bzw. wechselseitigen Vermittlung: Die Hilfeform muss das Hilfekonzept umsetzen bzw. vermitteln, die Hilfeplanziele (der individuelle Hilfeplan) müssen (muss) im Rahmen der Hilfeform zu realisieren sein und die Hilfeplanziele müssen sich stimmig aus dem Hilfekonzept herleiten lassen. Gleichzeitig erfordern Schwierigkeiten bei der Festlegung von Zielen oder das Nicht-Erreichen von Hilfeplanzielen, die Hilfeform und/oder das Hilfekonzept in Frage zu stellen. Idealerweise kann man sich das Verhältnis so vorstellen:

Im nachfolgenden Schaubild integrieren das Hilfekonzept die Hilfeform und beide zusammen den individuellen Hilfeplan. Dieser wirkt aber dynamisch auf Hilfeform und Hilfekonzept zurück, so dass diese neue Impulse bekommen und sich in Übereinstimmung mit dem Hilfeplan fortentwickeln können. Wenn unter dem Druck von Sparzwängen oder aufgrund der Abwehr der AdressatInnen wichtige Überlegungen aus dem Hilfekonzept keinen Eingang in die Hilfeform finden können oder aufgrund der knappen Stundenbudgets dort nicht umgesetzt werden können, so muss das in das Hilfekonzept bzw. den individuellen Hilfeplan mit aufgenommen werden. Es ist ein großer Unterschied, ob Bedarfe nicht erkannt werden, oder ob sie – aus welchen Gründen auch immer – zwar gesehen wurden, aber nicht berücksichtigt werden konnten.

Abbildung 11: Zusammenhang von Hilfeplan, Hilfeform und Hilfekonzept

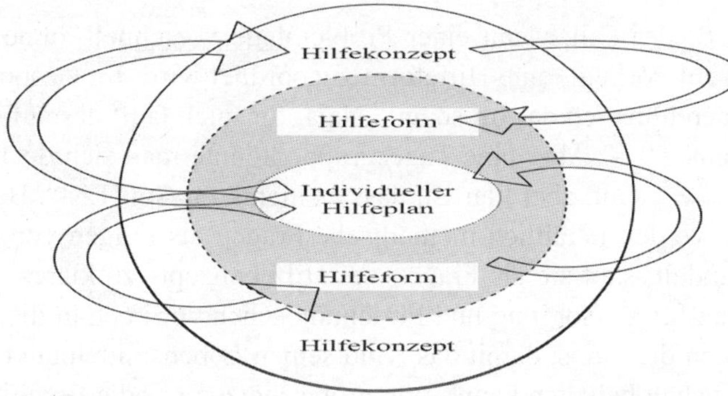

Diese – im Fall von Einsparungsbeschlüssen – von außen in die fachlichen Überlegungen intervenierenden Eingriffe behindern die folgerichtige Weiterentwicklung von Hilfekonzept, Hilfeform und Hilfeplan und bedrohen deren produktives Zusammenspiel. Andererseits müssen in jedem Hilfekonzept und jedem Hilfeplan Schwerpunkte und Prioritäten gesetzt werden und jedes System verträgt immer nur eine begrenzte Anzahl an „Veränderungs-Baustellen". Insofern gehört die Beschränkung des Wünschbaren auf das Machbare zum Auftrag bzw. Kerngeschäft der sozialen Arbeit selbst und ist ihr nicht nur von außen auferlegt.

Der Hinweis auf die prinzipielle Zusammengehörigkeit der drei Strukturelemente ist das eine. Das andere ist, dass in beinahe jedem konkretem Erziehungshilfeprozess die Elemente dieser Trias auch in Spannung zueinander stehen und immer wieder mühsam „zusammengebastelt" werden müssen. Viele dieser Spannungen sind auf professionelle Fehler im Umgang mit den drei Elementen bzw. in der Gestaltung des Übergangs zwischen ihnen zurückzuführen, andere wiederum können als hilfeplanungsimmanente Spannungen beschrieben werden, die nicht oder immer nur teilweise vermeidbar sind.

Um **professionelle Fehler** handelt es sich, wenn…

...eines der drei Elemente fehlt/nur „schwach" entwickelt ist resp. einem der drei Elemente zugemutet wird, ein anderes zu ersetzen.

Das ist z.B. der Fall, wenn einer Problemlage vorschnell, ohne dass ein Hilfekonzept vorliegt, eine Hilfeform zugeordnet wird. Im Gespräch unter KollegInnen hört sich das oft so an: „Naja, für mich läuft das auf eine 34er Hilfe hinaus..." – „Aber eine Tagesgruppe könnte man sich doch auch überlegen..." – „Gut, aber klar ist, dass es nichts für SpFH ist". Bei diesem Gespräch werden inhaltlich-methodische Fragen als Fragen von Hilfeformen behandelt, statt sie als Fragen des Hilfekonzepts zu klären: Wie viel Ressourcen für Versorgung und Erziehung sehen wir noch in dieser Familie? Reichen diese aus, damit das Kind seinen Lebensmittelpunkt im elterlichen Haushalt behalten kann? Wie groß schätzen wir die Bereitschaft der Eltern ein, sich auf Beratungsprozesse einzulassen bzw. materielle Hilfen zuverlässig an das Kind weiterzugeben? Problematisch an diesem Gespräch ist, dass es die relevanten diagnostischen bzw. fallverstehenden Fragen gar nicht erst in den Blick nimmt, sondern versucht, sie über Entscheidungen hinsichtlich der Organisation der Hilfeform aufzulösen.

Ebenso problematisch wäre es, wenn im Hilfeplangespräch deutlich würde, dass Jugendamt und Eltern sich zwar bezogen auf die Hilfeform bspw. der Familienhilfe einig waren, diese aber – aus unterschiedlichsten Motiven – in der aktuellen Situation zu unvereinbaren Anforderungen an den/die Familienhelfer/in führen. Hier hätte das Element „Hilfeform" das Element „individuelle Hilfeplan(ziele)" (Klärung der unterschiedlichen Interessen) verdrängt. Man tut dann so, als sei mit der Etablierung einer Hilfeform schon klar, wozu diese dienen solle. In gewisser Weise stimmt das sogar: Die Einrichtung einer Hilfe ohne genauere Zielbestimmung dient dem Jugendamtsmitarbeiter zum legitimierenden Nachweis dafür, dass er aktiv geworden ist und eine Hilfe organisiert hat (Wolff 1983). Aber das ist für die Einrichtung einer Hilfe zu wenig. Dieser Akt müsste – angesichts der Kosten – mit dem Anspruch verbunden sein, eine passende und hilfreiche Hilfe zu etablieren. Deswegen verbieten sich „Schnellschüsse", auch wenn sie als entlastend erlebt werden.

…die drei Stränge untereinander in Spannung stehen und auseinander zu laufen drohen.

Das ist z. B. dort der Fall, wo die Hilfeform bzw. das Setting (z. B. Heimgruppe) mit so vielen schwer zu erfüllenden Ansprüchen an das Kind verbunden ist (regelkonformes Verhalten), dass diese kaum noch Raum für die Realisierung der individuellen Hilfeplanung lassen (z. B. Entwicklung eigener Zukunftsperspektiven). Oder wenn beim Hilfeplangespräch deutlich wird, dass den Eltern eine andere Hilfeform viel lieber gewesen wäre und sie im momentanen Setting nur einen Teil ihrer Erwartungen realisiert sehen. Oder wenn ein bestimmtes Setting (z. B. SpFH) bestimmte Leistungen (z. B. Arbeit mit der Familie auch an Wochenenden, Krisenunterbringung einzelner Kinder etc.) nicht vorsieht, die vom Hilfekonzept her aber als notwendig erachtet wurden etc. In allen drei Beispielen haben sich einzelne Elemente der Trias verhärtet und gegen ein anderes Element bzw. den Gesamtzusammenhang abgedichtet, so dass eine adäquate Vermittlung oder Umsetzung nicht zustande kommt.

Wenn man bedenkt, dass die einzelnen Elemente der Trias – zumindest vielerorts – strikt arbeitsteilig entwickelt werden (z. B. Hilfekonzept als Sache des Jugendamtes, Organisation und Gestaltung des Setting als Sache des Freien Trägers), dann muss man sich über die auftretenden Spannungen nicht wundern. Am häufigsten dürften die Gründe für Vermittlungsschwierigkeiten in Schwachstellen in Bezug auf „Kooperation und Kommunikation" zwischen Öffentlichem und Freiem Träger zu suchen sein. Der Frage, wie eine kooperative Erarbeitung von Hilfekonzepten aussehen kann, wird deswegen in allen Formen sozialraumorientierter bzw. integrierter Hilfen große Aufmerksamkeit geschenkt.

Und doch darf man sich die parallele Entwicklung und das Zusammenpassen bzw. -basteln von Hilfekonzept, Hilfeform und Hilfeplanzielen nicht zu einfach vorstellen. Auch bei reflektiertem und umsichtigem Vorgehen können sich Spannungen und Ungereimtheiten ergeben und es bleibt eine herausforderungsvolle Aufgabe. Ein Beispiel:

Fall 2: Bruno – Spannungen im Hilfekonzept

Bruno, 11, 2 Jahre alt, ist seit fast einem Jahr nicht zur Schule gegangen (Schulverweigerung). Dafür spielen sowohl traumatische Erfahrungen bezogen auf seine Behinderung (Hüftdysplasie) als auch seine schulische Misserfolgsorientierung eine Rolle. Er bekommt häufig aggressive Impulsausbrüche. Seine Interessen liegen im Bereich Modellflugzeuge und Computerspielen.

Das Hilfekonzept der JugendamtsmitarbeiterInnen sieht für Bruno Heimerziehung als die geeignete Hilfeform an. Das Hilfekonzept plädiert für diese Hilfeform, weil:

- Bruno aufgrund gravierender elterlicher Versorgungslücken einer „Hilfe über Tag und Nacht" bedarf
- eine vorangegangene ambulante Hilfe wenig daran ändern konnte
- er aufgrund seiner Behinderung in seiner Familie zunehmend abgewertet und benachteiligt wird
- es sich um eine vermutlich längerfristig angelegte Hilfe handelt
- er aufgrund seines schwierigen Verhaltens den momentan verfügbaren Pflegefamilien bzw. Erziehungsstellen nicht zumutbar erscheint etc.

Alle diese „guten Gründe" ändern nichts daran, dass Bruno dem Heim ambivalent gegenüber steht: Er kann sich einen neuen Lebensort als attraktiv vorstellen, hegt gegenüber dem neuen Ort und dem Verlassen des alten aber auch viele Ängste und Befürchtungen.

Die JugendamtsmitarbeiterInnen sind froh, dass die Eltern bereit sind, einen Antrag auf HzE zu stellen und sich insbesondere mit der Hilfeform Heim einverstanden erklären. Was überflüssig erscheint, ist den Eltern minutiös mitzuteilen, aufgrund welcher Einschätzungen das Jugendamt für diese Hilfeform plädiert und dass es sich darüber im Klaren ist, dass dadurch Ausstoßungstendenzen der Familie nachgegeben wird.

Diese Debatte wurde nur jugendamtsintern geführt. Es stünde zu befürchten, dass die Eltern ihre Kooperationsbereitschaft zurückzögen, wenn sie erführen, was man im Jugendamt bezüglich ihrer elterlichen Kompetenzen denkt. Deswegen verständigt man sich mit den Eltern auf die Formel „Heim ist der richtige Ort, um Bruno optimal zu fördern. Sie sind gute Eltern, weil sie Bruno diese Hilfeform ermöglichen".

Vom *Hilfekonzept* müsste klar sein, dass bei Bruno zumindest anfänglich von der Forderung des regelmäßigen Schulbesuchs abgewichen werden kann, wenn es sich für ihn als zu große Hürde herausstellt und dass für ihn individuelle Wege zur Beschulung gefunden werden müssen. Das *konkrete Heim*, in das Bruno kommen soll, verfolgt jedoch das settingimmanente Ziel, dass alle Kinder regelmäßig zur Schule gehen. In dieser Einrichtung bilanziert man die eigenen pädagogischen Erfahrungen so, dass dieses Ziel umso besser erreicht wird, je früher auf Schulverweigerung reagiert und je klarer am Anspruch auf Schulbesuch festgehalten wird.

Sicher ist es möglich für Bruno Ausnahmen zu machen und für ihn eine schrittweise Heranführung an die Schule bzw. Einzelbeschulung im Heim einzuplanen. Allerdings scheint von vorneherein klar, dass dies mit Neid und Unruhe bei anderen Kindern verbunden sein wird und Bruno dafür evtl. mit Schwierigkeiten hinsichtlich seiner raschen Integration in die Heimgruppe zu rechnen hat.

Streng genommen müsste das Hilfekonzept berücksichtigen, wie sich die Planung „individuelle Gestaltung des Schulbesuchs" auf die Stellung von Bruno im Heim auswirken wird. Und weil das Heim vom personellen Arrangement „ein Ort der Gruppe" ist, müssten auch die Auswirkungen der Ausnahme bzw. der heiminternen Beschulung auf die anderen Kinder reflektiert werden, denen diese Möglichkeit nicht eingeräumt wird. Schließlich müssen auch in Bezug auf die Hilfeplanung Spannungen konstatiert werden: Diese enthält durchaus eigene Ziele von Bruno, so etwa die Möglichkeit zur Teilnahme an einer Modellbaugruppe, von der er in der Zeitung gelesen hat. Andere Ziele, können zwar durchaus aus dem Hilfekonzept abgeleitet werden und sind in Bezug auf dieses als sinnvoll zu betrachten, wie z.B. die Ziele „Auseinandersetzung mit der eigenen Behinderung und möglichst souveräner Umgang mit ihr“ oder „Auseinandersetzung mit der Familie: Was kann ich von dieser erwarten, wo muss ich mit Enttäuschungen rechnen“.

Diese Ziele erscheinen zwar im offiziellen Hilfeplan, aber sie sind weder mit Bruno noch mit seinen Eltern rückgekoppelt und es ist unklar, wer diese in welcher Form verfolgen soll. Andererseits tauchen Elemente dessen, was Bruno täglich abverlangt wird (Einhaltung von Zu-Bett-gehen-Zeiten, Erledigung von Ämtern etc.) – Anforderungen, die für ihn neu sind und denen er sich zum Teil entzieht – im Hilfeplan gar nicht auf. Die Arbeit an diesen Kompetenzen (Einhaltung von …, Erledigung von…), die bei Bruno nicht vorausgesetzt werden können, geschieht sozusagen außerhalb des Hilfeplans.

Wie man sieht gibt es in diesem Planungs- und Realisierungsbeispiel zahlreiche Spannungen und Brüche bezogen auf die fachlichen Übergänge und Schnittstellen zwischen Hilfekonzept, Hilfeform und individuellem Hilfeplan. Ungeachtet der professionellen Fehler, die in diesem Fall (auch) gemacht worden sein mögen bzw. der Passungsverluste, die sich durch das Prinzip der strikten Arbeitsteilung zwischen Öffentlichem und Freiem Träger ergeben mögen, werden hier doch auch ein paar immer wieder auftretende bzw. schwer zu vermeidende Spannungen deutlich:

In jedem Hilfe(planungs)prozess stellt sich die Frage nach der Transparenz.

Kann, soll und muss alles, was für die fachliche Bestimmung der Hilfe relevant ist auch den AdressatInnen kommuniziert werden? Oder kann und soll das Sprechen über bestimmte Aspekte des Fallverstehens oder über bestimmte Erwartungen nur für die interne oder bilaterale Kommunikation innerhalb des Jugendamts-Teams oder zwischen MitarbeiterInnen des Öffentlichen und Freien Trägers reserviert bleiben? Oder umgekehrt: Kann und darf sich eine besondere Vertrauensbeziehung zwischen dem Adressaten und dem Mitarbeiter des Freien Trägers herstellen, aus der die Jugendamtsmitarbeiterin ausgeschlossen bleibt? Welche Gefahren birgt dieses Mehr-Wissen für die Aufgabe einer gemeinsamen Hilfeplanung?

Fall 2: Bruno (Fortsetzung)

Im oben geschilderten Fall werden die Eltern Brunos von Seiten des Jugendamtes nicht mit ihren Versorgungs- und Erziehungsdefiziten konfrontiert. Damit werden sie zwar um die Chance einer Auseinandersetzung mit ihren elterlichen Aufgaben bzw. der Nichterfüllung dieser gebracht; damit wird allerdings auch ein Konflikt vermieden, der im Moment nichts bringt und sogar die Hilfe für Bruno gefährden könnte. Trotzdem bleibt der Fakt bestehen, dass die Hilfe vom Konzept her auf Einschätzungen beruht, die gegenüber den AdressatInnen nicht offen gelegt sind. Weiterhin wird das Thema „Auseinandersetzung über die eigene Behinderung" Bruno gegenüber nicht ausgesprochen, aber es wird den MitarbeiterInnen der Einrichtung durch einen verschriftlichten Passus im Hilfeplanformular aufgetragen bzw. „ans Herz gelegt".

Drei Aspekte scheinen mir in Bezug auf die Fragen nach der Bedeutung der Transparenz relevant:

Meiner Einschätzung nach kann und darf es im Verlauf der Hilfeplanung immer wieder Gesprächsforen und Themen geben, aus denen die AdressatInnen zumindest zunächst und vorläufig ausgeklammert sind.

Was Klatetzki mit den Begriffen *„zentrale und dezentrale Orte*" bzw. *„vordere und hintere Region*" für die Jugendhilfeeinrichtung und die Dienstbesprechung thematisiert, gilt auch für das Jugendamt (Klatetzki 1993, S. 94ff) bzw. die Kommunikation zwischen Öffentlichem und Freiem Träger: Häufig kann erst im Austausch unter Professionellen dem, was man face-to-face mit den Klienten erlebt eine Bedeutung gegeben werden. Zudem erlaubt erst das Zulassen und Entwickeln zweier Perspektiven – der lebensweltlichen Selbstdeutung der AdressatInnen und der fachlichen der Professionellen – eine Qualität des Fallverstehens, in dem sich Selbst- und Fremdwahrnehmungen befruchten können. Beide Perspektiven müssen im Hilfekonzept ihren Ausdruck finden.

Nicht alle, aber etliche Hypothesen, (Selbst-)Zweifel und/oder Verdachtsmomente (z.B. in Bezug auf sexuellen Missbrauch etc.) bedürfen zunächst einer Thematisierung in einem geschützten Rahmen. Schließlich bedürfen strittige Perspektiven und Konflikte zwischen Jugendamt und Freiem Träger einer Bearbeitung unter vier Augen.

Die Eröffnung „kommunikativer Vorder- und Zwischenbühnen" erfordert allerdings auch, dass man sich als Fachkräfte genau überlegt, auf welche Weise bzw. zu welchem Zeitpunkt „ausgesparte" Themen gegenüber den AdressatInnen geöffnet werden können.

Fast alle diese Themen können bzw. sollten für den Hilfeprozess fruchtbar gemacht werden. Der fachliche Anspruch bleibt bestehen, dass die Asymmetrien der Hilfebeziehung im Lauf der Hilfe abgebaut werden müssen, wenn die AdressatInnen in die Lage versetzt werden sollen, zu einem bestimmten Zeitpunkt ihr Leben selbstbestimmt und ohne professionelle Hilfe in die Hand nehmen zu können. Dazu ist es nötig, dass sie im Verlauf der Hilfe Neues über sich erfahren und an den fachlichen Einschätzungen der Verantwortlichen partizipieren können, um Selbst- und Fremdbilder in neue Bezüge setzen zu können. Die Frage nach der Transparenz ist also in den meisten Fällen zeitlich aufzulösen: Die Professionellen klären heikle und konfliktträchtige fachliche Fragen zunächst für bzw. unter sich, lassen die AdressatInnen aber so früh wie möglich und so viel wie möglich daran teilnehmen. Sie überlegen sich auch bei „schwierigen" Themen, in welcher Form diese kommuniziert werden können, damit sie konstruktive bzw. nicht nur verunsichernde Wirkungen zur Folge haben.

Bezogen auf das Hilfeplan-Dokument ist ein hohes Maß an Klarheit und Transparenz einzuhalten: Es darf nur das enthalten, was auch zwischen den Personen, die zusammen saßen, besprochen wurde.

Das heißt auf der anderen Seite aber auch, dass das Hilfeplandokument nicht alles enthalten kann, was für den Alltag als steuerungsrelevant angesehen wird. Nach und nach sollten jedoch alle wichtigen Aspekte des Betreuungsalltags – zumindest einmal – auch im Hilfeplangespräch thematisiert worden sein.

In jedem Hilfeplanungsprozess stellt sich die Frage wie gut Hilfekonzept und Hilfeform zusammenpassen bzw. wie groß der Bereich ihrer Deckung sein muss resp. der Grad ihrer Nicht-Deckung sein darf (siehe dazu die beiden Schaubilder S. 113 und 123)

Woraus ergibt sich diese Spannung? Jede Hilfeform und noch stärker jedes Setting als Verwirklichungsmöglichkeit dieser Hilfeform (z.B. das A-Heim in B. etc.) besitzt *eigene setting- bzw. konzeptionsimmanente Voraussetzungen, Zielvorgaben und Praxen, die nicht immer und nicht immer ohne Umstände an die Erfordernisse des Hilfekonzepts und/oder der individuelle Hilfeplanung anschlussfähig sind.* Im oben geschilderten Fall gehören regelmäßiger Schulbesuch und regelmäßige Mitarbeit an Diensten und Ämtern u.a. mit zum Erziehungskonzept der Einrichtung. Die alltägliche Erziehungspraxis ist darauf bezogen. Vielleicht macht die Klarheit dieser Regeln und ihre engagierte Durchsetzung einen Teil des Profils der Einrichtung aus, weswegen sie in vielen Fällen gewählt wird. Im Fall von Bruno waren es vielleicht Gründe regionaler Nähe oder andere Elemente des Konzepts und der Erziehungspraxis, weswegen diese Einrichtung ausgesucht wurde. In vielerlei Hinsicht mag die Einrichtung genau die „richtige" für ihn sein, in anderer Hinsicht ist sie es nicht. Weder kann man seitens des Jugendamtes von der Einrichtung verlangen, dass sie die konzeptionellen Festlegungen für einen Einzelfall aufgibt, noch kann sich die Einrichtung auf pädagogische Prinzipien berufen, wenn diese offensichtlich im Einzelfall nicht passen. Häufig wird es – wie im Fall Bruno – zu Kompromisslösungen kommen: Bezüglich des Schulbesuchs rang sich die Einrichtung ein Maximum an Flexibilität ab; andere ihrer Praxen (Regeln und Ämter) blieben unproblematisiert, obwohl auch sie sich nicht organisch aus dem Hilfekonzept ableiten lassen.

Verallgemeinert heißt das: Mit Spannungen zwischen den settingimmanenten Geboten und Praxen der Hilfeform und den individualisierten Ansprüchen aus Hilfekonzept oder Hilfeplan muss gerechnet werden. Von diesen kann ein Teil gelöst, ein anderer geglättet und ein wiederum andere Teil muss ausgehalten werden. *Entscheidend ist, dass die wesentlichen Elemente des Hilfekonzepts in dieser Hilfeform realisiert werden können und die wesentlichen Erziehungsthemen aus dem Alltag sich auch im Hilfeplan spiegeln und dass ein offener Austausch über das Passen und*

Nicht-Passen zwischen Hilfekonzept und Hilfeform geführt wird.

In jedem Hilfeprozess stellt sich die Frage auf welchen Ebenen Zielvorstellungen entstehen und welche davon im Hilfeplandokument explizit festgehalten werden müssen.

Im obigen Fall konnten wir beobachten, dass Zielvorstellungen auf drei Ebenen existieren: auf der *Ebene des Hilfekonzepts* (z.B. Versorgung sichern, Auseinandersetzung mit der eigenen Behinderung bzw. mit den Erwartungen gegenüber der Familie fördern), auf der *Ebene der Hilfeform bzw. des Settings* (wer im Heim lebt soll regelmäßig in die Schule gehen, soll sich an Ämtern und Diensten für die Gemeinschaft beteiligen) und auf der Ebene *individueller Hilfeplanziele* (Teilnahme an einem Modellbaukurs zur Pflege und Erweiterung seiner bastlerischen Fähigkeiten).

Diese drei Zielebenen werden oft nicht auseinander gehalten. Die unterschiedlichen Ziele werden nicht immer adäquat in Hilfeplanziele übersetzt. Einige werden konkretisiert, andere als Wünsche bzw. Empfehlungen ausgesprochen, wieder andere gar nicht erst thematisiert (u.a. weil man ihre Beachtung für selbstverständlich hält). Der Hilfeplan kann in der Regel nicht alle Zielvorstellungen aus den Ebenen Hilfekonzept, Hilfeform und individuelle Planungen in gleicher Weise enthalten. In Bezug auf die Hilfe und ihren Verlauf existieren immer auch andere, zusätzliche, unausgesprochene oder zumindest nicht verschriftlichte Erwartungen. Aber der Hilfeplan sollte die wichtigsten Zielideen der Beteiligten enthalten und die Ziele, über die gesprochen wurden, unabhängig davon, ob für diese ein Konsens gefunden wurde oder nicht.

Aus dem bisher Diskutierten lässt sich folgern, dass die drei Elemente als aufeinander angewiesene Elemente einer integrierten Struktur bilden (siehe Im nachfolgenden Schaubild integrieren das Hilfekonzept die Hilfeform und beide zusammen den individuellen Hilfeplan. Dieser wirkt aber dynamisch auf Hilfeform und Hilfekonzept zurück, so dass diese neue Impulse bekommen und sich in Übereinstimmung mit dem Hilfeplan fortentwickeln können. Wenn unter dem Druck von Sparzwängen oder aufgrund der Abwehr der AdressatInnen wichtige Überlegungen aus dem Hilfekonzept keinen Eingang in die Hilfeform finden können oder aufgrund der knappen Stundenbudgets dort nicht umgesetzt werden können, so muss das in das Hilfekonzept bzw. den individuellen Hilfeplan mit aufgenommen werden. Es ist ein großer Unterschied, ob Bedarfe nicht erkannt werden, oder ob sie – aus welchen Gründen auch immer – zwar gesehen wurden, aber nicht berücksichtigt werden konnten.

Abbildung 11). Ebenso wichtig ist es zu erkennen, dass die drei Elemente jeweils auch für sich bestehende Systeme mit einer gewissen Tendenz zur Abdichtung bzw. Eigendynamik bilden. Diese Tendenz muss dahingehend beobachtet werden, ob sie trotz – oder gerade wegen! – der z. T. unvermeidbaren Brüche und Reibungen, die sie produziert, noch hilfeprozesstauglich ist oder schon zu einer „kritischen Masse" zu werden droht, die eine Neubestimmung einzelner Elemente oder ihres Zusammenhangs erfordert (siehe Abbildung 12). Im Schaubild haben sich die drei Elemente ein Stück weit verselbstständigt und gegeneinander abgedichtet. Jedes besitzt Bereiche, die nicht durch die anderen "gedeckt" werden. Diese Zonen der Nicht-Übereinstimmung können noch tolerabel sein oder bereits dringend korrekturbedürftig.

Abbildung 12: Hilfeplan, Hilfeform und Hilfekonzept driften auseinander

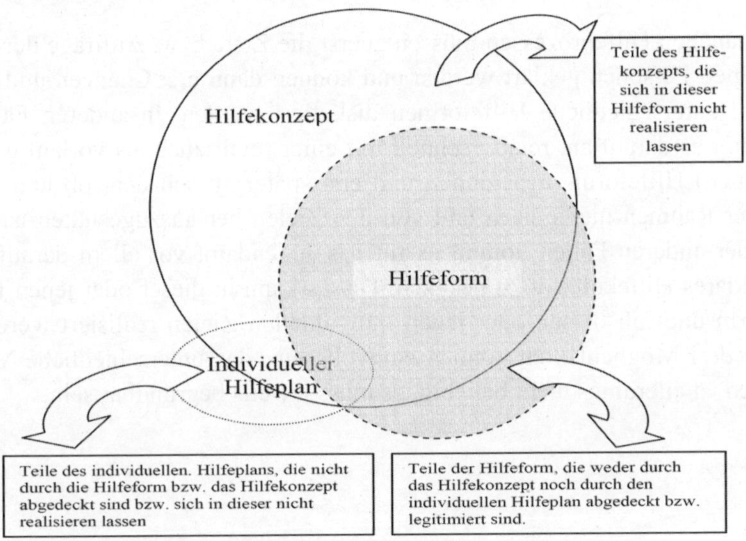

3.3 Entwicklung von Hilfekonzept, Hilfeform, Hilfeplanziele

Wohl wissend, dass es noch jede Menge „schlechter" Praxen gibt, in denen SozialarbeiterInnen selbstherrlich bestimmen, was für die AdressatInnen gut sein soll, möchte ich in diesem Unterkapitel, bezogen auf die offiziell und beinah „gebetsmühlenartig" verkündeten Leitlinien der Hilfeplanung – Partizipation und Transparenz – etwas andere Akzente setzen. Was in diesem Kapitel – zunächst in Form z.T. provozierenden Thesen – formuliert wird, wird auf der CD (vgl. Fälle und Szenen – F 1; F3; F4; F5) an Hand von Fällen belegt werden. In Spannung zu einer Hilfeplanungsphilosophie, die alle Fälle mit denselben fachlichen Standards und Leitlinien behandelt sehen möchte, vertrete ich ein Planungskonzept, das behauptet:

Hilfekonzept, Hilfeform und Hilfeplanziele können nicht jedes Mal in derselben Reihenfolge entwickelt werden; ebenso kann deren Bedeutungsschwerpunkt variieren.

In manchen Hilfeprozessen müssen zuerst die Ziele bzw. Aufträge der beteiligten Personen geklärt werden und können dann erst Chancen und Risiken unterschiedliche Hilfeformen diskutiert werden. In anderen Fällen kommt es darauf an, relativ schnell mit einer (evtl. auch als vorläufig gedachten) Hilfeform zu beginnen und erst später zu schauen, ob und wie dieser Rahmen methodisch und von den Zielen her auszugestalten ist. In wieder anderen Fällen kommt es für das Jugendamt vor allem darauf an ein klares Hilfekonzept zu besitzen. Dieses kann in dieser oder jenen Hilfeform und mit diesen oder jenen individuellen Zielen realisiert werden. Alle drei Möglichkeiten können sinnvoll sein; das unterschiedliche Vorgehen ist allerdings nicht beliebig, es muss jeweils begründbar sein.

Hilfeformen und Hilfekonzepte können nicht immer auf demselben Niveau von Informiertheit und aufgrund derselben Qualität von Fallverstehen entschieden und begonnen werden.

In einigen Fällen sind Informationsbasis und Fallverstehen sehr weit entwickelt und kann (vom Jugendamt) bereits zu Beginn der Hilfe ein entsprechend präzise ausgearbeitetes Hilfekonzept vorgelegt werden, das durchaus auch klare Anweisungen für das Vorgehen der Helfer (des Freien Trägers) enthalten kann. In anderen Fällen muss eine Hilfe auf der Grundlage von kümmerlichen Informationen und einem unvollständigen Fallverstehen begonnen werden. Die für das Fallverstehen zentralen Informationen werden erst im Rahmen sich entwickelnder Beziehungen im Laufe des Hilfeprozesses zugänglich. Das Hilfekonzept muss daher anfangs notwendigerweise offen und relativ unstrukturiert sein und muss sich davor hüten, bestimmte Arbeitsschritte zu genau vorzubestimmen (siehe Kap. 3.4.).

Die einzelnen Elemente dieser Trias können nicht immer mit dem gleichen Grad an Beteiligung der AdressatInnen entwickelt werden.

Themen, Formen und Orte von Partizipation müssen variabel gestaltet werden. Während es in einigen Fällen unbedingt nötig sein kann, die AdressatInnen möglichst breit zu informieren und sie ausgiebig an der Entscheidung für oder gegen eine bestimmte Hilfeform zu beteiligen, kann es in anderen Fällen sinnvoll sein von seinem Vorschlagsrecht als Jugendamtsmitarbeiter im Hinblick auf bestimmte Hilfeformen und Hilfeziele Gebrauch zu machen bzw. bestimmte Hilfeformen gar nicht erst zur Diskussion zu stellen. Informationsvielfalt kann die Selbsttätigkeit der AdressatInnen anregen, aber auch aufgrund zu vieler und zu komplexer Wahlmöglichkeiten unnötig verunsichern und blockieren. Während es in einigen Fällen von großer Bedeutung ist persönliche Ziele der AdressatInnen herauszufinden und diese gegenüber behördlichen Zielvorstellungen zu stärken, kommt es in anderen Fällen darauf an, die AdressatInnen frühzeitig zu „enttäuschen“ und die von ihnen zunächst formulierte Erwartungen bzw. Ziele als nicht realisierbar oder nicht kompatibel mit dem Auftrag von Erziehungshilfen zurückzuweisen.

Hilfeform und Hilfekonzept können im Ergebnis nicht immer mit dem gleichen Grad an Zustimmung und Freiwilligkeit aller an der Entwicklung Beteiligter beschlossen und begonnen werden.

Das Zustandekommen eines Hilfeprozesses kann von mehr oder weniger Überredung, von mehr oder weniger Druck und von mehr oder weniger Freiwilligkeit der Beteiligten geprägt sein. Ein „unfreiwilliger Beginn" kann, muss den Hilfeprozess aber nicht dauerhaft behindern oder scheitern lassen (vgl. Conen 1999, Eichler/Sperling 2002). Transparent gemachte Machtverhältnisse, klare Arbeitsteilungen zwischen den MitarbeiterInnen des Öffentlichen und Freien Trägers und das Eröffnen von verbleibenden Wahlmöglichkeiten trotz existierender Vorgaben können dazu führen, dass AdressatInnen die Hilfe nutzen können, obwohl sie sie nicht gewünscht hatten.

(Hilfe-)Planungsansätze, die auf mehr Gleichförmigkeit und Regelhaftigkeit in der Erfüllung von (normativen) fachlichen Leitlinien setzen und somit im Gegensatz zu den obigen Thesen stehen, „verführen" nach m. E. den für die Hilfeplanung verantwortlichen Mitarbeiter (des Jugendamtes) dazu, die Vielfalt des Lebendigen (denn bei den Fällen handelt es sich ja um die Beschreibung lebender Systeme) kommensurabel zu machen und in ein (Planungs-)Schema zu pressen. Je weniger flexibel (Hilfe-)Planungsverhalten ist und je mehr es sich von fixierten Leitlinien und Verfahrensschritten abhängig macht, desto mehr wird es in der Praxis dazu führen, dass das, was nicht in die Planungsvorschriften passt, übersehen und/oder verschwiegen wird.

Dann wird dem Jugendhilfeteam ein Hilfekonzept vorgelegt, das ein elaboriertes Fallverstehen vortäuscht, obwohl viele Aspekte in dem Fall unklar sind, nur weil man weiß, dass man für ein Arbeitskonzept mit zu viel Unbekannten keinen Hilfeprozess genehmigt bekommt. Oder es werden Adressatenwünsche, die im Gegensatz zu eigenen fachlichen Einschätzungen stehen, im Hilfekonzept verschwiegen, weil man fürchtet, dass sie ansonsten automatisch konzept- und handlungsrelevant werden müssen etc.

Statt alle Fälle unter ein Ablauf- und Planungsschema zu zwingen, plädiere ich dafür von einer Vielzahl von Planungs- und Partizipationsmöglichkeiten auszugehen, die in jedem Einzelfall reflektiert und je anders berücksichtigt werden müssen (vgl. Uhlendorff 2002, S. 852). Der Jugendamtsmitarbeiter ist eher als der (hoffentlich kommunikationsbereite und partizipationsorientierte) „Erfinder und Gestalter des Falls" anzusehen als dass man ihn als einen an Verfahren zu bindenden „Dienstleistungs-Sachbearbeiter" oder einen bloßen Moderator für die Hilfeentwicklung betrachten kann.

Hilfen mit und ohne Zustimmung aller beteiligten AdressatInnen?

In einem von Kron-Klees ausführlich dokumentierten Fall wurde eine Erziehungsbeistandschaft eingerichtet, obwohl der Jugendliche, für den diese vorgesehen war, zu Hilfebeginn nicht zu erkennen gab, ob er sich auf diese einlassen würde oder nicht (vgl. Kron-Klees 1998). Zur Begründung der Hilfe reichte zunächst aus, dass die personensorgeberechtigte Großmutter die Hilfe wünschte und der zuständige Jugendamtsmitarbeiter feststellt, dass die Großmutter aufgrund von Alter und Zuckerkrankheit nur eingeschränkt zur Erziehung und Betreuung ihres Enkels in der Lage war. Die Hilfe diente zunächst und in erster Linie der Entlastung der Großmutter.

In diesem Fall wäre die Hilfe nicht zustande gekommen, hätte man auf die verbale Zustimmung des Jugendlichen gesetzt. Es hätte auch wenig Sinn gemacht, ihm die Hintergründe seines Verhaltens zu deuten (Trotz und Autonomie Sehnsucht nach der leiblichen Mutter). In diesem Fall war es sinnvoll, den Jungen erfahren zu lassen, dass da jemand (mehr war der Betreuer anfangs nicht) regelmäßig und hartnäckig kommt, der bereit ist sich um ihn zu kümmern.

Die (anfängliche, aber immerhin mehrere Wochen andauernde) Zurückweisung des Helfers war kein Anzeichen einer falsch eingerichteten Hilfe, die sich nicht partizipativ genug am Willen des Jugend orientiert hätte, sondern konnte – zumindest nachträglich – als Teil des Hilfeprozesses verstanden werden: Der Betreuer wurde zahlreichen Schweige- und Auflauf-Tests unterworfen, in deren Verlauf der Jugendliche langsam und keineswegs kontinuierlich Misstrauen und Ambivalenz einbringen und abbauen konnte.

Hier war es eine kluge strategische Entscheidung, die Hilfe auch gegen den Willen des Jungen einzurichten, freilich unter der Voraussetzung, dass dem Helfer klar war, auf was er sich da einließ (ebd.).

In einem anderen Fall, mit einer anderen Hintergrundsdynamik, wäre es dagegen sehr unklug eine Hilfe einzurichten, ohne dass sich die gesamte Familie auf einen Hilfeform geeinigt hätte.

Angesichts bestimmter Ambivalenzen und ihrer prognostizierbaren Effekte, käme es darauf an, dem Druck z.B. des Vaters auf einen raschen Hilfebeginn zu widerstehen, die unterschwelligen Dissense immer wieder offen zu legen und der Familie immer wieder neue Aushandlungsrunden anzubieten in der Hoffnung, es komme irgendwann zu einem (bzw. zu mehr) Konsens. In solchen Fällen kann es geboten sein, sich als Jugendamtsmitarbeiter zum strikten Vertreter des Aushandlungsprinzips zu machen (vgl. Kap. 6)

In wieder anderen Fällen kann es eine gute Entscheidung sein, zögernde und skeptische Eltern zu einer Hilfe zu überreden, der sie misstrauisch gegenüber stehen. Beispielsweise die Eltern einer Jugendlichen, die eine Zeitlang im Bahnhofmilieu lebte und Drogen nahm und von den Eltern so gut wie „verstoßen" war, zur Einrichtung einer ISE nach § 35 KJHG.

Es kostete dem Jugendamtsmitarbeiter große Mühe, die Eltern zur Unterschrift unter den Antrag zu bewegen, gerade weil er den Eltern nicht vormachte, dass diese Hilfe auf jeden Fall helfen würde. Aber er lud die Eltern dazu ein etwas für ihre Tochter zu tun, das zwar vergeblich sein könnte, aber zumindest von den Risiken her einschätzbar.

3.4 Strukturierungsgrade von Hilfekonzept, Hilfeform, individueller Hilfeplan

Planungen sind sinnvoll, weil bzw. wenn man unterschiedliche Personen und die von ihnen präferierten Handlungsoptionen so koordinieren möchte, dass sie ihre Kräfte und Kompetenzen innerhalb eines zu bestimmenden Zeitraums für gemeinsame Ziele zu Verfügung stellen (vgl. die grundsätzlichen Zweifel bei Urban/Münchmeier 2003, die allerdings die empirisch adäquat beobachteten Hilfeplanungspraxen als unveränderbar festschreiben). Dazu ist es nötig, sich auf die Beschreibung eines Ist-Zustands (die Ausgangs- bzw. Problemlage) zu verständigen, einen Soll-Zustand (Visionen und Ziele) zu entwerfen und die Mittel und Methoden auszuwählen, mit denen man diesen zu erreichen hofft.

Wenn man nicht bereit ist oder wenn es nicht erforderlich erscheint, für die Aussicht auf Zielerreichung bestimmte Festlegungen zu treffen und Verbindlichkeiten einzugehen, wenn man (sich) also alles offen halten und situativ entscheiden will, muss man nicht planen. *Planung bedeutet immer eine – zumindest vorläufige – Festlegung* auf bzw. Fixierung von Informationsbeständen, Beschreibungen und Zielformulierungen mit dem Gewinn von größerer Einigkeit und Handlungssicherheit und der damit einher gehenden Einschränkung von Spontaneität und Autonomie.

Wenn man den *Ist-Zustand jedoch zu starr beschreibt bzw. die Methoden und die Ziele zu früh zu fest legt*, gerät man in die Gefahr sich an Planungen zu halten, die durch den weiteren „Gang der Ereignisse" obsolet geworden sind. Es wäre ein Fehler an Planungen festzuhalten, obwohl man durch neue Informationen bzw. erweiterte Kenntnisse (z.B. in Bezug auf die Kooperationsfähigkeit der Beteiligten) zu neuen Einschätzungen bezüglich der Ausgangslage, der anzustrebenden Ziele oder der einzusetzenden Mittel gekommen ist. Diese erfordern Korrekturen an der bisherigen Planung bzw. ganz neu ansetzende Planungsprozesse.

Die Planungen zugrunde liegende Koppelung von Ausgangslage, Zielen und Mitteln muss deswegen einerseits „fest" genug sein, damit sie überhaupt Entscheidungs- und Verbindlichkeitscharakter entwickeln kann; sie muss andererseits „locker" genug sein, um neuen Entwicklungen Rechnung zu tragen. *Festlegen und Offenhalten müssen in ein jeweils projektspezifisches Verhältnis gebracht werden.*

Diese allgemeine Planungsmaxime gilt es auch bei der Hilfeplanung zu berücksichtigen: d.h. angesichts jedes konkreten Falles muss man sich neu fragen, wie viel Festlegung und wie viel Offenhalten sinnvoll sind.

Bezogen auf das Festlegen bzw. Offenhalten kann man von unterschiedlichen Planungs- bzw. Strukturierungsgraden sprechen. Grob gesprochen ist es sinnvoll, Hilfen mittels des Hilfekonzepts stärker vorzustrukturieren, wenn man genügend über den Fall weiß, d.h. eine breite Informationsbasis besitzt, über ein elaboriertes Fallverstehen zu verfügen glaubt und mit den AdressatInnen bereits konsensreiche Zielperspektiven entwickelt hat. *Klar vorstrukturierte Hilfekonzepte* vermitteln der Familie und/ oder dem Mitarbeiter des Freien Trägers ein hohes Maß an Sicherheit und erlauben einen raschen Einstieg in die Hilfe und eine zielorientierte Problembearbeitung ; sie müssen sich freilich von der weiteren Fallentwicklung auch in Frage stellen lassen bzw. Ergänzungen und Korrekturen ermöglichen.

Verfügt man dagegen nur über eine eingeschränkte Informationsbasis, schätzt man das eigene Fallverstehen eher als gering ein und erlebt man die Zielperspektiven als divergierend und konsensarm, dann sollte man ein Hilfekonzept formulieren, das nur *grundlegende Arbeitsprinzipien vorläufig festlegt* und vieles offen hält.

Hilfeplanungen können demnach bezogen auf das Hilfekonzept über- bzw. unterstrukturiert sein: Unterstrukturiert sind sie, wenn sie gemessen am Kenntnisstand und der bereits geleisteten Arbeit mit der Familie dem Mitarbeiter des Freien Trägers zu wenig Orientierungsmittel an die Hand geben (Informationen, Hypothesen, Zugangswege, Rollenklärungen etc.); überstrukturiert sind sie, wenn sie dem Mitarbeiter des Freien Trägers viele Vorgaben machen, ohne dass eine hinreichende fachliche Grundlage besteht.

Weil der Grad der Vorstrukturierung (oder der Grad der im Hilfekonzept zum Ausdruck kommenden Festlegungen) ein häufiger Streitpunkt zwischen MitarbeiterInnen des Öffentlichen und des Freien Trägers ist – was der eine als adäquate Strukturierung ansieht, wird von dem anderen häufig als Über- oder Unterstrukturierung bewertet – wollen wir dieses Thema etwas genauer betrachten. *Strukturierungsgrade sind relevant hinsichtlich der:*

- Menge der gesammelten Informationen,
- Verknüpfung der Informationen mit Hypothesen bzw. dem Fallverstehen,
- Verwendung des Fallverstehens bezogen auf die Gestaltung der Hilfeform,
- der Erarbeitung von Zielen und deren Verknüpfung mit der Hilfeform.

Es ist klar, dass die Einrichtung einer Erziehungshilfe einen gewissen Grad an *Informiertheit des Sozialarbeiters* voraussetzt. Ohne detaillierte Informationen bezogen auf die Familie (ihre relevanten Mitglieder), das soziale Umfeld (Wohnsituation, Netzwerke etc.) und die bisher geleisteten Hilfen macht es in den meisten Fällen keinen Sinn, bestimmte Hilfeformen zu diskutieren, ja kann noch nicht einmal entschieden werden, ob eine Erziehungshilfe überhaupt Chancen besitzt, stabilisierend oder verändernd zu wirken. Dennoch gibt es keinen zuverlässigen Anhaltspunkt, ab dem man sagen kann: „Jetzt wissen wir genug!".

Bei einigen (mündlich vorgetragenen oder verschriftlichten) Hilfekonzepten hat man den Eindruck, dass die zugrunde liegende *Informationsbasis mangelhaft* ist. Das kann unterschiedliche Gründe haben: Manchmal sind bestimmte Informationen nicht akribisch genug eingeholt und recherchiert worden (z.B. fehlen wichtige Informationen über Einschätzungen der Kinder oder eines Elternteils oder fehlen wichtige Dokumente wie z.B. ein Arztbericht aus der Psychiatrie etc.); manchmal werden allerdings auch seitens der AdressatInnen bedeutsame Informationen zu Beginn der Hilfe nicht preisgegeben. Manche davon werden als nicht relevant eingeschätzt; andere werden bewusst verschwiegen. In vielen Fallentwicklungen macht man als Sozialarbeiterin die Erfahrung, dass man entscheidende Informationen erst nach einer gewissen Zeit bekommt und nur wenn sich ein entsprechendes Vertrauensverhältnis etabliert hat.

Insofern hat *das Hilfekonzept die Aufgabe die bisher gesammelten Informationen übersichtlich und strukturiert darzustellen* (siehe die Methode des Zeitpfeils bzw. des Fallverlauf-Schemas) und gleichzeitig auch auf die

Wissenslücken und Informationsmängel bzw. noch ausstehende Rechercheaufgaben oder fehlende Dokumente (z. B. Gutachten) hinzuweisen.

Bei einigen Hilfekonzepten hat man den Eindruck, dass sie aus den vorliegenden Informationen – einer durchaus befriedigenden Informationsbasis – zu wenig machen: Informationen sind vorhanden – manchmal sogar überreichlich – aber *die vorhandenen Informationen bzw. Quellen stehen verbindungslos nebeneinander. Sie werden nicht in Beziehung zueinander gesetzt* oder zu wenig dazu genutzt, sich gegenseitig zu ergänzen oder zu widersprechen. Die Informationen schließen sich nicht zu einem „Bild" zusammen oder anders: Die Informationen werden zur Komplexitätserzeugung genutzt, es fehlt aber die informierte Komplexitätsreduktion. Wenn diese noch nicht möglich erscheint, ist das in Ordnung und adäquater Ausdruck des Fallverstehens. Der Eindruck sich in einem „Datenfriedhof" zu bewegen, kann aber auch auf ein Defizit des Jugendamtsmitarbeiters hinweisen.

Bei anderen Hilfekonzepten *fehlt es an interessanten Deutungen bzw. Hypothesen*: Die geschilderten Klienten und ihre Probleme werden klischeehaft dargestellt. Was da geschrieben steht, könnte auf zahlreiche andere Fälle auch zutreffen. Das Fallverstehen erscheint unentwickelt. Der Jugendamtsmitarbeiter hat sich zu wenig Mühe gemacht, die Hintergründe und Dynamik des Falles zu verstehen oder das Verstehen stößt bei ihm auf innere Blockaden, die mehr mit ihm als mit der Familie zu tun haben.

Andere Hilfekonzepte „leiden" dagegen unter einem „zu genauen bzw. vollständigen" Fallverstehen: *der Verfasser meint bereits alles über die Familie bzw. das Problemsystem zu wissen und dieses komplett zu verstehen*. Dabei hat man den Eindruck er ordnet das Erfahrene rigiden Deutungsschemata unter und/oder lässt den Selbstdeutungen der Familie zu wenig Raum.

Insofern hat das Hilfekonzept ein möglichst elaboriertes Fallverstehen vorzuschlagen und gleichzeitig deutlich zu machen, in welchen Aspekten die Familie, die Familie-Umwelt-Beziehungen oder die Familien-Helfer-Dynamik noch nicht angemessen verstanden worden ist, man selbst also „noch im Dunklen tappt". *Die Art und Weise des Fallverstehens muss so erfolgen, dass Hypothesen möglichst klar und deutlich formuliert sind, dass aber auch noch für neue Aspekte des Fallverstehens Raum besteht.*

Manche Hilfekonzepte haben zwar ein gut entwickeltes Fallverstehen, aber dieses wird im Hinblick auf die ins Auge gefasste Hilfeform nicht genutzt. Die Verbindung zwischen Fallverstehen und Hilfeform bleibt vage und/ oder beliebig. Diese Konzepte zeichnen sich durch einen Mangel an konkreten Anregungen für die Gestaltung der Hilfeform aus. *Die Möglichkeiten aber auch die Grenzen und Risiken einer Hilfeform werden zu wenig thematisiert bzw. vorausgesehen.* Solche Hilfekonzepte enthalten bisweilen auch zu wenig klare Anforderungen seitens des Jugendamtes an die MitarbeiterInnen des Freien Trägers, mit der Gefahr späterer Unzufriedenheit.

Bei anderen Hilfekonzepten hat man dagegen den Eindruck, sie würden die Betreuung in der Hilfeform inhaltlich und methodisch zu sehr festlegen. Sie tun als könnte man in der Planungsphase den Betreuungsalltag minutiös vorstrukturieren, meist ohne dass sich Familie und Helfer bereits kennen gelernt haben. *Insofern hat das Hilfekonzept die heikle Aufgabe bestimmte Tätigkeiten und Methoden der Hilfeform festzulegen und andere offen zu lassen.*

Manche Hilfekonzepte formulieren die Hilfe(plan)ziele vorweg d.h. sie geben dem kommunikativen Ort Hilfeplangespräch zu wenig Gewicht. Damit geben sie auch den ersten 4–6 Wochen Betreuungszeit zu wenig Bedeutung: Denn in nicht wenigen Fällen wird den AdressatInnen und deren HelferInnen erst in dieser Zeit deutlich, was mit der Hilfe auf sie zu kommt bzw. welche Möglichkeiten, aber auch welche Anforderungen und Probleme damit auf sie zu kommen. Deswegen ist dem Ort „Hilfeplangespräch“ bezogen auf die Zielformulierung eine besondere Bedeutung zu geben.

Und doch wäre es fatal, in Bezug auf die Zielentwicklung im ersten Hilfeplangespräch „bei Null anzufangen“. Etliche Hilfekonzepte lassen vermuten, dass mit den Klienten noch gar nicht explizit über die Frage gesprochen wurde, wozu die Hilfe dienen soll. Dann ging der Mitarbeiter des Jugendamts davon aus, dass das klar ist. Erst im Hilfeplangespräch wird dann deutlich, dass bezogen auf die Ziele und den Nutzen einer Hilfeform unterschiedliche widersprüchliche Ideen vorliegen und man es versäumt hat, sich darüber zu verständigen. *Insofern hat das Hilfekonzept bezogen auf die Hilfeplanziele die heikle Aufgabe bestimmte Zielvorstellungen anzusprechen und vorzuklären und andere offen zu lassen.*

Aus all dem geht hervor, dass der Strukturierungsgrad eines Hilfekonzepts nicht pauschal zu bewerten ist, so als sei generell ein hoher, mittlerer oder niedriger Strukturierungsgrad gut oder schlecht: sinnvollerweise kann man nur einen (Einzelfall-)angemessen Strukturierungsgrad fordern und der kann sehr unterschiedlich ausfallen. Auf der anderen Seite heißt das, dass das Hilfekonzept mit dem Hilfeprozess mitwachsen und neue Impuls und Entwicklungen integrieren können muss; das geschieht in den Hilfeplan-Fortschreibungsgesprächen bzw. den aktualisierten Hilfeplänen, die nach und nach das ursprüngliche Hilfekonzept ablösen.

3.5 Vier Fallbeispiele für unterschiedliche Strukturierungsgrade von Hilfekonzepten

Im Folgenden wird als erstes einleitend nochmals auf den „allgemeinen“ Strukturierungsvorschlag für die schriftliche Fassung des Hilfekonzeptes (vgl. Kap. 3.1.) zurückgegriffen. Die Darstellung von vier Beispielen fachlich elaborierte Hilfekonzepte finden sich auf der CD (Fälle 1, 3, 4 und 5). Sie können im Sinne von „best practice“-Modellen gelesen werden und verfolgen zugleich das Ziel, die Thesen aus Kapitel 3.1–3.4 zu belegen.

Dort wurde vertreten, dass

- bei unterschiedlichen Fällen unterschiedliche Grade der Vorstrukturierung der Hilfe durch das Hilfekonzept sinnvoll sind.
- unterschiedliche Fallkonstellationen unterschiedliche Grade und Formen von Partizipation seitens der AdressatInnen gebieten oder anders ausgedrückt: Unterschiedliche Fallkonstellationen erfordern unterschiedliche Grade, mit denen das Jugendamt von seinem Recht Gebrauch macht, Vorschläge zu machen, Wahlmöglichkeiten einzuschränken oder Bedingungen an die Hilfe zu knüpfen.
- das Binnenverhältnis von Hilfekonzept, Hilfeform und Hilfeplanzielen unterschiedlich sein kann und das eine oder andere stärker im Vordergrund stehen kann (zu allen Punkten vgl. Kap. 3.4.).

Allgemeines zu den Hilfekonzepten

Zur Diskussion und Entscheidung der Frage, ob in einem konkreten Fall eine „Hilfe zur Erziehung“ angemessen und sinnvoll ist oder ob in diesem Fall die Mittel anderer Hilfesysteme zum Einsatz kommen sollen, muss in den meisten ASD-Teams eine Art „Hilfekonzept“ vorgelegt werden. Dieses beinhaltet das Resümee der bisherigen Fallarbeit und Vorschläge zur weiteren Hilfegestaltung (Ideen zur Hilfeform etc.). Diese Hilfekonzepte können sehr unterschiedlich gegliedert sein und unterschiedliche Inhalte berücksichtigen. Im Folgenden wird eine mögliche Form vorgestellt. TeilnehmerInnen aus Fortbildungen waren so freundliche und haben einige ihrer „laufenden Fälle“ in die hier vorgeschlagene Form gebracht, nachdem wir die Hilfeplanungsfälle analysiert hatten. Alle Hilfekonzepte haben Eingang in die Praxis gefunden. Die Hilfekonzepte wurden von mir noch einmal überarbeitet, auch die Kommentierungen stammen von mir.

Die Aufbereitung und Darstellung der Hilfekonzepte folgen Schritt für Schritt dem bereits vorgestellten Gliederungsschema (S. 110). Die folgende Tabelle enthält zur besseren Orientierung eine Übersicht über die bezüglich ihrer Hilfekonzepte vorgestellten Fälle.

Fall: *Titel und Thema*	*Informiertheit* *Zugang*	*Partizipation*	*Vorstrukturierung*
1. Familie Appelt: Anerkennung von deviantem Verhalten als Doppelstrategie: Ablösungsversuch von und Kontaktwunsch zu der Mutter	Guter Informationsgrad in Bezug auf innerfamiliäre Dynamik: geringer Info-Grad in Bezug auf Delinquenzverhalten. Gute Kontaktqualität mit beiden Adressaten.	Indirekte Formen der Partizipation: Was die Personen sagen wird ernst genommen; aber es wird ein Hilfekonzept daraus gebastelt, das die AdressatInnen so nicht bestellt haben.	Elaborierte Hypothesen. Hoher Grad an Vorstrukturierung des Hilfekonzepts; eher niedriger Grad in Bezug auf die Praxis der Hilfeform.
***2. Familie Christ*:** Chronifizierte Anerkennungskämpfe eines Paares: Kinderschutzaufgaben und Angebote zur Verbesserung des „Klimas“.	Mittlerer Informationsgrad, allerdings noch niedrig in Bezug auf Lebensfelder und Netzwerke. Kontaktqualität schwer zu fassen.	Indirekte Formen der Partizipation: Aufgrund des hohen Eskalationsgrades konnten die direkt geäußerten Wünsche nicht erfüllt werden. Das Hilfekonzept versucht ein gemeinsames Dach zu schaffen	Elaborierte Hypothesen Mittlerer Grad an Vorstrukturierung des Hilfekonzepts. Mittlerer Grad an Vorstrukturierung in Bezug auf Hilfeform
3. Familie Dorn: Ein „anstrengender“ Sohn, eine kraftlose Mutter, ein abwesender Stiefvater: Dissens in Bezug auf die Hilfeform und ein adressatenorientiertes Hilfekonzept	Mittlerer, eher niedriger Informationsgrad in Bezug auf innerfamiliäre Belange. Kontaktqualität wechselnd. Belastungsprobe kommt sicher nach Ablauf der befristeten TG-Hilfe.	Direkte Formen der Partizipation: Aushandlungsprozess zwischen Jugendamt und Familie nach (heftigem) Dissens über Hilfeform.	Wenig Hypothesen über innerfamiläre Dynamik insbes. zw. Mutter und Sohn. Hoher Grad an Vorstrukturierung der Hilfeform in der TG mit klaren Anforderungen an die Mutter und einseitig festgelegten Fristen. Niedriger Grad an Vorstrukturierung in Bezug auf die mögliche zukünftige SpFH.
4. Familie Ebel: Stochern im Nebel - eine Multi-Problem-Familie, die keine Hilfe will, aber eine „Spionin“ geschickt bekommt.	Wenige Informationen. Hohes Bedürfnis der Familie nach Abschottung geg. Jugendamt. Spürbar ist vor allem Misstrauen. Geringe Kontaktqualität zw. Familie und HelferInnen	Lange Zeit direkte Formen der Partizipation in Bezug auf die Ablehnung von Hilfeformen. In-direkte Formen in Bezug auf den Ort der Betreuung (außerhalb der Wohnung). Installierung einer Zwangsbetreuung	Ungeklärte Hypothesen Geringer Grad der Vorstrukturierung der Hilfe: viele Optionen offen. Ambulante Betreuung quasi als Clearingversuch; Abbruch seitens der Familie oder gerichtliches Vorgehen möglich.

4 Zielfindung, Zielformulierung und Zielentwicklungssysteme

Wenn du ein Ziel hast,
siehst du auf dem Boden nicht nur die Steine
sondern das reife Weizenfeld
Ukrainisches Sprichwort

Das Sprechen über Ziele muss nicht immer im Hilfeplangespräch, sondern kann auch (manchmal sogar besser) beim Billardspielen, im Wartezimmer des Arztes oder anlässlich eines Telefonats zwischen Jugendamtsmitarbeiter/in und Adressat/in stattfinden. In vielen Fällen ergänzen sich die Gespräche über Ziele in alltäglichen Betreuungssituationen und die offiziellen Hilfeplangespräche wechselseitig, in dem sie spezifische Inhalte der einen oder der anderen Form vor- oder nachbereiten. Insofern kann man sogar sagen: Das Sprechen über Ziele darf sich nicht auf das Hilfeplangespräch beschränken!

Das zentrale Credo dieses Kapitels lautet deshalb: Wenn man möchte, dass AdressatInnen für sie selbst stimmige Ziele formulieren, die zugleich von den engsten Familienmitgliedern bzw. den beteiligten HelferInnen akzeptiert werden können, und wenn man möchte, dass sie an der Umsetzung ihrer Ziele auch konkret arbeiten, bedarf es dazu eines Zielentwicklungsprozesses,

- der im Hilfeplangespräch beginnen und/oder dort abgeschlossen werden kann.
- der darüber hinaus in mehreren Vor- und Nachgesprächen angeregt, vertieft und begleitet werden muss.
- der ein gelungenes Zusammenspiel der Fachkräfte von Jugendamt und Freiem Träger voraussetzt, d.h. Phasen gemeinsamer Erarbeitung von Zielformulierungen und Phasen der Delegation, in denen eine Fachkraft mit den AdressatInnen an bestimmten Fragestellungen weiterarbeitet.

- dessen Ergebnisse durch schriftliche Formulierungen abgesichert und überprüfbar gemacht werden müssen.

Die im Folgenden in diesem Kapitel vorgestellten Zielentwicklungssysteme sind zunächst einmal gleichgültig gegenüber dem Kontext, in dem sie dargestellt werden, also gegenüber dem spezifischen Verfahren „Hilfeplangespräch nach § 36 KJHG". Nach meiner Auffassung kann und soll das Hilfeplangespräch allerdings ein Knotenpunkt sein, an dem der Zielentwicklungsprozess enggeführt wird, d.h. noch einmal bedacht, besprochen und entschieden bzw. in bestimmten Teilen zur weiteren Bearbeitung delegiert wird. Insofern liegen im offiziellen Hilfeplangespräch Chancen, die genutzt werden können und müssen.

Von verschiedenen Autoren ist – völlig zur Recht – darauf hingewiesen worden, dass sich die meisten Zielformulierungen in Hilfeplänen durch *einen Mangel an Konkretion und Klarheit* auszeichnen (vgl. Hekele u.a. 2002, von Spiegel 2000). Formulierungen wie „Steigerung des Selbstbewusstseins", „Entwicklung von Konfliktkompetenz" oder „Verbesserung der Eltern-Kind-Beziehung" geben kaum Anhaltspunkte dafür, worin die Veränderung für diese/n konkrete/n Adressat/in bestehen soll und was konkret für das Erreichen dieses Ziels getan werden kann. Dadurch kann später auch der Grad der Zielerreichung nicht überprüft werden.

In letzter Zeit begegne ich jedoch immer häufiger dem ebenso unfruchtbaren Gegenteil, einer Art „Montage-Pädagogik", die sich z.B. so anhört: „Das Zu-Bett-Gehen soll als Ritual gestaltet werden, in dem ca. 20 Minuten ein Einzelkontakt hergestellt wird, um den Zärtlichkeitsbedürfnissen von L. gerecht zu werden. Rückenmassieren und Kitzeln sollen zur Anwendung kommen. Küsse sollen allerdings unterbleiben. Kindgerechte Geschichten, möglichst mit Tieren, sollen angeboten werden. Die Zeit von 20 Minuten soll nicht überschritten werden. Auf Rufe von L., sie könne nicht einschlafen, soll anschließend nicht mehr eingegangen werden". Das Ziel – ein Kind Zärtlichkeit in einem strukturierten Rahmen erfahren zu lassen mit mäßig intimen Körperkontakt – mag für dieses Kind angemessen sein, der Konkretisierungsgrad mit dem die Abendsituation bedacht wird, ist sogar lobenswert.

Problematisch wird diese Formulierung, weil sie für mich mit der Haltung verknüpft scheint, dass man das, was nur im Rahmen einer guten Beziehungsdynamik hilfreich und wirksam werden kann, bis ins Einzelne vorausplanen und vorschreiben kann. Das mag für den einen oder anderen Pädagogen Handlungssicherheit herstellen. Es beinhaltet aber die *Gefahr eines Aufstellens bzw. technischen Befolgens von Behandlungsplänen, die das Kind zum Objekt pädagogischer Bemühungen machen, statt in ihm ein Subjekt zu sehen, dem man pädagogisch sinnvoll begegnen möchte*. Vorstellbar wird ein Jugendamtsmitarbeiter, der in der Festlegung solcher zielorientierten Behandlungspläne seine „eigentliche" Aufgabe sieht, oder ein Pädagoge, der beim Gute-Nacht-Sagen nach der Uhr schielt, mechanisch kitzelt und ohne Spaß vorliest, um das, was im Hilfeplan steht, „abzuarbeiten". Wenn er sensibel ist, wird er selbst merken, dass alle „planvollen" Handlungen nicht automatisch das herzustellen vermögen, was er wollte: eine „angemessene Mischung von Nähe und Distanz und eine situativ gelungene Mischung von Spontaneität und dem Einhalten von Regeln". Diese – alternative – Zielbestimmung geht über die oben zitierte weit hinaus, weil sie eine Haltung mit einer Methode verknüpft. Erst im Rahmen einer solchen Zielformulierung wären die oben zitierten Planungssätze sinnvoll aufgehoben. Für sich alleine stehend haben sie keine sozialpädagogische Berechtigung.

Fehlende Konkretisierung und in Folge davon Unklarheit in Bezug auf Handlungsschritte und technischer Machbarkeitsglaube bzw. mechanisches Abarbeiten von Konkretisierungen sind beides gleich „schlimme" Fehlentwicklungen, denen dieses Kapitel entgegenwirken will.

4.1 Ziele der AdressatInnen oder Ziele der Professionellen?

Wir kennen alle das Problem, dass Professionelle den um Hilfe nachfragenden AdressatInnen ihre eigene Problemsicht und in Folge davon, auch ihre Zielvorstellungen und Lösungswege überstülpen. Die meisten Familien wehren sich dagegen mehr oder weniger offen, z.B. dadurch dass sie sich unmotiviert zeigen oder Hilfeangebote unterlaufen. Sie haben kein Interesse daran, sich für Ziele anderer Personen oder Institutionen einspannen zu lassen. Fachliche Konsequenz aus dieser fehlgeschlagenen professionellen Politik ist, sich als Professioneller (zunächst) soweit wie möglich mit eigenen Vorstellungen zurückzuhalten und die Hilfe so vollständig wie möglich in den Dienst der AdressatInnen zu stellen, d.h. deren Problemsichten, Ziele und Lösungsideen zu erfragen und den Hilfeprozess darauf aufzubauen (vgl. Merchel 1998, von Spiegel 2000, Späth 1992).

Aber wir kennen auch das Problem, *dass AdressatInnen – Kinder und Eltern, Vater und Mutter, Großeltern und Eltern etc. – sich nicht einigen können*: Sie sehen das Problem jeweils anders, geben sich gegenseitig die Schuld für missliche Entwicklungen, verfolgen unterschiedliche Ziele und präferieren gänzlich andere Lösungen (von Spiegel 2000, S. 13). SozialarbeiterInnen die sich an den Wünschen der Familien orientieren wollen, geraten häufig in einen Ideen-Dschungel, in dem jeder gegen jeden kämpft. Oder sie fühlen sich wie der Hase, der zwischen verschiedenen Igeln hin- und herrennt und irgendwann erschöpft auf der Strecke bleibt.

In nicht wenigen Fällen ist es das Erleben von Uneinigkeit und Unklarheit zwischen den AdressatInnen, durch das sich die Professionellen in die Rolle gedrängt fühlen, die Führung in der Frage zu übernehmen, welche Hilfe mit welchen Zielen einzurichten ist und diesbezüglich Vorschläge bzw. Direktiven zu machen. Manchmal werden diese Vorschläge der Professionellen von einigen Familienmitgliedern angenommen, manchmal zurückgewiesen und das Hilfeanliegen zurückgezogen. Häufig zeigt sich das Annehmen oder Zurückweisen erst im weiteren Verlauf, beispielsweise dann, wenn die Familie versucht, den Helfer des Freien Trägers anders zu gebrauchen als es zunächst mit dem Jugendamt verabredet war.

Wenn das so stimmt, befinden sich Professionelle häufig in einem Dilemma: Werden sie mit ihren eigenen Ideen über angemessene Hilfeformen und erstrebenswerte Ziele zu aktiv, hängen sie die Familien ab und müssen sich deren Unmotiviertheit selbst zuschreiben. Stellen sie die Ideen der Familienmitglieder in den Vordergrund und halten sie sich mit ihren eigenen Ideen zurück, erweisen sich jene als zu unterschiedlich und kämpfen die Familienmitglieder Runde um Runde um die Vorherrschaft bezüglich des weiteren Vorgehens. Wie kommt man aus diesem Dilemma heraus?

Indem man sich zweier Ideologien entledigt: Weder wissen die HelferInnen qua Vorerfahrung und/oder professioneller Verfahren (z.B. Diagnostik) zuverlässig und genau wie Familien geholfen werden kann, damit deren Alltag ein Stück lebenswerter wird, noch wissen die Familienmitglieder in der Regel selbst, wie ihnen als Einheit bzw. als System sinnvoll geholfen werden kann. Sie wissen zwar ganz gut, was jeder einzelne will (bzw. nicht will), aber wie das mit den Bedürfnissen der anderen Familienmitglieder oder Nachbarn und mit den Ansprüchen der gesellschaftlichen Institutionen wie Schule etc. zusammen gehen kann, ist ihnen ebenso schleierhaft wie den Professionellen. Jede/r Leser/in wird selbst wissen, welche dieser beiden Ideologien – a) „eigentlich wissen die Fachkräfte am Besten wie man hilft“ oder b) „die Klienten wissen es selbst am besten, man muss sie nur fragen“ – ihm näher steht und von welcher ihm der Abschied schwerer fällt.

In diesem Buch wird ein Konzept vertreten, nach dem AdressatInnen (bereits vor Einsetzen der Hilfe) in ihrem Alltagshandeln häufig Eigenziele verfolgen, die mit den Eigenzielen anderer Personen, von denen sie entweder abhängig sind (einseitig oder wechselseitig) und/oder in Bezug auf Verantwortung verbunden sind, kollidieren. *Die jeweiligen Eigenziele der AdressatInnen können als (zu) starr und (zu) wenig kompatibel beschrieben werden.* Trotzdem halten die AdressatInnen daran fest.

Die Mutter verfolgt beispielsweise das Eigenziel, weiter für die Tochter bedeutsam zu sein und ihr sagen zu können, was sie zu tun und zu lassen hat; unter anderem wird das auch von der Schule etc. von ihr erwartet. Die Tochter verfolgt dagegen das Eigenziel möglichst oft mit der Clique zusammen zu sein und sich in dieser Hinsicht so unabhängig wie möglich vom Einfluss der Mutter zu machen. Wenn der Kampf zwischen verschiedenen Eigenzielen zu heftig eskaliert, wird ein Problemniveau erreicht, das (auf Wunsch eines der Kontrahenten oder Dritter, die die Folgen der Eskalation beobachten) das Jugendamt auf den Plan ruft. Selbst wenn die Kontrahenten das Auftreten des Jugendamtes begrüßen, so bedeutet das noch nicht, dass sie von ihren starren Eigenzielen Abstand nehmen. Sie versuchen diese dann – je nach Einstellung zum Jugendamt – mit diesem gegen den anderen oder trotz des Jugendamtes mit Unterstützung anderer gegen den anderen und das Jugendamt durchzusetzen, d. h. die „alten" Eigenziele werden in den neuen Kontext Erziehungshilfe übernommen. Wenn in der Erziehungshilfe etwas stattfinden soll, das die „alten" Muster von „wenig kompatiblen Eigenzielen" verändern soll, dann kommt man einerseits um die Kenntnis dieser Eigenziele nicht herum. Andererseits genügt dieses Wissen aber auch nicht, um eine wirkungsvolle Hilfeform zu etablieren.

Es geht also darum, einen Zielentwicklungsprozess zu gestalten, der allen Beteiligten etwas abverlangt: den einzelnen Familienmitgliedern und den Professionellen. Nur wenn sich alle im Hilfeprozess Beteiligten in Bezug auf ihre ursprünglichen Ideen und Ziele ein Stück weit „bewegen", nur wenn auch neue Elemente und Außensichten ins Spiel kommen und diese in die Eigenziele eingebaut werden können, kommt eine Hilfe in Gang, die von allen als nützlich bewertet werden kann.

Im Folgenden werden fünf Zielentwicklungssysteme vorgestellt: zwei dieser Zielentwicklungssysteme sind von mir und drei von anderen AutorInnen konzipiert. Mit **Zielentwicklungssystemen** sind methodischen Anleitungen gemeint, die

- eine **systematische Entwicklung von Zielen** im Gespräch gestatten. Es handelt sich also um Programme, die mittels spezifischer Gesprächsführungstechniken Schritt für Schritt „gute" Zielformulierungen anregen und absichern (z. B. auch im Zusammenhang mit z. T. selbst produzierten Hindernissen und Widerständen).
- die dafür sorgen, dass die **formulierten Ziele** auch **untereinander in einem Zusammenhang** stehen und aufeinander aufbauen bzw. voneinander ableitbar sind, so dass sie für AdressatInnen ein in sich stimmiges System von Zielen bzw. Zielen, Aufgaben und Handlungen bilden.

Für die Konzeption von Zielentwicklungssysteme sind vier Teilaspekte von Bedeutung (siehe auch Schaubild auf der folgenden Seite): Ausgangspunkt aller Systeme ist die Beobachtung der (eigenen) Praxis (bzw. der der KollegInnen). Die dort gesammelten Erfahrungen werden mit Hilfe sozialwissenschaftlicher Theoreme interpretiert und systematisiert (1). Daraus wird eine Gesprächsführungsmethode entwickelt, die sich auf die bereits praktizierten Techniken stützt und diese durch neue Elemente ergänzt (2). Dazu wird ein passendes Dokumentationssystem erstellt, das die erarbeiteten Ziele und die um sie gruppierten Aufgaben übersichtlich und verständlich zusammenfasst (3). Das ganze System wird von adäquaten Haltungen getragen bzw. inhaltlich von klugen Hilfekonzepten gespeist. Diese müssen von außen in das System hineingetragen werden, um für inhaltliche Orientierungen zu sorgen (4).

Abbildung 13: Vier Dimensionen von Zielentwicklungssystemen

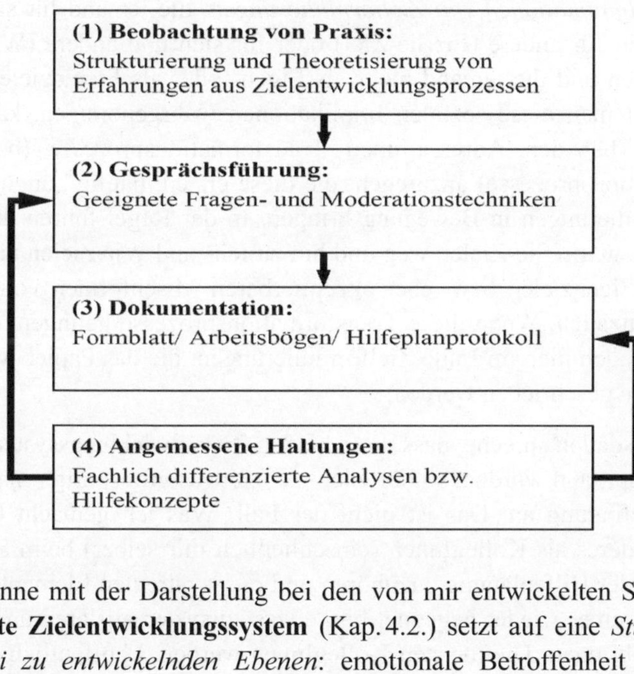

Ich beginne mit der Darstellung bei den von mir entwickelten Systemen. Das **erste Zielentwicklungssystem** (Kap. 4.2.) setzt auf eine *Stufenfolge von drei zu entwickelnden Ebenen*: emotionale Betroffenheit anregen, Entwicklungsaufgabe/n formulieren, Handlungsaufgaben planen. Wenn man diese Stufenfolge einhält und aufmerksam darauf achtet, wann man von einer Ebene auf eine davor liegende zurückgehen muss, um dort „Reste“ aufzuarbeiten oder falsche Weichenstellungen zu korrigieren, dann erhält man – so das Versprechen – am Ende des Prozesses tragfähige Ziele, an denen die AdressatInnen in der Regel auch arbeiten.

Das Zielentwicklungssystem der drei Ebenen wird in diesem Buch am ausführlichsten dargestellt. Viele der hier aufgeworfenen Probleme und angebotenen Lösungen haben auch im Rahmen der anderen Zielentwicklungssysteme Gültigkeit. In seiner Elaboriertheit (auf fast 60 Seiten) ist es so einerseits Modell: So genau müssten alle Zielentwicklungssysteme dargestellt werden. Und andererseits ist es Grundlage: Wenn man sich dieses Konzept angeeignet hat, besitzt man einen Fundus, in den die anderen Systeme als Varianten integriert werden können.

Das **zweite Zielentwicklungssystem** (Kap. 4.3.) arbeitet an und mit den *sozialen Implikationen von Zielformulierungen*, die jemand für sich (Ich-Ziele) oder für andere (Er/Sie-Ziel) oder für sich und andere (Wir-Ziele) formulieren und die jemand mehr als Eigen- oder als Fremdziele erleben kann. Hat man diese sozialen Implikationen wahrgenommen, kann man anfangen bei den AdressatInnen Transformationsprozesse (bzw. De-Konstruktionsprozesse) anzuregen, die diese ersten, häufig „ungünstigen“ Zielformulierungen in Bewegung bringen. In der Regel führen diese von Fremd- bzw. Er/Sie-Zielen weg und hin zu Ich- und Wir-Zielen und damit auch zu Eigenzielen bzw. eher akzeptierbaren Mischformen von Fremd- und Eigenzielen. Wenn diese Transformationsprozesse gelingen, dann erhält man auch hier am Ende Zielformulierungen, die das Papier wert sind, auf das sie geschrieben werden.

Wenn ich davon spreche, dass diese beiden Zielentwicklungssystemen von mir konzipierten wurden, so hört sich das – etwas großspurig – nach einer neuen Erfindung an. Das ist nicht der Fall. Was ich gemacht habe, ist nichts anderes als KollegInnen (einschließlich mir selber) beim Sprechen während der Hilfeplanung zuzuhören und die verstreuten Elemente, denen ich dort immer wieder begegnet bin, etwas zu systematisieren und in eine Form zu bringen. Die meisten KollegInnen werden – hoffentlich – sagen: „Ja so mache ich das, wenn ich konzentriert bei der Sache bin, da erkenne ich (Teile) meine(r) Praxis wieder.“ Ich erhebe also keinerlei Anspruch auf

Originalität, Copyright etc. Allerdings behaupte ich, dass man diese wie die anderen Systeme lehren und lernen kann und dass fast jede/r Kolleg/in bezogen auf ihre Anwendung noch dazulernen kann.

Das **dritte Zielentwicklungssystem** (Kap. 4.4.) ist seit längerem bekannt: Es handelt sich um das *S. M.A.R.T.-Programm zur Operationalisierung von Zielen.* Die fünf Buchstaben stehen jeweils für ein Kriterium, die zusammen eine „gute" Zielformulierung ausmachen. Das „S" steht für spezifisch, konkret; das „M" steht für messbar/überprüfbar; das „A" für Akzeptanz; das „R" für realistisch und das „T" für terminiert, d.h. zeitlich definiert. Ursprünglich zur Überprüfung der Vollständigkeit von Zielformulierungen gedacht, erweist es sich auch als nützlich für den Prozess der Zielentwicklung, wenn man dafür entsprechende Gesprächsführungstechniken entwickelt.

Das **vierte Zielentwicklungssystem** (Kap. 4.5.) stammt von Hiltrud von Spiegel. Es ist bisher nur in einer Expertise für das DJI veröffentlicht worden (von Spiegel 2000). Die *Kernprozesse dieses elaborierten und in sich logischen und stringenten Verfahrens* bestehen darin, dass in fünf Schritten… (1.) die Perspektiven der Adressatinnen erfasst und einander gegenübergestellt werden; (2.) Konsens- und Dissensziele unterschieden werden; (3.) Ziele mit Hilfe einer Checkliste zur Zielformulierung geprüft, ergänzt und verändert werden; (4.) Indikatoren für (die Erreichung von) Handlungsziele(n) entwickelt werden (ergebnisbezogene Operationalisierung); (5.) eine Umsetzung in Handlungsschritte erfolgt (prozessbezogene Operationalisierung). Im Rahmen dieses Buches werde ich sowohl das Originalkonzept darstellen, als auch eine von mir entwickelte pragmatische Kurzfassung.

Das **fünfte Zielentwicklungssystem** ist eigentlich ein Fallstrukturierungsprogramm und kreist als „Herzstück" um das *„Sieben-W-Schema".* Es wurde von Helmut Adler (1998) vorgeschlagen. Die Kernidee besteht in der strukturierten Bearbeitung von sieben Fragen, die allesamt mit W beginnen: Die Frage „warum" thematisiert den „Hilfebedarf", „wozu" die „Ziele", „wann" die „zeitlichen Aspekte der Hilfe", „wer, was, wo" die methodische Realisierung des Hilfekonzeptes und „wie genau" Besonderheiten der methodischen, personellen oder organisatorischen Umsetzung. Streng genommen ist das Adlersche Konzept kein Zielentwicklungssystem und will es auch gar nicht sein. Sein Anspruch ist den Hilfeprozess insgesamt zu strukturieren und zu dokumentieren. Aufgrund seiner der Medizin und Verhaltenspsychologie entlehnter Denkschemata kann ich das Adlersche Konzept für den Erziehungshilfebereich nicht ohne weiteres empfehlen. Ich habe daher den Versuch unternommen, es sprachlich ein wenig umzugestalten und um einige Aspekte zu erweitern und hoffe, dass seine zweifellos vorhandenen konstruktiven Potentiale so noch besser zur Geltung kommen.

Alle fünf Zielentwicklungssysteme haben den Anspruch „schlicht", verständlich und ästhetisch ansprechend zu sein. Viele Hilfeplangespräche sind nach meinem Erleben so komplex und verwirrend, dass man im Prozess nur die einfachsten Handlungsleitlinien beachten kann. Allerdings steckt wie bei allem, was schlicht ist, der „Teufel im Detail". Wenn etwas in der Praxis nicht funktioniert, dann häufig deswegen, weil wir etwas Kleines, aber Bedeutsames übersehen haben.

Alle fünf Zielentwicklungssysteme haben einen gravierenden Nachteil: *Sie brauchen jemanden der Zeit hat und dran bleibt.* Nur bei eingespielten KollegInnen und schon in das Hilfeplanverfahren „hineinsozialisierten" AdressatInnen gelingt es einen dieser Prozesse in einem Hilfeplangespräch, d.h. in 60–90 Minuten zu leisten (innerhalb derer ja auch noch andere Dinge besprochen werden müssen). In der Regel braucht jeder Zielentwicklungsprozess mehrere Anläufe und Gesprächseinheiten. Diese können allerdings auch am Telefon, im Wartezimmer beim Arzt, beim Billardspielen etc. stattfinden. Aber sie müssen in einer koordinierten Form erfolgen. Das betrifft auch das *Zusammenspiel von MitarbeiterInnen des Jugendamtes und der Freien Träger* die klar verabreden müssen, wer an welcher Stelle des Zielentwicklungsprozesses welche Aufgabe hat (vgl. dazu bspw. Fallschilderung 7 im Kap. 4.2. sowie Kap 4.7.).

Die fünf Zielentwicklungssysteme bzw. die Zielentwicklungsprozesse, die sie anregen, haben jeweils ihre Eigenlogik, aber sie ergänzen sich auch. Jedes hat seine starken Seiten und seine Schwachpunkte (die ich benennen werde). In der Regel sprechen sie auch unterschiedliche Professionelle (und AdressatInnen) unterschiedlich stark an: Das Drei-Ebenen-Konzept, das mit der emotionalen Einbettung des Zieles startet, spricht eher (familien- oder gesprächs-)therapeutisch sozialisierte KollegInnen an; das Konzept der Transformation sozialer Implikationen eher konstruktivistisch inspirierte KollegInnen oder solche, die sich für Mediation interessieren. Das S. M.A.R.T-Konzept erregt häufig zunächst Widerstände, wenn und solange es zu „technisch" verstanden wird, findet dann aber auch Interessenten mit unterschiedlichen Hintergründen. Das Konzept der fünf Schritte und das Sieben-W-Schema gefallen nach meinem Eindruck eher „nüchtern-pragmatischen" SozialarbeiterInnen, die gerne strukturiert arbeiten. Bei Fortbildungen, bei denen die TeilnehmerInnen zunächst alle Systeme im Überblick kennen lernen und sich anschließend eines oder mehrere zur Vertiefung aussuchen können, verteilen sich die InteressentInnen meist beinahe gleichmäßig über alle fünf Gruppen.

Wenn man in Gesprächsführung „fit" ist, kommt man auch mit einem System aus, aber in der Regel ist es gut, mindestens zwei (oder besser drei bzw. vier) Systeme zu kennen, um angesichts unterschiedlicher AdressatInnen Wahlmöglichkeiten zu haben und an Stellen, an denen man nicht weiterkommt, zum anderen überzugehen. Allerdings sollte man nicht zu wahllos und zu hektisch springen, da dies die AdressatInnen verwirren kann.

Was die Systematisierung der fünf Zielentwicklungssysteme betrifft, so war ich auf die Vorarbeiten und Anregungen vieler KollegInnen angewiesen. Ohne Ruth Cohn (1981) (themenzentrierte Interaktion) wäre das Konzept der drei Ebenen nicht denkbar und ohne Steve de Shazer (1989) und Insoo Kim Berg (1997) wäre ich nicht auf die Begriffe Er/Sie-, Ich- oder Wir-Ziele gekommen. Hiltrud von Spiegel (2000) verdanke ich den genauen Blick für die Differenz von Zielen und Maßnahmen, Maja Heiner (1994) hat das große Verdienst die S. M.A.R.T.-Checkliste in Deutschland eingeführt und populär gemacht zu haben. Kurt Hekele u.a. (2002) hat das S. M.A.R.T.-Programm in ein elaboriertes Hilfeplanungsverfahren integriert, dem ich zahlreiche Anregungen verdanke.

4.2 Das Konzept der drei Zielebenen

In diesem Kapitel untersuchen wir die Frage, auf welche Weise unterschiedliche Persönlichkeitsebenen der AdressatInnen angesprochen werden können (bzw. müssen), um diese zur Formulierung von Zielen anzuregen, die er oder sie für die eigene Person als stimmig erlebt. Umgekehrt kann man fragen: Wie können/ müssen Ziele formuliert sein, damit sie unterschiedliche Persönlichkeitsebenen ansprechen?

Wenn wir so fragen, unterstellen wir, dass es nicht eine Persönlichkeitsebene alleine sein kann, welche die Anstrengungen der (mitunter) langwierigen Arbeit an einem Ziel „tragen" kann, sondern dass es dazu des Zusammenspiels mehrere Ebenen (oder Elemente oder…) ein und derselben Person bedarf. Oder anders formuliert: Es ist sinnvoll eine Person auf mehreren Ebenen anzusprechen, damit sie ein Ziel entwickeln kann, das sie nachhaltig bewegt.

Persönlichkeitsebenen – das wissen wir alle – existieren nicht in dem Sinn, in dem es Wasser oder Steine gibt. Begriffe wie „Persönlichkeitsebene" oder „Persönlichkeitsanteile" sind psychologische Konstrukte (vgl. Fischer 1991). Man unterscheidet je nach Ansatz „kognitive", „emotionale" und „soziale" Dimensionen der Persönlichkeit, oder spricht von rationalem und verbal-sprachlichem Vermögen einerseits, dem man emotionale, bildhafte und kreative Vermögen andererseits gegenüber stellen kann.

Ich arbeite hier mit einem ganz simplen Modell, das sich nach meiner Erfahrung FortbildungsteilnehmerInnen, aber auch AdressatInnen gegenüber leicht erklären lässt. Zu solchen Gelegenheiten sage ich: „Wir fangen jetzt mit einer neuen Aufgabe an: Wir wollen zusammen Ziele formulieren. *Gute Ziele sind solche, die Ihr Herz ansprechen, Ihren Kopf und Ihre Hände.* Oder um es anders zu sagen: Die Ziele sollen so formuliert sein, dass Sie dabei etwas Wichtiges fühlen, etwas Interessantes denken und Sie auch etwas Konkretes tun können um das Ziel zu erreichen. Wenn eines dieser drei Ebenen fehlt, droht das Ziel unfruchtbar zu bleiben. Es steht dann irgendwo auf dem Papier oder es ist irgendwo in Ihrem Gehirn abgespeichert, aber es bewegt nichts in Ihrem Leben und Sie werden es rasch wieder vergessen. Wenn die drei Ebenen dagegen auf eine für Sie stimmige

Weise zusammenkommen, wird das Ziel wie ein Motor sein, der Ihnen Kraft gibt und Sie nach vorne zieht. Das ist genau der Prozess, zu dem ich Sie einladen möchte"! Hierzu ein erstes Schaubild, das den Zusammenhang, verdeutlichen soll:

Abbildung 14: Übersicht über das Konzept der drei Zielebenen

Ebene 1:
Welche Gefühle sind im Zusammenhang mit der Hilfe bedeutsam…

- in Bezug auf den Anlass der Hilfe? (Vergangenheit: Wie kam es dazu, dass eine Hilfe eingerichtet wurde)
- in Bezug auf die Form der Hilfe und/oder ihrem Verlauf? (Rückblick auf die letzte Zeit, seitdem es die Hilfe gibt)
- in Bezug auf die Tatsache, dass wir jetzt Hilfeplanung machen wollen? (Aktuell, hier und heute in diesem Kreis)

Ebene 2:
Worin bzw. wie will ich mich entwickeln? Welche (Entwicklungs-) Aufgabe stellt sich mir/uns? Was kann/können ich/wir, was soll/sollen ich/wir beitragen in Form von

- vorhandene Möglichkeiten häufiger nutzen?
- Kompetenzen dazulernen?
- Strittiges klären?

Ebene 3:
Was werde ich konkret dafür tun und welche Unterstützung brauche ich dafür? Was kann/soll ich können/sollen wir (ab morgen) konkret tun?

- Wer?
- Was? Mit wem?
- Wozu?
- Bis wann?

Dieses Zielentwicklungssystem setzt in hohem Maße auf *Mitarbeit und Freiwilligkeit der AdressatInnen*, aber es setzt sie nicht voraus. Im Gegenteil: Es geht davon aus, dass Freiwilligkeit und Mitarbeit gar nicht oder nur teilweise gegeben sind und sich im Verlauf des Erziehungshilfeprozesses entwickeln, also zu- oder abnehmen können. Sie stellen selbst Koproduktionen dar und können somit nicht unabhängig vom Agieren der SozialarbeiterInnen gesehen werden. Ich weiß, dass es in einigen Settings der Erziehungshilfen (z.B. § 34) nicht nur um die Entwicklung und Realisierung individueller Zielperspektiven geht, sondern auch um die Etablierung und Durchsetzung von Verhaltensregeln und -standards, die sich aus dem Zusammenleben im Mehr-Personen-Kontext ergeben (vgl. Schwabe 2001a, S. 271 ff). Diese dienen zwar (auch) den Kindern und Jugendlichen werden aber von diesen nicht (oder noch nicht) als eigene Bedürfnisse oder Ziele erlebt (vgl. Schwabe 2001b). Solche Regeln bzw. Verhaltensweisen müssen eingefordert werden (über Inhalt und Ausmaß kann man streiten), können aber nicht (nur bzw. immer) über Freiwilligkeit und Mitarbeit abgesichert werden. Vielmehr müssen sie im Hilfeplangespräch als das behandelt werden, was sie sind: Ansprüche, Fremd- und nicht Eigenziele – Zumutungen anderer Personen an das Kind, die dieses sich – hoffentlich – im Verlauf der Hilfe zu eigen macht aber auch mit Unwillen und Gegenwehr beantworten kann. Neben diesen Fremdzielen können und müssen für diese Kinder/Jugendliche in diesen Settings allerdings immer auch individuelle, als eigen empfundene Ziele gefunden werden. Wenn das im Lauf von drei, vier Monaten nicht geschieht, ist das Hilfekonzept zu revidieren, da es nicht gelingen wird, jemanden irgendwohin verändern zu wollen, wohin er nicht (zumindest teilweise auch) selbst gelangen will.

4.2.1 Erste Ebene: Die emotionale Verankerung der Zielperspektive

Auf der emotionalen Ebene geht es darum, das Hilfeplan-Ziel so zu formulieren, dass es

- *Hoffnungen auf und Visionen von* einem gelingenderen Alltag erweckt, die im Möglichkeitsraum dieser Familie/dieses Einzelnen liegen
- *relevante Emotionen* zum Ausdruck bringt d.h. den Einzelnen und/oder mehrere Familienmitglieder emotional berührt, indem es
- *die (individuelle oder gemeinsame) emotionale Situation* der AdressatInnen auf den Punkt bringt und/oder deren Ambivalenzen und Widersprüche auf eine annehmbare Weise benennt.

Die Idee, die dahinter steht, lautet: Nur wenn die AdressatInnen während der Zielentwicklungsphase mit (eigenen) relevanten Gefühlen (oder mit Gefühlen bedeutsamer anderer) in Kontakt kommen, besetzen sie das gefundene Ziel mit ausreichender psychischer Energie. Das „Herz" der AdressatInnen muss in dieser Phase ein paar mal schneller oder höher schlagen. Deswegen ist es wichtig auf körperliche von emotionaler Beteiligung zu achten: Man sieht bzw. hört das – je nachdem – an der aufmerksamen Sitzhaltung, am Blickkontakt zum/r Sprecher/in, am zustimmendem Nicken, am Glänzend-Werden der Augen – auch an Tränen -, am „guten" nachdenklichen Schweigen, an Seufzern oder tieferem Atmen etc. oder am Fehlen all solcher Zeichen von Berührtheit (vgl. Weerth 1992, S. 149f).

Zum Einstieg in diese Ebene dient die Frage an den oder die Adressat/in:

„Welche Erwartungen verbinden Sie mit dieser Hilfe, was erhoffen Sie sich damit für sich selbst und was für andere?"

Es ist gut, diese Frage zu stellen (in einem Hilfeplangespräch oder einem Treffen, das dessen Vorbereitung dient), auch wenn man nicht erwarten darf, darauf direkte oder besonders aussagekräftige Antworten zu erhalten. Üblich sind Sätze wie:

(Szene 1) Eine Mutter (Frau Fabig): „Felix soll wieder in die Schule gehen, das wäre das Wichtigste... also da erwart' ich mir schon, dass sich da was bessert mit dem neuen Betreuer..."

(Szene 2) Eine Tochter (Greta): „Meine Mutter meint, ich soll mich von der Clique fernhalten, ja... und mehr Hausaufgaben machen oder so, aber ich will meine Freiheit und nicht nach ihrer Pfeife tanzen"

(Szene 3) Ein Heimpädagoge: „Harry muss lernen, Konflikte ohne Gewalt zu lösen, da gibt es andere Wege und die muss er lernen..."

(Szene 4) Ein Sohn (Ivo): „Wenn es weniger Streit gäbe, das wäre schon gut und sie weniger an mir rummeckern würde, aber (zuckt mit den Schultern) ich weiß nicht, ob da noch was geht..."

(*Szene 5*) Ein Jugendlicher im Heim (Jens): „Ziele, Keine Ahnung, Ziele hab ich keine, höchstens dass ich Fußballspielen will… also so oft wie möglich Fußball und meine Clique besuchen…"

Wir können diese Sätze ganz unterschiedlich hören (siehe Kap. 3., in dem wir diese Sätze in einen anderen inhaltlichen Zusammenhang stellen). Eine Ebene, auf der wir hören können, betrifft die emotionalen Gehalte. Ich frage mich dann beim Hören der Antwortsätze, welche Stimmungen und Gefühle von dieser Person spürbar werden.

Und weil ich die *emotionale Ebene für die Basis der Zielentwicklung* halte, auf der die anderen Ebenen aufbauen, beziehe ich mich auf die emotionalen Gehalte bzw. Hintergründe der ersten, spontanen Zielformulierung. Dabei geht es nicht darum, das Gespräch mit den AdressatInnen ziellos zu emotionalisieren, sondern die emotionale Ebene als Quelle von Kräften für die weitere Zielformulierung zu nutzen bzw. sie als Quelle von eventuellen Hindernissen oder Fallstricken für die Zielentwicklung oder Zielerreichung ernst zu nehmen, um diese rechtzeitig aus dem Weg räumen zu können.

Ziel in dieser Phase ist es, in einen von den Adressaten als emotional bedeutungsvoll erlebten Diskurs über Ziele zu kommen.

Deswegen thematisiert der Sozialarbeiter die emotionalen Elemente im Satz der AdressatInnen und stellt dann in der Regel eine Frage, die den Diskurs in Richtung Zielformulierung weitertreiben soll[9]. Wie das gemeint ist, sollen die nächsten Beispiel zeigen: Wir schenken dabei den ersten Sätzen der Zielentwicklung (eine vielleicht ungewohnt) hohe Aufmerksamkeit, weil wir glauben, dass man als Sozialarbeiter in diesen ersten Sätzen bedeutsame Weichenstellungen vornehmen kann und muss.

---

[9] vgl. dazu auch die Fragetechnik, die Kron-Klees als „3-Schritt-Frage" bezeichnet (Kron-Klees 1999, S. 23)

a) Arbeit mit den ersten spontanen Zielformulierungen

Die für den **Zielentwicklungsprozess** geeigneten Gefühle und sozialen Kontexte heraushören und thematisieren

Wie kann man konkret auf die erste Zielformulierung antworten, um ein emotional relevantes Hilfeplangespräch in Gang zu setzen?

Zu Szene 1: Die Mutter des die Schule schwänzenden Sohnes

Mutter: „Felix soll wieder in die Schule gehen, das wäre das Wichtigste... also da erwart ich mir schon, dass sich da was bessert mit dem neuen Betreuer..."

Soz.-arb.: „Das mit den Fehlzeiten in der Schule hat Sie sehr belastet. Können Sie mir sagen, was alles zu diesem Belastungsgefühl beigetragen hat?"

„Das mit den Fehlzeiten hat Sie sehr belastet." = Thematisierung des emotionalen Gehalts

„Was hat alles zu dem Belastungsgefühl beigetragen?" = Diskurs vertiefende und/ oder weiter treibende Frage

Mutter: (wütend) „Was glauben denn Sie, wie oft die Schule angerufen hat bei mir, das war echter Telefonterror. Ich sag Ihnen, ich wollt schon gar nicht mehr ans Telefon, weil da wieder so ein Lehrer dran war und mir Vorwürfe gemacht hat"

oder

Mutter: (erschöpft, resigniert) „Ach; wissen Sie, was ich alles ausprobiert hab mit dem Bub, also Nächte lang nicht geschlafen, immer wieder überlegt ‚wie machst du es, was sagst du' und dann früh geweckt und geweckt und gebettelt und gebettelt und gedroht... und alles nicht genützt und kein Mensch, der mir hilft...!"

oder

Mutter: (abfällig, beinahe gehässig, aber auch traurig) „...der endet noch mal genauso wie sein Vadder, der hat auch mit 14 die Schule abgebrochen und dann keine gescheite Arbeit, immer nur Hilfsarbeiter auf'm Bau, Drecksarbeiten halt und immer feste schlucki, schlucki mit den andern asozialen Kollegen und dann mit Vierzig das Kreuz kaputt, die Leber kaputt und mit 44 tot, Exitus..."

Aus der ersten Zielformulierung der Mutter („er soll wieder in die Schule gehen..." s.o.) war noch nicht zu entnehmen, aus welchem emotionalen Hintergrund heraus die Mutter spricht. Erst als der Sozialarbeiter das Thema „Belastungen" anspricht uns somit absichtsvoll etwas Emotionales in den Mittelpunkt stellt, beginnt die Mutter mit der Artikulation von emotional relevanten Themen. Dabei können – das sollen die drei möglichen Antwortsätze aufzeigen – unterschiedliche Gefühle deutlich werden: Wut (auf den Jungen aber auch die verfolgende Schule), Hilflosigkeit, Einsamkeit und Resignation oder aber auch Sorgen aufgrund einer möglichen Wiederholung des Schicksals eines „relevanten anderen" (hier des Vaters).

Alle drei Antworten bieten dem Sozialarbeiter interessante Informationen, die er vormerken oder für die Bildung von Hypothesen nutzen kann: z.B. gibt es eine Koalition von Mutter und Sohn gegen die Lehrer/ Schule? Wie ist das mit dem Alleinsein der Mutter, ist dieses mitverantwortlich dafür, dass der Sohn „Mist macht", weil er ahnt, dass er dadurch einen Helfer auf den Plan ruft, der sich auch um die Mutter kümmert? Folgt der Junge aus eigenem Antrieb seinem Vater nach oder treibt ihn die Mutter dazu, das zu tun?

Häufig weiß oder ahnt der Sozialarbeiter, in welche Richtung die Antwort geht, aber es ist anlässlich der Zielentwicklung wichtig, das noch einmal zu klären. Außerdem ist es in allen Fällen gut, dass der mit am Tisch sitzende Sohn zuhört und etwas über den emotionalen Hintergrund seiner Mutter erfährt. Manchmal kennt er diesen schon, manchmal erfährt er aber dabei auch neue Aspekte.

Im weiteren Verlauf des Gesprächs besteht die Kunst darin, die geäußerten Emotionen als Nährboden für die Zielentwicklung zu benutzen:

Zu Szene 2: „Kampf zwischen starken Frauen"

Greta: „Meine Mutter meint, ich soll mich von der Clique fernhalten, ja... und mehr Hausaufgaben machen oder so... aber ich will meine Freiheit und nich´ *nach* ihrer Pfeife tanzen".

Soz.-arb.: „Mir scheint, dass du da irgendwie in der Klemme steckst. Einerseits ist die Clique dir ganz wichtig, denen fühlst du dich sehr verbunden. Aber da kommst du in Clinch mit deiner Mutter, was dich tierisch ärgert. Andererseits ist deine Mutter dir schon noch wichtig (vielleicht protestiert das Mädchen an dieser Stelle körpersprachlich)... so wichtig immerhin, dass du sehr genau gehört hast, was sie von dir möchte. Kann man das so sagen?"

oder

Soz.-arb.: „Hört sich ziemlich nach Kampf an: Zwei starke Frauen, die beide genau wissen was sie wollen, aber leider geht das zur Zeit gar nicht zusammen... Ziemlich heftig, nicht wahr und mit wenig Aussicht auf Verständigung, so scheint es mir momentan?!"

Aus diesen beiden Möglichkeiten kann man ersehen, wie die Antworten des Sozialarbeiters aus der Fülle des Gesagten jeweils einen anderen emotionalen Aspekt herausgreifen, einen jeweils anderen sozialen Kontext markieren und damit eine jeweils andere Realitätskonstruktion anbieten:

Bei der ersten Antwort wird das *Mädchen in den Mittelpunkt* gestellt (die Mutter außen vor gelassen, wenn auch als Zuhörerin einkalkuliert) und ihrer als patzig verstandenen Antwort probeweise das Gefühl „innerer Zerrissenheit" unterstellt. Möglicherweise trifft das ihre Gefühlslage, möglicherweise hat sie es selbst noch nie so gesehen. Eventuell hilft ihr diese Antwort, mit anderen Augen auf ihr Gefühlsleben zu schauen, bei dem die Bindung an die Mutter eine wichtigere Rolle spielt als sie bisher wahrgenommen hat. Möglicherweise lehnt das Mädchen die Interpretation der Sozialarbeiter ab, was durch die offene Frage am Ende („Kann man das so sagen?") auch möglich sein soll.

Bei der zweiten Antwort wird die *Kampfbeziehung der Frauen* in den Mittelpunkt gestellt. Beide werden als starke Frauen bezeichnet, aber zugleich eine für beide unbefriedigende Situation unterstellt, die sich nicht von alleine auflösen wird.

Für den Sozialarbeiter stellt sich die Frage, welches emotionale Thema bzw. welcher soziale Kontext für die weitere Zielplanung ergiebiger ist? Ist es wichtiger beide Frauen zugleich zu berühren oder zunächst nur das Mädchen, weil die Mutter sich bereits für einen Aushandlungsprozess geöffnet hat? Handelt es sich wirklich um einen Loyalitätskonflikt (innere Zerrissenheit) oder hat das Mädchen noch andere „offene Rechnungen" mit der Mutter zu begleichen? Die Beantwortung dieser Fragen hängt mit der Einschätzung der Situation zusammen. Zugleich sollen die Fragen und die Beobachtungen die Einschätzung der Situation weitertreiben. Auch hier begegnen wir wieder einem zirkulären Prozess.

Die beiden möglichen Antworten des Sozialarbeiters, zu denen ja noch viele andere denkbar wären, zeigen seine Verantwortung für die weitere Entwicklung der Zielperspektive: Mit jedem der beiden unterschiedlichen Sätze macht der Sozialarbeiter eine andere Weichenstellung und muss sehr genau beobachten, ob die Adressatinnen ihm folgen wollen und können.

Wenn es sich um ein Treffen mit mehreren TeilnehmerInnen handelt (hier: Mutter und Tochter), muss man ständig prüfen, wo im Gesprächsverlauf *die geeigneten Stellen zum Umschalten des Gesprächsfokus auf anderen Personen* sind (erst wende ich mich an die Tochter, wenn ich sie berührt habe, wende ich mich an die Mutter, an einer relevanten Stelle wechsele ich wieder zur Tochteretc.). Dabei sollte man die eigenen Fragen möglichst so stellen, dass deren Beantwortung für mehrere der Zuhörer interessant ist. Auch dafür steigen die Chancen, wenn Themen berührt werden, die als emotional relevant erlebt werden.

Zu Szene 3: Der Pädagoge, der will, dass der Heimjugendliche beim Thema Gewalt dazulernt

Herr Hanke (Heimpädagoge): „Harry muss lernen Konflikte ohne Gewalt zu lösen, da gibt es andere Wege und die muss er lernen..."

Soz.-arb.: „Mir scheint, dass Sie diesen Satz mit großem inneren Ernst und Nachdruck sagen... es schwingt da so etwas mit wie ‚wenn er das nicht lernt, dann ist das sehr bitter...' Bitter für uns oder bitter für ihn, das habe ich noch nicht so ganz verstanden?"

Herr Hanke: (recht reserviert) „Bitter ja, das mag schon sein, ich denke für beide Seiten... Wissen Sie, wir trennen uns ja auch nicht gern von einem Jugendlichen".

oder

Herr Hanke: „Ja das ist wirklich bitter, wir sind da am Rand unsere Kräfte, war halt sieben Mal was mit Gewalt in den letzten Wochen und da sind alle ganz schön abgegessen mittlerweile und wir haben nicht das Gefühl, dass der Harry denkt: ‚Oh Scheiße, ich muss da was tun, die kommen an einen Punkt, da langt's denen'...."

Die Formulierung des Sozialarbeiters „Ernst und Nachdruck" verleiht dem eher nüchternen Satz des Pädagogen ein größeres emotionales Gewicht. Mit der Frage („bitter für wen?") wird die latente Drohung (Abbruch, Verlegung) aufgegriffen, die man aus dem Satz des Pädagogen heraushören kann.

Selbstverständlich hat der Antwortende immer *die Möglichkeit dem Angebot persönlicher zu werden auszuweichen* und muss die emotionale Ebene nicht betreten, oder er betritt sie so vorsichtig wie jemand, der die Kontrolle zu verlieren fürchtet. Diese Möglichkeit nutzt der Pädagoge in der ersten Antwort darauf.

Ein emotionalerer Jargon wie in der zweiten Antwort hätte dem Gespräch eine persönlichere Färbung gegeben. Um eine solche anzuregen, schien es dem Sozialarbeiter sinnvoller zum Jungen umzuschalten und diesen in Bezug auf seine Gefühle „abzuklopfen":

Zu Szene 3 (Fortsetzung)

Soz.-arb.: (verzieht das Gesicht, schüttelt nachdenklich den Kopf) „Tja Harry, bitter für wen, das ist auch die Frage an dich. Geht das dir am Arsch vorbei, was der Herr Hanke sagt, dass sie im Extremfall über eine mögliche Trennung zwischen dir und dem Heim nachdenken, oder sagst du: ‚Tja das ist bitter, dass mir das mit der Gewalt passiert, muss ja nicht unbedingt sein, müssen wir uns jetzt halt wirklich dringend was einfallen lassen'...?"

Zur Emotionalisierung dienen hier das Wiederaufgreifen des Wortes „bitter" und die drastische Ausdrucksweise „am Arsch vorbeigehen". Mit solchen Begriffen sagt der Sozialarbeiter auf einer analogen Ebene: „Wir sind hier nicht zusammengekommen, um sachlich zu sein oder über Belangloses zu reden. Hier geht es darum Klartext zu sprechen. Also bitte keine Ausflüchte, sondern bitte möglichst direkt!"

In dem Fall war die unmittelbare Reaktion das Aufsteigen von Tränen. Der Auslöser für die heftigen Gefühle war wohl die Wortwahl „Anerkennung finden bei der Mutter." Dieser Satz des Sozialarbeiters wollte den Jungen einerseits berühren. Andererseits baute der Sozialarbeiter jedoch bewusst zwei Relativierungen in den Satz ein. So sagt er nicht „hört sich ziemlich" hoffnungslos an, sondern „schon etwas hoffnungslos" und er sagt auch nicht „hast du schon aufgegeben" sondern „fast".

Diese relativierenden Sätze sollen die emotionale Dramatik regulieren und sie für den Jungen und seine Mutter aushaltbar machen. In diesem Zusammenhang ist auch das Angebot des Sozialarbeiters an den Jungen zu sehen: „Oder holst du dir die (fehlende Anerkennung) inzwischen woanders?" Dieser Satz relativiert die Bedürftigkeit des Jungen und zeigt ihm eine mögliche Alternative zur Mutter auf. So kann er trotz seiner Betroffenheit sein Gesicht wahren. Zugleich erfährt die Mutter etwas darüber, wie ihr Sohn mit der fehlenden Anerkennung umgehen könnte, was sie entlasten aber auch beunruhigen kann.

Es geht also nicht nur darum das Emotionale aufzugreifen, sondern je nachdem *das Statement der AdressatInnen zu emotionalisieren oder aber auch von der emotionalen Dramatik her zu relativieren.* Für den Sozialarbeiter kommt es darauf an, den Strom von Emotionen möglichst feinfühlig zu regulieren oder besser „steuernde Impulse" zu setzen. Je nach Situation können Tränen für den Zielentwicklungsprozess hilfreich sein oder aber diesen sehr belasten. Anders als im therapeutischen Rahmen, geht es im Zieldiskurs immer um das „rechte Maß" der Gefühle in Bezug auf ein eng umschriebenes Ziel, das in ein bis drei Stunden erreicht sein soll: den Prozess der Zielentwicklung.

Zu Szene 5: Der Jugendliche aus dem Heim.

Jens: „Ziele, keine Ahnung, Ziele hab ich keine, höchstens dass ich Fußballspielen will..., also so oft wie möglich Fußball und meine Clique besuchen..."

Soz.-arb.: „Macht nichts, dass du noch keine Ziele hast, dafür dient ja unser heutiges Gespräch – erst wenn du am Ende noch keine Ziele hast, würde das für mich ein Thema sein."

oder

Soz.-arb.: „Keine Ziele, dann würde mich interessieren, wie es dir heute hier in dieser Runde geht... vielleicht siehst du selbst darin keinen Sinn und es sind andere, die wollen, dass du hier bist, vielleicht sogar gezwungenermaßen... Wenn das so wäre, muss es dir ziemlich stinken hier zu sein oder?"

oder

Soz.-arb.: „Fußballspielen so viel wie möglich, mmh, das ist dir wichtig. (kurze Pause) Damit ich das noch besser verstehe, was ist dir daran wichtiger, dass du beim Fußballspielen erlebst: ‚Mensch toll, ich kann was, da bin ich stolz drauf, da weiß ich was ich kann?' Oder: ‚Fußballspielen, das ist etwas, was ich mit anderen teile, da erleb ich die Mannschaft als Gruppe und ich bin einer von der Gruppe und gehöre da dazu'?"

Gar nicht so selten, geben Personen an, keine Ziele zu haben. Das kann Ausdruck davon sein, dass sie noch nicht darüber nachgedacht haben und nicht gewohnt sind in den Kategorien von Zielen und Mitteln zu denken. Eine angemessene Antwort darauf ist die erste Antwort.

Das Kein-Ziel-Haben kann aber auch darauf hinweisen, dass sich der Jugendliche momentan in einem Zwangskontext sieht, d.h. auf Druck anderer und nicht freiwillig eine Hilfe bekommt. Wenn das der Fall ist, müsste die Zielformulierungsfrage zu Beginn darauf eingehen, weil das Gefühl „gezwungen zu sein" ein bedeutsames emotionales Thema darstellt: „Mir ist klar, dass du nicht freiwillig hier bist… Du hattest keine großen Wahlmöglichkeiten außer Heim oder Straße… trotzdem interessiert mich, jetzt wo du hier bist und hier für eine Weile bleiben musst, gibt es da was, wo du sagst: ‚o. k., ich nütze die Zeit, ich will hier dies oder das erreichen…' gibt es so etwas, was du hier lernen oder erreichen willst?"

Wenn der Junge verneint, kann man ihm noch immer eine *Aufgabe und damit auch eine Rolle in dem Gespräch* geben, wie z.B. „da du heute hier nichts willst, wäre es gut, dass du auf uns aufpasst, denn wir haben ja Ziele für dich und wir wollen uns ja weiter Gedanken machen über dich… Die Gefahr ist, dass wir was planen, womit du nicht einverstanden bist, also bitte ich dich hier zuzuhören und uns zu unterbrechen, wenn was daneben läuft. Bist du mit dieser Aufgabe einverstanden?"

Häufig ist der Weg keine eigenen Ziele formulieren zu müssen, aber sagen zu sollen, was kein Ziel darstellt, das man verfolgen möchte, eine gute Möglichkeit einen Jugendlichen in die Zielentwicklung zu integrieren.

Manchmal bezieht sich das Kein-Ziel-Haben aber auch auf ein grundlegendes Dilemma: Der Adressat will aus bestimmten materiellen und/oder psychischen Notlagen heraus bestimmte Aspekte einer Erziehungshilfe, wie bspw. eine Grundversorgung oder die Aufhebung von Einsamkeit und Langeweile etc. Andere Aspekte der Hilfeform, wie bspw. Regelanforderungen der Institution oder die Arbeit an eigenen Problemen nimmt er in Kauf, hat sie aber nicht selbst gewollt. Wenn die Hilfeform etabliert ist (und die dringendsten Notlagen aufgehoben sind), neigt er dazu sich den anderen Ansprüchen zu entziehen und zeigt sich unmotiviert bis rebellisch. Ein solcher Anspruch kann z.B. die aktive Mitwirkung an der Hilfeplanung sein. Letztlich ist dieses Verhalten ein Hinweis auf eine falsch gewählte Hilfeform oder auf Angebotslücken im System der Hilfen: Es fehlen niedrigschwellige Angebote ohne den Anspruch auf Hilfeplanung und Persönlichkeitsveränderung.

Ebenso denkbar ist, dass wir es beim Keine-Ziele-Haben mit einem Entwicklungsrückstand zu tun haben, wie wir ihn in Kap. 2.4. geschildert haben. Dann wäre es ratsam genauer herauszufinden, welchen biographischen Hintergrund diese Zielformulierungsschwäche besitzt.

Die alternativen Antworten des Sozialarbeiters (s. o.) zeigen, dass es möglich ist, sich entweder auf den *(vermuteten) Widerstand (*Alternative 2) zu beziehen, der sich in dem Satz äußert („Ziele hab ich keine") oder auf den *angebotenen Inhalt* („höchstens Fußball..." – Alternative 3). Die spannende Frage ist also, *welche Botschaften des Jungen lasse ich liegen, welche greife ich auf?*

Bei der letzten Möglichkeit geht es darum, das angebotene Thema Fußball ernst zu nehmen und weiter zu explorieren. Auf die Frage des Sozialarbeiters wird der Jugendliche wahrscheinlich keine Antwort wissen oder sich nicht outen wollen. Das macht nichts; Fragen müssen nicht beantwortet werden. Wenn sie erst einmal ausgesprochen und gehört worden sind, transportieren sie trotzdem Inhalte. So wird der Junge aus der Frage des Sozialarbeiters entnehmen, dass dieser das Fußballspielen als etwas für ihn relevantes ernst nimmt und dass er es als Quelle von guten Dingen ansehen kann. Der Sozialarbeiter könnte auf das Achselzucken des Jungen folgendermaßen anschließen: „Naja, war vielleicht auch ne komische Frage, aber mal so rum gefragt: Möchtest du eher in einen Verein gehen, so mit festen Mannschaften und Terminen oder ist dir das Kicken wichtiger so in der kleinen Clique am Bolzplatz oder auf nem Stück Wiese?" Diese Frage ist leichter zu beantworten und auf eine Zielformulierung hin angelegt. Im Hilfeplan könnte dann später stehen: Harry will in einen Fußballverein gehen. Die PädagogInnen stellen in den ersten drei Wochen Kontakte zu zwei Vereinen her, zwischen denen sich Harry entscheiden kann. Die Kosten für den Verein werden vom Jugendamt übernommen.

Macht man den Status der (Un-)Freiwilligkeit zum Thema, kann das eine Möglichkeit für den Jugendlichen sein, das Gefühl von fehlenden Wahlmöglichkeiten auszudrücken oder seine Selbstpositionierung noch einmal zu überdenken und zu korrigieren[10].

b) Auf dem Weg zu einer Vision, die berührt.

Auch wenn es gelungen ist in den ersten drei, vier Interaktionen einen angemessen emotionalen „Ton anzuschlagen", hat man noch keine Vision oder keine gemeinsame Zielformulierung entwickelt, unter deren „Dach" sich strittige Parteien versammeln könnten. Wie also geht es weiter?

In den beiden nachfolgenden Gesprächssequenzen werden zwei Fälle vorgestellt, die wir auf allen drei Ebenen der Zielentwicklung begleiten wollen (siehe zusammenfassende Abbildung auf der CD im Ordner „Materialien und Vorlagen", „Drei-Ebenen-Modell – Überblicksgrafik").

> ***Fall 6:*** Eine vernachlässigende Mutter auf der Suche nach eigenen Zielen
>
> Frau Korff hat relativ jung zwei Kinder bekommen (fünf und vier Jahre). Zu beiden Vätern hat sie keinen Kontakt. Sie schwankt schon seit längerer Zeit zwischen (wie sie selber sagt) einem „Leben für die Kinder" und Phasen der Selbstbezogenheit, in denen sie jeden Abend ausging und die Kinder auch tagsüber vernachlässigte. Sie wandte sich auf Anraten einer Freundin selbst ans Jugendamt, nachdem sie beide Kinder, aber vor allem den Jungen ein paar Mal heftig geschlagen hatte und das Mädchen wegen „Austrocknung" in einer Klinik behandelt werden musste (war vom Kindergarten dorthin geschickt worden). Die Mutter stimmte einer zweiwöchigen Clearingphase zu, in der die Kinder im Kinderkrankenhaus betreut wurden. In dieser Zeit führte eine Mitarbeiterin des Jugendamts drei Gespräche mit der Mutter.

---

[10] siehe auch die anderen Formen des Umgangs mit abgelehnten oder keinen Zielen in Kap. 4.2.1.

Im Mittelpunkt des ersten dargestellten Falls steht eine junge Frau (24 Jahre), die einer Hilfe durch das Jugendamt relativ offen gegenüber stand und sich gut ausdrücken konnte. Mit ihr war es nicht schwer, anlässlich der Zielplanung in ein als bedeutungsvoll erlebtes Gespräch als Vorbereitung für den nächsten Schritt zu kommen.

Beim zweiten Gespräch spielte sich in etwa folgender Dialog ab.

Dialog A

(1) *Soz.arb.*:	Frau Korff, jetzt machen wir heute den vorläufigen Hilfeplan, mit dem ich mich dann schleunigst auf die Suche mache nach einer Sozialpädagogischen Familienhilfe, so wie wir das das letzte Mal besprochen hatten… was ist Ihr Wunsch, was soll anders werden mit dieser Hilfe beziehungsweise mit einer Helferin?
(2) *Frau K.*:	Dass unser Familienleben harmonischer wird (raucht… stößt Luft aus), dass ich geduldiger bin mit den Kindern, wir wieder mehr Spaß haben zusammen (schnieft, scheint traurig), war ja nicht so toll in letzter Zeit (schaut auf den Boden, zupft sich dann Fussel weg, wirkt etwas verloren).
(3) *Soz.arb.*:	Da sind Sie selbst unzufrieden mit dem, was da passiert ist. Mehr mit sich selbst unzufrieden oder mit den Kindern oder (zuckt mit den Schultern)?
(4) *Frau K.*:	(Schnellt erst hoch, sackt dann etwas in sich zusammen, tiefer Zug an der Zigarette) Blöde Frage, nee, entschuldigen Sie, ist jetzt auch doof von mir, klar bin ich unzufrieden mit mir, sehr sogar. Drum will ich ja was tun.
(5) *Soz.arb.*:	Ja drum haben Sie es organisiert, dass wir heute hier sitzen.
(6) *Frau K.*:	…und (energischer), dass das Jugendamt nicht mehr denkt ich wäre eine Rabenmutter oder so!
(7) *Soz.arb.*:	So, ist das rübergekommen, dass ich Sie für eine schlechte Mutter halte?
(8) *Frau K.*:	(Schneller Blickkontakt, dann Kopf gesenkt) Schon, was denken Sie! (Inhaliert, stößt Rauch aus)
(9) *Soz.arb.*:	Soll ich da was zu sagen, wollen Sie?
(10) *Frau K.*:	(Nickt stumm, drückt Zigarette aus)
(11) *Soz.arb.*:	Ich halte Sie für eine mutige Frau, weil Sie auf uns zukamen und für eine gute Mutter, weil Sie selbst gesehen ha-

ben, da läuft was aus dem Ruder. Was richtig ist, dass ich mir Sorgen um die Kinder gemacht habe, denen ging es nicht gut. War an der Grenze… Aber ich habe auch gesehen, dass Kristin und Kevin ihre Mama lieb haben und dass die mitleiden, wenn es ihrer Mama schlecht geht und dass die wollen, dass es ihrer Mama gut geht.

(12) *Frau K.*: (Mutter beim Zuhören zunehmend gerührt, weint ein wenig, schluchzt) Die sollen schon zu ihrem Recht kommen, (hustet) sollen ihren Spaß haben, (fröhlicher) wieder lachen können…

(13) *Soz.arb.*: (Mit warmer Stimme) Sie anlachen können und mit Ihnen Spaß haben, zusammen und alleine…

(14) *Frau K.*: (Seufzt, schnellt plötzlich hoch, zündet sich neue Zigarette an) Ohne dass ich mich ständig zum Affen mach für die Kiddys, oder dass die mir auf der Nase rumtanzen, ne.

(15) *Soz.arb.*: Ja, was Sie da sagen, ist ganz wichtig – bin ich froh, dass Sie das sagen. Es geht bei allem Wunsch nach Harmonie ja auch um eine Balance, dass Sie zu Ihrem Recht kommen als erwachsene Frau und Kristin und Kevin zu ihrem Recht kommen als Kinder. Dass das ausgewogen ist und Sie auch immer wieder eine Entlastung haben.

(16) *Frau K.*: Mmh, ja (lacht) Balance ist ein gutes Wort, wie auf ner Wippe, muss en Ausgleich geben, oder (Zug an der Zigarette, schaut Sozialarbeiterin intensiv an), kann nich nur einer immer geben?

(17) *Soz.arb.*: Ist das ein Bild das Sie anspricht, die Idee einer Wippe, wo Sie immer wieder darauf achten, dass beide zu ihrem Recht kommen und dass ein Ausgleich stattfindet zwischen Geben und Nehmen?

(18) *Frau K.*: Ja das gefällt mir, das kann ich mir auch innerlich vorstellen, dass da was hin- und hergeht, kommt auch hin vom Gewicht, sind beide (Kinder zusammen) jetzt schon fast so schwer wie ich.

Kommentar zur Gesprächsführung:

Was hat die Sozialarbeiterin gemacht, um mit der Mutter in ein emotional bedeutungsvolles Gespräch über Ziele zu kommen?

(2)[11]*:* Als emotional relevante Zielbotschaften äußert die Mutter: „harmonischer", „geduldiger", „mehr Spaß haben" und (eingeleitet von Tränen) „war ja nicht so toll in letzter Zeit"…

(3): Die Sozialarbeiterin greift die Emotion auf, die ihr die Bedeutsamste zu sein scheint: die Niedergeschlagenheit der Mutter angesichts der jüngsten Vorfälle in ihrer Familie. Sie geht aber nicht selbstverständlich davon aus, dass sich die Mutter für diese Situation selbst die Verantwortung gibt. Aus der Erfahrung, dass misshandelnde und/ oder vernachlässigende Eltern bisweilen die Verantwortung für die Vorfälle den Kindern zuschreiben, um sich selber zu entlasten, stellt sie die Frage, mit wem die Mutter unzufriedener ist. Aus der Antwort der Mutter wird deutlich, dass diese selber sehr selbstkritisch denkt und sich offensichtlich darüber ärgert, dass man ihr diese „Einsicht" nicht zutraut. Zweifellos ist das eine heikle Stelle im Gespräch. Die Sozialarbeiterin zeigt der Mutter die Möglichkeit auf, das heutige Treffen als Folge ihres eigenen aktiven Handelns zu sehen (was die Mutter aber nicht aufgreift).

(9): Die Sozialarbeiterin stellt sich der emotional brisanten Frage der Mutter („Rabenmutter"), hinter der auch Ärger bezogen auf das Jugendamt zu spüren ist. Sie vergewissert sich aber vorher, ob die Mutter dazu etwas hören will.

(11): Die Sozialarbeiterin lobt die Mutter in einigen Aspekten als „gute Mutter", verschweigt aber auch nicht, dass erhebliche Gefahren für das Kindeswohl bestanden. Nur so kann die Antwort auch glaubhaft sein. Dabei verwendet sie emotionalisierende Begriffe wie „Mama" „lieb haben" „Mama leiden sehen", die Namen der Kinder (Kristin und Kevin). Diese Wortwahl soll dem Statement eine „anrührende" Qualität verleihen.

(13): Die Sozialarbeiterin löst eine positive Zukunftsvision aus, indem sie eine innige Situation zwischen Mutter und Kindern imaginiert: „Sie anlachen können und mit ihnen Spaß haben." Dabei knüpft sie an Worte an, welche die Mutter selbst gesagt hatte (siehe 2).

[11] Die Zahlen in den Klammern beziehen sich jeweils auf die gleiche Zahl der vorhergehenden Gesprächssequenz.

(15): Die Sozialarbeiterin erkennt das emotionale Umschwenken der Mutter, die aus der positiven Imagination der Bezogenheit auf die Kinder heraustritt und sich ihrem anderen Teil zuwendet (der Seite in ihr, mit der sie die Kinder als lästig und nervig empfindet „nicht zum Affen machen für die Kiddys“). Diese Ambivalenz dürfte typisch sein für diese Mutter und die Sozialarbeiterin zeigt durch die Art, in der sie diese Emotion aufgreift und als bedeutsam unterstreicht, dass es in Ordnung ist als Frau bzw. Mutter beide Seiten in sich zu haben. D. h. die Ambivalenz wird nicht als etwas Schlechtes zurückgewiesen, sondern als etwas Wesentliches erkannt und als angemessen gewürdigt. Die Sozialarbeiterin macht eine gute Zusammenfassung des bisherigen Zielentwicklungsprozesses und führt dabei das Wort „Balance“ ein, das die Mutter aufgreift und für sich in die Metapher der „Wippe“ übersetzt.

(17): Die Sozialarbeiterin greift das Bild der Wippe noch einmal auf und spielt es der Mutter zurück, die es explizit als relevant – und damit als für sie stimmige Vision bzw. Leitbild – bestätigt. In diesem Beispiel folgt die Adressatin der Einladung der Sozialarbeiterin den Zieldiskurs emotional anzureichern. Die Sozialarbeiterin wiederum zeigt sich als jemand, die auf der emotionalen Ebene aufmerksam hören und „gute Impulse“ setzen kann. Gemeinsam entwickeln sie *die **Vision** einer Balance von Geben und Nehmen, einer Wippe, die sich mal den Kindern und mal der Mutter zuneigt und immer wieder einen Ausgleich herstellt.* In diesem Bild ist die Ambivalenz der Mutter (sie will gut sein zu den Kindern, hat aber auch Angst davor ihre eigenen Wünsche und Bedürfnisse in der Mutterrolle aus den Augen zu verlieren) gut aufgehoben. Das Berühren der emotionalen Ebene hat den Vorteil, dass die Zielformulierung inhaltlich bereichert und präzisiert wird. Gleichzeitig festigt sich dadurch das *Arbeitsbündnis zwischen Sozialarbeiterin und Adressatin* (siehe Müller 1991 und folgender Exkurs). Beide Prozesse sind in der Regel zirkulär aufeinander bezogen.

Vielleicht wundern sich manche Kolleginnen darüber, dass das Schlagen der Kinder in der Zielformulierung kein explizites Thema ist. Es bleibt ein Symptom im Hintergrund, auf das sich beide beziehen (siehe z. B. *(2)* und *(11)*). Trotzdem ist die Zielformulierungsarbeit darauf bezogen – aber nicht direkt mit der Frage „Wie können Sie das Schlagen vermeiden“, sondern indirekt mit der Frage „Wie wünschen Sie sich Ihr Familienleben und wie müsste es sein, dass Schlagen dort als Phänomen nicht mehr auftritt". Wäre die Mutter weniger selbstkritisch und wäre sie nicht so offen für die Hilfe, wäre es evtl. nötig das Schlagen direkter zu thematisieren.

Das Arbeitsbündnis

Der Begriff „Arbeitsbündnis" stammt ursprünglich aus der Psychoanalyse und meint einen basalen Kontrakt zwischen Analytiker und dem (Ich des) Analysanden. Dieser soll dem Therapeuten alles sagen, auch wenn es von diesem als peinlich oder grob unhöflich erlebt wird; der Analytiker sichert dem Patienten im Gegenzug äußerste Diskretion zu und die Fähigkeit, mit allen Inhalten „zurecht" zu kommen. Beide müssen also erst die Bedingungen ihrer Zusammenarbeit schaffen und sind auch beide dafür verantwortlich diese aufrechtzuerhalten.

Burkhard Müller hat in dem herausragenden Buch „Die Last der großen Hoffnungen" diesen Begriff auf die Beziehungen zwischen Klient und Sozialarbeiter übertragen. Er führt dazu aus: „In diesem konzeptionellen Sinn bedeutet „Arbeitsbündnis" ein Interpretationsraster, das professionelle Dienstleister selbst benutzen und ihren Klienten anbieten, mit dem Ziel, die jeweils schon vorgegebenen wechselseitigen Situationsdefinitionen und Gegenstandsbestimmungen der Interaktion in explizite, gemeinsame, wechselseitig für vernünftig und zumutbar gehaltene Arbeitsaufgaben zu transformieren" (vgl. Müller 1991, S. 96/ 97, Kursivdruck im Original).

Das heißt, dass die gemeinsam zu bewältigenden Aufgaben zu Beginn des Hilfeprozesses noch nicht klar sind und beide - Sozialarbeiter wie Klient - von Voraussetzungen ausgehen, die das Gegenüber weder kennen noch teilen muss. Erst wenn eine Verständigung über die jeweiligen Voraussetzungen und Ziele stattgefunden hat, können beide davon ausgehen, dass sie wissen, wobei und wofür geholfen werden soll.

Müller entwickelt fünf verschiedene Bedeutungsebenen des Arbeitsbündnisses, von denen vier hier von zentraler Bedeutung sind:

„Das Arbeitsbündnis als Instrument der Effektivierung der Intervention durch Aktivierung des Klientenbeitrags“ (ebd., S. 106). Man könnte auch sagen, dem Adressaten wie der Fachkraft muss im Verlauf des Hilfeprozesses klar werden, dass der Erfolg der Arbeit von der Aktivität und dem Zusammenspiel beider abhängt und sich auch dieses Zusammenspiel wiederum der Aktivität beider verdankt, so dass jeder – letztlich ohne sich auf die Mängel und Fehler des anderen berufen zu können – für den Erfolg und das Zusammenspiel verantwortlich sind.

„Das Arbeitsbündnis als Basis der Anerkennung und Thematisierung von Klientenrechten. Das Konzept intendiert, dem Klienten Mittel zur Verfügung zu stellen, die ihm helfen sich gegen Übergriffe (auch ungewollte) zur Wehr zu setzen“ (ebd.). Und zwar nicht irgendwelche Mittel wie ‚sich entziehen‘ oder bockig schweigen, sondern formelle und informelle Verfahrensrechte, die der Klient einklagen kann (z. B. das Recht auf zu intime Fragen nicht antworten zu müssen oder den Sozialarbeiter wechseln zu können etc.).

„Das Arbeitsbündnis als Klärung von Gegenstand und Grenzen der Intervention“ (ebd.). Hier geht es darum, dass beide überein kommen müssen, bei was der Helfer helfen soll und bei was nicht, wie lange seine Aufgabe besteht und unter welchen Bedingungen er sich wieder zurückzuziehen hat.

„Das Arbeitsbündnis als reflektierte Selbstbegrenzung der Intervention“ (ebd.). Hier geht es darum auszuhandeln und offen zu legen, unter welchen Bedingungen Zwangssituationen bzw. Zwangsmittel zur Anwendung kommen bzw. „zur Zerstörung der verbliebenen Autonomiespielräume“ führen können, so dass die Hilfe abgebrochen werden muss.

Bei Müller ist klar, dass einige dieser Arbeitsbündnisse eine explizite Verbalisierung und evtl. sogar schriftliche Kontraktbildung benötigen, andere aber auch erst im gegenseitigen Erleben, bisweilen sogar im gemeinsamen Durchstehen von Konflikten entwickelt und glaubhaft gemacht werden können.

Wie in diesem Buch ist auch bei Müller der Gedanke zentral, dass das Arbeitsbündnis einerseits Voraussetzung für die Hilfe ist, dass es aber andererseits erst im Prozess der Hilfe entstehen und stark werden kann, ein Dilemma, das der Professionelle sehenden Auges bewältigen muss.

Der nächste Fall stellt sich komplizierter dar: Mutter und Sohn bilden ein zerstrittenes „Paar", das sich gegenseitig das Leben schwer macht. An diesem Fall wollen wir die Zielentwicklung im Drei-Ebenen-Konzept von Anfang bis Ende durchspielen:

Fall 7: Ein streitendes Paar, das unter den Auseinandersetzungen leidet und zugleich Freude daran hat

ASD-Mitarbeiter Herr Becker wird auf Familie Lang aufmerksam, weil sich eine Lehrerin an ihn wendet. Sie mache sich Sorgen um Lukas (13½ Jahre), einen Schüler, der in letzter Zeit immer häufiger den Unterricht schwänze (12 Fehltage im ersten Halbjahr und etwa 20 Mal zu spät). Sie (Lehrerin) habe versucht mit der Mutter Kontakt aufzunehmen, die jedoch zu zwei Terminen nicht erschienen sei. Beim dritten Anlauf (telefonisch) habe die Mutter wütend gesagt: „Ich kann da auch nichts machen, wenn Sie wüssten, was ich selbst alles schon gemacht habe, mir langt es; schreiben Sie doch an die Polizei, soll die ihn holen..."

Die Lehrerin meint, dass Lukas immer häufiger mit einer Clique zusammenhinge, die auch Straftaten begehe, er sei dort unter den Jüngeren. Sie melden sich schriftlich zu einem Hausbesuch an. Lukas wohnt mit seiner Mutter (Fr. Lang, 36 Jahre) und Leonie (8 Jahre) in einer Hochhaussiedlung.Im Verlauf des *ersten* Gesprächs erfährt Herr Becker, dass der Vater die Familie vor 7 Jahren verlassen habe. Er zahle zwar Unterhalt, sei aber inzwischen wieder verheiratet und melde sich nicht einmal zum Geburtstag seiner Kinder.

Zwischen Mutter und Sohn gibt es seit 2 Jahren zunehmend mehr Konflikte, die in letzter Zeit auch mehrfach handgreiflich eskaliert wären. Dabei habe sich die Mutter - wie sie sagt - doch vor zwei Jahren „extra“ von ihrem Freund getrennt, weil es zwischen diesem und Lukas nicht harmonierte.

Bei den Streitsituationen geht es um Geld (Höhe des Taschengeldes, die Mutter hat es immer wieder mal gekürzt), um den Schulbesuch (Lukas war mehrfach morgens nicht aufgestanden, die Mutter hat Lukas darauf schon ein paar Mal mit einem Zahnputzbecher kalten Wassers überschüttet. Er gehe dann zwar aus dem Haus, aber nicht in die Schule), um Diebstähle (Lukas hat mehrfach der Mutter Beträge zwischen ein und zwanzig Euro gestohlen) und das Nachhause-Kommen (nach wiederholtem Zu-spät-Kommen habe sie ihn einmal ausgeschlossen, aber er habe so lange vor der Türe gebrüllt, bis die Nachbarn sie angerufen haben).

Daraufhin habe sie ihm 3 Tage Hausarrest gegeben, an den er sich aber nicht gehalten hätte. Mutter: „Alle sagen immer, setz dem Grenzen, das mach ich doch schon, aber ohne Erfolg!“ Sohn: „Mit deinen Methoden kriegst du mich jedenfalls nicht klein.“

Die letzte Eskalation ereignete sich wie folgt: Die Mutter habe Lukas eines Sonntagvormittags in der Küche mit ihrem Geldbeutel erwischt und ihn daraufhin geschlagen. Lukas sei weggelaufen, habe aber am Nachmittag das Sparschwein seiner Schwester aufgebrochen und sei mit dem Geld zwei Tage verschwunden. Die Mutter habe deswegen am nächsten Tag seine CD-Sammlung bei ihren KollegInnen (Putzstelle in Schulen) verkauft, um der Tochter das gestohlene Geld zurück zu erstatten. Als Lukas (in ihrer Abwesenheit) zurückgekommen sei, habe er das Fehlen seiner CDs bemerkt, ihren Webrahmen (Hobby der Mutter) zerstört und alle Stühle und Tische in der Wohnung umgeworfen. Als sie nach Hause gekommen sei, habe sie die „Wut gepackt“ und sie habe ihn erneut geschlagen, worauf er zurückgeschlagen hätte. Durch (an den Wänden) „klopfende Nachbarn“ seien sie gestoppt worden.

> Die Mutter sagt, sie habe schon mit einer Nachbarin gesprochen: Ein Heim sei wohl das Beste für Lukas, da sei sie jetzt „ziemlich sicher". Es müsse ja nicht für immer sein, aber solange bis der Lukas mal merke, wie gut er es zu Hause habe. Er darauf hin mit Tränen in den Augen:
>
> „Da kannst du lange warten, da kriegst du mich nie hin. Ich hau da ab, sofort am ersten Tag..." Kurz darauf verabschiedet Herr Becker sich, nicht ohne die beiden ermahnt zu haben, sich vor der nächsten Gewaltattacke besser an den Jugendnotdienst zu wenden.

Obwohl die Schilderung der Eskalation auf Herrn Becker bedrückend wirkt, scheinen beide Streitpartner irgendwie auch „stolz" auf ihre Kämpfe zu sein. Daraufhin angesprochen grinsen sie verschämt. Im nächsten Moment machen sie sich aber wieder gegenseitige Vorwürfe und der Streit wird wieder bitterernst.

Beim zweiten Hausbesuch (und nachdem er sich mit seinem Jugendamtsteam beraten hat) macht Herr Becker den Vorschlag eine ambulante Hilfe (nach § 30 oder 31 KJHG) in der Familie einzusetzen. Er erklärt, was diese Hilfeformen beinhalten. Mutter und Sohn reagieren erstaunlich interessiert auf die Idee, dass jemand von außen in die Familie kommen könnte, um sie bei der Aufarbeitung ihrer Probleme zu unterstützen. Allerdings zeigt sich rasch, dass die Beiden sehr unterschiedliche Ideen und Ziele damit verbinden (Fall 7, Dialog A):

Dialog A

(1)	*Soz.-arb.:*	Also, das freut mich, dass Sie beide mit der Idee Hoffnung verbinden, dass da jemand in ihre Familie kommt und Sie dabei unterstützt, Lösungen zu finden für Ihre Streitpunkte.
(2)	*Frau L.:*	Was heißt hier Lösungen, das Wichtigste ist doch klar: der Junge muss zur Schule. Und wenn das auch ein Mann sein kann, wie Sie gesagt haben, dann erwarte ich, dass der den Lukas da hinbringt, und wenn er ihn bei den Haaren schleift. Is mir eins.
(3)	*Lukas:*	Pffff (stößt Luft aus), voll Stier, die Alte.

(4) *Frau L.:* Ja mach nur pffff, die Versetzung, die ist gefährdet, das hast du hinbekommen, toll, wär das zweite Mal, dass du hängen bleibst.

(5) *Lukas:* Hast ja selbst keinen Schulabschluss, toll, was?

(6) *Frau L.:* Und ich will, dass er dann mit dem Herrn dann lernt und Du den Stoff nachholst, was du versäumt hast und der soll kontrollieren, ob der Lukas auch dort war in der Schule, und sag nicht „Alte" zu mir!

(7) *Lukas:* Ey, was sonst, du nervst, Mann!

(8) *Soz.-arb.:* Lukas, was erwartest du dir von einem Familienhelfer, denn da sind, seid Ihr Euch ja einig soweit, dass es ein Mann sein soll, haben Sie das übrigens bemerkt?

(9) *Lukas:* Glauben Sie ich zieh mit einer Tussy um den Block?

(10) *Soz.-arb.:* Nein, war mir aber wichtig, dass Sie sehen, dass es auch Einigkeit gibt zwischen euch und wenn es nur die ist, dass es ein Mann sein könnte.

(11) *Lukas:* Also soll jemand sein, der Streetball spielt oder Billard, dass wir halt weggehen können, abends, so dass meine Mutter…

(12) *Frau L.:* …abends weggehen. Na toll, da geht der Herr tagsüber nicht zur Schule und will abends weggehen.

(13) *Soz.-arb.:* Frau Lang, bitte, ich möchte den Lukas auch zu Ende zuhören.

(14) *Lukas:* Na und dann sieht der mal, was hier los ist und wie die immer rumätzt, das soll mal jemand sehen hier…

(15) *Frau L.:* …wie du hier den Pascha machst und ne dicke Lippe riskierst.

(16) *Lukas:* Also das wär's so, halt weggehen, von hier raus, aus der Wohnung und was machen, was Cooles…

(17) *Frau L.:* Also wenn es ihn von der Clique trennt, bitte schön, von mir aus, sollen sie Korbball spielen oder so, aber dann…

(18) *Lukas:* Korbball, ey, das heißt nicht Korbball… und von der Clique lass ich mich nicht trennen, das hab ich dir schon hundertmal gesagt.

(19) *Frau L.:* (an Soz.-arb. gewandt) Sehen Sie so geht das den ganzen Tag, immer nur Widerworte und… ach (macht abwehrende Handbewegung, steht auf, sucht nach Zigaretten)

Deutlich sichtbar wird, dass die Mutter und der Sohn sehr unterschiedliche Ideen davon haben, wozu eine SPfH dienen könnte (Zieledissens). Sie bombardieren sich gegenseitig mit Vorwürfen. Es ist offensichtlich, dass beide den Familienhelfer für sich gewinnen und für die Durchsetzung der jeweils eigenen Interessen instrumentalisieren wollen.

Für den Sozialarbeiter ist es in dieser Sequenz schwer, überhaupt „einen Fuß“ in das gut eingespielte Streitsystem zu bekommen. Seine Ansätze, Gemeinsamkeiten zu fokussieren (Einigkeit in Bezug auf Mann etc.), werden nicht beachtet.

Was heißt das für die Arbeit auf Zielebene 1, auf der wir eine „angemessene emotionale Betroffenheit“ erreichen wollen, um eine gemeinsame Vision formulieren zu können?

Frau Lang und Lukas sind durchaus emotionalisiert, aber ihre Gefühle sind nicht geeignet, als Grundlage für eine tragfähige Zielentwicklung zu dienen. Man könnte deswegen als Sozialarbeiter auf die Idee kommen, die Atmosphäre zu versachlichen, indem man versucht Gesprächsregeln einzuführen oder indem man „spitze Bemerkungen“ ahndet. Aber ich fürchte, dass solche Zivilisierungsintentionen zu diesem Zeitpunkt scheitern und die beiden es immer wieder fertig bringen, sich ineinander zu „verbeißen“. Ebenso wäre es möglich, mit jedem der beiden Konfliktpartner allein zu arbeiten. Das Problem daran ist nach meiner Erfahrung, dass beide versuchen werden, den Sozialarbeiter für die eigenen Ziele und gegen den anderen einspannen zu wollen: Mutter beschwert sich über Sohn, Sohn über Mutter…

Was hier fehlt ist eine *gemeinsame emotionale Betroffenheit* von Mutter und Sohn. Man müsste ihnen etwas sagen, was beide innerlich berührt und bewegt, vielleicht sogar erschüttert, um ihr destruktives Streitmuster zu unterbrechen. Und man müsste ihnen eine Zielformulierungen anbieten, die *gemeinsame Anliegen* aufgreift.

So dachte der Sozialarbeiterkollege nach dem Gespräch und beriet sich deswegen mit einer SpFH-Fachkraft eines Freien Trägers, den er für diese Familie für geeignet hielt. Zusammen entwickelten sie eine Strategie und sprachen sich bezüglich ihrer Einsätze im Gespräch genau ab (vgl. auch Kap. 6). Zum *dritten* Hausbesuch brachte der Sozialarbeiter diesen Mann mit, damit dieser sich Langs vorstellen konnte (Fall 7, Dialog B).

Dialog B

(1) *Soz.-arb.:* Bevor wir weiterreden, wollte ich Ihnen zwei Dinge sagen, die nach meinem Verständnis für Ihr weiteres Schicksal als Mutter und Sohn eine wichtige Rolle spielen… klingt vielleicht etwas hochgestochen, aber das denk ich so. Wollen Sie sich das anhören von mir?

(2) *Frau L.:* Ne Ansprache?

(3) *Soz.-arb.:* Könnte man so nennen.

(4) *Frau L.:* Na ja, (zwischen unsicher und belustigt) werden wir schon überleben, (Blick zum Sohn) nich?

(5) *Lukas:* (Zuckt mit den Schultern, brummt irgendwas Unverständliches.)

(6) *Soz.-arb.:* Das Erste: Sie beide kämpfen viel miteinander und diese *Kämpfe* sind z. T. sehr heftig und enden mit schlimmen *Verletzungen*, körperlich und seelisch. Aber Sie zeigen sich es schon lange nicht mehr, wann es wehtut und wie sehr! (Pause) Und teilweise haben Sie sich innerlich so hart gemacht, dass Sie es gar nicht mehr spüren können. (Pause) Zugleich sehe ich aber auch, dass Sie beide voller Leidenschaft kämpfen und sich die Brocken ziemlich lustvoll um die Ohren hauen. Da spüre ich auch Kraft und Lebendigkeit von beiden von Ihnen. Dauerhafte Frieden und Harmonie und so weiter, vergessen Sie das, das ist nicht ihr Ding! Zwischen Ihnen wird es immer Zoff geben. Aber ich frage mich, ob es für Sie beide ein Ziel sein könnte, besser miteinander zu kämpfen. Besser meint so, dass am Ende Einigungen herauskommen? *Einigungen*, bei denen beide etwas gewonnen haben!“

Mutter und Sohn bleiben stumm, kurze Augenkontakte zum Sozialarbeiter, beide machen einen nachdenklichen Eindruck… Dieser macht bewusst eine Pause und lässt das Schweigen zu.

(7) *Frau L.:* (nach etwa 20 Sekunden, räuspert sich) besser kämpfen…

(8) *Soz.-arb.:* Moment noch Frau Lang, da ist noch die zweite Botschaft. Ich wollte nur kurz warten, dass Sie das verdauen können: Mir scheint, dass sich jeder von Ihnen beiden vom anderen nicht genügend geachtet fühlt und sich fragen muss, ob er für den anderen überhaupt noch etwas wert ist. Du Lukas hast Angst, dass dich deine Mutter wegschicken will. Raus aus der Wohnung, weg von hier, weil du ihr nichts mehr

bedeutest. Und Sie, Frau Lang haben den Eindruck, dass Lukas alles andere wichtiger nimmt als Sie (Pause). Könnte es ein Ziel sein für Sie beide, mehr Achtung für den anderen aufzubringen und mit mehr Achtung behandelt zu werden, so dass man zumindest manchmal das Gefühl hat, für den oder die bin ich etwas wert?

Längeres Schweigen, ca. 1 Minute. Sozialarbeiter und SpFH verhalten sich sehr still.

(9) *Frau L.:* (mit etwas rauer Stimme) Kann ich jetzt, also darf ich jetzt (räuspert sich) äh, was äh… was sagen?

(10) *Soz.-arb.:* Gerne natürlich, danke fürs Zuhören!

(11) *Frau L.:* (räuspert sich erneut) Ham Se schon gut gesagt, (lacht) dass wir uns die Brocken um die Ohren hauen… und dass es, mit dem Zoff, nich (fängt zu weinen an). Ach nee, (schluchzt) dass es nie ein Ende haben soll.

Schweigen, nur unterbrochen von Schniefen. Frau Lang steht auf und holt sich ein Taschentuch, geht aus dem Zimmer, Waschbeckengeräusche in der Ferne.

(12) *Lukas:* (mit belegter Stimme, aber auch ein wenig provokativ) Dauert's noch lang heut?

(13) *Soz.-arb.:* Willst du gehen?

(14) *Lukas:* Nee, nich direkt, also nachher schon…

(15) *Soz.-arb.:* Lukas, von mir aus kannst du sofort gehen. Ich hab gesagt, was ich sagen wollte. Jetzt ist es an euch. Hier sitzt einer der bereit ist, euch zu unterstützen, wenn Ihr was miteinander hinbekommen wollt. Is mir noch nich klar, ob du das willst.

(16) *Lukas:* Doch… schon… nur…

(17) *Soz.-arb.:* Nur was?

Frau Lang kommt zurück.

(18) *Lukas:* Ach ich weiß auch nich!

(19) *Soz.-arb.:* Du weißt auch nicht, wie das gehen kann oder ob du dran glauben sollst, dass es gehen könnte oder was?

(20) *Lukas:* Ja irgendwie… so halt…

(21) *Soz.-arb.:* Frau Lang, Lukas, wenn Sie beide wollen, dann stellen wir Ihnen kurz das vor, was Herr Stein und ich uns ausgedacht haben, wie wir gerne mit Ihnen arbeiten würden. Und dann lassen wir Sie alleine und Sie überlegen sich, ob das was is oder was es vielleicht anderes gibt, wie's für Sie passt…

Schweigen

(22) *Frau L.:* Ich tät ja schon mitmachen. Aber der Lukas, der muss ja…
(23) *Soz.-arb.:* Keine Vorwürfe, bitte, nicht diese Schiene, da wissen wir doch, wo das…
(24) *Frau L.:* Ach (macht wegwerfende Handbewegung)
(25) *Soz.-arb.:* Schon wieder aufgegeben?
(26) *Frau L.:* Ne, is nur, eben, ach ich weiß auch nich.
(27) *Soz.-arb.:* Also, Frau Lang, Lukas, wollen Sie unseren Vorschlag hören, haben Sie noch den Kopf frei für 10 Minuten?
(28) *Frau L.:* Ja schon.
(29) *Lukas:* (nickt)

Kommentar zur Gesprächsführung:

Was hat der Sozialarbeiter gemacht, um mit Mutter und Sohn in eine emotional bedeutungsvolle Kommunikation zu kommen?

(1): Der Sozialarbeiter schafft zunächst günstige Rahmenbedingungen dafür, dass seine Botschaft gehört und nicht sofort abgewehrt wird: Das Wort „Schicksal" wird bewusst gewählt, es fällt aus der Alltagssprache heraus und markiert die Wichtigkeit der Botschaft. Zugleich wird die Möglichkeit der Abwertung („hochgestochen") vorweggenommen und so relativiert. Zum Schluss werden die AdressatInnen gefragt, ob sie Interesse an der Botschaft haben und es wird von jedem eine körpersprachliche Antwort abgewartet.

(3/5): Die Antwort der AdressatInnen fällt nicht sehr günstig aus. Von Frau Lang kommt das ironisch gemeinte Wort „Ansprache", dem der Sozialarbeiter durch seine Freundlichkeit die provokative Spitze nimmt. Von Lukas gibt es nur ein Schulternzucken. Das ist nicht viel. Trotzdem ist durch diese Elemente Aufmerksamkeit oder zumindest Neugierde erreicht und auf den Sozialarbeiter fokussiert.

(6): Die erste Botschaft besitzt drei geschickt miteinander verzahnte Teile:

Zuerst werden die Streitereien „Kämpfe" genannt und mit Verletzungen (physischen und psychischen) in Verbindung gebracht. Das scheint banal, aber gerade dieser Zusammenhang wird von den beiden nicht mehr empfunden. Die physischen und psychischen „Beißhemmungen" fehlen, weil niemand mehr zugeben mag, dass es wehtut, was der jeweils andere macht. Mit dem Eingeständnis, dass der andere sie zu verletzen vermag, würden sie dem anderen Macht und Bedeutung zusprechen. Da unsicher ist, ob sie das zulassen können, wird die Verbindung zwischen „Kämpfen" und „Verletzungen" gegen potentielle Leugnungsversuche doppelt abgesichert. Erstens dadurch, dass die Strategie, dem anderen die Verletzungen gar nicht mehr zu zeigen, aufgedeckt wird und zweitens dadurch, dass unterstellt wird, die beiden hätten sich gegenüber den gegenseitigen Verletzungen ein Stück weit durch Gefühllosigkeit immunisiert (was ja auch tatsächlich der Fall ist). *Solche Strategien der Abdichtung der eigenen Argumentation gegenüber Abwertungsversuchen der AdressatInnen mögen unnötig erscheinen, aber bei einem so kämpferischen Paar wie dieser Mutter und diesem Sohn, muss man damit rechnen, dass sie versuchen werden, emotional bedeutsame Botschaften an ihre Adresse zu neutralisieren.* „Leiden ist leichter als lösen" (Hellinger 1996), deswegen verlangt es einiges kommunikatives Geschick, die zentrale Botschaft: „Sie tun sich gegenseitig furchtbar weh – das kann auf Dauer nicht gut gehen" durch die „Abwehrketten" der AdressatInnen hindurch zu retten.

Zum Zweiten – und das ist das Geniale an der Botschaft – wird „Kämpfen" auch in *Verbindung gebracht mit Lebendigkeit und Lust.* Damit wird das Dilemma dieses wie vieler anderer Streitpaare deutlich: Streiten wird als etwas Ambivalentes erlebt. Es führt zu (teilweise großem) Leiden, aber ist zugleich auch Ausdruck von Lebendigkeit und Leidenschaft. Viele Streitpaare fürchten das Zweite aufgeben zu müssen, wenn man das Erste lässt. Das ist ein Grund dafür, dass „Paare" weiter streiten, auch wenn sie die vielen destruktiven Seiten ihres Streites wahrnehmen. Deswegen ist es klug den beiden das Kämpfen zu lassen, „Zoff" als etwas stabil zu Erwartendes darzustellen und „nur" eine kleine Änderung einzuführen: Es geht nicht darum das Kämpfen und damit die Leidenschaft aufzugeben, sondern das Kämpfen effektiver zu gestalten, um das Leid zu minimieren.

Zum Dritten wird die Idee eingeführt, dass man auch so kämpfen kann, dass am Ende beide etwas davon haben. Aus der Lose-Lose-Dynamik, in der beide verlieren, könnte es zu einer Win-Win-Situation kommen, so *die (emotional eingebettete) Vision.*

(8): Hier verhält sich der Sozialarbeiter sehr direktiv. Er macht eine Pause, aber er erlaubt nicht, dass in die Pause hinein gesprochen wird. Er be-

stimmt, wann und wer weiterredet und das ist er selbst. Nach meinem Eindruck hat das nichts mit Anmaßung, sondern mit „guter Führung“ zu tun. Wichtig ist allerdings, diese dann auch wieder klar abzugeben.

Die zweite Botschaft lanciert die Vision von mehr gegenseitigem Respekt und Achtung. Zunächst aber werden die beiden auf eine Stufe gestellt: Im Moment verweigern sie sich gegenseitig Achtung und Wertschätzung. Jeder von beiden hat gute Gründe dafür, sich von dem anderen missachtet zu fühlen. Aber genau so möglich wäre es, sich (zumindest manchmal) gegenseitig als wertvoll anzuerkennen. Während beide darauf warten, dass der andere damit beginnen möge, stellt der Sozialarbeiter den Gedanken der Reziprozität bzw. Wechselseitigkeit in den Mittelpunkt seiner Ausführungen.

(10): Nach einer solchen Botschaft darf man nicht erwarten, dass die AdressatInnen einem dankbar um den Hals fallen und ihr Leben ändern. Die beobachtbaren Anzeichen emotionaler Betroffenheit sprechen allerdings für sich. Die Mutter weint und geht hinaus; Lukas hat immerhin eine belegte Stimme. Beide wurden offensichtlich berührt.

(13/15): Lukas versucht offensichtlich, sich der eigenen emotionalen Betroffenheit durch die (versteckte) Ankündigung wegzugehen zu entziehen. Ein solcher Fluchtimpuls ist nicht ungewöhnlich, denn die Situation geht „an die Nieren“. Es ist sehr geschickt von dem Sozialarbeiter, dass er sich Lukas in dieser Situation nicht in den Weg stellt, sondern – bildlich gesprochen – die Tür zum Weggehen weit aufmacht. So entzieht er Lukas ein mögliches Kampffeld und fordert ihn zu einer eigenen Entscheidung heraus, was zu dessen Bleiben führt.

(19): AdressatInnen sagen häufig „ich weiß nicht…“. Dieser Satz kann viel oder wenig bedeuten. Es kann sich dabei um eine belanglose Floskel handeln oder um das emotional hoch relevante Eingeständnis von Ratlosigkeit. Hier gibt der Sozialarbeiter den Worten von Lukas die Bedeutung von „Ich will schon, aber ich weiß nicht, ob ich mich trauen soll, darauf zu hoffen“.

(23): Der Sozialarbeiter unterbricht hier ein Vorwurfsmuster, auf das Lukas mit Gegenvorwürfen reagieren müsste, bereits im Ansatz – dirigistisch, aber effektiv.

(25): Sozialarbeiter greift die wegwerfende Handbewegung der Mutter auf und gibt dieser nonverbalen Kommunikation die Bedeutung von Aufgeben bzw. Resignieren. Der Impuls, die aufkeimende Hoffnung schnell wieder zu begraben, weil man ansonsten in die Gefahr kommt, erneut enttäuscht zu werden, dürfte Mutter und Sohn gleichermaßen nahe liegen. Die Übersetzung der nicht-sprachlichen Botschaft spiegelt den Gefühlszustand von Frau Lang und gibt ihr die Möglichkeit sich dazu zu verhalten.

(27): Sozialarbeiter und SpFH warten die (zumindest non-verbale) Zustimmung von Mutter und Sohn ab, bevor sie weitere Vorschläge machen.

Gemeinsamkeiten und Unterschiede zwischen den beiden Szenen

Die Fall 6 und 7 markieren in gewisser Weise Extreme. Im ersten Beispiel muss die Sozialarbeiterin nicht viel dafür tun, um einen produktiven emotionalen Diskurs anzuregen. Dieser entwickelt sich im Hin und Her zwischen der jungen Mutter und der Sozialarbeiterin und wird von beiden Seiten angereichert. Sicher gibt die Sozialarbeiterin einige wichtige Stichworte und macht einige treffende Zusammenfassungen, aber das ganze Geschehen wird von beiden Seiten in Gang gesetzt und in Gang gehalten. *Die Vision der „Balance“ oder „Wippe“ stellt eine Koproduktion dar.*

Im zweiten Beispiel dagegen muss der Sozialarbeiter mit sehr viel größerer Intensität intervenieren. Mutter und Sohn führen ihr gewohntes Interaktionsdrama auf, der Sozialarbeiter kommt kaum dazwischen. Er muss sich erst eine Position verschaffen, indem er als relevanter Gesprächspartner ernst genommen wird, der über den Parteien steht und beiden etwas zu sagen hat. *Dazu muss er seinen eigenen Auftritt inszenieren und eine Botschaft lancieren,* die mit Emotionen aufgeladen ist, von denen eine Erschütterung ausgehen soll. Insofern muss er sehr viel aktiver werden als seine Kollegin im ersten Fall (vgl. Fall 7, Dialog B auf der CD)

Man könnte kritisch fragen, ob er sich mit der Intervention zu viel Macht anmaßt. Andererseits bleibt er trotz der Absicht „erschüttern“ zu wollen abhängig von der Reaktion der AdressatInnen. Sie müssten sich die Botschaften der Sozialarbeiter nicht „zu Herzen nehmen“, sie könnten sie auch an sich abprallen lassen (wie es z. B. Lukas auch probiert). Dass *sie der Botschaft zuhören und sie in sich wirken lassen, stellt ihre eigene Leistung dar und zeigt ihre Bereitschaft mitzuwirken.*

Insofern können beide Szenen als gemeinsame Zielentwicklungsprozesse von SozialarbeiterInnen und AdressatInnen verstanden werden, wenn auch mit verschiedenen Aktivitätsgraden auf Seiten der AdressatInnen.

Nach meiner Erfahrung liegen *die meisten Fälle zwischen diesen beiden Extremen*: Es „flutscht“ nur manchmal so leicht wie im ersten Fall. Es kommt allerdings auch nicht so häufig vor, dass man so massiv werden muss wie im zweiten Fall. Außerdem hätte es im zweiten Fall wahrscheinlich auch nüchternere Strategien mit weniger emotionalem Aufwand gegeben. Wichtig ist, dass am Ende des Prozesses eine Vision bzw. ein Leitziel formuliert werden kann, das genau auf die Adressatinnen zugeschnitten ist und von diesen angenommen werden kann. Visionen sind etwas Persönliches, sie sollten sich in der Regel nur in einem Hilfeplan finden lassen und dürfen nicht von „Standardsätzen“ verdrängt werden. Für beide Beispiele spielt – wenn auch bisher ungenannt – das Konzept der *„stellvertretenden Deutung“* eine wichtige Rolle.

Das Konzept der „stellvertretenden Deutung“

Dieses von Oevermann entwickelte und von Dewe u. a. aufgegriffene Konzept besagt, dass Klienten ihre eigene Lebenssituation und die diese erschwerenden Belastungen oftmals nicht durchschauen und deswegen zur Entwicklung von neuen Optionen auf Außendeutungen angewiesen sind (Oevermann 1981, Dewe u. a. 1992, Dewe u. a. 1993, vgl. auch Müller 1997, S. 24).

Diese sollen aber – das unterscheidet sie von schlecht verstandenen psychoanalytischen Deutungen – weder in einer abgehobenen, theoretisch voraussetzungsreichen Sprache noch auf der Grundlage diagnostischer Festlegungen erfolgen.

Sie stellen sich in den Dienst der Klienten, sollen die Welt aus dessen Sicht deuten, und erlangen ihren Gebrauchswert dadurch, dass sie von den AdressatInnen bestätigt und weiterentwickelt werden können und die Verhaltensoptionen der Klienten theoretisch und praktisch erweitern.

Stellvertretende Deutungen sind demnach auf aktive Annahme und aktives Handeln der AdressatInnen bezogen und erhalten von diesen ihre nachträgliche Legitimation. Freilich bedeutet dies auch, dass „stellvertretende Deutungen" immer riskant sind:

Bleiben sie gänzlich im Verstehens- und Formulierungshorizont des Betroffenen, so bieten sie nichts Neues und werden als harmlos oder belanglos erlebt.

Eröffnen sie völlig neue Bedeutungswelten, an die der Betroffene kaum anknüpfen kann, müssen sie zurückgewiesen werden und bleiben unverständlich. Greifen sie zu tief und decken unbewusste Zusammenhänge auf zentrale „Lebenslügen" auf, werden sie u. U. als so schmerzhaft erlebt, dass sie ebenfalls Abwehr auslösen. Im Moment der Deutung selbst ist deshalb noch offen, ob es sich um „Übergriffe" oder „nützliche Interventionen" handelt. Stellvertretende Deutungen bleiben in der sozialen Arbeit demnach so riskant wie unverzichtbar.

Zusammenfassung: Die beiden bisher erarbeiten Visionen bzw. emotional eingebetteten Zielformulierungen lauten…

für Frau K.: Ein Zusammenleben mit den Kindern entwickeln, in dem jeder zu seinem Recht kommt, die Kinder, aber auch die Mutter. Dafür steht das Bild einer Wippe, die sich mal den Kindern und mal der Mutter zuneigt und immer wieder einen Ausgleich herstellt.

für Frau Lang und Lukas: Ein Zusammenleben entwickeln, in dem Streit und Kämpfe durchaus ihren Platz haben, in dem aber auch Einigungen möglich sind. Einigungen, mit denen Mutter und Sohn gut leben können und bei denen sich keiner als Verlierer fühlen muss.

Abbildung 15: Das Vorgehen im Zielentwicklungssystem „Konzept der drei Zielebenen“ in schematischer Form: Ebene 1

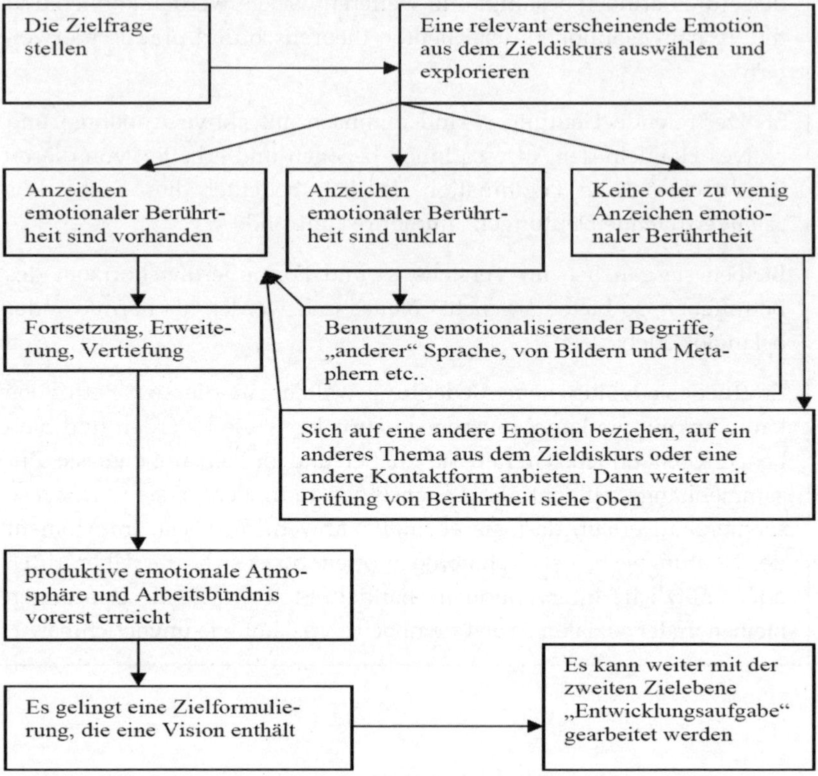

Zusammenfassung für die Zielentwicklung auf der ersten Ebene:

1. Zu Beginn vieler Zielentwicklungsprozesse geht es darum die Ebene der Gefühle anzusprechen und als eine relevante zu markieren: Die AdressatInnen sollen sich eingeladen fühlen, **emotionale Aspekte der Hilfe** und ihrer Erwartungen an diese an- und auszusprechen.

2. Ob und wie sie der Einladung auf dieses „Parkett“ folgen, muss beobachtet werden: Der/ die Ziele entwickelnde SozialarbeiterIn achtet darauf, ob die AdressatInnen sich auf die emotionale Ebene einlassen und welche **körpersprachliche Signale** sie dabei zeigen.

3. Die meisten Zielformulierungen der AdressatInnen stehen einerseits mit Hoffnungen und Wünschen in Verbindung, aber auch mit Gefühlen von Ärger, Angst, Trauer, Sorgen und Selbstzweifeln etc. Auch wenn man schon einiges weiß und ahnt, sollten sich SozialarbeiterInnen immer wieder von der **Qualität und Vielfalt der Emotionen** überraschen lassen.

4. Die Thematisierung der emotionalen Elemente der Zielformulierung erlaubt es, den Ziele entwickelnden SozialarbeiterInnen schnell die **Stimmungen und emotionalen Hintergründe** der TeilnehmerInnen zu erfassen. Da sie früher oder später ohnehin bedeutsam werden, ist es besser, sie möglichst früh zu erfahren.

5. Die Ziele entwickelnden SozialarbeiterInnen greifen einen bestimmten emotionalen Aspekt heraus, unterstreichen diesen und knüpfen mit Fragen daran an. Sie versuchen die **emotionalen Aspekte** zu fokussieren, die ihnen am relevantesten erscheinen und von denen sie sich **Anstöße für die gemeinsame Zielentwicklung** erhoffen. Damit bieten sie Realitätskonstruktionen an, die die Zuhörer als **sinnvoll erleben oder ablehnen können.**

6. Die Ziele entwickelnden SozialarbeiterInnen können durch ihre Art der **sprachlichen Darstellung** Gefühle verstärken (**emotionalisieren**) oder abschwächen (**entdramatisieren**). Zur Anregung der Betroffenheit können sie Worte der Hochsprache verwenden, die der Alltagssprache enthoben sind („Das tut Ihnen im Herzen weh") oder bewusst derbe Worte benutzen („Das tut scheiße noch mal weh"). Zu unterschiedlichen Zeiten und bei unterschiedlichen Familien (-mitgliedern) kann je nachdem das eine oder das andere angemessen sein. Es ist auf jeden Fall von Vorteil als SozialarbeiterIn mehrere „**Sounds**" erzeugen zu können.
7. Wie im gesamten Hilfeplangespräch kommt es auch auf Ebene 1 darauf an, sich einzelnen Personen zuzuwenden und ihre Sichtweise zu explorieren und sich dann an geeigneten Stellen anderen, bisher nicht involvierten GesprächsteilnehmerInnen zuzuwenden. Dabei kommt es darauf an, **die unterschiedlichen Statements aufeinander zu beziehen und mit einander zu verknüpfen**.
8. Beim Thematisieren emotionaler Aspekte kann man sich auf Inhalte beziehen (z.B. Fußball oder Ärger gegenüber der Schule etc.) oder auf den aktuellen Kontext (unfreiwillige Teilnahme am Hilfeplangespräch). **Je unfreiwilliger die Anwesenheit des Adressaten eingeschätzt wird, umso wichtiger ist die Thematisierung des Kontextes**: „Kann es sein, dass Sie heute mit gemischten Gefühlen hergekommen sind und sich fragen was die ganze Veranstaltung soll?"
9. Ähnliche Optionen ergeben sich, wenn die SozialarbeiterInnen überlegen **welche Zeitebene** angesprochen werden sollen: Bedeutsame emotionale Aspekte ergeben sich für die AdressatInnen aus der aktuellen Situation Hilfeplangespräch (Jetzt-Zeit), dem Zeitraum, seit dem die Hilfe läuft (Hilfezeit) und die Zeit vor Hilfebeginn (Vergangenheit, vor der Hilfe).
10. Das Ansprechen der emotionalen Ebene dient der **Anregung einer angemessenen Betroffenheit**: Zu viel Betroffenheit blockiert, weil jeder nur noch damit beschäftigt ist, sich zu schützen. Zu wenig Betroffenheit entzieht dem Zielentwicklungsprozess die notwendigen Energien.

11. AdressatInnen, die auf die Frage nach ihren Zielen **von sich aus Entwicklungsaufgaben oder Handlungsprojekte formulieren,** also auf Ebene 2 oder 3 einsteigen, brauchen den hier geschilderten emotionalen Einstieg nicht. Sie sind im Zielentwicklungsprozess weiter fortgeschritten und könnten die Frage nach ihren Gefühlen als „Rückschritt" oder „Umweg" erleben. Als Zielentwickler geht man (zunächst) auf die Ebene ein, die von den AdressatInnen vorgegeben werden. Es kann sich aber bei der Arbeit auf Ebene 2 oder 3 herausstellen, dass es wichtig ist, noch einmal auf Ebene 1 zurückzukommen.

4.2.2 Zweite Ebene: Formulierung des Ziels als Entwicklungsaufgabe

Nachdem eine angemessene Form emotionaler Beteiligung angeregt wurde und Hoffnung in Bezug auf mögliche Veränderungen (in Form einer Vision o. ä.) geweckt wurden, kommt es nun darauf an, die damit verbundene Energie zu nutzen, um sie in eine Aufgabe „fließen" zu lassen. Das kann eine Entwicklungsetappe für einen Einzelnen oder ein Paar sein oder ein Aufgabenkomplex. Diese Aufgaben können alleine angegangen werden, gemeinsam mit anderen Familienmitgliedern und/ oder mit Unterstützung von (professionellen) HelferInnen bzw. in einem bestimmten Setting (z.B. Heim oder Tagesgruppe etc.). Die zu *bewältigende Entwicklungsetappe bzw. Entwicklungsaufgabe:*

- muss den AdressatInnen einleuchten, d.h. in einem stimmigen Verhältnis zu dem grundlegenden, inzwischen emotional eingebetteten Leitziel (Vision) stehen.
- einen mittleren Konkretisierungsgrad aufweisen, d.h. sie darf nicht mehr so „wolkig" formuliert sein, wie das emotionale Ziel, aber die Formulierung darf auch noch nicht konkrete Handlungsvollzüge beinhalten.
- muss von den AdressatInnen als eine angemessene Herausforderung wahrgenommen werden, d.h. es sollte nach ihrer Einschätzung weder eine Überforderung noch Unterforderung darstellen.
- kann der Form nach in der Entwicklung einer neuen Kompetenz liegen, in der häufigeren Anwendung einer schon vorhandenen Möglich-

keit oder in der Klärung von (seit längerem) strittigen oder unbewältigten Themen.

- muss als Aufgabe von den Adressaten als etwas erlebt werden, zu dem sie (zumindest vorläufig und probeweise) Ja sagen wollen.

In der Regel sollte pro Person/ pro Familie/ pro Hilfesystem (bestehend z.B. aus HeimpädagogInnen und Jugendlichem oder Erziehungsstellen-MitarbeiterInnen und Kind) *nicht mehr als zwei bis drei (Entwicklungs-) Aufgaben formuliert* werden, die sich auf ein oder zwei Visionen bzw. Ziele mit emotionalem Gehalt beziehen sollen (siehe Dokumentationsbogen für Fall 7, Familie Lang auf der CD). Diese Beschränkung ist sowohl deswegen sinnvoll, weil jede Entwicklungsaufgabe mindestens ein, häufig aber zwei oder drei konkrete (Handlungs-)Projekte nach sich ziehen (siehe Zielebene 2) als auch im Hinblick auf den Rhythmus von halbjährlichen Hilfeplangesprächen. Mehr ist in so einem Zeitraum realistischerweise nicht anzugehen. Und über mehr würde man als verantwortliche Fachkraft auch leicht den Überblick verlieren.

In anderen Zielentwicklungssystemen werden Ziele mit ähnlichen Intentionen als *Mittlerziele* bezeichnet: Sie sollen zwischen dem Leitziel und den Handlungszielen (vgl. Kap. 4.5.) vermitteln, d.h. dass ihnen die Funktion einer Zwischenebene zukommt (vgl. Bewyl/ Schepp-Winter 1999).

Die beiden zentralen Fragen, die die Arbeit auf Ebene 2 eröffnen, lauten:

„Wenn Sie einen Beitrag leisten wollen für das, was Sie (gerade eben oder das letzte Mal) beschrieben haben… (O-Ton: emotionales Ziel), was würde sich dann für Sie als Aufgabe stellen und welche Fähigkeit müssten Sie dann einsetzen oder entwickeln?“ Sie wird relativ rasch oder im weiteren Gesprächsverlauf ergänzt durch die Frage: „Was können andere dafür tun, dass Sie Ihrem Ziel näher kommen, welche Beiträge oder Unterstützungen bräuchten Sie dafür von anderen?“

Die erste Frage (die man nicht als erste stellen muss, aber um die man auf dieser Ebenen nicht herumkommt) stellt für viele AdressatInnen eine Zumutung dar: Noch vor wenigen Minuten hatte z.B.

- die Mutter (Frau Fabig) gesagt: „Er soll wieder in die Schule gehen, das wäre das Wichtigste, also da erwart ich mir schon, dass sich da was bessert mit dem neuen Betreuer.“ (vgl. Szene 1)

- die Jugendliche (Greta) gesagt: „Meine Mutter meint, ich soll mich von der Clique fernhalten, ja, und mehr Hausaufgaben machen oder so, aber ich will meine Freiheit und nich nach ihrer Pfeife tanzen." (vgl. Szene 2)

Die Frage: „Wenn Sie/ du einen Beitrag leisten wollen/ willst" wird also u. U. an eine Person gestellt, die noch vor kurzer Zeit beim Thema Ziele nicht an sich, sondern für bzw. an andere gedacht oder überhaupt Widerstände gegen den Zieldiskurs empfunden hat. Insofern ist die Beantwortung der Frage eine Probe aufs Exempel, ob sich der oder die Befragte in der Zwischenzeit zu jemandem „gewandelt" hat, der aufgrund seiner eigenen emotionalen Involviertheit und aufgrund des gestärkten Arbeitsbündnisses mit dem Sozialarbeiter auch bereit ist, für sich selbst ein Ziel zu formulieren und an sich selbst Ansprüche zu stellen.

Allerdings handelt es sich um eine „dosierte Zumutung", schließlich lautet die Frage ja: *„Wenn Sie leisten wollen…"*, was die Möglichkeit impliziert zu sagen: „*aber ich will nicht*" und lautet, *„Was würde sich dann als Aufgabe stellen"*, was zunächst offen lässt, ob man das, was man machen könnte, auch tatsächlich tun wird.

In der Regel antworten die AdressatInnen (wenn sie sich denn darauf einlassen) auch: „.Also, da müsste ich…" oder „könnte" oder „sollte" ich, was eine Festlegung auf unmittelbar zu erfolgende Handlungen vermeidet. Das ist auch völlig in Ordnung. Man sollte zunächst das zu Tuende hypothetisch weiterentwickeln, um dann zu überlegen, ob bzw. in welchen Teilen man es auch tun will.

In der Regel spüren die AdressatInnen, ob man bereit ist mit ihnen solche möglichen bzw. *hypothetischen Aktionsräume* zu erkunden oder ob man sie sofort auf bestimmte Handlungen „festnageln" will. Nach meiner Erfahrung lohnt sich das Verweilen in den hypothetischen Aktionsräumen, weil es den AdressatInnen erlaubt, sich langsam an konkretere Beiträge zu dem ins Auge gefassten Veränderungsprozess zu gewöhnen.

a) Der Ablauf der Zielentwicklung auf Ebene 2

Fast immer kann mit AdressatInnen, mit denen SozialarbeiterInnen auf Ebene 1 gut zusammen gearbeitet haben, auch auf Ebene 2 ohne Komplikationen weitergearbeitet werden. Ähnlich wie bei der ersten Ebene, wollen wir auch hier einerseits ein „leichtes" Beispiel anführen, bevor wir uns dann wieder der etwas schwierigeren Familie Lang zuwenden.

Fall 6: Eine vernachlässigende Mutter auf der Suche nach eigenen Zielen (Fortsetzung)

Zum Verständnis der folgenden Gesprächssequenz ist es wichtig zu wissen, dass die Sozialarbeiterin in diesem Gespräch eine Liste von Entwicklungsaufgaben und gemeinsamen Projekten zwischen Frau Korff und der Familienhelferin erstellen will. Erst im darauf folgenden Gespräch wird dann im Beisein einer sozialpädagogischen Familienhilfe das „Kleinarbeiten" (die dritte Ziel-Ebene der Handlungsketten) stattfinden.

Dialog B

(1) *Soz.arb.:* Frau Korff, Sie sagten vorhin, dass Sie gerne ein harmonischeres Familienleben hätten und mehr Spaß mit Ihren Kindern. Zugleich sagten Sie, es käme auf eine gute Balance an, die Kinder müssten zu ihrem Recht kommen aber Sie selbst auch. Dafür haben Sie das Bild der „Wippe" gefunden. Wenn Sie einen Beitrag leisten wollen für diese Ziele, welche Aufgabe würde sich Ihnen dann stellen und welche Fähigkeiten bräuchten Sie dann dazu?

(2) *Frau K.:* Ich weiß schon, dass ich weniger rumtoben sollte, irgendwie meinen Ärger anders loswerden, also bevor ich dann zuschlag, nachher tut's mir ja auch sauleid.

(3) *Soz.arb.:* Mmh.

(4) *Frau K.:* Ich müsst mich halt rechtzeitig wieder einkriegen, ne, das wär' so ne Aufgabe – (nachdenkliche Pause) – oder vielleicht besser rausziehen, mich schneller rausziehen…

(5) *Soz.arb.:* Welche der beiden Fähigkeiten scheint Ihnen denn wichtiger oder geeigneter, um ihr Ziel zu erreichen, das Sich-Einkriegen oder das Sich-Rausziehen?

(6) *Frau K.:* Vielleicht det eher mit dem Rausziehen, also ja, ich… muss das merken, wenn's zu viel wird und bald wieder knallt… das wäre ne Aufgabe, wo ich sag, wenn ich det schaffe, ich mein, regelmäßig oder zumindest öfters, dann bin ich stolz, also könnte stolz sein, ne.

(7) *Soz.arb.:* Also, das wäre so eine Fähigkeit, die Sie entwickeln müssten, ihre Gefühle rechtzeitig zu spüren: Achtung jetzt wird es zu viel, wenn ich mich jetzt nicht rausziehe, dann endet es übel. Heißt ja auch ganz bewusst auf meiner Seite der Wippe zu fühlen, wie's mir geht.

(8) *Frau K.:* Ja, wissen Sie, ich merke erst immer hinterher, dass ich so gestresst war oder eigentlich auf Toilette musste, es aber gar nicht gemerkt hab, weil ich so beschäftigt war mit Haushalt und Kinder und dann Telefon und… da fall ich die Wippe runter, sozusagen.

(9) *Soz.arb.:* Ja, das mit dem Sich-Spüren, das scheint was Wesentliches zu sein bei Ihnen. Vielleicht hat das auch mit dem zu tun, was Sie das letzte Mal erzählt haben, mit dem Ritzen, was sie da machen mit der Nagelschere. Wir schauen uns das gleich noch genauer an, das mit dem sich rechtzeitig Spüren und sich Rausziehen (Pause). Aber bevor wir da weiter machen, will ich Sie fragen, wir haben ja schon darüber geredet, was könnte denn die Familienhelferin dafür tun, dass Sie Ihrem Ziel näher kommen, harmonischer, mehr Spaß mit den Kindern und eine gute Balance zwischen den Rechten der Kinder und Ihren Bedürfnissen?

(10) *Frau K.:* Ach, z.B., ich weiß ja oft nicht, wie ich den Kevin stoppen soll, wenn der so angestochen rumrennt und der macht mich ja und die Kristin, der macht uns ja ganz nervös… also da sind so Situationen, wo ich gern hätte, dass mir jemand sagt, was ich da machen kann, wie ich ihn ansprech am besten, der ist mir schon fremd geworden so als… als Typ, ist wie en Mann, ne, tickt irgendwie, irgendwie anders, ne. Versteh ich nicht… Das ist das eine, das andere ist mit der Arbeit, ich will ja wieder gehen, aber ich trau mich ja nich, hab schon zwei Kurse verbummelt, weil, ich kenn da ja niemanden. Ich weiß auch nicht, was die (meint Familienhelferin) da machen kann, aber ich denk halt mit ein bisschen Zuspruch oder wenn sie mich mal begleitet…

(11) *Soz.arb.:* Also, das eine ist die Frage nach der Verständigung, vor allem mit Kevin, wo Sie sagen, der ist mir so fremd, der tickt anders irgendwie. Dass der Unterschied so groß ist zwischen Kevin und Kristin und sie ihn nicht so gut einschätzen können, was er fühlt und denkt?

(12) *Frau K.:* Stimmt ja, da sind häufig so Situationen, wo ich nicht so weiß, was machst du jetzt mit dem, was will der jetzt von dir? Da wüsst ich noch hundert sone Situationen, na ja vielleicht nicht hundert, so dämlich bin ich ja nicht, aber genug.

(13) *Soz.arb.:* (lacht) Mit dämlich hat das nichts zu tun, eher mit Fremdheit, wie Sie sagen… Aber wichtig ist, glaube ich, dass diese Frau, Ihnen nicht das Gefühl gibt dämlich zu sein, wenn Sie fragen. Darauf sollten Sie aufpassen. Und dass Sie sich selbst nicht für dämlich halten, wenn Sie Fragen haben. Oder?

(14) *Frau K.:* Ja. Ich frag schon, doch, trau mich schon, wenn's jemand netter ist.

(15) *Soz.arb.:* O.k., sagen wir mal Entwicklungsziel „Sicherer werden im Umgang mit den Kindern, insbesondere mit dem Jungen, das Fremdheitsgefühl ein Stück weit überwinden, besser nachvollziehen, wie er tickt. Ihn besser ansprechen und stoppen können. Und dann war da Arbeit, Sie wollen langfristig wieder ins Arbeitsleben einsteigen, richtig?

(16) *Frau K.:* Will, will, will schon, aber das is nicht so einfach?

(17) *Soz.arb.:* Mit Ihrem Willen oder mit der Situation auf dem Amt oder…?

(18) Frau S. Angst, sagen wir es doch mal praktisch… is Angst von mir.

(19) *Soz.arb.:* Angst vor…?

(20) *Frau K.:* Angst vor allet. Wenn ich da aufs Amt muss oder stell mir vor so neuen Kurs und ich sitz da so mit anderen, so Polin und Türkin, nich dass ich was gegen Ausländer, aber so Leute halt, wo ich gleich denk, oh Gott, mit denen sollst de jetzt Bewerbertraining machen… is doch peinlich…

(21) *Soz.arb.:* O.k., der Wiedereinstieg in Arbeit, der macht Ihnen Angst, da können wir gleich mal genau darauf schauen. Mir ist nur wichtig, ob Sie sagen, ja das packe ich an, das Entwicklungsziel: Aushalten und Überwinden von Unsicherheiten und Ängsten im Zusammenhang mit Arbeit, Arbeitssuche, Weiterbildung, weil, das ist was, das mit meiner Zukunft zu tun hat und mit der Balance bzw. der Wippe, von der wir gesprochen haben?

(22) *Frau K.:* Nee, is schon, muss ich ja, weil die Kinder, die brauchen mich immer weniger. Und immer zu Haus rumhängen, hab

ich ja schon genug, nich, außer den paar kleine Arbeiten für das Zeichenbüro.

(23) *Soz.arb.:* O.k. und wie ist das mit den Ängsten, was denken Sie müssten Sie haben oder können, um die Angst besser bewältigen zu können?

(24) *Frau K.:* Ist eigentlich einfach, ne, mehr Selbstvertrauen, so: Hey Karola, du machst das schon! Ja ist halt Mangelware bei mir, ne, muss noch was zukommen auf meine Seite der Wippe, kann der Kevin schon jetzt viel besser als ich…

(25) *Soz.arb.:* Wie kann ich mehr Selbstbewusstsein entwickeln, da gibt es Unterstützungsbedarf seitens der Familienhelferin für dieses, Ihr Ziel. Was noch, was kann die noch tun, damit Sie Ihrem übergeordneten Ziel mit der Balance oder der Wippe näher kommen.

(26) *Frau K.:* Na das andere ist ja mit dem Babysitter, also dass sie mir da hilft. Jemand Gescheiten, also halt jemand Seriösen zu finden, nicht so wie das letzte Mal, dass die da rumknutschen und die Kinder mit Süßkram voll stopfen. Also ich will ja schon noch weg, so zwei-, dreimal die Woche…

(27) *Soz.arb.:* Wichtige Sache, sehr wichtig für Ihr Gefühl und die beiden Kinder. Gibt es ja auch so ehrenamtliche Tanten oder Omis, müssten Sie dann mal schauen, ob Ihnen das liegt?

(28) *Frau K.:* Kenn ich nicht, schau ich mir aber gern an.

(29) *Soz.arb.:* Und was ist mit dem Projekt, sich selbst besser spüren und sich rechtzeitig rausziehen? Ist das was, was Sie ganz alleine machen oder ist das auch was, wo Sie denken, es ist gut, das mit jemand anderem genauer anzuschauen und zu planen?

(30) *Frau K.:* Machen muss ich selbst, klar ne, kann ja nur ich, aber so drüber reden, also wie sie das z.B. macht oder ob sie das überhaupt kennt, also von sich oder von anderen, das ist schon interessant, möchte ich gern was hören, wenn se da was weiß.

Halten wir an dieser Stelle fest: Als Entwicklungsaufgaben haben Frau Korff und die Sozialarbeiterin gemeinsam entwickelt:

- Frau Korff will sich und ihre Gefühle besser wahrnehmen und sich in Stresssituationen frühzeitig herausziehen, bevor sie wütend wird und in der Gefahr ist zuzuschlagen und bevor sie an sich schneidet oder ritzt. Wie kann ich meine innere Situation besser und früh genug spüren und dann etwas Hilfreiches für mich und andere machen?

- Frau Korff will mit Hilfe der Familienhelferin sicherer bei Erziehungsfragen werden. Insbesondere bei dem Jungen geht es darum, Fremdheitsgefühle zu überwinden. Wie tickt ein Junge anders als ein Mädchen? Wie kann ich Kevin besser verstehen? Wie kann ich Ihn besser ansprechen und steuern oder stoppen, wenn er so wild ist?
- Frau Korff will mit Unterstützung der Familienhelferin eine berufliche Perspektive entwickeln, unter besonderer Berücksichtigung von Unsicherheitsgefühlen, insbesondere im sozialen Bereich. Dabei wird es darum gehen, mehr Selbstbewusstsein zu entwickeln.
- Eher schon ein Projekt im Sinne der dritten Ebene (praktische Aufgaben, Handlungsvollzüge): Frau Korff will einen geeigneten „Babysitters" für zwei bis drei Abende in der Woche finden. Es ist die Frage, ob eine ehrenamtliche „Ersatzomi" in Frage kommt. Später (siehe berufliche Perspektive) geht es evtl. darum eine Tagesmutter zu finden.

Kommentar zur Gesprächsführung:

Was hat die Sozialarbeiterin gemacht um die Mutter bei der Formulierung von Entwicklungsaufgaben zu unterstützen?

(5): Die Sozialarbeiterin bietet eine wichtige differenzierende Frage an: Ist es eher das „Rausziehen" oder das „Sich-Spüren"? Solche Fragen helfen zu klären, worauf es bei der angestrebten Veränderung ankommt.

(7 und 9): Die Sozialarbeiterin bietet eine Verallgemeinerung an, das „Sich-besser-Spüren". Es bezieht sich auf das (Nicht-)Spüren von Ärger, aber auch das (Nicht-)Spüren des eigenen Körpers/ der eigenen Lebendigkeit, das zum Ritzen führt. Diese Bewegung der „Verallgemeinerung" ergänzt die Bewegung der Spezifizierung bzw. Eingrenzung (siehe *5* und *17*).

(9): Die Sozialarbeiterin stellt Verbindung zwischen dem eigenen Ziel und der Unterstützung durch andere her. Man muss nicht alles alleine machen, aber man muss selbst etwas erreichen wollen (siehe auch *28*).

(9/21/25): Die Sozialarbeiterin „pflegt" die Vision bzw. das Leitziel der Balance bzw. „Wippe". Sie bezieht sich mehrfach auf diese Bilder bzw. Begriffe und hört, ob die Mutter darauf eingeht (siehe *10* oder *24*). Die einmal formulierte Vision muss in den meisten Fällen als Bild etabliert

bzw. verankert werden, was nur gelingt, wenn es von sich aus Kraft besitzt, was aber auch nur dann gelingt, wenn dieser Prozess immer wieder angeregt und unterstützt wird.

(11): Die Sozialarbeiterin greift die Angst der Mutter „dämlich" zu erscheinen auf und zeigt ihr, dass es da eventuell einen Fremd-, aber auch einen Eigenanteil geben kann. Für beides macht sie die Frau ein Stück weit verantwortlich.

(13): Das „Erziehungsproblem" von Kevin wird von der Sozialarbeiterin der Mutter als ein Verständigungsproblem angeboten. Es geht nicht nur darum, ihn anders „zu behandeln", sondern auch ihn besser zu verstehen. Zweifellos war diese Alternative in der Zielformulierung der Mutter angelegt. An dieser Stelle kann man sehr gut sehen, wie SozialarbeiterInnen die Aufgabe haben, zu verhindern, dass eine offene und reichhaltige Zielformulierung (wie die der Mutter) zu rasch zu eindeutig gemacht wird. Ist das Problem mit Kevin als eine Entwicklungsaufgabe formuliert und kommt man weg von der Idee, „das ist ein technisches Problem, sag mir die Lösung, dann mach ich das!"

(17): Die Sozialarbeiterin greift das Zögern der Adresssatin auf und stellt eine wichtige differenzierende Frage: Liegt es an ihrem „Willen" oder an der „Situation auf dem Amt"? Das eine wäre ein „innerer" Grund, das andere ein „äußerer". Das eine Mal ginge es darum an den inneren, psychischen Strukturen zu arbeiten, das andere Mal äußere, z.B. bürokratische oder politische Hindernisse zu überwinden. Beide (und noch andere innere oder äußere Gründe) können auch zusammenspielen. Für die Klienten ist es ebenso wichtig, dass nicht alles psychologisiert, d.h. auf innere Gründe zurückgeführt wird, aber auch nicht alles nur auf äußere Gründe bezogen wird. Frau Korff fokussiert hier aber eindeutig auf ein inneres Thema: die Angst.

(23): Die Sozialarbeiterin stellt eine Frage, die das Thema Angst auf eine realistische Weise angeht: Nicht Angst abbauen etc., sondern „aushalten und überwinden". D. h., dass die Angst durchaus da sein darf, man muss mit ihr umgehen lernen. Auch wenn dieser Unterschied an dieser Stelle der Frau noch nicht deutlich werden muss, ist hier eine wichtige Weichenstellung.

(29): Die Sozialarbeiterin stellt Verbindung zwischen der Entwicklungsaufgabe und dem (gut eingebetteten emotionalen) Leitziel her.

> *Fallschilderung7:* Ein streitendes Paar, das unter den Auseinandersetzungen leidet und zugleich Freude daran hat Fortsetzung

Nochmals sind wir zu Hause bei Familie Lang, der streitbaren Mutter-Sohn-Dyade. Der Sozialarbeiter Herr Becker (Soz.arb.) hat den Familienhelfer Herrn Stein mitgebracht (FH). Herr Becker hat vor wenigen Minuten, die Sätze gesagt, die eine emotionale Erschütterung von Frau Lang und Lukas anregen sollten.

Dialog C

(1) *Soz.arb.:*	Gut, ich möchte an dieser Stelle übergeben an Herrn Stein. Er wird mit Ihnen weiter überlegen und Ihnen sagen, was er anbieten kann und Sie prüfen das bitte genau, ob das was ist für Sie beide und anschließend überlegen wir noch mal getrennt, Sie beide mit mir und ich mit dem Herrn Stein, ob da was zusammengeht… oder einer sagt, Nee, kann ich mir doch nicht so gut vorstellen. Wäre im Moment alles in Ordnung, dürfen Sie beide, Nein Sie alle Drei sagen!
(2) FH:	Ist O.k., wenn ich weitermache oder brauchen Sie noch ne Pause?
(3) Lukas:	Mal was trinken (schaut Mutter an).
(4) Mutter:	Dann hol was, steht in der Küche, Sprudel und alles.
(5) FH:	Komm ich geh mit, ich helf dir tragen, die Gläser oder so. (Lukas und Herr Stein gehen aus dem Raum in Richtung Küche)
(6) Mutter:	(zu Soz.arb.) Ist ja, scheint ja ganz nett der Herr…
(7) Soz.arb.:	Stein, Herr Stein..
(8) Mutter:	Ist auch, hat auch Kinder, näh, ist noch jung, ne?
(9) Soz.arb.:	Müssen Sie ihn selbst fragen, tut mir leid, aber ich will da nich so hinter seinem Rücken…
(10) Mutter:	Nee, Gott bewahre, dachte nur…
(11) Soz.arb.:	Fragen Sie, fragen Sie, ist ja völlig in Ordnung, interessiert den Lukas ja auch…

(Lukas und Herr Stein kommen zurück, schenken Getränke ein…)

(12) FH: (trinkt) So, dann wollen wir mal… alle bereit? Herr Becker hat mir ja erzählt von Ihnen und das hat mich dann interessiert und da hab ich einen Vorschlag, wie Sie als Mutter und Sohn weiterkommen könnten und wie ich Sie dabei unterstützen könnte, wenn Sie das wollen. Darf ich?

(13) Mutter: (etwas geziert) Bitte!

(14) FH: Zunächst interessiert mich noch mal kurz, was ist alles strittig zwischen ihnen, was sind die Kampfthemen, wo's kracht? Aber knapp und ohne jetzt da einzusteigen.

(15) Mutter: Schule und Heimkommen, abends…

(16) FH: Für Sie, Schule und Uhrzeiten für's Heimkommen, Lukas?

(17) Lukas: Taschengeld und auch Heimkommen.

(18) Mutter: Ach weil er grad vom Geld redet… Klauen, das muss Schluss sein, ne, mit meinem Portemonnaie und auch mit dem von der Kleinen…

(19) FH: Geld, also Geld sowohl Taschengeld, was der Lukas meint bekommen zu müssen und Geld, wo Sie sagen, Finger weg, das ist auf keinen Fall deins.

(20) Mutter: Und dass der kein Schlag tut der Herr, kein Abspülen, kein…

(21) Soz.arb.: Achtung Sie fangen an mit Vorwürfen, da muss der Lukas gleich mitschießen…

(22) FH: O.k., Mithelfen im Haushalt, Lukas?

(23) Lukas: Und dass Sie mir das ersetzt, was Sie verkauft hat, meine CDs!

(24) FH: Wichtiges Thema, Lukas, betrifft wahrscheinlich euch beide. Ich nenne es mal ‚Thema Wiedergutmachungen', wer schuldet wem was, gibt es da noch Erwartungen auf Entschädigung und so… Liste fertig?

(25) Mutter: Meine schon.

(26) Lukas: (nickt)

(27) FH: Vorhin sprach Herr Becker vom „besser Kämpfen lernen". Besser könnte heißen, dass da Einigungen rauskommen, wo beide das Gefühl haben, da hab ich was bei gewonnen. Ist das was, was euch angesprochen hat, dieses Entwicklungsziel?

(28) Mutter: Schon.

(29) FH: Lukas?

(30) Lukas: (nickt)

(31) FH: Also hier mein Vorschlag: Einigungen braucht es, wie wir

gehört haben für die Themen Schulbesuch, Uhrzeiten fürs Wegbleiben bzw. Nachhause-Kommen, Taschengeld, Mithilfe im Haushalt und Wiedergutmachungen oder Entschädigungen. Das sind ne Menge Kriegsschauplätze… Die allererste Einigung wäre für mich die, mit welchen beiden Einigungen wir anfangen wollen. Ich möchte Sie dabei unterstützen für diese Kriegsschauplätze, Einigungen zu finden, wo Sie beide nach nem fairen Kampf sagen, hab zwar nicht den totalen Sieg, aber damit kann ich leben, hab genug gewonnen mit dieser Abmachung, kann ich mit leben… Was ist Ihnen am Wichtigsten Frau Lang

(32) Mutter: Schule.

(33) FH: Und dir Lukas?

(34) Lukas: Heimkommen, also wie lang ich weg kann…

(35) FH: O.k., Schule und Zeiten fürs Nachhause-Kommen. Mit diesen beiden Themen würden wir beginnen. (kurze Pause) Wenn Sie mehr *Einigungen* erzielen wollen, verlangt das von Ihnen beiden die Bereitschaft, auf die volle Durchsetzung der jeweiligen Standpunkte zu verzichten. Verhandeln und Kompromisse finden ist ganz und gar nicht einfach. Da prüft man natürlich innerlich, wie viel geb ich nach und wann ist es zu viel oder beobachtet, wann fühle ich mich über den Tisch gezogen. Um solche Gefühle und Ängste kommen Sie nicht herum. Die Frage ist, ob Sie da durch wollen, es Schritt für Schritt miteinander probieren wollen oder ob Sie eher Angst haben, dabei etwas zu verlieren?“

(36) Mutter: Ich hab nichts zu verlieren, ich hab ja schon alles… schlimmer kann‘s nicht mehr kommen.

(37) FH: Doch Frau Lang, wenn man aufgegeben hat, kann einen nichts mehr enttäuschen, aber wenn man mit Hoffnung an was rangeht, da langt schon ein bisschen, dann kann es schon sehr weh tun, wenn es schief geht. Deswegen noch mal: Wollen Sie Hoffnung aufbringen und es probieren mit mir und dem Lukas, auch auf die Gefahr hin, dass es schief gehen kann?

(38) Mutter: Will schon, muss, muss doch gehen, Herr Gott noch Mal!

(39) (FH und Soz.arb. schweigen über 40 Sekunden)

(40) Mutter: (schaut zu Lukas rutscht hin und her, zeigt immer mehr Anzeichen von Ungeduld) Nu?!

(41)	(FH und Soz.arb. schweigen weiter. Soz.arb. wirft Mutter Blick zu, in Richtung Lukas)
(42) Lukas:	(räuspert sich, krächzende Stimme) Wie lange dauert denn das, ich mein so ne Sitzung?
(43) FH:	Wichtige Frage, kann ich dir aber leider nicht beantworten, kann 30 Minuten dauern oder drei Tage, halt bis ihr sagt „Einigung gelungen oder wir geben auf: Einigung nicht möglich."
(44) Lukas:	Drei Tage?
(45) FH:	(lacht) Hab ich dich geschockt? Ich glaube, wir haben alle drei was Besseres zu tun als hier drei Tage rumzusitzen… Und damit sich nicht der durchsetzt, der das bessere Sitzfleisch hat, müssten wir halt jedes Mal verabreden wie lange es an diesem Tag dauern soll…
(46) Lukas:	(unbestimmt) Mmh.
(47)	(FH und Soz.arb. schweigen ca. 25 Sekunden)
(48) Mutter:	Also was is, Lukas, machste mit oder lässt es bleiben?
(49) Lukas:	Ich mach mit, hab ich das nich gesagt?
(50) Soz.arb.:	War mir auch noch nicht so klar… aber ist jetzt klarer, dass Ihr das wollt, dieses Projekt, ich nenn's mal „Aushandeln von Verhaltensregeln für Familienleben und Alltag". Ich muss euch neben dieser Entwicklungsaufgabe „besser zu kämpfen, so dass Einigungen bei rauskommen" aber noch eine andere Aufgabe aufgeben. Die betrifft Sie alle drei, falls Ihr es denn zusammen macht.

Kommentar zur Gesprächsführung

Was haben die beiden Fachkräfte gemacht, um Lukas und seine Mutter zur Akzeptanz der vorgeschlagenen Entwicklungsaufgaben zu bewegen.

(1): Der Sozialarbeiter macht vor den Augen und Ohren der AdressatInnen eine klare Übergabe an den Kollegen. Er schließt seinen Teil ab und übergibt dann das Wort an den Kollegen. Mit solchen inszenierten Übergaben demonstrieren die Fachkräfte ihre Arbeitsteilung bzw. ihre Form des Zusammenspiels. Die Familien registrieren das in der Regel sehr aufmerksam.

(2): Der Familienhelfer bietet an dieser Stelle eine Pause an, die auch dankbar genutzt wird.

(9): Der Sozialarbeiter zeigt der Mutter, dass er mit ihr keine Nebengespräche über Abwesende führen will: Alle sollen alles wissen. Auch das ist eine Kommunikation, die die Wichtigkeit von Transparenz deutlich macht und zugleich das Zusammenspiel der Fachkräfte beleuchtet: Nichts hinter dem Rücken des anderen. Auch wenn das hier ein Nebenschauplatz ist, so bleibt doch etwas bei der Mutter hängen.

(14–25): Der Familienhelfer bereitet seinen Vorschlag vor, indem er zunächst auf die Verhaltensebene geht: Er lässt noch mal knapp beschreiben, bei welchen Themen es Streit gibt. So werden Lukas und seine Mutter noch mal an die Streitpunkte erinnert, ohne dass sie in den Streit einsteigen könnten. Auf diesem Hintergrund wird der Vorschlag des Familienhelfers noch eindrucksvoller.

(21): Der Sozialarbeiter springt für seinen Kollegen ordnend ein und diszipliniert die Mutter. Es ist immer sinnvoll, wenn der Professionelle, der den erläuternden, konstruktiven Part leistet (hier: Familienhelfer), nicht gleichzeitig auch noch den strukturierenden oder disziplinierenden Part übernehmen muss. An solchen Stellen zeigt sich eine „gute" Kooperation.

(31): Der Vorschlag „Einigungen" wird mit dem drastischen Ausdruck „Kriegsschauplätze" verknüpft; die Formulierung dürfte bei Mutter und Sohn auf Resonanz stoßen. Und sie macht klar, was passiert, falls keine Einigungen möglich sind: Der Krieg geht weiter. Andererseits müssen die beiden auf einen „fairen Kampf" nicht verzichten. Der ermöglicht zwar keinen „totalen Sieg", aber Einigungen, mit denen man „leben" kann. Diese Idee des „Miteinander-um-Lösungen-Ringens" entspricht genau der Vision von Ebene 1: „Leidenschaftlich kämpfen, dauerhafter Frieden? Vergessen Sie's etc."

(31 Mitte): Der Familienhelfer formuliert das Benennen von je einem Streitpunkt pro Person schon als Einigung – als allererste, gar nicht so schwierige Einigung. Ob das Mut macht oder nur als Einigung benannt aber nicht als solche wahrgenommen wird, muss offen bleiben.

(35): Diese Sätze enthalten einige Rückkoppelungen zu Ebene 1: Es wird bei der Formulierung explizit Bezug genommen auf relevante Gefühle. Überwiegend geht es um die Ängste, zu viel zu geben, das Gefühl vom anderen betrogen zu werden etc. Diese nochmalige emotionale Involvie-

rung ist wichtig, weil diese Gefühle später auftreten werden und dann als etwas „Normales und Erwartbares" eingeschätzt werden können. Und wenn es nur seitens des Familienhelfers ist, der sagen kann: „Erinnern Sie sich, damals sagte ich Ihnen, dass Ängste eine wichtige Rolle spielen werden."

Wahrscheinlich gibt es im Hintergrund noch andere emotionale Verwicklungen, beispielsweise die der Mutter, die auf den Bekannten „extra verzichtet" hat. Solche emotional relevanten Zusammenhänge merkt man sich als Sozialarbeiter vor. Sie sind im Moment nicht hilfeplanungsrelevant, wobei die Entscheidung (was ist relevant, was nicht) zugegebenermaßen schwer und nicht eindeutig ist.

(37): Der Sozialarbeiter nutzt die Floskel der Mutter, um einen emotional bedeutsamen Zusammenhang aufzudecken: Jeder der Hoffnung schöpft, macht sich auch verletzbar. Gerade bei dieser Mutter und diesem Sohn, dürfte die Strategie „Hoffnung aufgeben", um sich noch weiter unverletzbar zu machen, eine Rolle spielen. Vielleicht ist es sogar die Dynamik, die sich gerade bei Lukas abspielt. Dann wäre es gut, dass er hört wie das Thema an seiner Mutter „abgehandelt" wird.

**(41 und 47):* Umgang mit Schweigen: Der Sozialarbeiter und der Familienhelfer halten das zweifache, längere Schweigen von Lukas aus. Dieser versucht eine Stellungnahme zur Frage, ob er mitmacht, was einer Festlegung gleichkommt, zu vermeiden. Beide Profis mussten über 40 Sekunden warten, ohne Zeichen von Ungeduld zu zeigen, was eine echte Herausforderung darstellt. Aber es ist von größter Wichtigkeit, dass man sich an allen wichtigen Punkten des Gesprächs mit Lukas rückkoppelt und nicht in die Falle geht, ihn außen vor zu lassen.

(43): Der Sozialarbeiter lässt sich von Lukas nicht zu irgendeiner zeitlichen Einschränkung hinreißen. Lukas muss „wollen (oder nicht)". An dieser Stelle wäre es unklug ihm zu weit entgegenzukommen.

b) Komplikationen zu Beginn der zweiten Zielebene

Drei Möglichkeiten und wie man damit umgeht?

Wie man sich denken kann, lassen sich nicht alle AdressatInnen auf die oben formulierte Frage ein. Das kann unterschiedliche Gründe haben: Möglicherweise

(A) ist er emotional noch nicht produktiv berührt worden bzw. es ist noch kein tragfähiges Arbeitsbündnis zustande gekommen.

(B) er zwar emotional berührt wurde, aber nicht bereit ist, daraus Konsequenzen zu ziehen, die ihn weiter involvieren würden.

(C) gibt es „gute Gründe" für die emotionale Reserviertheit und/ oder das Nicht-Eingehen eines Arbeitsbündnisses, die noch nicht erkannt sind.

Möglichkeit A

Meint man als Sozialarbeiter, dass Möglichkeit (A) der Fall ist, kann man auf die emotionale Ebene zurückgehen und versuchen, dort eine *neue Form der Anknüpfung* zu suchen, indem man Themen, Kontaktformen oder den Sprachstil (zurückhaltender oder forscher, ernster oder humorvoller, derber oder sachlicher etc.) variiert. Ein Beispiel:

> *Zu Szene 1:* Die Mutter des die Schule schwänzenden Sohnes
>
> *Mutter:* „Felix soll wieder in die Schule gehen, das wäre das Wichtigste… also da erwart ich mir schon, dass sich da was bessert mit dem neuen Betreuer…"

Dialog A

(1) *Soz.arb.:* Wenn Sie einen Beitrag leisten wollen, zur Verbesserung der Schulsituation von Felix und zugleich zu Ihrer eigenen Entlastung (Nehmen wir an, dass die Mutter das Ziel bisher so formuliert hatte), was würde sich dann für Sie als Aufgabe stellen und welche Fähigkeit müssten Sie dann einsetzen oder entwickeln?

(2) *Mutter:* Entschuldigen Sie, aber was soll ich für einen Beitrag leisten? Das ist doch in erster Linie Sache meines Sohnes, schließlich kann ich doch nicht für ihn in die Schule gehen, das muss er schon selbst…

(3) *Soz.arb.:* Völlig einverstanden, das muss er selbst tun. Er muss sich für den Schulbesuch entscheiden. Aber die Frage ist, kön-

nen Sie im Vorfeld etwas machen, was ihm diese Entscheidung erleichtert oder den Druck auf ihn auf eine gute Weise erhöht?

(4) *Mutter:* Mmh, tja… äh… mmh… (scheint oder zeigt sich verwirrt).

(5) *Soz.arb.:* Vorhin sagten Sie, Sie seien wütend auf die Lehrer, auf den Telefonterror, auf die unpassenden Vorwürfe gegenüber Ihrer Person und das alles.

(6) *Mutter:* Ja, das stimmt!

(7) *Soz.arb.:* Ich habe das so verstanden, dass sie das genervt und auch verletzt hat.

(8) *Mutter:* Genervt auf jeden Fall, und die Vorwürfe, na ja sind halt Lehrer, machen die so, können die nicht anders.

(9) *Soz.arb.:* Großzügig von Ihnen, aber wehgetan hat's trotzdem. Für mich ist die Frage, ob die Schule, die Lehrer, ob die Ihnen noch etwas schulden, also z.B., ob da noch so was ansteht wie eine Botschaft nach dem Motto: Frau Lang, wir wollen Sie als Bündnisgenossin für den Schulbesuch Ihres Sohnes gewinnen und wir wollen uns da mit Ihnen in Zukunft besser abstimmen und nicht einfach nur Ihnen alle Verantwortung rüberschieben

(10) *Mutter:* Meinen Sie, das sagen, machen die?

(11) *Soz.arb.:* Weiß nicht, für mich ist erstmal entscheidend, was Sie brauchen, um aktiver einsteigen zu können. Weil mein Eindruck ist, wenn Sie sich unterstützt fühlen, dann sind Sie auch jemand, die sich ins Zeug legt für eine Sache, aber eben nicht als die – ich sag's mal derb – die von der Seite angepisst wird.

(12) *Mutter:* (scheint erstaunt, zögert) Ja, da ham Se Recht…

(13) *Soz.arb.:* Kann man so sagen, im Grunde ist es schon ihr Ziel, Ihren Sohn möglichst optimal beim Schulbesuch zu unterstützen und bei dieser Aufgabe möglichst optimal mit der Schule zusammenzuarbeiten?

(14) *Mutter:* Prinzipiell schon, ja, also theoretisch…

(15) *Soz.arb.:* Drum wär für mich die Frage: Würden Sie sich auch praktisch noch mehr hinter die Schule stellen können, wenn die Lehrer Ihnen eine Angebot machen zur fairen Zusammenarbeit, ohne Schuldgefühle und ohne Vorwürfe: „So, wir haben beide dasselbe Interesse, dass der Felix zur Schule geht. Was können Sie tun, was müssen wir in der Schule

	tun, was können wir zusammen tun?“
(16) *Mutter:*	Also, wenn die Musik gespielt wird, mach ich mit! Spielen die aber nicht, kennen die nicht solche Töne, das weiß ich!
(17) *Soz.arb.:*	Käme auf einen Versuch an, müssten wir mal testen… wenn Sie wollen, mach ich einen Termin für uns beide, um genau das mal auszuloten… Ham Se den Mumm (lacht) oder wollen Se kneifen?
(18) *Mutter:*	Wenn Sie den Termin ausmachen, komm ich mit!
(19) *Soz.arb.:*	Wenn‘s Katzenmusik gibt, geb ich nachher nen Kaffee aus, ist ein Tchibo, gleich um die Ecke von der Schule! Wenn‘s gut läuft, geben Sie mir einen aus! Einverstanden?
(20) *Mutter:*	Einverstanden.

Kommentar zur Gesprächsführung:

Was hat der Sozialarbeiter gemacht, um eine bessere Anknüpfung an die Mutter zu erreichen? Da wir nicht genau wissen, wie die erste Zielformulierungsrunde verlaufen ist, müssen wir bei dem Kommentar mit Vermutungen operieren:

(3)[12]*:* Der Sozialarbeiter geht mit der Abwehr der Mutter souverän um. Er kann ihr rückhaltlos zustimmen, dass es in erster Linie eines Beitrages des Sohnes bedarf, damit sich etwas ändert. Gut daran ist auch, dass der enorme Erwartungsdruck, der auf dem zukünftigen Einzelbetreuer lastet, zurückgenommen wird. Schließlich zeigt er der Mutter zwei Möglichkeiten auf, wie sie Einfluss nehmen kann: Entweder günstige Voraussetzungen schaffen oder „Druck erhöhen“. Dabei gibt er keiner der beiden Möglichkeiten den Vorzug, sondern überlässt es der Mutter zu wählen.

(5): Der Sozialarbeiter spricht die Mutter auf Ärger und Wutgefühle gegenüber der Schule an. Ich vermute, dass diese Gefühle in der ersten Sequenz noch nicht genügend ausgedrückt und erörtert worden waren. Dies könnte dafür verantwortlich sein, dass sich die Mutter weiterhin schuldistanziert zeigt und zunächst kein Interesse daran äußert, mehr oder intensivere Eigenbeiträge für den Schulbesuch ihres Sohnes zu leisten. Insofern

[12] Die Zahlen in den Klammern beziehen sich jeweils auf die gleiche Zahl der vorhergehenden Gesprächssequenz.

schneidet der Sozialarbeiter hier ein *neues wichtiges Thema* an.

(8): Der Sozialarbeiter vertieft das Thema trotz der Entdramatisierung der Mutter, die nicht zugeben will, dass das Verhalten der Schule sie auch verletzt hat. Er lobt sie für ihre (vermeintlich) gute Intention (sie entschuldigt die Lehrer), besteht aber darauf, dass es wehgetan hat. Wie man hier gut sehen kann, sind AdressatInnen häufig bereit dazu, ihre Gefühle zu überspringen oder herunterzuspielen, worauf man sich als Sozialarbeiter nicht einlassen muss. Im Gegenteil, die *emotionale Resonanz kann für die AdressatInnen eine neue Erfahrung darstellen*, dass ihre Gefühle wichtig sind und ernst genommen werden.

(11): In dieser Sequenz verwendet der Sozialarbeiter einen drastischen Ausdruck „von der Seite anpissen". Dieser scheint gut zum Erleben der Mutter zu passen. Vom *Sprachstil* her, finden wir in dem Abschnitt eine große Variationsbreite von emotionalisierenden Begriffen; die derben unterscheiden sich dabei deutlich von den gehobenen.

(13): Der Sozialarbeiter bietet der Mutter eine *neue Zielformulierung* an, die ihr Aktivwerden mit der Möglichkeit und Notwendigkeit von Anerkennung durch die Lehrer verknüpft. Die Option der Anerkennung spricht die Mutter an, auch wenn sie Skepsis äußert.

(15): Der Sozialarbeiter greift den Vorbehalt der Mutter, der sich in dem Wort „theoretisch" verbirgt auf, indem er diesen mit dem Wort „praktisch" kontrastiert.

(17): Der Sozialarbeiter bietet der Mutter mehrere *neue Kontaktformen* an, indem er sie zunächst zu einem gemeinsam wahrzunehmenden Termin einlädt, diesen mit einer Art „Test" verbindet, dessen Ausgang durchaus ungewiss ist und anschließend ein gemeinsames Kaffeetrinken im Stehcafé (gelungene Nähe-Distanz-Regulierung) in Aussicht stellt siehe *(19)*. Dabei schwingt viel Humor mit.

(19): Der Sozialarbeiter greift eine Metapher der Mutter auf – sie sprach von Tönen, er von Musik – und führt diese zu einer humorvollen Pointe. Das gemeinsame Kaffeetrinken gibt dem Sozialarbeiter zugleich die Möglichkeit, den Termin in der Schule nachzubereiten und mit der Hilfeplanung fortzufahren.

In dieser Sequenz wird deutlich, wie auf den drei zentralen Registern *emotional relevante Themen, Sprachstile und Kontaktformen* variiert werden kann.

Möglichkeit B

Ist man als Sozialarbeiter jedoch der Meinung, dass *Möglichkeit (B)* der Fall sei, d.h. der Adressat sei zwar emotional gut „aufgewärmt“ worden, scheue aber die Konsequenzen einer weiteren Involvierung in den Veränderungsprozess, dann kann man ihm z.B. die möglichen Beiträge und Leistungen anderer, den Zusammenhang dieser Leistungen mit seinen Beiträgen, oder die speziellen Unterstützungsleistungen für ihn und seinen möglichen Einfluss darauf deutlich zu machen.

So lange AdressatInnen das Gefühl haben, dass sie für die entstandenen Probleme einseitig verantwortlich gemacht werden und mehr als andere zum Veränderungsprozess beitragen sollen, werden sie sich verweigern, v.a. wenn der eigene Gestaltungsspielraum unklar ist. Wenn sie dagegen überzeugend vermittelt bekommen, was andere zur Veränderung beitragen und dass sie einen Einfluss darauf haben, was diese oder wie sie es tun, sind sie in der Regel auch eher bereit das „Ihre“ zu tun oder das eigene Engagement zu steigern. Nach dieser Überzeugung gibt es keine „faulen“ Menschen, sondern nur Personen, die beobachten, was andere tun und was sie selbst tun (sollen) und ob dieses Verhältnis in ihren Augen sinnvoll ist und als fair eingeschätzt wird und ob sie darauf Einfluss haben. Aus diesen Beobachtungen ziehen sie ihre Schlüsse und zeigen sich dementsprechend mehr oder weniger leistungsbereit. Auch für diesen Fall folgt hier ein Beispiel:

Zu Szene 2: „Kampf zwischen starken Frauen“

Greta: „Meine Mutter meint, ich soll mich von der Clique fernhalten, ja... und mehr Hausaufgaben machen oder so... aber ich will meine Freiheit und nich´ nach ihrer Pfeife tanzen“

In der folgenden Sequenz schauen wir, wie der Sozialarbeiter versucht mit dem Widerstand des Mädchens umzugehen und wie er ihren Einfluss über die möglichen Leistungen einer anderen Person (der Familienhelferin) einräumt.

Dialog A

(1) Soz.arb.:	Wenn es dein Ziel ist, die Kämpfe mit deiner Mutter etwas ziviler zu führen und in den kriegsfreien Zeiten auch mal was Schönes zusammen zu machen, was müsstest du denn dafür tun und welche Fähigkeiten müsstest du dafür einsetzen?
(2) Greta:	Wieso ich, zuerst Mal müsste meine Mutter aufhören, so immer an mir rumzumeckern, ständig, dann hab ich auch mal Lust was Schönes mit ihr zu machen, aber doch nicht wenn der…
(3) Soz.arb.:	O.k., o.k., o.k. Wir können auch so anfangen: Was wünscht du dir von deiner Mutter an Beiträgen zur Verbesserungen der Atmosphäre? Und erst wenn deine Mutter ihre Beiträge gesagt hat, reden wir über dich. Findest du die Reihenfolge so besser?
(4) Greta:	Ja, schon.
(5) Soz.arb.:	O.k., bevor ich deine Mutter frage, was Sie denkt, was Sie für Beiträge tun könnte, möchte ich dich fragen, was machen wir bloß, wenn deine Mutter auch sagt, ich nicht, erst soll die Greta (lacht).
(6) Greta:	(bockig) Sie ist schließlich die Erwachsene…
(7) Soz.arb.:	Aha und die müssen… fangen an? Also, das müssen die Vernünftigen sein und die Jugendlichen, die sind…?
(8) Mutter:	…chaotisch, die dürfen…
(9) Greta:	(ärgerlich) halt anders!
(10) Soz.arb.:	O.k., Scherz beiseite, ich glaub, ich hab dich ein bisschen geärgert. Ich hoffe, du kannst mir verzeihen. (Wendet sich Mutter zu.) Bevor ich Sie gleich um Ihre Beiträge bitte, Frau Gläser., will ich (wendet sich betont Greta zu) doch dich noch was fragen, Greta! Wir haben ja vorhin überlegt, ob es gut ist, dass da jemand eine Zeit lang kommt und euch beide berät beim Ziviler-Machen vom Krieg und bei möglichen Verhandlungen über Waffenstillstand oder Verträge… Was muss diese Person denn können, was braucht die für Fähigkeiten, damit sie für euch auch gut und nützlich sein kann?

(11) Greta: Halt nett sein.
(12) *Soz.arb.:* Zu dir oder zu deiner Mutter?
(13) *Greta:* Zu beiden, schon zu beiden!
(14) *Soz.arb.:* Kann man sagen, die muss zu beiden nett sein, aber die darf sich auch von keiner von euch beiden einspannen lassen, die müsste neutral sein. So…
(15) *Greta:* Ja, dass die halt nicht sagt, du musst Greta, du bist jetzt schuld.
(16) *Soz.arb.:* Also, die muss so reden können, dass du dich nicht schlecht und schuldig fühlst.
(17) *Greta:* Ja.
(18) *Soz.arb.:* Und deine Mutter, soll die sich auch O.k. fühlen oder verträgt die Vorwürfe? (Zwinkert zur Mutter) Ist ja schließlich erwachsen (lacht).
(19) *Greta:* Nee, genauso, die soll halt mit beiden so sprechen, dass wir uns nicht blöd fühlen.
(20) *Soz.arb.:* Und wenn sie dir mal was sagen will, was sie kritisch sieht an dir oder was sie kritisch sieht an deiner Mutter, darf sie oder…?
(21) *Greta:* Soll sie schon sagen, muss sie ja. Aber vielleicht eher allein, also nich vor dem anderen, vertrag ich schlecht.
(22) *Soz.arb.:* Aha, das heißt aber auch, dass ihr beide alleine Gespräche habt mit ihr, wo sie euch auch mal was alleine stecken kann und dann auch Gespräche zusammen.
(23) *Greta:* Ja, so hab, so kann ich mir das vorstellen!
(24) *Soz.arb.:* Heißt aber auch, das muss jemand sein, dem ihr beide ziemlich dolle vertrauen können müsst, dass der dem anderen kein Quatsch erzählt und so oder bei den Einzelgesprächen irgendwie rumkungelt.
(25) *Greta:* Stimmt, das merkt man…
(26) *Soz.arb.:* O.k., Greta, jetzt wo wir uns diese Person besser vorstellen können und was sie tun sollte, will ich dich fragen: Was müsstest du tun, damit diese Frau Erfolg hat bei euch beiden und euch gut unterstützen kann?
(27) *Greta:* Ich?
(28) *Soz.arb.:* Ja, also du kannst es ihr irgendwie leichter machen oder schwerer. Was ist dein Beitrag zu der Sache mit der Frau, die euch helfen soll?
(29) *Greta:* Mmh, weiß nicht so richtig, was ich da, da, so machen kann?

(30) *Soz.arb.:* O.k., ich sag dir mal was Einfaches, wo du wahrscheinlich gar nicht dran denkst, so einfach ist das. Soll ich?

(31) *Greta:* Mmh, ja, was denn?

(32) *Soz.arb.:* Na, z.B. du musst da sein, wenn sie kommt und will mit dir alleine oder mit dir und deiner Mutter zusammen reden, und da hängt ne Menge dran, was du beitragen kannst oder nicht!

(33) *Greta:* Ob ich komm und pünktlich bin und so…

(34) *Soz.arb.:* Ja, könntest ja auch sagen: Das müssen die Erwachsenen tun, ich nicht!

(35) *Greta:* Schon, äh, nee, meine ich nicht…

(36) *Soz.arb.:* Überleg noch mal, ich glaube, da hängt noch mehr dran außer Verlässlichkeit. Z.B. der Clique sagen, heute nicht, ich habe einen wichtigen Termin. Oder, heute nur bis vier, und dann gucken die blöd oder dir ist es peinlich, denen zu sagen, was das für ein Termin ist… Also das wäre auch Abgrenzung von der Clique, was da auf dich zukommt als Aufgabe, is ja nicht leicht, oder?

(37) *Greta:* Nee, das tät ich denen sowieso sagen, weil wir uns alles erzählen, was wichtig ist… Is nicht schwer für mich…

(38) *Soz.arb.:* O.k., gut, ist ja so ähnlich wie eine Familie für dich. Aber du siehst, auf was es rausläuft… auf deine Beiträge, ich sag mal Verlässlichkeit bei Terminabsprachen und gute Absprachen mit der Clique, dass die dich auch mal lassen oder du die mal lassen kannst. Also zwei Beiträge, ohne die die Familienhelferin nichts machen kann für euch und da musst du sagen, ja ich bin dabei, ich will da meinen Teil zu tun. Oder Nee, die soll mit meiner Mutter reden und mich bitte außen vor lassen.

(39) *Greta:* Nee, bin ich, will ich mitmachen, doch!

(40) *Soz.arb.:* O.k., höre ich. Bitte ich dich aber noch mal zu überprüfen, ich schreib's erst nachher auf, jetzt noch nicht, o.k.?

(41) *Greta:* Gut! (stutzt) Was war das noch mal…?

(42) *Soz.arb.:* (macht ratlose und zugleich sie zum Nachdenken auffordernde Handbewegung)

(43) *Greta:* Ach so, ja, Pünktlichkeit und dass ich komm und dass ich mit der Clique reden soll, warum ich eher weg muss, ja?

(44) Soz.-arb: Ja, das und dass du auch innerlich bereit sein müsstest jemanden an dich herankommen zu lassen! (Wendet sich an die Mutter.) Frau Gläser, kommen wir auf das Thema von

vorhin zurück, auf die Beiträge, die jeder machen muss zur Verbesserung der Atmosphäre, Nein besser, machen könnte... an was haben Sie da gedacht?

Kommentar zur Gesprächsführung

Was macht der Sozialarbeiter gut, um Greta zum Nachdenken über konstruktive Eigenbeiträge anzuregen?

(3): Der Sozialarbeiter reagiert gelassen darauf, dass Greta nicht sofort bereit ist, beim Nachdenken über Eigenbeiträge mitzumachen. Er fragt sie, welche Reihenfolge ihr lieber wäre und stellt sich so vermeintlich ganz in ihren Dienst.

(5/7/10): Überraschenderweise folgt der Sozialarbeiter nicht Gretas Präferenzen. Offensichtlich kann man diese erfragen (willst du lieber dies oder das?), muss diese aber nicht sofort oder vollständig befolgen. Der Sozialarbeiter wechselt nicht zur Mutter, er bleibt an Greta dran, jetzt aber mit einem anderen Thema. Mit dem Wechseln zur Mutter hätte der Sozialarbeiter Greta vielleicht zu viel Macht eingeräumt Dazu passt auch, dass er sie mit der Tatsache konfrontiert, dass sich die Mutter ebenso verweigern könnte wie die Tochter Außerdem hätte sich die Mutter leicht als Lückenbüßerin fühlen können, die dann einspringen muss, wenn die Tochter nicht mag. Außerdem hatte die Mutter so länger Zeit sich zu überlegen, was ihre Beiträge sein könnten, denn es war klar, dass diese Frage auf sie zukommen würde. Die provokativen Elemente der Szene, die bei Greta Ärger ausgelöst haben könnten, werden durch eine Art „Entschuldigung" entschärft.

(10): Das Reden über den anderen (den Helfer oder den bedeutsamen anderen) und seine Leistungen bzw. Kompetenzen ist eine gute Möglichkeit, die Bereitschaft zu Eigenbeiträgen zu entwickeln. Aber der Adressat ist erst mal in der Rolle – um mit einem Bild zu sprechen – des Gastes in einem Restaurant, der dieses oder jenes bestellen kann oder auf diese oder jene Fähigkeit des Koches achtet oder aufmerksam gemacht wird. Erst nach einiger Zeit, bekommt er die Schürze umgebunden mit der Frage: Welchen Beitrag lieferst du zum Kochen, schneidest du lieber Gemüse oder rührst du gerne in der Pfanne?

(12): Der Sozialarbeiter fokussiert auf die wichtige Rolle, die die Neutralität in der Beziehung zwischen Greta, der Betreuerin und ihrer Mutter hat. Holt sich die Bestätigung von Greta ab, dass Neutralität eine wichtige Voraussetzung ist, um hilfreich sein zu können.

(24): Der Sozialarbeiter fokussiert auf die wichtige Rolle die Vertrauen hat in der Beziehung von SpFH und Greta bzw. ihrer Mutter

(26/28): Der Sozialarbeiter beginnt mit dem Aufzeigen von Möglichkeiten, die Greta hat, um auf den positiven Verlauf der Hilfe Einfluss zu nehmen.

(30): Der Sozialarbeiter gibt ihr Hilfestellungen.

(36): Der Sozialarbeiter führt das Thema Clique ein, die sicher eine wichtige Rolle dabei spielen wird, ob und wie sich Greta auf die SpFH einlassen kann.

(38): Der Sozialarbeiter fasst alle Beiträge von Greta zusammen und zeigt ihr so auf, an wie vielen Stellen die Hilfe bzw. die SpFH von ihr abhängig ist.

(40): Der Sozialarbeiter gibt ihr Bedenkzeit, damit sie nicht vorschnell zustimmen muss, auch wenn es für sie möglich wäre, jetzt schon Ja zu sagen, erhöht dieses Vorgehen das Gefühl von Fairness bei den AdressatInnen.

(42): Der Sozialarbeiter „betet“ die Inhalte nicht noch einmal nach sondern weist durch seine Pantomime darauf hin: Das musst du jetzt selbst erinnern.

(44): Der Sozialarbeiter verdeutlicht einen weiteren (notwendigen) Beitrag von *Greta:* Sie müsste bereit sein, sich der „fremden“ Person gegenüber zu öffnen. Auch hier könnte man sagen: Ist doch selbstverständlich. Aber auch hier dient das Aufzeigen der Voraussetzungen und der Eigenbeiträge dazu, der Adressatin, ein Bewusstsein als Koproduzent der Hilfe zu vermitteln, um sie auf diese Weise enger einzubinden.

Prinzipiell ist hier eine Stelle gegeben, an der man auch auf ein anderes Zielentwicklungssystem überwechseln kann.

Möglichkeit C

Als letzte Rubrik in der Reihe Hinderungsgründe für das Formulieren von Entwicklungsaufgaben müssen wir uns mit „guten Gründen für Ablehnung bzw. für Reserviertheit" beschäftigen. Die Reserviertheit gegenüber den HelferInnen und ihrem Anspruch, Ziele formulieren zu sollen, kann sich in vielen Formen äußern, die von kühler Unberührbarkeit bis zu einer bockigen Protesthaltung reichen können. Ebenso vielfältig können die Gründe sein. Die häufigsten sind

- hoher Grad von Unfreiwilligkeit bezogen auf den Beginn der Hilfe
- schlechte Erfahrungen mit Hilfen und HelferInnen
- Strategie des „Machen-Lassens, um besser ablehnen zu können"

Hoher Grad von Unfreiwilligkeit

Ein „guter Grund" kann in einem *hohen Grad von Unfreiwilligkeit* liegen, den die AdressatInnen gegenüber der Hilfe empfinden. Warum sollen sie sich emotional berühren lassen oder Entwicklungsaufgaben formulieren, wenn sie diese Hilfe gar nicht wollen? In vielen Fällen sind Kinder und Jugendliche AdressatInnen von Hilfe(forme)n, weil ihre Eltern das so wollen. Ginge es nach dem Willen der Kinder würde die Hilfe sofort enden.

In allen Fällen ist es gut, die *Unfreiwilligkeit als solche zu benennen und sie als ein Ärgernis anzuerkennen:*

Soz.arb.: Mir ist klar, dass du nicht freiwillig im Heim bist, sondern weil deine Eltern das so wollen. Könntest du alleine entscheiden, wärest du nicht hier, weder hier im Heim noch hier im Hilfeplangespräch. Das alles muss für dich ziemlich ärgerlich sein.

Danach gibt es je nach Fall, verschiedene Möglichkeiten.

Möglichkeit C1

...besteht darin, sich mit *den Gründen der anderen, die die eigene Zwangslage verursacht haben auseinander zu setzen*, aber gleichzeitig auch mit den Gründen für das eigene Nicht-Verstehen. In der Regel führen die folgenden Fragen auf jeden Fall zu einer „emotionalen Berührung“:

- *„Ist dir klar, warum deine Eltern (oder wer auch immer es entschieden hat), das wollen, dass du hier bist (bzw. diesen Helfer bekommst), sind dir ihre Gründe klar?“*

Oftmals ist es besser, das Kind oder der Jugendliche wiederholt die Gründe der Eltern, als dass diese sie selbst wiederholen: Eltern neigen in solchen Situationen dazu, ihre Entscheidungen weitschweifig zu rechtfertigen. Entweder kommen sie dann ins Diskutieren, was nicht immer angemessen ist, oder aber sie häufen Vorwürfe auf Vorwürfe, um ihre Entscheidung vor sich und dem Kind zu rechtfertigen, was für das Kind sehr schmerzhaft sein kann. Deswegen bleibt man besser beim „Unfreiwilligen“ selbst. Folgende Fragen können nützlich sein:

- *„Haben sie es dir schon mal zu erklären versucht oder haben sie das bisher versäumt?“*
- *„Was vermutest du, was könnten ihre Gründe sein*?“ oder, da man als Jugendamt ja mit verwickelt ist: *„Vermutest du, dass deine Eltern eigentlich nicht wollen, aber ich (oder andere, die das Kind für relevant halten könnte) sie davon überzeugt habe(n), das mit dem Heim (oder dem Helfer) zu entscheiden?“*

Diese Frage muss auf jeden Fall gestellt werden, bevor man eine der beiden nächsten Fragen stellt:

- *„Wenn sie sich Mühe gäben, es dir genau zu erklären, denkst du, dass du ihre Gründe verstehen könntest? Oder ist es egal, was sie sagen, weil du diese doofe Entscheidung nicht verstehen willst?“*

Hier wir ein Stück Verantwortung für das Verstehen dem Kind zurückgegeben, denn manchmal ist es keine Frage des Nicht-Wissens bzw. Nicht-Verstehens, sondern eine Frage des Nicht-Akzeptierens. In diesem Fall sind die folgenden Fragen nützlich:

- *„Fühlst du dich aufgrund dieser Entscheidung ungerecht behandelt? Was genau empfindest du als ungerecht?“*
- *„Kennen deine Eltern die Gründe, weswegen du ihre Entscheidung ablehnst?“*

Nur wenn tatsächlich ein Informationsproblem vorliegt und die Eltern bisher nicht klar genug waren, ist die Frage sinnvoll:

- *„Willst du, dass sie es dir genau erklären?"*

Manchmal drücken sich die Eltern „merkwürdig" aus oder bleiben weiter unklar, dann kann die Frage hilfreich sein:

- „Welche der genannten Gründe kannst du nachvollziehen, welche Gründe sind für dich unverständlich?"
- „Denkst du deine Eltern (oder wer entschieden hat) haben dir alles gesagt oder gibt es noch andere Gründe, die sich dahinter verbergen?"

Möglichkeit C2

...besteht darin, die *Zwangslage durch eigene Aktivitäten* (mittelfristig) rückgängig zu machen.

- *„Ist dir klar, was du tun kannst oder tun müsstest, um hier wieder rauszukommen?"*
- *„Könnte es ein Ziel für dich sein, hier so schnell wie möglich wieder rauszukommen?"*
- *„Was müsstest du dafür tun? Was könnten andere dafür tun?"*
- *„Wie könnte ich dich/könnten die PädagogInnen dich dabei unterstützen, hier wieder rauszukommen?*
- *„Was könnten sie dir beibringen, damit deine Eltern zufriedener mit deinem Verhalten sind?"*

Diese Fragen zielen auf Entwicklungsaufgaben für das Kind/den Jugendlichen selbst. Die Vision bzw. das emotional relevante Ziel ist hier: wieder rauskommen. Die Entwicklungsaufgabe ist „das an Verhalten lernen, was bei den Eltern eine Entscheidung für Rückkehr/Hilfeende bewirkt". Weil solche Fragen leicht in (die unter B geschilderte) Abwehr führen können, kann man einen Schwenk zu den relevanten anderen vollziehen:

- *„Weißt du was deine Eltern tun wollen (oder: tun können, um an den Problemen zu arbeiten?"*
- *„Wünschst du dir, dass deine Eltern auch etwas dafür tun, dass sich die Probleme verändern und euer Verhältnis besser wird? Was müssten sie deiner Meinung nach lernen, damit es besser wird?"*

Die beiden letzten Fragen zielen direkt auf die Formulierung von Entwicklungsaufgaben für die Eltern. Diese können dazu Stellung nehmen. Dasselbe gilt auch für die PädagogInnen:

„Was könnten die PädagogInnen dafür tun, damit du dich hier trotz der Unfreiwilligkeit zumindest manchmal oder zumindest ein bisschen wohl fühlst? Auf was könnten sie denn achten?“

Auch wenn das Kind/ der Jugendliche darauf keine Antwort weiß, so hat er dennoch das Bemühen um seine Person erlebt und der Sozialarbeiter kann den PädagogInnen dieselbe Frage stellen.

Beide Möglichkeiten können, sofern sie nicht zu anderen interessanten Dialogen führen, mit einer Bitte enden:

„Wir können an dem Zwang, den die Hilfe für dich darstellt im Moment nichts ändern. Ich möchte dich trotzdem bitten, hier zu bleiben und zuzuhören oder auch dich zu äußern. Wenn etwas schräg läuft oder du wieder etwas nicht akzeptieren kannst, wäre es gut, wenn du dich rasch zu Wort meldest. Bist du dazu bereit?“

Falls ja, sollte man sich dafür bedanken und im Verlauf des Gesprächs mehrfach bzw. am Ende des Gesprächs noch einmal auf diese Aufgabe zurückkommen.

Schlechte Erfahrungen mit HelferInnen

Ein weiterer „guter Grund“ kann in *schlechten Erfahrungen mit HelferInnen bzw. vorangegangener Hilfen* liegen, sei es, dass man dort enttäuscht wurde und nun niemandem mehr trauen will, sei es, weil man mit Zielen bedrängt wurde oder diese übergestülpt wurden. Diese Hypothesen kann man in der Regel direkt abfragen:

- *„Du kommst mir vor wie jemand, der schon schlechte Erfahrungen gemacht hat mit Sozialarbeitern, liege ich da richtig?“*
- *„Was gibt es denn an Fehlern, die frühere KollegInnen mit Ihnen gemacht haben? Was sollte ich besser nicht wiederholen, wenn ich mit Ihnen gut zusammenarbeiten will?“*
- *„Mal angenommen ich möchte Sie gegen mich aufbringen, nur mal angenommen, welche Fehler müsste ich dann machen, damit Sie sagen: Aha, das ist auch wieder so ein krummer Hund, hab ich mir doch gleich gedacht?“*

Oder bei den Personen, die bisher von Verwandten oder HelferInnen bevormundet oder fürsorglich belagert wurden:

- *„Spüren oder sehen Sie/siehst du schon ein eigenes Ziel, wofür es sich lohnt etwas zu tun?" (oder mit der Fortsetzung „...oder sind es zurzeit vor allem die fremden Ziele, die Ihnen/dir die Sicht vernebeln?"*
- *„Kann es sein, dass bisher andere Personen meinten, besser zu wissen, was Sie/du tun und lassen sollen/sollst und dass es deswegen im Moment angebrachter wäre, Sie/dich mit dieser Frage erst mal alleine zu lassen?"*
- *„Kann es sein, dass Sie/du es vermeiden wollen/willst sich auf ein unehrliches Ziel einzulassen und dass Sie/du lieber noch warten wollen/willst, bis Sie/du ein eigenes Ziel gefunden haben/hast?"*

Strategie des Machen-Lassens

Es gibt aber auch (Hilfe erfahrene) AdressatInnen, die gewohnt sind, eine Art „Spiel" zu inszenieren: Sie selbst vermeiden es, für sich Ziele zu formulieren oder sich auf Ziele festlegen zu lassen, wohl wissend, dass andere diese Ziele aufstellen werden. Das lassen sie zu, forcieren es sogar manchmal, um dann einen Grund zu haben, die eigene Mitarbeit verweigern zu können. (Siehe z.B. Fall 7, Familie Lang).

Möglichkeit 3

Dieses „Spiel" kann man durch Fragen durchkreuzen (an eine dritte Person gewandt):

- *„Was könnte XY für „gute Gründe" dafür haben, das Formulieren von Zielen zu vermeiden?" oder „... sich festzulegen XY zu tun?"*
- *„Welche Nachteile könnte es für XY haben, wenn er sich auf bestimmte Ziele festlegen würde?"*
- *„Mal angenommen, Sie wollten verhindern, dass andere sich in Ihre Lebensplanung einmischen, was könnten Sie tun, um das zu verhindern?"*
- *„Mal angenommen, Sie wollten uns dazu bringen, für Sie die Verantwortung zu übernehmen bzw. Ihre Lebensplanung in die Hand nehmen, wie könnten Sie das tun, wie könnten Sie das schaffen?"*

Auf der nächsten Seite zeigt die Abbildung 16 die wichtigsten Interventionen bei Widerstand gegen das Formulieren von Entwicklungsaufgaben.

Abbildung 16: Interventionen bei Widerstand gegen das Formulieren von Entwicklungsaufgaben – Ebene 2

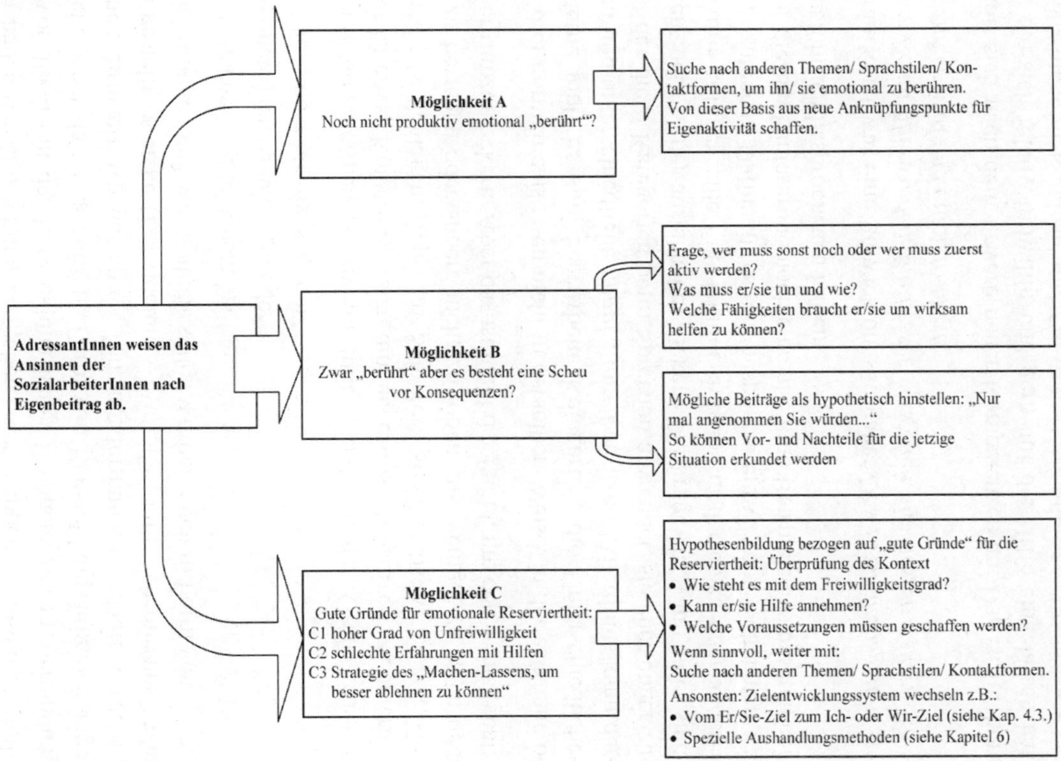

c) Drei Formen von Entwicklungsaufgaben

Bisher haben wir Entwicklungsaufgaben oder -etappen – zumindest implizit – vor allem mit der Entwicklung neuer Kompetenzen in Verbindung gebracht. Aber damit ist nur eine Form von Entwicklungsaufgaben angesprochen. Erinnern wir uns an die Eingangsformulierung. Dort wurde die Frage gestellt: Welche (Entwicklungs-)Aufgabe stellt sich mir/ uns? Was kann ich/ können wir, was soll ich/ sollen wir beitragen in Form von

- vorhandene Möglichkeiten häufiger nutzen,
- Kompetenzen dazulernen, oder
- Unklares oder Strittiges klären?

Dass alle drei Formen positiv formuliert sind, hat den Grund, dass es leichter ist etwas Konstruktives zu tun, als etwas „Negatives" zu unterlassen (wie z.B. Schlagen, Depressiv-Sein etc.). So ist es bspw. leichter, sich mehr zu bewegen oder andere mehr zu loben, als weniger zu essen oder weniger rumzumeckern. Aber das ist nicht der Punkt, um den es hier geht.

Diese drei Formen existieren nicht in derselben Weise, in der es Steine oder Sterne gibt. Es sind begriffliche Kategorien, die Unterschiedliches meinen und unterschiedliche *Implikationen* besitzen. Allerdings kann derjenige, der diese Kategorien beim Sprechen anwendet, sie eher enger zusammen- oder weiter auseinander rücken. Die Frage ist, wann ist es sinnvoll, AdressatInnen eine Entwicklungsaufgabe in der einen oder anderen Form anzubieten. Dafür gilt es ein Gespür zu entwickeln. Betrachten wir uns vor diesem Hintergrund noch einmal einige Beispiele aus unseren beiden ausführlich besprochenen Fällen:

Bei Frau Korff war eine Entwicklungsaufgabe: *Das Fremdheitsgefühl gegenüber Kevin überwinden, ihn besser verstehen, ihn besser steuern können, wenn er wild und aufgedreht ist.*

Das hört sich nach dem Erwerb neuer Kompetenzen an. Das ist für Frau Korff, die sich relativ freiwillig und gern auf die Hilfe eingelassen hat, wahrscheinlich auch die richtige Form der Formulierung. Wenn sie Fortschritte bei einer dieser Entwicklungsaufgaben macht, kann sie nachher sagen: Ich habe etwas Neues gelernt und kann stolz darauf sein.

Wäre sie dagegen ein eher zu depressiven Stimmungen neigender Mensch, der oft an sich selbst zweifelt, wäre es sicherlich geschickter, mit ihr die Entwicklungsaufgabe anders zu entwickeln und sie anders zu formulieren. Wenn sie von Fremdheitsgefühlen gegenüber Kevin spricht, könnte man sagen: „Sicher ist Ihnen Kevin nicht immer gleich fremd, sondern mal vertrauter, mal fremder. Was sind für Sie zurzeit die vertrauten und was die eher fremden Bereiche?“. Diese Frage bereitet die spätere Formulierung als Entwicklungsaufgabe vor: *Die vertrauten Bereiche von und mit Kevin genießen und diese Momente und Erlebnisse Schritt für Schritt gegenüber den fremden Bereichen ausdehnen.* Oder eine andere Frage zur Thematisierung des Fremdheitsgefühls: „Sicher haben Sie schon mal etwas, das Ihnen anfangs bei Kevin fremd vorkam, irgendwann später besser verstanden. Können Sie sich noch erinnern, was das war oder wie das zustande gekommen ist?“ Wenn es solche Erlebnisse gab, könnte man die Entwicklungsaufgabe so formulieren: *Die Fähigkeit, Fremdheitsgefühle zunächst wahrzunehmen, gilt es zu erhalten und die Fähigkeit Fremdheitsgefühle in Verständnis umzuwandeln, gilt es auszubauen.*

Beide Formulierungen vermitteln der Frau das Gefühl, in wichtigen Aspekten so bleiben zu können, wie sie ist und nur ein bisschen mehr von etwas tun zu müssen, was sie jetzt auch schon tut. Diese Formulierung der Entwicklungsaufgabe könnte für eine mutlose Person oder eine Person, die sich mit hohen Erwartungen selbst unter Druck setzt, passender sein. Für eine Person mit Schwung und in Aufbruchsstimmung klänge sie zu langweilig.

Bei Lukas und seiner Mutter wurde als Entwicklungsaufgaben formuliert: *Mehr Einigungen erzielen, Kompromisse finden, auf voll Durchsetzung der eigenen Position verzichten.* Alle diese Entwicklungsaufgaben, sind zunächst so formuliert worden, dass in den Bereich „neue Kompetenzen dazulernen“ fallen. Sprachlich wurde das z.B. dadurch erreicht, dass der Sozialarbeiter darauf hinwies: „Verhandeln und Kompromisse finden ist ganz und gar nicht einfach. Die Frage ist, ob Sie da durch wollen, es Schritt für Schritt miteinander probieren wollen, oder ob Sie eher Angst haben dabei etwas zu verlieren.“ Für dieses Streitpaar scheint es völlig angemessen, die gefragten Kompetenzen zunächst als etwas darzustellen, das von Grund auf neu entwickelt werden muss. Später, wen man sich mit Lukas und seiner Mutter ans konkrete Aushandeln macht, kommt es dagegen darauf an, diese Entwicklungsaufgaben in einen schon vorhandenen Kompetenzbereich einzurücken. So wäre es gut zu fragen: „Haben Sie eine Erinnerung an irgendeine Einigung in den letzten drei bis sechs Monaten, die Sie beide zuwege gebracht haben? Irgendwas, wo Sie anfangs etwas Unterschiedliches wollten, sich dann aber doch irgendwie geeinigt haben? Das kann auch was Einfaches sein, wie Fernsehprogramm oder was sollen wir kochen oder so…?“ Wenn die beiden sich an irgendwas erinnern, heißt das, sie wissen prinzipiell, wie das geht „sich einigen“ bzw. dass sie prinzipiell zumindest über einige dieser Kompetenzen verfügen. Diese könnte man in einem nächsten Schritt herausarbeiten und mit der Idee verknüpfen. Das zu leisten wäre aber tatsächlich eher die Arbeit des Familienhelfers und sprengt den Rahmen des Hilfeplangesprächs.

Was hat es mit der Formulierung als Klärungsaufgabe auf sich?

Für Lukas und seine Mutter wäre die Formulierung „Sie müssen miteinander klären, wer wem was zu sagen hat bzw. wer was zu entscheiden hat“ sicher falsch, weil es zu erneuten Auseinandersetzungen einlädt. Für andere soziale Konstellationen, die eher von verhaltenem Protest und unterschwelliger Aggression gekennzeichnet sind, könnte diese Formulierung dagegen angemessen sein. Mit Klärungsaufgaben kann man demnach Unterschiede zwischen Personen fokussieren und zur Auseinandersetzung einladen. Das gilt auch für Themenfelder, für die eine Entscheidung ansteht: „Mir scheint, dass Ihre Aufgabe als Ehepaar in den nächsten Monaten darin besteht zu entscheiden, ob Sie sich trennen oder zusammen bleiben wollen“ oder „Kann es sein, dass du erst mal für dich entscheiden musst, ob du Gewalt geil findest und trotz aller möglichen Konsequenzen beibehalten willst oder ob du sagst, es gibt gute Gründe für mich darauf verzichten zu lernen“. Mit solchen Sätzen ist das Entwicklungsthema benannt, auch wenn man völlig offen lässt, wie es inhaltlich bewältigt wird. Aber das ist nur eine mögliche Implikation.

Für Frau Korff, die einen Sinn für psychologische Fragen hat, könnte man sehr gut formulieren: „Also Ihre Aufgabe wäre es, mit Unterstützung des Familienhelfers zu klären, welche Gefühle sie bisher davon abhalten, die

Sache mit der Arbeit energischer anzupacken. Da scheint noch eine Menge unklar in Ihnen selbst zu sein, was eventuell Ihre Kräfte hemmt. Wenn das klarer wäre, hätten Sie vielleicht auch mehr Power." Es dürfte oben klar geworden sein, dass bei „neue Kompetenzen dazulernen" oder „vorhandene Kompetenzen mehr nutzen" der Handlungsaspekt im Vordergrund steht. Es geht darum, (bald) etwas anderes oder mehr von etwas zu tun. Formuliert man dagegen eine Entwicklungsaufgabe als zu leistenden Klärungsprozess, rückt man das konkrete Handeln (zunächst) in die Ferne. Erst mal geht es darum, genauer hinzuschauen und miteinander zu reden, warum etwas so ist wie es ist bzw. nicht so geht, wie es könnte oder sollte. Manchmal ist das ein gutes Angebot um AdressatInnen abzubremsen, die zu schnell beim Handeln sind (beispielsweise Eltern, die sofort wollen, dass das Stehlen ihres Sohnes aufhört) oder um andere AdressatInnen, die kein Ziel formulieren können, einzuladen wenigstens weitere Gespräche zu führen.

Zusammenfassung für Ebene 2

Was ist hilfreich bei der Findung und Formulierung von Entwicklungsaufgaben bzw. Entwicklungszielen?

1. SozialarbeiterInnen sollten sich der Zumutung bewusst sein, die es für die AdressatInnen darstellt, für sich selbst (eine) Entwicklungsaufgabe(n) zu formulieren und die Reaktion darauf aufmerksam wahrnehmen. Inwieweit können sich die AdressatInnen darauf einlassen oder nicht? Widerstände, die AdressatInnen zeigen, sind am besten als von den SozialarbeiterInnen mitproduzierte Widerstände zu betrachten.

2. Für die Widerstände kommen verschiedene „gute Gründe" in Betracht. Es geht darum diese zu erforschen und an ihnen zu arbeiten (siehe Abbildung 16)

3. Eine Motivation für die Formulierung eigener Entwicklungsaufgaben kann sein, dass es andere auch tun. Die Aufforderung zu und die Arbeit an Entwicklungszielen kann zwischen Eltern, Kindern und den Professionellen hin- und herpendeln. Am besten für

den Hilfeprozess ist, wenn jeder der Beteiligten (s)eine Entwicklungsaufgabe entwickelt. Manchmal fällt es den AdressatInnen leichter eine Entwicklungsaufgabe für sich zu formulieren, wenn sie miterleben konnten, welche Entwicklungsaufgabe der Professionelle sich stellt.

4. Wenn AdressatInnen **selbst Entwicklungsaufgaben formulieren,** greifen SozialarbeiterInnen diese mit Interesse und Wohlwollen auf. Bei vielen Entwicklungsaufgaben ist es allerdings nötig, sie bezüglich ihrer Implikationen, ihrer Realisierbarkeit oder ihrer „sozialen Verträglichkeit" etc. genauer zu untersuchen.

5. Bei der Untersuchung von Entwicklungsaufgaben kommt es auf ein Zusammenspiel von spezifizierenden und verallgemeinernden Fragen an: Die ersten bestimmen die Entwicklungsaufgabe bzw. die Voraussetzungen ihrer Umsetzung genauer, die zweiten ermöglichen ihren Anschluss an (größere) Kompetenzbereiche oder den weiteren sozialen Kontext.

6. **Verhaltenstechnische Probleme** („Wie mache ich das genau mit…?") sollten auf dieser Ebene noch nicht untersucht werden, sondern (zunächst) als Entwicklungsaufgaben formuliert werden. Dabei leitet die Frage an, welches innere Vermögen müsste ich haben um dieses „technische" Problem zu meistern (z.B. Angst überwinden würde für mich leichter gehen, wenn ich mehr Selbstvertrauen hätte)? Allerdings müssen sich die AdressatInnen sicher sein können, dass auch die ganz verhaltenspraktische Ebene (noch) ausführlich erörtert wird.

7. SozialarbeiterInnen dürfen AdressatInnen Entwicklungsaufgaben **vorschlagen,** die sie für sie geeignet halten. Solche Vorschläge sind vor allem bei **zerstrittenen Systemen** sinnvoll und häufig **die einzige Chance**, dass ein Arbeitsbündnis mit realistischer Grundlage zustande kommt. Um wahrgenommen zu werden, bedürfen die Vorschläge allerdings häufig einer (gekonnten bzw. vorbereiteten) Inszenierung und einer guten Arbeitsteilung zwischen den Professionellen. Diesen Vorschlägen kommt die Funktion einer Intervention zu. Sie beruhen auf stellvertretenden Deutungen. Sie müssen anschließend sorgfältig in Bezug auf ihren **Konsens- und**

Ambivalenz-Grad untersucht werden. Waren SozialarbeiterInnen beim Vorschlagen eher aktiv, müssen sie genau auf den **Grad der Zustimmung** bei den AdressatInnen achten. Sie müssen jederzeit bereit sein ein „gutes Entwicklungsziel“ als doch nicht passend zurückzunehmen. Andererseits steigt die Achtung der Familie vor den Professionellen, wenn es diesen gelingt ein sozial verträgliches und aussichtsreiches Entwicklungsziel zu benennen.

8. Bei der Formulierung aller Entwicklungsaufgaben kommt es darauf an, ihren **Zusammenhang mit den (vorher entwickelten) Visionen und** (emotional hoffentlich gut eingebetteten) **Leitzielen** (siehe Ebene 1) **herzustellen.** Dies sollte mehrfach erfolgen, um zu überprüfen, ob Vision und Leitziel noch als „Energiespender“ zu Verfügung stehen. Im Zusammenhang mit Entwicklungsaufgaben können auch „neue Gefühle“ ins Spiel kommen, die aufgegriffen werden sollten.

9. Entwicklungsaufgaben können so formuliert sein, dass sie neu zu erwerbende Kompetenzen, schon vorhandene Möglichkeiten oder das Klären von Unklarem und Strittigem in den Mittelpunkt stellen. Jede **der drei Formulierungen** enthält andere Implikationen und spricht andere Personen an. Vom Inhalt her können alle Entwicklungsaufgaben so oder anders formuliert werden.

10. Bei der Untersuchung von Entwicklungsaufgaben muss regelmäßig die Frage nach dem **Unterstützungsbedarf für dieses Ziel** gestellt werden. Unterstützer können Professionelle, aber auch Familienmitglieder, Nachbarn, Ehrenamtliche sein. Manche AdressatInnen müssen ermutigt werden, über Unterstützungsbedürfnisse nachzudenken bzw. diese zu benennen.

4.2.3 Dritte Ebene: Formulierung konkreter Handlungsschritte bzw. Projekte

Wenn es gelungen ist, (eine) Entwicklungsaufgabe(n) zu formulieren, kommt es in einem dritten Schritt darauf an, konkrete Handlungsschritte zu entwickeln, mit denen diese Aufgabe angegangen werden soll. Denn erstens lässt sich jedes Entwicklungsziel auf mehreren Wegen realisieren, die den AdressatInnen mehr oder weniger liegen können und zweitens haben sie ein Interesse daran festzulegen, was denn nun *konkret an Zeit und Handlungen* von ihnen für die Zielerreichung eingebracht werden soll bzw. welche Unterstützungsleistungen sie dabei erwarten dürfen.

Ein strukturierter Weg auf dieser Teiletappe besteht in der Anwendung der S.M.A.R.T.-Checkliste (vgl. Kap. 4.4.). Wenn man aber mit der Formulierung der Entwicklungsaufgaben oder der Projekte soweit gekommen ist, wie in unseren beiden Beispielen, dann kann die Anwendung der S.M.A.R.T.-Liste umständlich wirken.

In der Regel reicht es aus *Verabredungen für die nächsten Wochen* zu treffen, aus denen hervorgeht, wie die Aufgaben und Projekte aus dem bisherigen Zieldiskurs angegangen werden.

Handlungsvollzüge (dritte Ebene) sollen so formuliert sein, dass allen Beteiligten klar ist:

- wer mit wem (welche Personen),
- wann und wo (Zeit und Ort),
- was konkret tut oder tun soll (Handlungen, methodisch angeleitete Schritte)
- und wozu (Ziel) dies dient?

Hilfreich sind an dieser Stelle die beiden Prüffragen:

- Woran würdet ihr merken, dass ihr mit eurem Tun Erfolg habt bzw. auf dem richtigen Weg seid?
- Wie könntet ihr euch selbst ein Bein stellen, um Erfolg zu verhindern?

Ziel dieser Fragen ist die Einmündung der Entwicklungsaufgabe in eine *Kette von konkreten Handlungen*. Diese soll klar strukturiert sein und von AdressatInnen und Professionellen in Bezug auf Umfang und Zeiterfordernisse überschaut werden können. Es ist klar, dass spätestens diese Ebene *nur im Beisein der MitarbeiterInnen des Freien Trägers* ausgestaltet werden kann (siehe Kapitel 4.8.). Denn nur sie können sich mit den AdressatInnen verbindlich auf konkret abzuarbeitende Schritte und Termine verständigen.

Manchmal ist es sogar sinnvoll diesen Arbeitsschritt – zumindest was ein oder zwei Entwicklungsziele betrifft – ganz offiziell im Hilfeplangespräch zur *weiteren Bearbeitung an die MitarbeiterInnen des Freien Trägers zu delegieren*. Nach der Formulierung eines als passend wahrgenommenen Entwicklungsaufgabe kann man als Sozialarbeiter sagen: „Was die Konkretisierung dieser Aufgabe betrifft, möchte ich, dass Sie beide (oder Sie drei, d.h. AdressatInnen und MitarbeiterInnen des Freien Trägers) sich darüber verständigen, wie Sie das genau anpacken werden, d.h. in welchen Schritten Sie bis wann welche Zwischenziele erreicht haben wollen. Ich glaube dieser Schritt braucht noch ein wenig Nachdenken und ich sehe den bei Ihnen beiden gut aufgehoben. Wenn Sie damit einverstanden sind, möchte ich gern, dass Sie mir bis in ein (bis drei) Woche(n) einen solchen konkreten Projektplan schicken, den ich dann als Anhang zum Hilfeplan nehmen werde.“

Dieses Vorgehen entlastet das Hilfeplangespräch, vor allem wenn es bisher lang und anstrengend gewesen ist. Es kann das Arbeitsbündnis zwischen Adressat und Mitarbeiter des Freien Trägers stärken, weil es auf deren Zusammenarbeit im kleinen Kreis setzt und dieser Einheit das Vertrauen ausspricht. Es setzt allerdings *klare Absprachen* voraus: wer (z.B. Freier Träger oder Mutter), bis wann und in welcher Form (mündlich/schriftlich, Konkretisierungsgrad etc.) die Ergebnisse dieser Ausarbeitung auf Ebene 3 an den Mitarbeiter des Jugendamtes rückgemeldet werden. Diese Absprachen müssen im Hilfeplanprotokoll sauber formuliert sein. Außerdem muss klar sein, was passiert, wenn das Ergebnis der Ausarbeitung den Kollegen des Jugendamtes nicht überzeugt (Nacharbeiten oder ein weiterer gemeinsamer Termin etc.?).

Solche Delegationen *dürfen nicht erfolgen*, wenn der Stundenumfang unklar ist oder wenn es sich bei den zu konkretisierenden Aufgaben um heikle pädagogische Prozesse handelt, die nicht von einem Professionellen alleine verantwortet werden können. Das ist z.B. der Fall bei Kinderschutzaufgaben, bei denen man beispielsweise gemeinsam mit der Mutter, dem ASD-Kollegen und dem Mitarbeiter des Freien Trägers festlegen muss, wann und wie oft und in welcher Reihenfolge der Mitarbeiter gemeinsam mit der Mutter z.B. eine Wohnungsüberprüfung vornimmt (genug Babynahrung im Kühlschrank, Müll entsorgt, Hindernisse und Stolperfallen in den Fluren beseitigt?). Das gilt ebenfalls für Kontrollaufgaben, bei denen man evtl. auch körperlichen Zwang einsetzen muss oder will, wie etwa beim Festhalten eines Kindes, das andere Heimkinder attackiert oder beim Wegziehen der Bettdecke um dem Aufstehen nach wiederholten Weckversuchen Nachdruck zu verleihen (ob das angemessen ist, muss im Einzelfall geprüft werden). Solche heiklen Situationen sollten so genau wie möglich im Hilfeplangespräch durchgespielt werden, damit allen Beteiligten klar ist, wie konkret gehandelt wird und was legitime Handlungen sind.

Fall 6: Eine vernachlässigende Mutter auf der Suche nach eigenen Zielen (Fortsetzung)

In vielen Fällen wird man die *Konkretisierungsarbeit gemeinsam* vornehmen und dabei auch vom Zusammenspiel der beiden Professionellen profitieren. Auf was es dabei in der Praxis ankommt, soll wiederum an unserem Beispiel demonstriert werden:

TeilnehmerInnen in diesem Gespräch sind Frau Korff, die Sozialarbeiterin (Soz.-arb.) und Frau Hahn, die Sozialpädagogische Familienhilfe (SpFH). Zu Beginn finden ca. zehn Minuten Smalltalk statt, danach stellt sich die Familienhelferin persönlich vor und beantwortet verschiedene Fragen von Frau Korff.

Dialog C

(1) *Soz.-arb.:* Frau Korff, heute habe ich ja Frau Hahn mitgebracht, um gemeinsam zu planen, wie Sie die Sachen, die Sie sich als Entwicklungsaufgaben vorgenommen haben, konkret umsetzen können und welche Rolle dabei Frau Hahn spielen soll, o. k.?

(2) *Frau K.:* Tja, was war das noch mal, warten Se, also das mit dem Kevin erinner ich noch, dass ich da besser klar kommen will und wir dachten, das ist auch so schwer, weil er halt männlich ist und anders tickt, das erinnere ich noch…

(3) *Soz.-arb.:* Ich hab mir auch vom letzten Mal Notizen gemacht und die auch schon mit Frau Hahn angesprochen. Ich hoff, also ich kann es auch vorlesen, aber ich fände es für mich besser, wenn ich es noch Mal mit Ihren Worten höre und noch

Mal, auch was Sie weglassen, weil, das ist für mich auch ein Test, ob Sie es von sich aus wollen oder ob ich Ihnen da was aufgeschwatzt habe…

(4) *Frau K.:* Is für mich ja auch ein Test, en Gedächtnistest… aber da ist nicht so viel los mit meinem Dings da, Erinnerung… Gedächtnis!

(5) *Soz.-arb.:* Wie gesagt, ich bitte Sie noch mal zu kramen in Ihrem Gedächtnis, aber wir können's dann auch nachlesen…

(6) *Frau K.:* Also mit der Wippe war was, wo's en Ausgleich geben soll und dann war da was mit dem Spüren, dass ich das lernen will besser meinen Ärger zu spüren, früher, bevor ich ausrast… ich hab mir sogar was überlegt in der Zwischenzeit, hat mich auch noch beschäftigt, wie ich das…

(7) *Soz.-arb.:* Erzählen Sie, das interessiert mich… und Sie doch auch (zu Frau Hahn gewandt)?

(8) *SpFH:* Ja, ja, unbedingt!

(9) *Frau K.:* …hab ich mir gedacht, wenn's so kribbelt, nicht, ich merk das so bis in die Haarspitzen oder auch manchmal in den Fingern. Also dass ich dann rausgeh… nicht einfach fort, sondern die Kids vorher frage, also sage: „Mama kann nicht mehr, ich brauch mal ne Runde frische Luft, aber ich komm in zehn Minuten wieder! Macht bitte kein Scheiß, ich komme wirklich wieder" und dann geh ich mal um den Block und rauch eine und schau mal, ob ich runter komm von dem Ärger, so mit Bewegung und frischer Luft.

(10) *Soz.-arb.:* Hört sich gut an. Sie spüren den wachsenden Ärger sehr deutlich und an verschiedenen Stellen, gutes Vorhaben. Muss man ausprobieren, testen, ob's das ist, ob's die Kinder auch verstehen und aushalten oder ob da noch ne Schleife dran muss, aber gut, gutes Projekt.

(11) *SpFH:* Würde ich Sie gern unterstützen bei, dass Sie mir sagen, auf das und das will ich achten an Gefühlen und das und das will ich ausprobieren, wenn ich spüre, der Stress wird zu doll und Sie mir nachher erzählen und wir das dann auswerten. Hat es geklappt das Experiment, was war gut daran, was kann noch besser gehen und so?

(12) *Frau K.:* Doch find ich gut, weiß ja auch noch nicht, ob's, ob's funktioniert und ich es dann auch mache, also vorher, bevor es kracht, nachher muss ich ja sowieso rauchen (lacht).

(13) *Soz.-arb.:* Also, das kann ich für den Hilfeplan festhalten: (schreibt

und liest dabei laut vor) Frau Korff macht Versuche mit dem Sich-besser-Spüren, bevor der große Ärger kommt und überlegt gemeinsam mit Frau Hahn, was sie dann macht. Und diese Experimente werden zusammen ausgewertet. Diese drei Sachen nenn ich mal Projekt „Experimente mit dem Spüren von Ärger und dem rechtzeitigen Handeln" o. k.?

(14) *Frau K.:* Kann ich aber nich garantieren – is'n Versuch, ne.

(15) *Soz.-arb.:* Ist ein Projekt, was, wo Sie die nächsten drei Monate rumprobieren mit Unterstützung von Frau Hahn, bis zum nächsten Hilfeplangespräch. Will ich auch was wissen von, also einmal im Monat von Ihnen beiden ein Brief, wo Sie mir berichten von den, dem Projekt, auch was nicht geklappt hat, darf sein, wird vorkommen.

(16) *Frau K.:* (stöhnt) Muss ich selbst schreiben?

(17) *SpFH:* Machen wir zusammen. Hier, ich schreibe nichts, was Sie nicht zu sehen bekommen. Ist ne Regel, auch von meinem Träger, aber das machen wir zusammen hier, die Experimentberichte (lacht), also die Ideen und was sie dann probieren.

(18) *Soz.-arb.:* Also das hätten wir, was erinnern Sie noch Frau Korff oder woran haben Sie noch so rumgedacht nach unserem letzten Gespräch?

(19) *Frau K.:* Ja, war was mit Arbeit, wo ich gesagt hab, hab ich Schiss vor. Also wenn die mich einladen vom Arbeitsamt, so mit nem Kurs. Also bin ich schon zweimal nich hin, hab da irgendwie kein Vertrauen, keine Lust, kein…

(20) *SpFH:* … keinen Drang oder keine Motivation, keine Power dahinter?

(21) *Frau K.:* Ja, ja alles zusammen und die Angst. Also ich weiß noch nicht. Ich will ja und muss auch, aber der erste Schritt, nich, der is immer der schwerste, oder?

(22) *Soz.-arb.:* Also wär's gut noch mal ein Schritt zurückzugehen, nicht, also hier in meinen Aufzeichnungen steht: Frau Korff will mit Unterstützung der Familienhelferin eine berufliche Perspektive entwickeln, unter besonderer Berücksichtigung von Unsicherheitsgefühlen, insbesondere im sozialen Bereich. Is schon zu groß als Schritt, vielleicht müssen wir noch.

(23) *Frau K.:* Nee, ist gut, kann man doch so lassen, is schon gut so,

passt!

(24) *SpFH:* Wobei mir nicht klar ist, was ich da, also wir zusammen machen sollen, wie das aussehen kann, ich mein konkret.

(25) *Soz.-arb.:* Ja, haben Se recht, konkret, ist ja Hilfeplan, muss auch was Konkretes rein, wie kann das denn konkret gehen? Haben Sie da Überlegungen schon (an Frau Korff gewandt)?

(26) *Frau K.:* Also, eine Sache, was ich machen würd gern, hab ich gehört, ist aber nichts für mich ist nur für Jüngere, also heißt BIZ oder so ähnlich.

(27) *Soz.-arb.:* Berufsinformationszentrum, vom Arbeitsamt (lacht). Warum, kann doch auch für Sie, von Ihnen genutzt werden.

(28) *Frau K.:* Ja, da würd ich schon mal, ich bin nämlich nicht so zufrieden gewesen mit der Beraterin, wo ich war.

(29) *SpFH:* Also, dass wir uns da noch Mal schlau machen in den nächsten zwei, drei Wochen, was es so gibt und Sie interessiert und wir dann noch mal zur Berufsberatung gehen, dann mit mehr eigenen Ideen?

(30) *Frau K.:* Ja, hat mich das letzte Mal gleich wohin schieben wollen, war nich so mein Trip.

(31) *SpFH:* Also, das wäre so ein erster Schritt, nicht, können wir nächste Woche anfangen, sich noch klarer werden über Berufswünsche und Möglichkeiten und dann konkret hingehen und fragen, wie steht es mit diesen Vorstellungen, ja?

(32) *Frau K.:* Ja, und wenn sie (im Arbeitsamt) dann was haben, dann auch hingehen, nich, ist die nächste Hürde, seh ich schon kommen.

(33) *SpFH:* Weil Sie, weil Sie Angst haben oder nicht den richtigen, die Power halt.

(34) *Frau K.:* Beides, beides.

(35) *SpFH:* Können wir doch festhalten, erste Schritte bei der Berufsfindung und genauere Klärung von Kraftquellen und Verhinderungsquellen auf dem Weg zum beruflichem Erfolg. Klingt das so richtig für Sie?

(36) *Frau K.:* Hört sich, nee, bisschen mit dem Erfolg, also zu hochgestochen, find ich…

(37) *Soz.-arb.:* Und mit den Kraftquellen und Verhinderungsquellen, das zu klären, als Voraussetzung für weitere Schritte in Richtung Job oder Berufstätigkeit, wie war das?

(38) *Frau K.:* Ja, ja, das mit den Quellen war gut, das schreiben Sie man ruhig auf, das passt!

(39) *Soz.-arb.:* Mal angenommen Frau Korff, Sie wollten sich selbst austricksen und irgendetwas machen, dass es erst gar nicht soweit kommt, also gar nicht zu den ersten Schritten kommt, mit der Entwicklung einer Berufsperspektive…

(40) *Frau K.:* (verwirrt) Warum, versteh ich nicht. Warum sollt ich mich austricksen, das wär doch doof von mir.

(41) *Soz.-arb.:* Ja, ich glaub das auch nicht, aber mal angenommen, da ist so ein Teil in Ihnen, der Ihnen den Erfolg nicht gönnt und zu verhindern versucht, was könnte dieser Teil unternehmen?

(42)*Frau K.:* Na so, also wenn ja, dann könnt ich krank werden an dem Tag, wo wir da hingehen wollen oder ich denke vor so einem Kurs wieder „Iiih, die schauen mich alle an, als ob ich die Letzte wär", also wenn ich mich da reinsteiger oder so…

(43) *SpFH:* Also, das wären auch Zeichen für mich, wenn Sie krank werden oder wenn ich merk, Sie blockieren sich selbst mit negativen Gedanken, das müsste ich, da müsste ich dann nachfragen. „Frau Korff wie sieht es aus, wollen Sie das noch mit dem Beruf oder haben Sie kalte Füße bekommen?"

(44) *Frau K.:* Können Se machen, machen Se ruhig!

Kommentar zur Gesprächsführung

Was haben die beiden Profis gemacht, um Frau Korff bei der Konkretisierung von Handlungsprojekten zu unterstützen?

(1): Die Sozialarbeiterin benennt den Arbeitsschritt, der heute ansteht und stellt Zusammenhang mit Entwicklungszielen her.

(3 und 5): Die Sozialarbeiterin fragt nach, an was sich Frau Korff erinnert. Das ist eine gute Möglichkeit zu prüfen, inwieweit die Arbeit an den Entwicklungsaufgaben das letzte Mal bedeutsam war. Nur dann wird sie auch erinnert. Die Sozialarbeiterin nimmt der Mutter allerdings den Druck, indem sie auf ihre Notizen verweist. Auch das kann von AdressatInnen als Wertschätzung (und Steigerung der Verbindlichkeit) empfunden werden, wenn sie merken, dass ihre Worte festgehalten werden. In diesem Fall

zeigt die Mutter, dass sie noch weiter an den Entwicklungsaufgaben herumgedacht hat, indem sie konkrete Projektideen formuliert.

(10): Die Sozialarbeiterin scheint skeptisch, ob es gut ist die Kinder alleine in der Wohnung zu lassen. Deswegen fokussiert sie vor allem den ersten Teil der Ausführungen der Mutter; dort hatte sie zwei unterschiedliche Formen des Sich-Spürens beschrieben, was zeigt, dass sie sich ihrem Ziel schon angenähert hat.

(11): Die sozialpädagogische Familienhilfe findet eine gute Form mit der guten, aber auch riskanten Idee der Mutter und der Skepsis der Kollegin umzugehen. Sie führt das Wort „Experiment" ein, d.h. man muss verschiedene Dinge ausprobieren und testen und kann vorher noch nicht wissen, ob und wie sie funktionieren.

(13): Die Sozialarbeiterin führt das Wort „Projekt" in Zusammenhang mit den Experimenten ein und macht klar, dass sie darüber auch in der Zwischenzeit (bis zum nächsten Hilfeplangespräch) informiert werden will.

(18): Die Sozialarbeiterin kommt zum Thema „Was erinnern Sie an Entwicklungsaufgaben?" zurück.

(22): Die Sozialarbeiterin signalisiert Bereitschaft, das bisher formulierte Ziel zu revidieren, weil es zu groß oder zu unpassend sein könnte. Aber die Adressatin antwortet, dass es schon passt. Immer wieder reicht die Bereitschaft zur Revision seitens der Professionellen, damit die AdressatInnen an den Zielen festhalten können. Manche scheinen aber überprüfen zu wollen, ob prinzipiell Revisionen möglich sind.

(25): Die sozialpädagogische Familienhilfe fordert Konkretisierung ein, die Sozialarbeiterin unterstützt sie dabei – gelungenes Zusammenspiel.

(27/29): Die Sozialarbeiterin sowie die sozialpädagogische Familienhilfe greifen beide Konkretisierungsideen der Mutter auf und spinnen sie fort.

(33): Die sozialpädagogische Familienhilfe stellt gute, differenzierende Frage: Woran liegt es genau? Fehlt was (Power) oder ist was zu viel (Angst)?

(35): Die Sozialarbeiterin merkt, dass hinter dem „technischen Problem" nicht zum Arbeitsamt zu gehen, eine Menge an ungeklärten Gefühlen

steht. Daher formuliert sie das Entwicklungsziel um: „Klären, was in Bezug auf das Arbeitsamt Power geben und Angst nehmen kann, um weiter zu kommen mit der Berufsperspektive". Die Aufgabe etwas zu klären kann ebenso ein konkretes Projekt darstellen, wie die Aufgabe etwas konkret zu tun. Das gilt auf Ebene 3 parallel zu Ebene 2: Allerdings ist hier auf Ebene 3 ein genauer Plan zu entwickeln, in welchen Schritten und mit welchen Zwischenzielen der Klärungs- oder Entscheidungsprozess ablaufen soll.

(37): Die Sozialarbeiterin lässt sich von der Adressatin bei der Formulierung umstimmen, reduziert den „hochgestochenen" Ton, den diese moniert hat.

(39): Die Sozialarbeiterin stellt Ambivalenzerkundungsfrage. Hier können AdressatInnen und Professionelle gemeinsam erforschen, was denn an äußeren und/oder inneren Verhinderungsgründen ins Spiel kommen kann. So kann man sich auf diese „Gründe" besser einstellen. Hier gibt die Mutter innere Gründe an „Krankheit" und „schlechte Gedanken".

(43): Die sozialpädagogische Familienhilfe bezieht sich ausdrücklich auf die angegebenen, möglichen Verhinderungsgründe und bereitet so eventuelle Interventionen vor.

Visualisierung der Ebene 3

Gerade im Fall von Lukas und seiner Mutter ist klar, dass die Formulierung von „guten Zielen" bestenfalls „die halbe Miete" darstellt. Lukas, seine Mutter und der Profi haben noch viele Höhen und Tiefen erlebt, bis Lukas nach zwei Jahren im gegenseitigen Einvernehmen in eine Jungen-WG zog. Für Lukas und seine Mutter sparen wir uns die Konkretisierungsdiskussion von Ebene 3 im Wortlaut. Stattdessen findet sich auf der CD ein Schaubild, das einerseits die mündliche Formulierung im Hilfeplangespräch verdeutlichen und andererseits die schriftliche Formulierung für das Protokoll des Gesprächs beispielhaft aufzeigen soll (CD, Fälle und Szenen, Fall 7 – Familie Lang).

Nach diesem Abschnitt wollen wir uns mit den Hindernissen beim Konkretisieren auf der Ebene 3 beschäftigen. Diese Hindernisse können gegebenenfalls eine Rückkehr auf Ebene 2 oder Ebene 1 verlangen.

a) *Hindernisse bei der Konkretisierungsarbeit auf Ebene 3*

Wenn das Engagement der AdressatInnen bei der Arbeit auf Ebene 3 „erlahmt“ und/ oder sie sich widerständig und aggressiv verhalten, dann kann das verschiedene (auch miteinander kombinierte) Gründe haben:

1. Die vorgeschlagene oder bisher entwickelte Konkretisierung entspricht *nicht der Vorstellung der AdressatInnen*. Sie wollen ihr Entwicklungsziel auf eine andere Art und Weise angehen, auch wenn sie noch nicht wissen, wie das aussehen könnte.

2. Angesichts der Konkretisierung und der damit verbundenen Aufgaben merken die AdressatInnen, dass sie sich auf ein *„falsches“ Entwicklungsziel* eingelassen haben. Der bisher angestrebte Entwicklungsschritt erweist sich als unpassend – wie der angemessenere Entwicklungsschritt aussehen kann, kann bereits klar oder noch unklar sein.

3. Angesichts der konkreten Anforderungen, die an sie gestellt werden, wechseln sie auf die andere Seite einer *Ambivalenz*: Sie wollen eine bestimmte Sache verändern und zugleich nicht verändern, d.h. der Ist-Zustand hat mehr Vorteile als bisher deutlich wurde.

4. Jetzt, wo es konkret wird, erleben sich die AdressatInnen bezogen auf den Aushandlungsprozess, als VerliererInnen. Sie haben *das Gefühl unverhältnismäßig mehr leisten zu müssen* als andere in den Erziehungshilfeprozess involvierte Personen.

Von der Haltung her empfiehlt es sich für die SozialarbeiterInnen, das Zögern oder das vermeintliche Nachlassen der Kooperationsbereitschaft der AdressatInnen als Ausdruck ihres Bemühens um Wahrhaftigkeit anzusehen. Selbstverständlich wäre es schön, an diesem Punkt der Zielentwicklung zu einem Ende zu kommen. Aber was nützt das, wenn das Ergebnis nicht trägt und bereits am nächsten oder übernächsten Tag von den AdressatInnen innerlich zurückgenommen wird.

Wenn man als Sozialarbeiter an einen hohen Grad von *Verbindlichkeit in der Arbeit* am Ziel interessiert ist (was nicht mit Zielerreichung gleichgesetzt werden darf, da diese trotz hohem Engagement scheitern kann), muss man den AdressatInnen für alle Hinweise auf Widerstände dankbar sein, egal welche Gründe dafür ausschlaggebend sind.

Sie stellen eine Chance dar, die Zielentwicklung noch besser zu gestalten, d.h. noch enger mit den Ideen der AdressatInnen zu verknüpfen. Außerdem sind die „Widerstände“ der AdressatInnen evtl. auch von den SozialarbeiterInnen mit hervorgebracht worden, weil sie sich auf Ebene 1 oder 2 nicht geschickt genug verhalten haben. Insofern arbeiten sie nur nach, was sie auf anderen Ebenen versäumt haben.

Vom Schwerpunkt her ist hier zu empfehlen, als Sozialarbeiter auf *Zielebene 1 und 2* durchaus *aktiv* zu sein, eigene Vorschläge zu machen, stellvertretende Deutungen zu lancieren und auch mit Humor und angemessenen Provokationen gegen Widerstände der AdressatInnen anzugehen. Auf *Ebene 3 dagegen* gilt es *sehr aufmerksam* zu sein für Unklarheiten oder Nicht-Motiviertheit und gerade hier noch einmal Geduld für Um- oder Neuformulierungen aufzubringen. Es nützt nichts, wenn man eine bestimmte Formulierung „durchpeitscht“. Damit produziert man nur zukünftige Enttäuschungen und Krisen, die man später mit viel Zeit und Mühe wieder aufarbeiten muss.

Im Folgenden aber geht es darum herauszufinden, was die Arbeit auf Ebene 3 erschwert und wie man diese Hemmnisse auflösen oder abmildern kann. Auch wenn man an die „wahren“ Gründe nicht herankommt, so merken die AdressatInnen doch, dass man an einer Kooperation mit ihnen interessiert ist und ihnen keine Zielformulierungen „aufs Auge drücken will“. Manchmal kann allein das schon Widerstände auflösen.

Entlang der oben aufgeführten vier Hindernisse soll im folgenden Abschnitt der Frage nachgegangen werden: „Wie kann das Vorgehen bei Widerständen im Einzelnen aussehen?“ Das soll anhand von Beispielen näher erläutert werden.

Hindernis 1: Die vorgeschlagene oder bisher entwickelte Konkretisierung entspricht nicht der Vorstellung der AdressatInnen. Sie wollen ihr Entwicklungsziel anders Weise angehen, auch wenn sie noch nicht wissen, wie das aussehen könnte.

Wenn die Art und Weise der Zielerreichung nicht den Vorstellungen der AdressatInnen entspricht, muss man *einen anderen Weg suchen, um zum selben Ziel* zu kommen.

Im Fall 7 mit Lukas und Frau Lang erwies sich das Projekt „Planung und Durchführung gemeinsamer Unternehmungen“, die dem Ziel dienen sollten, mehr Zeit miteinander zu verbringen und gemeinsame Interessen zu pflegen, als nicht praktikabel:

Fall 7: Ein streitendes Paar, das unter den Auseinandersetzungen leidet und zugleich Freude daran hat

Lukas war durchaus bereit mehr Gemeinsamkeiten mit Mutter und Schwester zu pflegen, aber nicht in der Form von gemeinsamen Zoobesuchen etc. Die Idee mit Mutter und Schwester „... Durch die Gegend zu zockeln“ und dabei auch noch von seiner Clique beobachtet zu werden, war ihm sichtlich unangenehm.

Der Familienhelfer erkannte das sofort und bot Lukas etwas anderes an: Lukas, Mutter und Schwester sammelten gemeinsam mit dem Familienhelfer, wo es zwischen ihnen Gemeinsamkeiten und Übereinstimmungen gab. Das fing an mit Essen („Was essen Sie alle gemeinsam gern?“), ging weiter mit Gesellschaftsspielen und Fernsehsendungen und endete bei Nachbarn und Verwandten („Wen würden Sie gemeinsam zu einem Essen bzw. Spieleabend etc. einladen wollen?“). Aus der Liste von 22 Gemeinsamkeiten aus 6 Themenbereichen wählte die Familie drei aus, die sie in der nächsten Woche gemeinsam umsetzen wollten.

Das war für Lukas ein viel besserer Weg zum Ziel „mehr Zeit miteinander verbringen, Gemeinsamkeiten pflegen“ zu kommen. Dieser Weg ließ sich genauso gut bezogen auf Teilschritte operationalisieren und auf seine Realisierung überprüfen wie die Idee mit den Ausflügen[13]. Ein weiteres Beispiel:

Zu Szene 3: Der Pädagoge, der will, dass der Heimjugendliche beim Thema Gewalt dazulernt

---

[13] vgl. dazu auch auf der CD – Methoden und Vorlagen – Kapitel 5 - Kreative Methoden der Gesprächsführung, erste Methode

> *Heimpädagoge*: „Harry muss lernen Konflikte ohne Gewalt zu lösen, da gibt es andere Wege und die muss er lernen…"

Die Frage an dieser Stelle ist: Will Harry der Gewalt abschwören oder ist das ein Ziel seiner Betreuer? Harry (14,4 Jahre) hatte als Entwicklungsziel die Aufgabe akzeptiert, „Konflikte so lösen, dass andere Respekt vor mir haben aber auch ohne Gewalt anzuwenden". Er hatte sich in jüngster Vergangenheit mit anderen Jugendlichen geprügelt und dabei auch eine Anzeige wegen Körperverletzung „kassiert". Bei den Konkretisierungsüberlegungen fand er aber so viele Ausflüchte, dass sich die Frage stellte, ob dieses Entwicklungsziel für ihn passend ist. An dem folgenden Gespräch beteiligt, sind der Sozialarbeiter vom Jugendamt, der Pädagoge aus dem Heim in dem Harry lebt und natürlich Harry selbst:

Dialog A

Soz.-arb.:	Harry, jetzt haben wir drei Möglichkeiten durchgespielt, wie das konkret gehen könnte mit deinem Vorhaben und jedes Mal sagst du: Nee, das isses nicht, hast aber auch keine Idee, wie es denn passen würde für dich. Mir scheint, dass du selbst daran zweifelst, ob es wirklich ein Ziel ist, wo du voll dahinter stehen kannst. Stimmt das?
Harry:	Kann sein, weiß nich.
Soz.-arb.:	Du könntest ja auch sagen, ist nicht mein Ding, will ich nicht!
Harry:	Nee, das sag ich ja gar nicht, zu dem Aggressionstraining habe ich halt keine Lust und das Punkteprogramm find ich auch blöd.
Soz.-arb.:	O. k., aber dann könntest du doch auch sagen, ich lasse dieses Ziel noch mal ne Weile ruhen, das muss sich noch entwickeln. Es geht dann halt weiter wie bisher, dass du für Gewaltvorfälle mit Wiedergutmachungsforderungen und eventuell auch Anzeigen rechnen musst. Du weißt, wie das so geht, aber du stellst das Thema Respekt und Gewalt eben nicht in den Mittelpunkt als Ziel.
Harry:	Hmm.
Soz.-arb.:	Wir hatten ja über einiges geredet. Gibt's ein anderes Ziel, von dem du denkst, dass du es zur Zeit konkret anpacken möchtest?

Harry: Schule, halt die Verbesserung in zwei Fächern, also damit ich den Qualifizierten (Hauptschulabschluss) schaff.

Soz.-arb.: Das ist gerade eher dein Ziel, wo's konkret werden soll?

Harry: Mhm, schon.

Soz.-arb.: (zu Pädagoge) Wie sehen Sie das: Angesichts von Harrys Zauderei kann man nicht wirklich sagen, das ist sein Ziel. Finden Sie es schlimm, wenn er das erst Mal lässt und dafür etwas tut, wo Dampf dahinter ist?

Päd.: Finde ich nicht gut, aber da kann man nichts machen. Er bekommt halt von uns mächtig Druck mit den Gewaltsachen, das ist klar. Das kann bei uns nicht sein und draußen auch nicht, da muss er sich mit uns und anderen auseinander setzen, ob er will oder nicht. Aber wie gesagt, wenn es momentan nicht sein Ziel ist, dann hat es kein Wert, so zu tun als wär es das. (Zu Harry gewandt) Dann finde ich schon in Ordnung, Harry, dass du was planst, wo du selbst voll dahinter stehst.

Soz.-arb.: O. k., (zu Pädagoge gewandt) das Thema „weniger Gewalt" bleibt als pädagogische Aufgabe bestehen, aber wir schreiben es nicht unter Harrys Ziele.

Soz.-arb.: Ist das so in Ordnung für dich?

Harry: Ja, o. k.

Soz.-arb.: Hast du ne Idee, wie das konkret gehen kann mit dem Hauptschulabschluss?

Harry: Mit dem Quali? Müssen wir halt nen Lernplan machen oder so, was jede Woche dran kommt…

An diesem Beispiel kann man sehen, dass pädagogische Aufgaben, die für einen Jugendlichen bestehen und das Verfolgen eigener Ziele nicht in einen Topf geworfen werden können und dürfen. Die pädagogischen Aufgaben (hier: Umgang mit Harrys Gewaltbereitschaft) bleiben bestehen, auch wenn sie nicht Ziel des Jugendlichen sind. Umgekehrt brauchen sich die Ziele des Jugendlichen nicht nach den pädagogischen Bedarfen zu richten, die die Einrichtung sieht. Wenn man das klar auseinander hält, werden bzw. bleiben beide, Jugendlicher und Einrichtung, handlungsfähig (siehe auch Fremd- und Eigenziele Kap. 4.3.)

Hindernis 2: Angesichts der Konkretisierung und der damit verbundenen Aufgaben merken die AdressatInnen, dass sie sich auf ein *„falsches" Entwicklungsziel* eingelassen haben. Der bisher angestrebte Entwicklungsschritt erweist sich als unpassend – wie der angemessenere Entwicklungsschritt aussehen kann, kann bereits klar oder noch unklar sein.

Wenn sich an der bisher formulierten Entwicklungsetappe Zweifel ergeben, kommt es darauf an *eine andere, passendere zu finden oder aus der Unsicherheit eine konkrete Aufgabe zu machen.* Bei der ersten Möglichkeit geht man noch einmal auf Ebene 2 zurück (siehe das Beispiel mit Harry, bei dem eine Alternative zum ersten Entwicklungsziel benannt wird). Bei der zweiten Möglichkeit bleibt man auf Ebene 3, ändert aber das Thema der Konkretisierung. Es geht dann darum die Unsicherheit produktiv zu wenden und aus ihrer Beobachtung eine Aufgabe zu machen: In der Regel kann und muss man dafür auch konkrete Handlungen vornehmen. Ein Beispiel für die zweite Möglichkeit:

> *Zu Szene 6:* Eine unsichere Mutter
>
> Eine (psychisch labile, aber sehr intelligente) Mutter (Frau Maas) hatte für sich als Entwicklungsaufgabe formuliert: „Mich von meiner Tochter abgrenzen, mich nicht in ihre Konflikte verwickeln lassen und den HeimpädagogInnen (bzw. anderen Professionellen) dafür die Verantwortung überlassen".

Als es dann aber ganz konkret darum ging, dass sie als ersten Schritt zur Erreichung dieses Ziels entweder der Tochter das Handy abnehmen müsste (wenn diese sie weiterhin per Handy in ihre Schulkonflikte hineinziehen würde) oder ihr eigenes Handy ausstellen müsste, wollte sie das nicht. Andere Formen am Telefon Nein zu sagen, sah sie als nicht realisierbar an:

Dialog A

Soz.-arb.: Frau Maas, vielleicht ist es noch nicht dran dieses Ziel: Sich abgrenzen und Verantwortung abgeben. Ihr Kopf sagt Ja dazu, aber irgendetwas hält Sie auch zurück. Wenn's konkret wird spüren Sie einen inneren Widerstand gegen

	die Idee?
Frau M.:	Ja, wie soll ich sagen, ich denk halt, in manchen Situationen bin ich die Einzige, die ihr helfen kann und wenn dann keine Hilfe kommt, dann wird es so wie schon mal, mit Psychiatrie und allem, weil sie so völlig ausrastet.
Soz.-arb.:	Und spätestens da kommen Sie ja sowieso wieder ins Spiel und müssen mit in die Verantwortung.
Frau M.:	Ja, genau!
Soz.-arb.:	Gut. Es könnte ja auch ein Ziel sein, dass Sie sich das noch mal genauer anschauen mit dem Reingezogen-Werden und der Verantwortung. Was halten Sie denn davon, wenn Sie so ein Heft anlegen, wo Sie immer reinschreiben, wenn Miriam sie für irgendetwas einspannen will. Und dann schreiben Sie dazu: Hab mich reinziehen lassen und es war auch gut so. Oder: Hab mich reinziehen lassen, aber es hat mich schon im Moment selbst geärgert. Oder: Hab mich nicht reinziehen lassen und es nachher bereut. Oder: Hab mich nicht reinziehen lassen und war nachher froh. Ne ganze Menge Möglichkeiten, nicht?
Frau M.:	Stimmt, so hab ich das noch gar nicht gesehen!
Soz.-arb.:	Ja, diese Situationen könnten Sie aufschreiben und werten die nachher aus und dann wird die Entscheidung für oder gegen dieses Ziel klarer. Ich weiß nicht, ob das ein Weg wäre für Sie?
Frau M.:	Mmh, Sie meinen ich sammle diese Situationen und schau sie mir an und schau mal, wie ich mich so entscheide und wie ich das finde?
Soz-.arb.:	Ja und können dann besser beurteilen, ob Sie das Ziel „mich von Miriam abgrenzen und ihr bzw. den anderen Erwachsenen überlassen, wie sie die Konflikte lösen" angehen wollen oder ob man das noch mal umformulieren muss.
Frau M.:	Wie so ne Testphase, dass ich das nachher besser einschätzen kann.
Soz.-arb.:	Ja, genau so! Können Sie sich das vorstellen und dass Sie das Heft in drei Monaten mitbringen und uns davon berichten?
Frau M.:	Doch, ja, das ist glaub ich ne Möglichkeit. O. k., das kann ich machen.
Soz-.arb.:	Und haben Sie das Gefühl, das kann Sie weiterbringen o-

	der machen Sie das für uns, weil ich mir das so ausgedacht habe?
Frau M.:	Nee, nee, ich seh schon, warum Sie mir das vorschlagen. Nee, das bringt mich weiter, denk ich, dass das mir hilft!

In dem Gespräch wird die ursprüngliche Entwicklungsaufgabe zurückgenommen, aber nicht fallengelassen. Es wird ein Projekt geplant (das Heft mit den vier Rubriken), welches erlaubt, das Ziel genauer zu untersuchen und eine präzisere Einschätzung dafür zu gewinnen, in wie vielen Situationen es als passend oder unpassend erlebt wird.

Hindernis 3: Angesichts der konkreten Anforderungen, die an sie gestellt werden, wechseln sie auf die andere Seite einer *Ambivalenz*: Sie wollen eine bestimmte Sache verändern und zugleich nicht verändern, d. h. der Ist-Zustand hat mehr Vorteile als bisher deutlich wurde.

Gerade in Anwesenheit von mehreren, wohlwollenden Erwachsenen gehen Jugendliche oftmals gern auf Zielvorstellungen ein, denen sie später im Alltag „aus guten Gründen" eher ambivalent gegenüber stehen. Auch hier ein Beispiel:

Zu Szene 7: Eine Jugendliche, die in die Schule gehen soll

Bei Nadja wurde als Entwicklungsaufgabe festgehalten: „mehr Durchhaltevermögen entwickeln, die kleinen Erfolge sehen, sich durch Rückschläge nicht entmutigen zu lassen". Diese Entwicklungsaufgabe wurde u.a. in dem Projekt konkretisiert „Schulbesuch an mindestens vier Tagen in der Woche. Ein Tag Schulbesuch zählt nur, wenn alle Stunden wahrgenommen wurden und außerdem nicht mehr als drei Fehltage im Monat entstehen."

Nadja soll auch zur Betreuerin gehen, wenn es Ärger gibt mit LehrerInnen und/ oder MitschülerInnen. Um die Konkretisierung des Wortes „möglichst regelmäßiger Schulbesuch" hatte ein fast zehnminütiges zähes Ringen zwischen dem Mädchen und ihrer Betreuerin stattgefunden. Das Mädchen hatte der oben stehenden Formulierung zwar zugestimmt, saß aber anschließend mit verschränkten Armen und gerunzelter Stirn da.

Auf die Rückfrage, ob sie die Abmachung revidieren wolle, reagierte sie zunächst unwirsch. Erst als der Sozialarbeiter einfühlsam nachfragte: „Mein Eindruck ist, dass du dich über den Tisch gezogen fühlst und wir was Wichtiges übersehen haben", konnte das Mädchen zugeben, dass sie sich Sorgen um die Reaktionen ihrer Clique machen würde. Diese (drei, vier Mädchen) würden sich über sie lustig machen, wenn sie sagen würde, „ich hab diese Woche schon einen Fehltag, ich will nicht mehr mit euch weggehen".

Deutlich wurde also ein Loyalitätskonflikt zwischen der Verpflichtung auf ein Ziel (Durchhaltevermögen) und der Neigung zu einer Gruppe. Dieser soziale Kontext hatte bei der vorausgegangenen Erforschung des Phänomens „Schuleschwänzen" keine Rolle gespielt. Dort hatten andere Gefühle wie Selbstzweifel, Scham, Langeweile eine Rolle gespielt, angesichts derer das Entwicklungsziel „Durchhaltevermögen" stimmig war. Deswegen muss nach einem passenderen Entwicklungsziel oder einem passenderen Ort gesucht werden, das Entwicklungsziel zu verfolgen:

Dialog A

Soz.-arb.:	Heißt das nun, wo wir das mit deinen Freundinnen kapiert haben, dass Durchhaltevermögen und Schule, dass das nicht zusammenpasst?
Nadja:	Mmh weiß nicht
Soz.-arb.:	Zu der Sache mit den Freundinnen passt besser das Entwicklungsziel „selbst wissen, was man will und das auch durchziehen, selbst wenn jemand sauer ist", in dem Fall entweder die Mädels oder die Lehrer eben.
Betreuerin:	Und ich, ich bin ja auch sauer, wenn sie nicht geht.
Soz.-arb.:	(zur Betreuerin gewandt) O. k., sprechen wir noch drüber: Schule ist halt erst mal Ihr Ziel. (Zu Nadja) Wo geht's denn noch um Durchhalten, außer bei der Schule, wo könntest du das denn noch trainieren?
Nadja:	Na, bei Therapie, da hab ich ja auch oft kein Bock und geh nich, oder mal ja, mal nein.
Soz.-arb.:	Aha, und was würde dort bei der Therapie Durchhalten bedeuten?
Nadja:	Na Hingehen, jede Woche hingehen, auch wenn ich mal

	kein Sinn seh, ne.
Soz.-arb.:	(an die Betreuerin gewandt) Was sagen Sie dazu? Ist Therapie ein guter Ort um Durchhaltevermögen zu trainieren und ist jede Woche hin gehen ein Beweis von Durchhaltevermögen?
Betreuerin:	Na über Schule müssen wir dann noch mal reden, weil, das ist mein Ziel, dass die Nadja dahingeht, da steh ich drauf. Aber das ist dann ja wohl mehr mein Ding, was ich schon durchdrücken will. Was die Therapie betrifft, da geb ich der Nadja völlig recht. Therapie ist auch was zum Durchhalten, und jede Woche hingehen wäre ein ernstzunehmender Schritt in diese Richtung. Wenn das das Trainingsfeld sein soll, bin ich auch zufrieden.

Einerseits liegt hier ein *Zieledissens* vor, hier bezogen auf die Schule. Pädagogische Erfordernisse der Einrichtung (z.B. regelmäßiger Schulbesuch), können und müssen von individuellen Zielen und deren Planung getrennt werden. *Ansprüche an die AdressatInnen zu stellen, welche den Erhalt der eigenen Arbeitsfähigkeit bzw. die Ordnung in der Organisation thematisieren und diese im Hilfeplan festzuhalten, ist völlig legitim.* Aber es macht einen großen Unterschied aus, ob ein Adressat willens ist, sich an diese zu halten oder zu lernen sich besser an sie zu halten, oder ob diese Regeln für ihn Zumutungen darstellen, welche die Einrichtung u. U. auch gegen seinen Willen durchsetzen möchte. Solche Regeln und die Sanktionen, die bei ihrer Nicht-Befolgung geschehen sollen, sind hilfeplanungsrelevant und müssen im Hilfeplan als Konfliktpunkte festgehalten werden. Sie können aber nicht als „Ziele des Adressaten" festgehalten werden, eher als Ziele der PädagogInnen, der Eltern etc.. Eine nähere Auseinandersetzung zum Thema „Umgang mit (verhärtetem) Zieldissens" finden die LeserInnen auch in Kapitel 6.

Hindernis 4: Jetzt, wo es konkret wird, erleben sich die AdressatInnen bezogen auf den Aushandlungsprozess, als VerliererInnen. Sie haben *das Gefühl unverhältnismäßig mehr leisten zu müssen* als andere in den Erziehungshilfeprozess involvierte Personen.

Fühlt sich jemand, angesichts der konkreten Aufgaben, die mit der Zielrealisierung auf ihn zukommen, im Vergleich zu anderen übermäßig belastet (und somit als Verlierer im Aushandlungsprozess), so kommt es darauf an *die Aufgabenverteilung noch einmal genauer anzuschauen* (siehe auch Möglichkeit B): Bleibt wirklich zu viel an ihm hängen und müssen andere zu wenig tun? Fühlt er sich überfordert durch das, was er leisten soll? Geht es darum mehr Unterstützung zu bekommen, für das, was er tun will? Oder geht es darum, eine Art Belohnung oder Prämie zu verabreden, damit er eine zusätzliche Motivation (diese können und dürfen auf keinen Fall die eigene ersetzen) erhält?

Abbildung 17: Die wichtigsten Vorgehensweise bei Schwierigkeiten auf Zielebene 3

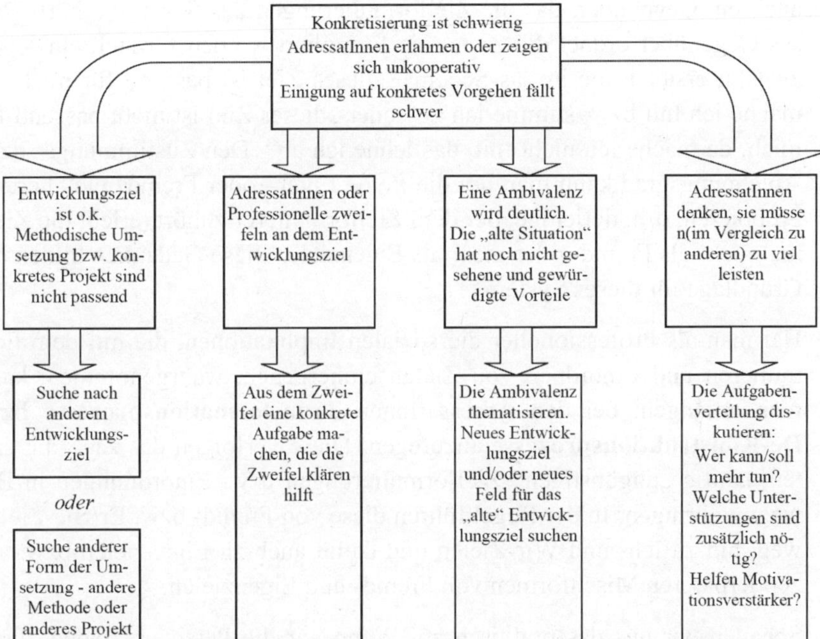

4.3 Transformation von Er/Sie-Zielen und Dekonstruktion von Fremdzielen

Das zweite System, das hier vorgestellt werden soll, arbeitet mit den sozialen Implikationen von **Sprechakten**. Die Sprechakte bestehen im Kontext dieses Buches in Zielformulierungen, die jemand für sich (Ich-Ziele) oder für andere (Er-/Sie-Ziel) oder für sich und andere (Wir-Ziele) formulieren kann.

In allen drei Sprechakten ist es hier der Sprecher, der aktiv Ziele formuliert (Brandom 2000). Allerdings existiert in der Hilfeplanungssituation auch ein Gegenüber, das die Zielformulierungen des Sprechers hört. Dieses Gegenüber ordnet die Ziele, die formuliert werden für sich ein – und zwar in erster Linie in das Schema „dieses Ziel ist passend für mich, da mache ich mit bzw. stimme ich zu" oder „dieses Ziel ist nicht passend für mich, da mache ich nicht mit, das lehne ich ab". Den Zustimmungs- bzw. Ablehnungsgrad kann man um die Pole „Eigen- oder Fremdziele" herumgruppieren, d.h. derjenige, der dem Zielformulierer zuhört, erlebt die Ziele mal mehr als Fremd- oder mehr als Eigenziele. Diese Gedanken bilden die Grundlage für dieses System.

Hat man als Professioneller die sozialen Implikationen, die mit dem Formulieren und Einordnen von Zielen einhergehen, wahrgenommen, kann man anfangen, bei den AdressatInnen **Transformationsprozesse bzw. De-Konstruktionsprozesse** anzuregen: Diese verfolgen das Ziel, die ersten, häufig „ungünstigen" Zielformulierungen bzw. Einordnungen in Bewegung bringen. In der Regel führen diese von Fremd- bzw. Er/Sie-Zielen weg, hin zu Ich- und Wir-Zielen und damit auch zu Eigenzielen bzw. akzeptierbareren Mischformen von Fremd- und Eigenzielen.

Schauen wir uns das praktisch an: Wenn wir die Personen fragen, die – mehr oder weniger freiwillig – in einen Hilfeprozess involviert werden, welche Ziele sie mit der Erziehungshilfe verbinden, hören wir häufig Sätze wie wir sie auch schon im Kapitel 4.2. beispielhaft aufgeführt haben. Hier sei an diese Szenen noch einmal erinnert:

(*Szene 1)* Eine Mutter (Frau Fabig): „Felix soll wieder in die Schule gehen, das wäre das Wichtigste… also da erwart' ich mir schon, dass sich da was bessert mit dem neuen Betreuer…"

(*Szene 2)* Eine Tochter (Greta): „Meine Mutter meint, ich soll mich von der Clique fernhalten, ja… und mehr Hausaufgaben machen oder so, aber ich will meine Freiheit und nicht nach ihrer Pfeife tanzen"

(*Szene 3)* Ein Heimpädagoge: „Harry muss lernen, Konflikte ohne Gewalt zu lösen, da gibt es andere Wege und die muss er lernen…"

(*Szene 4)* Ein Sohn (Ivo): „Wenn es weniger Streit gäbe, das wäre schon gut und sie weniger an mir rummeckern würde, aber (zuckt mit den Schultern) ich weiß nicht, ob da noch was geht…"

(Szene 5) Ein Jugendlicher im Heim (Jens): „Ziele, Keine Ahnung, Ziele hab ich keine, höchstens dass ich Fußballspielen will… also so oft wie möglich Fußball und meine Clique besuchen…"

Was seltener zu hören ist, sind Sätze wie:

- *Die Mutter:* „Ich möchte lernen, wie ich meinen Sohn möglichst gut dabei unterstützen kann, wieder regelmäßiger zur Schule zu gehen!"
- *Die Tochter:* „Ich möchte mit meiner Mutter zusammen aushandeln, wie oft und unter welchen Bedingungen ich mit meiner Clique zusammen sein kann. Also probieren, ob wir uns da einigen können, so dass wir beide zufrieden sind…"
- *Der Heimpädagoge:* „Ich möchte gemeinsam mit Harry nach Wegen suchen, wie wir bei Auseinandersetzungen Gewalt verhindern können. Konkret: Wie können wir uns streiten, von mir aus auch laut und heftig, aber so, dass dabei was rauskommt und sich keiner über den Tisch gezogen fühlt?"

Was macht den Unterschied zwischen beiden Satzgruppen aus? Und: Wie kommen wir von der ersten Gruppe von Sätzen zu der zweiten? Das sind die beiden Hauptthemen, mit denen wir uns in diesem Kapitel beschäftigen.

Beginnen wir mit der Analyse der ersten Satzgruppe: In der ersten Satzgruppe begegnen wir unterschiedlichen **kommunikativen Strategien**, wie mit der Zumutung, Ziele formulieren zu sollen, umgegangen wird. In allen drei Aussageformen können wir beobachten, wie Personen Ziele formulieren und dabei soziale Erwartungen aufstellen, sich damit auseinandersetzen oder diese zurückweisen.

- **Er/Sie-Ziele** sind charakterisiert durch „er soll/sie soll" (Sätze 1, 3, 4) – Ziele werden formuliert und an jemand anderen adressiert.
- **Fremd-Ziele** sind charakterisiert durch „ich soll/jemand meint, dass ich…" (Anfang von Satz 2 und Satz 5): Zielvorstellungen anderer werden von der davon betroffenen Person wiedergegeben und (zweifelnd) erwogen (Satz 5) oder zurückgewiesen (Satz 2).
- **Ablehnungen** beziehen sich auf ein Fremdziel oder auf das Ziele-Formulieren überhaupt. Dabei sind Ablehnungen häufig mit einer Strategie kombiniert, die man „Verschiebung auf eine andere Ebene" nennen könnte: Statt Ziele zu benennen, werden Wünsche bzw. Erwartungen geäußert (Satz 2 „… meine Freiheit" und Satz 6 „… Fußball")

Wenn man bei der Entwicklung von tragfähigen Zielen dienlich sein will, hat man als SozialarbeiterIn mit dem zu arbeiten, was man gesagt bekommt. Die Kunst besteht darin, jede „auch noch so schräge" Zielformulierung aufmerksam zu hören, neugierig zu untersuchen und für einen Zielentwicklungsprozess zu nutzen.

Sicher gibt es noch mehr Antwortkategorien als die hier aufgeführten. Sie dürften allerdings relativ häufig sein. Wenn wir an ihnen durchspielen, wie eine zielorientierte Gesprächsführung aussehen kann, wird es dem Hilfeplaner auch bei anderen Antwort-Kategorien gelingen, konstruktive Zielentwicklungsprozesse anzuregen.

4.3.1 Von Er/Sie-Zielen zu Ich- und/oder Wir-Zielen

Er/Sie-Ziele (Sätze 1,3 und 5) definieren eine bestimmte **Sprecherposition** im Diskurs über Ziele: Jemand der nach Zielen gefragt wird, benennt Ziele, von denen er meint oder wünscht, dass *andere* sie erreichen (sollen).

Er/Sie-Ziele implizieren (unweigerlich) – wie alle Zielformulierungen – eine Fremd- und eine Selbstdefinition. Die **Fremddefinition** des Sprechers lässt sich so verstehen: „Der andere hat oder macht Probleme. Der andere soll sein Verhalten verändern." Auf der Seite der **Selbstdefinition** lässt sich verstehen: „Ich bin jemand, der kein Ziel für sich selbst formulieren will oder muss. Ich kann so bleiben wie ich bin."

An wen richten sich diese Botschaften? Sie sind in der Regel an zwei „Gegenüber“ adressiert: An denjenigen, der sich verändern soll (den Sohn, die Tochter, den Mann, die Mutter etc.): „Da hörst du, was du anders machen musst, jetzt sieh es doch bitte ein!“ Und, da diese Botschaft vor den Ohren eines Helfers formuliert wird, an den Sozialarbeiter. Diesem wird bedeutet: „Hallo Helfer, bei dieser Hilfe soll es um ihn/sie (Sohn, Tochter, Mann, Mutter etc.) gehen. Kümmern Sie sich bitte um ihn und lassen Sie mich soweit als möglich außen vor!“

Die Person, die „Er/Sie“-Ziele formuliert, präsentiert sich selbst (zunächst oder vorläufig!) als jemanden, der weder als Teil des zu bearbeitenden Problems behandelt werden möchte noch als Teil der Lösung. Mit der Formulierung des Er/Sie-Ziels stellt sie sich – drastisch gesprochen – außerhalb des Problemsystems und delegiert die weitere Arbeit an die anderen. In der Sprache von de Shazer und Kim Berg heißt das, dass sie in die Kategorie eins des Klagenden bzw. Beschwerdeführers einzuordnen ist. Damit ist sie einerseits aus dem Schneider: Andere sollen (an sich selbst oder miteinander) arbeiten, sie darf so bleiben wie sie ist. Andererseits gibt sie mit diesem Rückzug Einfluss- und Entwicklungsmöglichkeiten auf.

Als SozialarbeiterIn ist es einerseits wichtig die Botschaften (an das Kind, den Mann, den Sozialarbeiter etc.) zu hören. Sie geben Aufschluss über die Position des Sprechers zur Hilfe beispielsweise über den Grad, in dem diese Person sich zu diesem Zeitpunkt in den Prozess der Erziehungshilfe verwickeln lassen möchte. Gleichzeitig sagt der Sprecher damit noch nicht alles Wichtige über sich aus. Häufig ist es sinnvoll diese ersten Zielformulierungen (auch) als Reaktionen auf *Unsicherheitsgefühle* und *Selbstzweifel* zu verstehen.

Wenn die Mutter sagt „Er soll wieder in die Schule gehen, das wäre das Wichtigste… also da erwart‘ ich mir schon, dass sich da was bessert mit dem Betreuer…“, kann da noch mitschwingen:

- Sollen sich doch jetzt mal andere um dieses leidige Thema kümmern, ich habe es lange genug selbst probiert, mir den Mund fusselig geredet und von niemandem Unterstützung bzw. Anerkennung dafür erhalten. Und dann musste ich mir dann auch noch Vorwürfe anhören, als ich mal etwas grober geworden bin zu dem Jungen und ihm Wasser ins Bett geschüttet habe…

oder

- Ich weiß schon, dass meine Versuche, ihn zur Schule zu bringen, bisher halbherzig und ungeschickt waren. So richtig energisch bin ich ja nie geworden. Hoffentlich merkt das keiner und macht mich niemand dafür verantwortlich.

oder

- Ich möchte mir es nicht mit meinem Sohn verderben, wenn man ihm schon Druck machen muss, dann sollen das bitte schön andere tun. Ich habe ihm in der Vergangenheit schon genug angetan und er macht mir schon genug Vorwürfe. Jetzt muss ich an seiner Seite stehen.

Die Zielentwicklungsaufgabe für SozialarbeiterInnen besteht darin mit Hilfe von aufmerksamem Zuhören und interessanten Fragen einen *Transformationsprozess* anzuregen, in dem der Adressat die (ursprünglich formulierten) Er/Sie-Ziele nach und nach in Ich- und/oder Wir-Ziele verwandeln. Ich sage bewusst „anregen", da die Transformation selbst nur von dem Adressaten selbst vollzogen werden kann. Allerdings gibt es geschicktere bzw. ungeschicktere Formen von Anregungen, wobei für den/die SozialarbeiterIn das Problem ist, dass sein/ihr Anregungspotential personen- und situationsspezifisch variiert. Was heute für diese Person passt, kann morgen für andere, ja selbst für diese Person unpassend sein.

Für die Er-/Sie-Ziele formulierenden AdressatInnen bedeutet das Sich-Einlassen auf Transformationsprozesse, sich aus der *Position der Delegation* („Mach du bzw. macht ihr!") in eine *Position der Eigenbeteiligung* (ich kann/will, wir können/wollen) hinein zu entwickeln oder zumindest die ursprüngliche Position um Elemente der Eigenbeteiligung zu ergänzen.

Bevor wir betrachten, wie dieser Umwandlungsprozess von der Gesprächsführung her aussehen kann, noch ein paar Hinweise auf das Ziel: Welche Formulierungen werden angestrebt?

Mit **Ich-Zielen** sind Zielformulierungen gemeint, in denen ein Adressat angibt, eine Veränderung bei sich selbst erreichen oder ein bestimmtes Verhalten lernen zu wollen, z.B.: „Ich will lernen meinen wachsenden Ärger angesichts von Lärm oder dem Gefühl der Nichtachtung frühzeitig zu bemerken und meinen Kindern rechtzeitig Grenzen zu setzen, damit ich nicht vor Wut explodieren und sie schlagen oder schütteln muss."

Es ist offensichtlich, dass der Adressat mit der Formulierung von Ich-Zielen die volle Verantwortung für die Gestaltung einer Situation übernimmt und das Problematische daran nicht länger an den oder die anderen (hier die Kinder) adressiert. Damit definiert er sich selbst als jemanden, der Verhaltensspielräume hat und der lernen will oder muss, diese mehr oder konstruktiver zu nutzen.

Zielformulierungen wie im Beispiel oben kommen uns seltsam und fremd vor. Solche Sätze hören wir selten oder nie. Zweifellos ist es ein weiter Weg, um von dem Satz „... meine Kinder nerven mich, manchmal hätte ich sie am liebsten los, nicht für immer, aber wenigstens für ein paar Stunden, oder so..., aber das geht ja nicht, wobei... schlagen will ich halt auch nicht, also nicht so oft, ganz ohne geht ja nicht, also die müssten halt besser hören!" zu der oben zitierten Formulierung als Ich-Ziel zu gelangen. Die einzelnen Schritte dazu schauen wir uns noch genauer an (siehe Szene und Schaubild).

Mit **Wir-Zielen** sind Zielformulierungen gemeint, in denen ein Adressat einen Verhaltenskomplex als eine zu bewältigende Aufgabe für mehrere Personen definiert. Damit ist eine Einladung an andere verbunden, mit ihm oder ihr zusammen die Verantwortung für die Gestaltung einer Situation zu übernehmen, wobei weiter zu klären ist, ob alle dasselbe tun müssen (z.B. auf wachsenden Ärger achten) oder einen je eigenen Beitrag (z.B. Mutter achtet auf ihre Grenzen, Kinder achten auf Mutters Worte) leisten müssen.

Prinzipiell sind Formulierungen als Ich-Ziele oder Wir-Ziele gleich gut: Beide stellen einen erheblichen Fortschritt gegenüber der Formulierung von Er/Sie-Zielen dar, weil sie (einen kleineren oder größeren Schritt) von der anspruchlichen Delegation an andere hin zu mehr Eigenbeteiligung führen bzw. neben die Delegation einen Eigenbeitrag stellen.

Mit **Ich-Zielen** macht eine Person sich und seinen Lernprozess (fast) völlig unabhängig von anderen; man spricht deshalb von selbstinitiierten Zielen (vgl. von Spiegel 2000, Werth 1992). Sie kann für sich lernen/weiterkommen, unabhängig davon, ob andere auch lernen oder sich verändern (wollen). Scheitert sie z.B. am frühzeitigen Spüren des Ärgers oder am rechtzeitigen Grenzensetzen, dann kann das zwar als demotivierend erlebt werden, aber sie kann prinzipiell mit ihren Anstrengungen fortfahren.

Mit **Wir-Zielen** macht man sich ein Stück weit von anderen abhängig: Man ist bereit seinen Teil dazuzutun, wenn die anderen das auch tun. Die Betonung des Angewiesenseins auf das Mitspielen der anderen im Veränderungsprozess kann bei bestimmten Problemkonstellationen völlig angemessen, ja sogar sinnvoller als die Formulierung eines Ich-Ziels sein. Wir-Ziele haben zugleich den Vorteil, dass man sich als Helfer mit in die Gestaltung einbeziehen kann bzw. dass man dem Adressaten Veränderungsprozesse anbieten kann, in die man sich ganz bewusst selbst involviert, um wir sagen zu können:

Beispiel 1: „Harry, du weißt, das mit dem Schubsen oder Schlagen von Pädagogen finde ich brutal, das ist Gewalt. Aber ich will nicht sagen, ist nur dein Problem, musst du was alleine dran machen. Ich will dir vorschlagen, dass wir da zusammen was bei lernen: Wir Pädagogen müssen lernen, genauer zu erkennen, wenn du schlecht drauf bist und müssten dir dann mehr Angebote machen wie ‚Harry, komm zieh dich mal raus, sonst gibt es wieder Stunk‘. Und du Harry, du müsstest lernen, diese Angebote dann auch zu nutzen, also nicht: ‚Die wollen mich jetzt loshaben, jetzt bleib ich erst recht…‘, sondern ‚Die bieten mir ne Auszeit an, damit ich mich rechtzeitig beruhigen kann und es nicht wieder zu Gewaltvorfällen kommt‘. Wäre das was, was du zusammen mit uns lernen willst, wo wir aufeinander angewiesen sind?“

Beispiel 2: „Sie waren ja in letzter Zeit nicht so zufrieden mit unserer Zusammenarbeit und haben einiges als Einmischung in Ihre Privatsphäre erlebt. Was ich gern mit Ihnen lernen möchte, Frau Maas, ist, dass wir beide schneller unterscheiden, was sind gute Anregungen, die Sie von mir wünschen und auch annehmen können und was sind Einmischungen, die Sie nicht brauchen können. Also wenn Sie mir da deutlicher sagen, was Sie denken und wenn ich da regelmäßiger nachfrage, ob und wie zufrieden Sie sind, also dann kommen wir ein Stück weiter. Ist das ein Ziel, was Sie gemeinsam mit mir verfolgen wollen?“

Als Schaubild können wir den Prozess so darstellen:

Abbildung 18: Von Er/Sie-Ziele zu Ich- bzw. Wir-Ziele

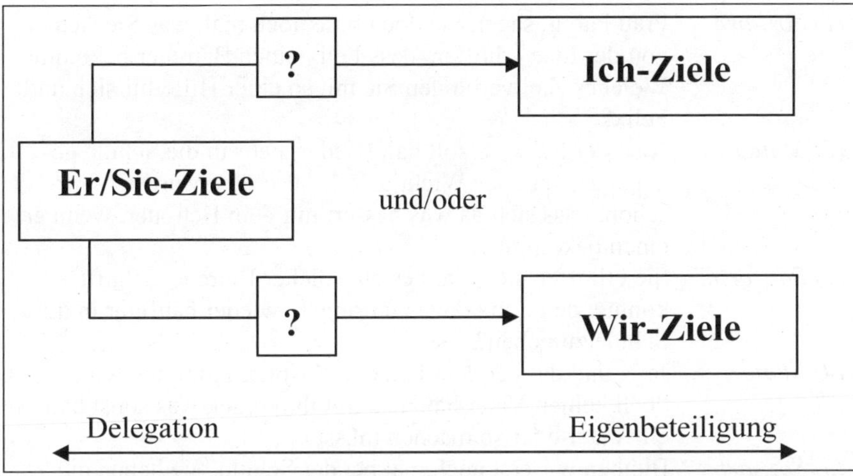

Wie kann dieser Transformationsprozess durch eine geschickte Gesprächsführung angeregt und unterstützt werden?

Vom Er/Sie-Ziel zum (vorläufigen, probeweisen) Ich-Ziel

Szene 1: Die Mutter des die Schule schwänzenden Sohnes

(Fortsetzung von Kap. 4.2.) Alleinerziehende Mutter (Frau Fabig), drittes Gespräch, diesmal ohne Sohn.

Felix, 13 Jahre, geht unregelmäßig zur Schule (33 Fehltage im ersten Halbjahr), mal aus Angst vor Konflikten mit anderen Jugendlichen, mal wegen Vermeidung von Klassenarbeiten. Er ist in der Klasse eher ein Einzelgänger und geht vormittags in Kaufhäusern Play-Station spielen.

Die Mutter (49 Jahre) ist eher überbehütend, hat nie mit dem Vater des Jungen zusammengelebt und nie für Kontakt zwischen Vater und Sohn gesorgt. Sie arbeitet abends als Reinigungskraft in Büros. Der Eindruck des Sozialarbeiters war, dass die Mutter in der Phase der Pubertät des Jungen die Erziehungsgeschäfte an einen Mann (Ersatzvater) delegieren möchte, weil sie sich selbst in dieser Lebensphase als zu wenig kompetent erlebt.

Dialog B

(1) Soz.-arb.:	Frau Fabig, sagen Sie doch bitte noch mal, was Sie sich von der Idee erhoffen, dass Felix einen Betreuer bekommt. Welches Ziel verbinden Sie mit so einer Hilfe für sich und Felix?
(2) Mutter:	Also der Felix, er soll halt wieder mehr in die Schule gehen, das wäre das Wichtigste…, also da erwart' ich mir schon, dass sich da was bessert mit dem Betreuer, wenn er einen bekommt…
(3) Soz.-arb.:	Sie erhoffen sich, dass es ein solcher Betreuer schafften könnte, den Felix dazu zu bringen, wieder häufiger in die Schule zu gehen?
(4) Mutter:	Ja… und dass er dem Felix so Zuspruch gibt, ne, wo er doch keinen Vater hat, also mit ihm redet, was sonst halt ein Vater oder so machen müsst…
(5) Soz.-arb.:	Bleiben wir erst noch mal bei der Schule. Sie haben die Erwartung, dass so ein Betreuer, da was dafür tun könnte, dass der Felix wieder mehr in die Schule geht. Haben Sie eine Idee, was der genau tun müsste, damit das auch gelingt, also dass der Schulbesuch regelmäßiger wird?
(6) Mutter:	Naja, der dürft' sich nicht abwimmeln lassen, also immer dran bleiben, am besten am Morgen kommen und den Felix abholen oder mindestens anrufen oder so, dass er hört, dass er aus'm Bett ist, ne?!
(7) Soz.-arb.:	O. k., hab ich verstanden…, das muss jemand sein, der dran bleibt und sich nicht abwimmeln lässt. So einen müsste ich finden. Wird sicher nicht leicht, aber schau'n wir mal… Frau Fabig, auf was kann der Mann denn zählen von Ihrer Seite aus, wird ja nicht einfach mit dem Felix und der Schule, also mit welcher Unterstützung Ihrer Seite kann er rechnen?
(8) Mutter:	Ja, was kann ich denn groß tun, ich hab doch mein Pulver schon verschossen und außerdem… ich hab ja auch nicht studiert…, was soll ich…
(9) Soz.-arb.:	Klar, aber ich sag mal, wie bei jedem größeren Vorhaben, schafft der das nicht alleine, er braucht Unterstützung, also ich sag mal ganz banal, der braucht z. B., dass Sie ihm die Türe aufmachen am Morgen oder ihm den Schlüssel anvertrauen oder…

(10) Mutter: Na klar, mach ich dem auf, ich bin doch immer da, bis auf abends.

(11) Soz.-arb.: Ja, oder die Anrufe der Schule, ja, dass Sie die aufschreiben und ihm die Informationen weitergeben usw.

(12) Mutter: Mach ich, ist scho recht.

(13) Soz.-arb.: Würden Sie sagen, was der an Unterstützung braucht, das kann er von mir haben?

(14) Mutter: Also, was ich machen kann, da kann er sich darauf verlassen.

(15) Soz.-arb.: O. k., das ist gut, das ist eine gute Voraussetzung, dass er Erfolg haben wird, wenn er weiß, auf Sie kann er sich verlassen. Prima. Also dann weiter, ich möchte fragen, was Sie selbst dafür tun könnten, Sie alleine, dass der Felix regelmäßiger zur Schule geht, was könnte Ihr Beitrag dazu sein?

(16) Mutter: Also was, wie meinen Sie das jetzt? Aufgestanden bin ich immer und hab ihm das Frühstück gerichtet, halb sieben aufgestanden und so… und dann dreimal geweckt und… und dann ist er fort und hat alles stehen lassen…, musst' ich den Kakao wegkippen, nich, den schönen Kakao, weil der Junge früh nichts mag…

(17) Soz.-arb.: Dass Sie schon immer einen Beitrag leisten wollten zum Schulbesuch vom Felix, das ist mir klar. Also dass Sie nicht jemand sind der sagt, ich bleib liegen in den Federn, soll der Junge mal alleine raus aus dem Bett und rein ins Kalte… Aber was mich beschäftigt ist, ob das ein Beitrag ist, den auch der Felix als Unterstützung erlebt…, also ist für den der Kakao ne Unterstützung oder ist für den überhaupt Frühstück wichtig oder dass Sie auf sind, um ihm alles zu richten… das weiß ich nicht…

(18) Mutter: Also, weiß ich auch nicht, eine Mutter, ne, die muss doch raus und dem Jungen was richten…, auch wenn der Felix immer sagt: „Mama nerv' mich nicht schon früh, bleib lieber liegen!"

(19) Soz.-arb.: Gab es denn mal Tage, wo Sie das Gefühl hatten: „So! Das ist mir gut gelungen heute, heute hab ich das Ganze, also mit dem Aufstehen und dem Schulbesuch, wirkungsvoll unterstützt, heute hat's was gebracht!"

(20) Mutter: Also einmal, ne, da hab ich ihm gesagt, also das Geld für das neue Spiel (gemeint: Computerspiel), das bekommst

du nur, wenn du auch gehst, glaub nicht, dass ich dir das gebe, wenn du nich…, brauchst gar nicht kommen…, is' nicht, gar nich'!

(21) Soz.-arb.: Und…?

(22) Mutter: Und dann ist er gegangen! Und als er heim kam, hat er gesagt, „Also, wo ist das Geld? Kannst anrufen (gemeint: in der Schule). Ich war!"

(23) Soz.-arb.: Und das war das erste Mal, dass Sie so ein Druckmittel gehabt haben und er hat Ihnen auch geglaubt, dass Sie es einsetzen? Was war denn wichtiger, dass Sie eines hatten, ein Druckmittel, oder dass er gewusst hat: Die meint es ernst?

(24) Mutter: Naja, gesagt hab ich so was schon öfters, aber an dem Morgen, hab ich mir geschworen, dass ich das Geld lieber zerreiße, als dass ich es ihm gebe, also dass er mich da nicht weich kriegt, also mal gar nicht weich!

(25) Soz.-arb.: Das heißt, eine wirkungsvolle Unterstützung ist, wenn Sie auch mal die Harte sind, die ihn mit Konsequenzen konfrontiert, wenn er nicht geht, also so, dass er merkt, jetzt ist die Mama wirklich sauer, jetzt ist das kein Spaß mehr mit ihr.

(26) Mutter: Naja gern mach ich das nicht, ne, is nich so meine Art… Also mir können Sie schon was aus dem Kreuz leiern, wenn Sie's drauf angelegt haben, nich…

(27) Soz.-arb.: Aber Sie können auch anders. Und Sie sehen, es hat Erfolg, zumindest diesen einen Morgen, es hatte Erfolg!

(28) Mutter: Ja schon, wenn ich so was mal mache, ist bei mir in der Arbeit auch, weil ich immer Ja sage, aber wenn ich dann mal auf den Putz haue, dann wissen Sie auch, jetzt ist Schluss mit lustig.

(29) Soz.-arb.: Also Sie können es, Sie wollen es nur nicht so oft einsetzen…, muss man ja auch schauen, wie oft muss das macht. Aber jetzt mal so gefragt: Wäre das ein Ziel, wo Sie sagen, ja, das will ich lernen, also meinen Felix unterstützen beim In-die-Schule-Gehen und dass der Betreuer und Sie da so was sind wie ein Team…

(30) Mutter: Team?

(31) Soz.-arb.: Also, dass sie sich gegenseitig austauschen und beraten, was planen wir, damit er geht, was machen Sie, was macht der Betreuer und dann schau'n wir uns mal an, was hat ge-

klappt und was haben wir uns schön ausgedacht und was hat leider trotzdem nicht funktioniert.

(32) Mutter: Also, Sie meinen der Betreuer und ich wir sollen das zusammen machen?

(33) Soz.-arb.: Nicht nur… also, ich sag mal ein Beispiel: Sie beschließen, wenn der Junge nicht zur Schule geht, da mach ich einen Kochstreik, da mach ich dem kein Essen mehr, schließ die Küche ab oder so.

(34) Mutter: Könnt ich nicht!

(35) Soz.-arb.: Ist ja nur ein Beispiel. Vielleicht überlegen Sie sich was ganz anderes, wo Sie wollen, das soll den Felix bewegen… Und dann wäre das wichtig, dass Sie das vorher oder nachher mit dem Betreuer besprechen und dass sie sich das zusammen anschauen, was hat funktioniert und was nicht… Also, jeder macht durchaus Sachen alleine, aber Sie schauen zusammen nach dem besten oder sagen wir mal nach guten Formen der Unterstützung.

(36) Mutter: Mmh.

(37) Soz.-arb.: Könnte das ein Ziel sein, wo Sie sagen, ja da will ich was für mich lernen?

(38) Mutter: Mmh,… hab ich mir erst anders vorgestellt…, aber was Sie da so sagen, nich, also macht schon Sinn! Ich weiß nur nicht, ob ich da wirklich nützlich bin, sein kann, nich…

(39) Soz.-arb.: Aber darum geht es doch, dass Sie das lernen, eine noch bessere Unterstützerin zu sein für Ihren Sohn. Und so wie wir heute was entdeckt haben, was wirkungsvoll war, wird der auch mit Ihnen Sachen entdecken, auf die Sie dann stolz sein können.

(40) Mutter: Das will ich schon sein, oder lernen…, also halt mit dem, was ich da mache mit meinem Sohn, also muss schon was nutzen… Wenn's nur mir nützt, is nich richtig… (lacht)

(41) Soz.-arb.: So werden bei der Betreuung alle drei was lernen: Der Felix, zur Schule zu gehen und nicht zu kneifen, Sie, ihn gut zu unterstützen, also dass da Kraft ist dahinter und der Betreuer, wie er Ihnen beiden helfen kann, dass Sie das schaffen…

(42) Mutter: Schön wär's.

(43) Soz.-arb.: Sie zweifeln noch dran…? Können es sich noch nicht vorstellen?

(44) Mutter: Ist ja ne schwere Aufgabe, ne, also für alle drei, ne, nicht

nur für mich, auch für den Jungen und den Betreuer auch… müssen Sie schon einen guten suchen…

(45) Soz.-arb.: Ja, da haben Sie Recht, einen guten und der braucht natürlich auch eine gute, aber die hab ich ja schon gefunden (lacht)…, also jetzt mal im ernst: Wir bleiben darüber im Gespräch, deswegen machen wir ja die Hilfeplanungen, also die regelmäßigen Gespräche…

Kommentar zur Gesprächsführung:

Was dient der Transformation des ursprünglichen Er/ Sie-Ziels in ein (vorläufiges) Ich-Ziel ?

(3/5): Der Sozialarbeiter geht zunächst auf die Formulierung als Er/ Sie-Ziel ein und fragt die diesbezüglichen Wünsche und Hoffnungen der Mutter ab. Dabei fragt er einerseits ausgesprochen „dienstleistungsorientiert" und nutzt die Mutter als kompetente Ratgeberin für eine mögliche Konstruktion der Hilfe. In dieser Phase kann die Mutter genau so bleiben, wie sie ist. Der Sozialarbeiter verbleibt ganz im Erwartungshorizont der Mutter. Andererseits lässt der Sozialarbeiter offen, ob es tatsächlich zu genau der von der Mutter gewünschten Hilfeleistung kommt: Er verwendet in Bezug auf den Betreuer immer wieder hypothetisierende Termini wie „könnte", „sollte" etc. Auch der Mutter scheint klar zu sein, dass es noch nicht entschieden ist, dass ein solcher Betreuer kommt und genau das macht, was sie sich wünscht (*[2]* Mutter: „… falls er einen Betreuer bekommt…" oder *[4]* Mutter: „… der dürfte sich nicht abwimmeln lassen…")

(7/9/11): Der Sozialarbeiter stellt die erste Weichen stellende Frage: „Auf was kann der Betreuer denn zählen von Ihrer Seite aus, wird ja nicht einfach mit dem Felix und der Schule, also mit welcher Unterstützung Ihrer Seite kann er rechnen?" Durch diese Frage wird der Mutter deutlich, dass sie den Betreuer und seine Arbeit nicht so bestellen kann, wie man einen Haarschnitt etc. bestellen kann, sondern dass seine Tätigkeit ihre Unterstützung erfordert (Koproduktionscharakter der personenbezogenen Dienstleistung). Da der (fiktive) Betreuer in ihrem Sinne tätig ist, ist sie bereit, ihm Unterstützung zu geben.

(15): Der Sozialarbeiter stellt die zweite Weichen stellende Frage: „Frau

Fabig, was könnten Sie denn dafür tun, dass der Felix regelmäßiger zur Schule geht, was könnte Ihr Beitrag dazu sein?" Hier wird deutlich, dass sie nicht nur den Betreuer unterstützen muss, sondern von ihr auch ein eigener Beitrag erwartet wird. Dieser Gedanke stellt eine Zumutung dar. Man sollte als Sozialarbeiter nicht damit rechnen, dass diese einfach „geschluckt" wird. Die Frage mobilisiert häufig zunächst Abwehr.

(17): Der Sozialarbeiter kapiert, dass die Frage bei der Mutter zunächst als ein möglicher Angriff verstanden wird (Die Mutter hört so etwas wie: „Sie wollen sich ja nur ausruhen und anderen Leuten die Schwerarbeit mit Ihrem Sohn überlassen") und eine Art Rechtfertigung hervorruft. Solche sich rechtfertigenden Reaktionen wie bei Frau Fabig erfolgen häufig: Die AdressatInnen verstehen sofort, dass es um das Thema „Verantwortung und Selbstaktivität" geht. Sie verbinden diese Möglichkeit allerdings rasch mit dem Thema „Schuld": Wenn ich aktuell in der Lage wäre – so etwa lautet die innere Konstruktion – etwas am unerwünschten Verhalten zu ändern, dann hätte ich es ja bereits getan und dann träfe mich jetzt nicht die Schuld für dieses Versäumnis. Also wehren sie den von ihnen gehörten Vorwurf ab. Aufgrund dieser Dynamik sind u. U. auch noch heftigere Reaktionen denkbar: „Mein Beitrag? Was denken denn Sie, dass ich hier sitze und in der Nase bohre, während mein Sohn vor die Hunde geht?" Deswegen stellt es für den Sozialarbeiter eine große Herausforderung dar, den AdressatInnen verständlich zu machen, dass „aktiv zu werden" oder „Verantwortung zu übernehmen" nichts zu tun haben braucht mit der Unterstellung, sie hätten vorher versagt, sondern dass man versucht sie anzuregen, auf eine für sie passende Weise aktiv zu werden.

(19): Der Sozialarbeiter geht nicht weiter auf die misslungenen Unterstützungsbeispiele ein und bezeichnet es auch nicht als misslungen, sondern stellt eine entscheidende Ausnahmefrage: Wann war die Mutter in ihrer eigenen Wahrnehmung nützlich (und wenn es nur ein Mal gewesen ist)?

(23/25): Der Sozialarbeiter hebt das Außergewöhnliche an der Situation hervor und stellt eine wichtige differenzierende Frage, die das Wirksamwerden ihrer Handlung zum Thema macht: Geht es darum, überhaupt ein Druckmittel zu haben oder muss der Junge davon überzeugt sein, dass es die Mutter gegebenenfalls auch einsetzt? In *(25)* fasst er die Voraussetzungen des Wirksamwerdens zusammen.

(27/29): Der Sozialarbeiter erkundet die Bereitschaft der Mutter das Ausnahmemuster häufiger anzuwenden und relativiert gleichzeitig die Idee, man müsse die Probleme immer auf diese Weise machen.

(31–49): Der Sozialarbeiter erläutert die Teamidee: Mutter und Betreuer arbeiten Hand in Hand, der Betreuer unterstützt die Mutter beim Entwickeln von neuen Unterstützungsideen und wertet mit ihr die Unterstützungsversuche aus. Der Sozialarbeiter registriert sensibel, wo sich die Mutter skeptisch zeigt und geht darauf ein. Sie kann sagen, dass sie etwas anderes erwartet hat, aber zeigt sich gegenüber der neuen Idee offen. Auch wenn die Mutter skeptisch bleibt, ob sie das leisten kann, ist doch deutlich, dass sie sich aus der Position des „macht ihr mal" heraus begeben hat und ihre Person bzw. Aktivitäten als Teil der zu erbringenden Hilfeleistung sehen kann.

Auch wenn wir die Arbeit an den Fremdzielen aus der Perspektive dessen, an den sie adressiert sind, erst später behandeln, wollen wir hier darauf hinweisen, dass mit denselben Fragen, die von den Er/Sie- zu Ich-Zielen führen können, auch die *probeweise* und *zeitlich befristete Annahme eines Fremdziels* vorbereitet werden kann. Wie das konkret umgesetzt werden kann, zeigt der Dialog C des Sozialarbeiters mit Felix im Beisein der Mutter, der sich auf der beiliegenden CD (vgl. Szene 1 unter „Fälle und Szenen") findet.

Systematisches Vorgehen bei der Transformation vom Er/Sie-Ziel zum Ich-/Wir-Ziel

Zum Anregen von Transformationsprozessen ist es wichtig die Fragen in einer bestimmten Reihenfolge zu stellen bzw. mit einer bestimmten Schrittfolge vorzugehen. Die Reihenfolge der ersten drei Schritte sollte möglichst streng eingehalten werden, ab Frage vier ist es sinnvoll klienten- und situationsspezifisch zu variieren.

1. Schritt: Was könnten/sollten die Helfer (die anderen) tun?

(Haltung: dienstleistungsorientiert, hypothetisch)

In dieser Phase kommt es darauf an, einerseits die Wünsche der Er/Sie-Ziele formulierenden AdressatInnen ernst zu nehmen, d.h. zunächst keine

Idee als unrealistisch oder maßlos bzw. unverschämt zurückweisen und zunächst nichts zu bewerten. Andererseits ist es wichtig, sich als Helfer auf nichts festlegen zu lassen und deutlich zu machen, dass es sich bei diesem Gesprächsabschnitt zunächst „nur" um eine probeweise Erkundung bzw. ein (ernstes) „Gedankenspiel" handelt. Dasselbe gilt für die möglichen Unterstützungsleistungen der AdressatInnen (Schritt 4–6). Auch hier werden die AdressatInnen vorläufig nur eingeladen zu sagen, was sie machen könnten. Was sie tatsächlich tun (wollen bzw. müssen) und wie die Hilfe tatsächlich aussehen kann, kommt erst in Schritt 8.

Wenn man als Sozialarbeiter befürchtet, die AdressatInnen in ihrem Gefühl zu bestätigen, dass alles, was sie wünschen, umstandslos und vollständig in eine Hilfeleistung umgesetzt werden kann, dann ist es nötig, sie stärker mit dem „hypothetischen Charakter" der Exploration zu konfrontieren: „Ich will Sie jetzt einladen, mal mit mir rumzuspinnen, also nicht gleich zu fragen, machen wir das so, geht das so, sondern erst mal, wie hätten Sie es denn gerne? Das andere kommt dann später." Oder: „O. k., so müssten wir es also machen, wenn Sie ganz alleine zu bestimmen hätten." Oder: „Ich finde das gut, dass Sie so klare Vorstellungen über die Ziele haben und wie die Hilfe laufen soll. Ich weiß noch gar nicht, was davon wir auch tatsächlich umsetzen können, aber erst mal ist es ganz wichtig, dass Sie mir sagen, wie Sie es sich als optimal vorstellen würden."

In den allermeisten Fällen, kommt die Selbstkorrektur (hin zu realistischeren Vorstellungen) von den AdressatInnen selbst, jedenfalls eher und regelmäßiger, als wenn man ihnen gleich zu Beginn der Erörterung „den Zahn (zu hoher Erwartungen) ziehen will". Das führt nach meiner Erfahrung häufig in ein unproduktives Gezerre darüber, wie die Hilfe aussehen soll.

Zu Schritt 1 passende Fragen:

- „Was könnten/sollten wir Helfer (die anderen) Ihrer Meinung nach tun, damit das Problem für Sie leichter wird oder eine Lösung gefunden wird?"
- „Wie müsste die Hilfe aussehen, damit Sie sagen: ‚Toll, da tut sich was in meinem Sinne'?"
- „Mal angenommen, Sie könnten die Hilfe bei uns wie aus dem Katalog

bestellen. Was würden Sie sich dann von uns wünschen, wie sollten wir vorgehen? Was müsste zuerst geschehen, was dann und dann?"

- „Mal angenommen Geld spielte keine Rolle, wie würden Sie sich dann vorstellen, dass die Hilfe aussehen soll?"

2. Schritt: Wie sollen die HelferInnen (die anderen) es tun, damit es wirkungsvoll ist/wird?

(Haltung: AdressatInnen als ExpertInnen ernst nehmen, sie aber auch an den Schwierigkeiten bei der methodischen Umsetzung seines Hilfekonzepts bzw. der Ziele teilhaben lassen)

Einerseits geht man noch weiter auf die Ideen der AdressatInnen ein. Diese Ideen entsprechen dem, was wir in Kapitel 3 als „Hilfekonzept" (vgl. den „subjektiven Hilfeplan" bei Schefold u.a. 1998, S. 42) bezeichnet haben. Andererseits „zwingt" man sie aber auch sich Gedanken zu machen, wie diese Ideen und Ziele umgesetzt werden könnten. Zudem führt man die Idee ein, dass das auf eine „wirkungsvolle" Weise geschehen soll. Manchmal stellen sich die AdressatInnen den Schwierigkeiten, die mit solchen methodischen Umsetzungsfragen verbunden sind und geben „gute Tipps", manchmal „kneifen" sie aber auch („Was soll ich dazu sagen, Sie sind doch der Sozialarbeiter!") oder retten sich auch in wenig ernst gemeinte Empfehlungen, wie „Dann zerren Sie hin halt an den Haaren zur Schule". Das weist auf den Grad ihrer Ratlosigkeit bzw. Verzweiflung hin.

Deswegen sollte man sich nicht zu schnell entmutigen lassen und weiter erklären: „Klar bin ich der Sozialarbeiter und entscheide am Ende, wie man das fachlich gut umsetzen kann, aber Sie sind die Mutter und kennen Ihren Sohn am besten und es wäre dumm von mir, Ihre Kenntnisse nicht zu nutzen!" Oder: „Klar könnte man Ihren Sohn mit der Polizei (oder mit Gewalt) in die Schule bringen lassen, aber Sie wissen selbst, dass das für das Ziel regelmäßiger Schulbesuch eher kontraproduktiv ist".

Wichtig ist, dass sie in dieser Phase deutlich wird, dass mit der spezifischen Idee von Hilfe, wie der Adressat (der Formulierende eines Er/Sie-Ziels) sie hegt, eine Reihe von (kniffligen) Fragen verbunden sind. Alleine das Mit(be)denken dieser Schwierigkeiten ist ein aller erster Schritt für den Adressaten zumindest geistig aktiv zu werden (er muss sich – wie es so schön heißt – „einen Kopf machen").

Zu Schritt 2 passende Fragen:

- „Wie müssten wir es Ihrer Meinung nach anstellen, damit die Hilfe Erfolg hat?"
- „Auf was kommt es genau an? Wie sollen wir vorgehen, damit es was nützt?"
- „Auf was reagiert Ihr Mann/ Ihr Sohn/ Ihre Tochter (auf keinen Fall)?"
- „Wie könnte man Ihren Sohn dafür (z.B. für eine Betreuung oder den Schulbesuch etc.) gewinnen oder wie könnte man ihn auf jeden Fall verprellen?"

3. Schritt: Was kann der Adressat dazu beitragen, dass die HelferInnen (die anderen) ihre Arbeit machen können? Was sind seine Unterstützungsmöglichkeiten?

(Haltung: werbend, untersuchend)

Im dritten Schritt geht es um direktere Formen der Eigenbeteiligung im Prozess der Hilfeleistung: Die Helfer sind prinzipiell bereit etwas zu machen (das, was der Klient wünscht oder etwas ähnliches), aber sie können es nicht alleine umsetzen. Sie brauchen dafür die Unterstützung des Adressaten (des Formulierenden des Er/ Sie-Ziels). Mögliche Formen der Unterstützung sollten vom Adressaten selbst entwickelt werden. Allerdings können die HelferInnen an dieser Stelle auch bestimmte Unterstützungsformen, die sie für unverzichtbar halten, (probeweise und hypothetisch) einfordern. Im Zusammenhang mit den Unterstützungsleistungen kommt man möglicherweise zum ersten mal auch auf Ich-Ziele zu sprechen.

Zu Schritt 3 passende Fragen:

- „Wie könnten Sie uns unterstützen, wenn wir bereit wären, es mit Ihrem Sohn (Mann/ mit dem Problem usw.) aufzunehmen? Was wären Sie bereit, für uns zu tun?"
- „Wie wäre das für Sie, wenn wir von Ihnen als Unterstützung verlangen würden, dass…?"
- „Könnten Sie uns diese Form von Unterstützung sofort geben oder müssten Sie dazu noch etwas für sich klären oder dafür noch etwas lernen oder ausprobieren?"
- „Was macht Sie so sicher, dass Sie in der Lage sind, uns diese Form der Unterstützung geben zu können?" Oder falls der Klient die ge-

wünschte Form der Unterstützung ablehnt: „Was macht es Ihnen so schwer, uns diese Form der Unterstützung zu geben, was hindert sie daran?“

- „Wie müssten Sie sein, was müssten Sie können, damit Sie uns diese (von den SozialarbeiterInnen gewünschte und von den AdressatInnen zurückgewiesene) Form der Unterstützung geben könnten?“

4. Schritt: Was kann der Adressat (darüber hinaus oder unabhängig von den Helfern) selbst tun?

Nachdem der Adressat (der das Er/Sie-Ziel formuliert hat) seine Unterstützung für die Helfer zugesagt hat (und nur dann), kann man versuchen ihn auch zu eigenen Aktivitäten anzuregen, die quasi parallel zu den Bemühungen der HelferInnen laufen und diese flankieren. Als Metapher kann man das Bild vom Tunnel anbieten: Er wird schneller fertig, wenn von zwei Seiten aus gegraben wird. Allerdings verlangt das Tunnelgraben auch ein aufeinander abgestimmtes Tun. Wird der Berg von mehreren Seiten angebohrt, kann er auch zusammenstürzen. Mit dieser Metapher hat man sowohl die Idee in den Raum gesetzt, dass eigene Aktivitäten des Adressaten wünschenswert sind, aber auch dass man sich darüber austauschen und gemeinsam planen sollte.

Zu Schritt 4 passende Fragen:

- „Sehen Sie außer der Möglichkeit uns zu unterstützen noch andere Möglichkeiten für Sie, in die selbe Richtung zu arbeiten, so dass wir das Problem quasi von zwei Seiten angehen können?“
- „Wie müssten Sie sein bzw. was müssten Sie können, damit Sie solche eigenen Projekte ausdenken oder umsetzen können?“
- „Wie könnten Sie – auch unabhängig von der Hilfe – den Prozess unterstützen, damit Ihr Mann, Ihr Sohn nicht mehr xyz macht/oder mehr xyz macht?“
- „Was könnten Sie machen, was Sie bisher unterlassen haben?“ Oder: „Was könnten Sie lassen, was Sie bisher getan haben?“
- „Mal angenommen Sie würden es darauf anlegen, dass Ihr Mann/Ihr Sohn weiter xyz macht oder noch mehr xyz macht, wie müssten Sie sich dann ihm gegenüber verhalten?“

5. Schritt : Was hat der Adressat bisher getan? Was hat weitergeführt? Was hat sich als Sackgasse erwiesen?

(Haltung: wohlwollend, untersuchend, lobend)

Die Frage, was der Adressat bisher schon alles getan hat, um sein Hilfekonzept umzusetzen bzw. das Kind oder den Partner zur Erreichung des Er/Sie-Ziels zu motivieren, lenkt das Augenmerk auf die Zeit, *bevor* die HelferInnen auf den Plan gerufen wurden. Damals hat der Adressat vieles selbst ausprobiert. Sicher war manches davon zwar gut gemeint, aber ungeschickt oder halbherzig ausgeführt; sicherlich gab es aber auch sinnvolle Bemühungen. Diese gilt es festzuhalten nach dem Motto: Was davon sollte/könnte ich als Helfer berücksichtigen und einbeziehen? Wenn vom Adressaten keine seiner bisherigen Aktivität als hilfreich eingeschätzt wurde, sollte man sich als Helfer respektvoll fragen: „Und was gibt Ihnen die Hoffnung, dass ich es schaffen könnte? Was ist es, das Sie mir mehr zutrauen als sich selbst?"

6. Schritt: Was (von dem, was der Adressat getan hat) war – wenigstens einmal – wirkungsvoll? Woran hat der Adressat das gemerkt?

Bei diesem Schritt kommt es darauf an, die Aktivitäten herauszufinden, die in der Vergangenheit wenigstens einmal wirkungsvoll gewesen sind (so wie bei Frau Fabig das Hartbleiben mit dem Geld: siehe Szene 1 des die Schule schwänzende Sohn der besorgten Mutter *[22–26]*). Diese Erkundung von Ausnahmen – Ich nenne sie deshalb Ausnahmen, weil sie neben vielen anderen Aktivitäten stehen, die nicht gewirkt haben oder mit denen man das Gegenteil von dem, was man erreichen wollte, bewirkt hat – ist wichtig für den nächsten Schritt. Man sollte sich nie zufrieden geben, bis man etwas gefunden hat, was als gelungene Aktion gelten kann. Genauso wichtig ist aber auch die Frage, woran der Adressat seinen Erfolg festgemacht hat. Häufig zeigt sich hier, dass die Adressaten einen sehr eingeschränkten Blick auf ihre Erfolge haben und diese oftmals nicht wahrnehmen

7. Schritt: Was müsste der Adressat lernen/können, um das, was schon einmal gewirkt hat wieder (oder häufiger) zu tun?
Was müsste er lernen, um Erfolge schneller und sicherer wahrzunehmen oder diese schneller von Misserfolgen zu unterscheiden?

(Haltung: ermunternd)

Hier geht es darum zu erkunden, ob und unter welchen Bedingungen das Ausnahmehandeln wiederholt werden kann. Äußere (günstige) Bedingungen sind dabei von inneren Bedingungen (Bereitschaften, Kompetenzen etc.) zu unterscheiden. Es geht nicht darum, etwas ganz Neues zu lernen, sondern etwas schon Gekonntes häufiger zu tun. Ebenso wichtig ist die Frage, ob der Handelnde in der Lage ist seine Erfolge wahrzunehmen bzw. wie er lernen könnte, selbst genauer erkennen zu können, wann sein Handeln erfolgreich war.

8. Schritt: Abgleich und Aushandeln: Was machen die Helfer, was machen die AdressatInnen?

Von den Möglichkeiten zu Entscheidungen über Hilfeform und Unterstützungsformen.

Jetzt erst ist der Punkt gekommen, an dem man Bilanz zieht und überlegt, was von dem Besprochenen – Erwartungen an die Hilfe und Erwartungen an den Adressaten – in die Realität umgesetzt werden soll. Dazu braucht es eine Überleitung: „So bis jetzt haben wir uns ja über Möglichkeiten unterhalten, über unsere Helfer-Möglichkeiten und über Ihre Unterstützungsmöglichkeiten bzw. Ihre eigenen Möglichkeiten. Lassen Sie uns jetzt überlegen, was davon real geschehen kann und soll. Wir wollen etwas für Sie tun, aber wir wollen auch, dass Sie dabei mitmachen."

Als Helfer hat man sehr viel mehr Chancen den Adressaten zur Eigenaktivität zu bewegen, wenn man einige oder die wesentlichen Ideen seines Hilfekonzepts umsetzt. Im Fall von Frau Fabig wurde ihr ein Betreuer zugestanden, der 14 Tage lang jeden Morgen kommen sollte, um ihren Sohn zu wecken und wenn möglich zum Aufstehen zu bewegen. Dafür konnte die Mutter zusichern, selbst zu einer „besseren Unterstützerin" des Schulbesuchs ihres Sohnes werden zu wollen (Zielebogen auf der CD, Szene 1) oder ihm die „geheimen Fotoalben“ zu öffnen. Aber auch wenn man nur Teile des ursprünglichen Hilfekonzepts umsetzen kann (früh abholen ist nicht möglich, aber wöchentlich eine genaue Aufstellung der Präsenz- und Fehlzeiten in der Schule erstellen oder Felix am Abend zu Hause besuchen, um mit ihm über seine Fehlzeiten zu sprechen), haben die Adressaten inzwischen mehr Ideen darüber gewonnen, was sie selbst tun könnten. Das gälte es in eine Zielformulierung im Sinne eines Ich- oder Wir-Ziels umzusetzen.

Zusammenfassung: Transformation von Er/Sie-Ziele in Ich-Ziele

Bei der Transformation von Er/Sie-Zielen in Ich-Ziele geht es nicht darum das ursprüngliche Ziel anders zu formulieren, sondern es geht darum einen inneren Prozess anzuregen, der *andere Zielformulierungen* möglich macht. Die veränderten Zielformulierungen müssen vom Adressaten, egal ob Vater, Mutter, Sohn oder Tochter als stimmig erlebt werden. Nur dann bilden sie eine Basis für Verhaltensänderungen. Es geht darum die AdressatInnen anzuregen auf eine für sie passende Weise aktiv zu werden.

Mit dem Ich- bzw. Wir-Sagen im Zusammenhang mit der Zielformulierung ist nicht nur eine Steigerung der Eigenbeteiligung verbunden, in vielen Fällen definiert man sich dadurch als Teil bzw. Mitglied des Hilfesystems, während man mit den Er/Sie-Zielen hoffen durfte, außerhalb bleiben zu können. Insofern ist die Bewegung, die von den AdressatInnen gefordert wird, damit die Chance besteht einen wirkungsvollen Erziehungshilfeprozess in Gang zu bringen, eine Zumutung. Das muss der Helfer wissen und er muss mit dieser Zumutung umgehen können. Ein Formular zur Dokumentation des Prozesses mit Felix und seiner Mutter und der dabei erarbeiteten Ziele findet sich auf der CD, Szene 1, Familie Fabig. Ebenfalls dort zu finden ist unter dem Ordner „Materialien und Vorlagen“ ein leerer Zielebogen.

4.3.2 Von Fremdzielen zu Eigenzielen

Neben den „Er/Sie-Zielen“ begegnen wir in der ersten Satzgruppen (vgl. Szene 2 und 5) (von mir so benannten) **Fremdzielen**. Das meint, dass eine Person in der Position der Zuhörerin mit den Zielen einer anderen

(„fremden") Person konfrontiert wird, die jemand für sie entwickelt hat. Sie hört: „Ich will, dass du xyz lernst bzw. machst". Diese Botschaft verlangt eine Stellungnahme. Prinzipiell hat die konfrontierte Person vier Möglichkeiten, sich zu den Fremdzielen zu positionieren. Sie kann das…

Fremdziel ablehnen	*Fremdziel bedenken bzw. prüfen*	*Fremdziel sich probeweise zu eigen machen*	*Fremdziel als ich-synton akzeptieren*
Dieses Fremdziel will ich mir nicht zu eigen machen. Ich lehne es für meine Person ab, mich in dieser Richtung zu verändern. Die Verweigerung kann offen gemacht oder maskiert sein	Diesem Fremdziel gegenüber fühle ich mich unsicher bzw. ambivalent. Ich weiß noch nicht, was mit diesem Ziel auf mich zukommt und ob ich bereit bin, mich auf eine Veränderung in diese Richtung einzulassen.	Dieses Fremdziel kann ich mir vorläufig (wie lange?) und/ oder teilweise zu eigen machen. Ich bin bereit eine Veränderung des Zieles auszuprobieren.	Dieses Fremdziel erkenne ich als Eigenziel an bzw. wieder. So hätte ich es auch formulieren können. In diese Richtung will ich mich verändern. Das passt zu mir.

Von Fremdzielen zu sprechen ist nur sinnvoll, wenn man sie **Eigenzielen** gegenüberstellt. Allerdings ist es sinnvoll von einem Kontinuum auszugehen, d.h. von Übergängen, die von „fremd und abgelehnt" bis zu „fremd, aber akzeptiert" gehen können bzw. von „Das ist mein Ziel, das hab ich in mir selbst als mein Ziel entdeckt" bis hin zu „Das hab ich so noch nicht gedacht, finde ich mich aber gut wieder". Die klare Dichotomie von Fremd- und Eigenzielen wäre somit ein Stück aufgehoben bzw. der Begriff „Fremd" und „Eigen" bezieht sich nicht auf den Autor der Zielformulierung (bin ich es gewesen oder ein anderer?), sondern auf das Gefühl, das sie in demjenigen auslöst, der sie hört. Diese Person kann das Ziel mehr oder weniger als fremd bzw. eigen erleben und entsprechend mehr oder weniger ablehnend, neugierig oder offen damit umgehen. So ergibt sich folgende Bandbreite von Fremd- und Eigenzielen.

Abbildung 19: Die Bandbreite von Fremd- und Eigenzielen

Abgelehntes Fremdziel	*Ungeklärtes Fremdziel*	*Probeweise zu eigen gemachtes Fremdziel*	*Vorgeschlagenes Eigenziel*	*Selbstinitiiertes Eigenziel*
Dieses Fremdziel will ich mir nicht zu eigen machen. Ich lehne es für meine Person ab mich in dieser Richtung zu verändern	Diesem Fremdziel gegenüber fühle ich mich unsicher. Ich weiß noch nicht, was da auf mich zukommt und ob ich bereit bin mich auf eine Veränderung in dieser Richtung einzulassen	Dieses Fremdziel kann ich mir vorläufig (wie lange?) und/oder teilweise (welche Teile?) zu eigen machen. Ich bin bereit eine Veränderung in Richtung des Zieles auszuprobieren.	Dieses Fremdziel erkenne ich als Eigenziel an bzw. wieder. So hätte ich es auch formulieren können. In diese Richtung will ich mich verändern.	Das ist mein (Eigen-) Ziel. In diese Richtung will ich mich verändern. Wenn andere das auch wollen, ist das in Ordnung. Entscheidend ist, dass ich das selbst will.
← *Fremdziel*				*Eigenziel* →

Den Satz der Tochter, „Meine Mutter meint, ich soll mich von der Clique fernhalten, ja, und mehr Hausaufgaben machen oder so, aber ich will meine Freiheit haben, und nicht nach ihrer Pfeife tanzen“, können wir ohne weiteres in die Kategorie „Fremdziel abgelehnt“ einordne.

Den Satz der Frau, „Wissen Sie, mein Mann sagt, ich müsse halt härter durchgreifen bei den Kindern, irgendwie, also konsequenter, also, dass ich das lern von dem Familienhelfer, so wie ne Art Vorbild, wo ich mir was abschauen kann oder was weiß ich“, können wir als Ausdruck eines Fremdziels lesen, das sich die Frau probeweise zu eigen gemacht hat. Mit wie viel Engagement sie dieses Fremdziel umsetzen wird oder mit wie viel Anteilen von Ambivalenz und Vorbehalten es verbunden ist, muss an dieser Stelle offen bleiben.

Parallel zur Transformationsarbeit von Er/Sie-Zielen in Ich/Wir-Ziele können SozialarbeiterInnen versuchen die AdressatInnen dazu anzuregen, zu Fremdzielen Stellung zu beziehen und diese, soweit es möglich und sinnvoll ist, einzuladen, diese in Eigenziele zu verwandeln.

Auch das ist ein Transformationsprozess: Weil es in ihm auf das geduldige Auseinandernehmen und das Neu-Zusammensetzen von fremden Erwartungen oder von eigenen Widerständen mit Blick auf eigene Wünsche und Ziele geht, nenne ich die Arbeit an und mit Fremdzielen einen **Dekonstruktionsprozess**. Mit Hilfe von Fragen wird das Fremdziel auseinander gelegt und das Auseinandergenommene mit neuen Elementen versehen. So werden Teile des Fremdziels „gerettet", aber zugleich auch so verändert, dass sie mehr als Eigenziele erlebt werden können.

Manche Fachkräfte aus der Jugendhilfe denken, dass Fremdziele keine Basis für sinnvolle und nützliche Zielformulierungen darstellen können: Hilfeprozesse sind für sie nur sinnvoll, wenn die AdressatInnen eigene Ziele verfolgen können, auch wenn diese von den Normalitätsvorstellungen der Eltern oder des Jugendamtes abweichen. Diese Position scheint mir falsch. Es ist von großer Wichtigkeit im Gespräch sehr genau darauf zu achten, dass Fremdziele nicht als Eigenziele unterstellt werden, aber man kann und darf von AdressatInnen erwarten, dass sie sich mit Fremdzielen auseinandersetzen und sich dazu eine eigene Meinung bilden. Anschließend tun die AdressatInnen ja doch, was sie für richtig halten, so dass der Manipulation durch die SozialarbeiterInnen enge Grenzen gesetzt sind.

Nach meiner Erfahrung sind AdressatInnen unter bestimmten Voraussetzungen durchaus bereit, Fremdziele zu überdenken oder sich probeweise zu eigen zu machen, weil sie entweder (noch) kein eigenes Ziel formulieren können oder merken, dass ihr ganz eigenes Ziel sozial unverträglich ist und sie in weitere Kämpfe verwickelt oder weil sie spüren, dass in dem Fremdziel etwas enthalten ist, das ihnen entgegenkommt und für sie passt.

Allerdings gibt es bei der Beschäftigung mit Fremdzielen zwei Ärgernisse: erstens ist es ein „Fremd"-Ziel und es ist für viele AdressatInnen, insbesondere Jugendliche, mit einem Gefühl von *Einschränkung der eigenen Autonomie* verbunden, wenn man dazu aufgefordert wird, sich mit einem fremden Ziel zu beschäftigen oder es sich gar zu eigen zu machen. Zweitens enthalten die Fremdziele eben auch Elemente oder Teile, die bei einem selbst (zu Recht) *Widerstand oder Skepsis* auslösen. Deswegen steht man ihnen u. U. doppelt ambivalent gegenüber, wobei mal der eine, mal der andere Grund bezogen auf das Ambivalenzgefühl im Vordergrund steht. Beide Mal ist es seitens des Adressaten völlig richtig, sich das

Fremdziel nicht zu schnell und nicht vollständig zu eigen zu machen. Es muss einen Transformationsprozess durchlaufen, an dessen Ende es bestenfalls als ich-synton erlebt werden kann (als ein vorgeschlagenes und akzeptiertes Eigenziel) oder es muss nach der Überprüfung zurückgewiesen und neu formuliert werden. Manche AdressatInnen muss man als SozialarbeiterIn bei der Zurückweisung oder der genaueren Überprüfung sogar ermutigen und aktiv unterstützen, da sie von ihrer Persönlichkeitsstruktur her dazu neigen, sich fremde Ziele zu schnell zu eigen zu machen (bei der Arbeit am Ziel sich selbst gegenüber aber fremd bzw. okkupiert fühlen) oder weil sie dazu neigen schnell Ja zu sagen, um anschließend doch „ihr Ding durchzuziehen".

Gute Hilfeplangespräche können in einen mühsam errungenen Konsens münden, aber auch mit einem (zunächst) nicht weiter auflösbarem Dissens. Besser man beendet das Gespräch mit einem „gut sortierten" Dissens, bei dem für alle klar ist, an welchen Punkten und warum er besteht, als dass man mit einem scheinbaren Konsens abschließt, der in zwei drei Tagen oder Wochen wieder aufgekündigt wird oder besser, der sich aufgrund noch nicht angesprochener Differenzen als wenig tragfähig erweist (zum Thema „Umgang mit Dissens" siehe Kap. 6)

Bei der *Dekonstruktion von Fremd- zu Eigenzielen* kommt es vor allem darauf an in *kleinen Schritten* vorzugehen. Es wird selten gelingen, ein abgelehntes Fremdziel in einem Gespräch zu einem vorgeschlagenen Eigenziel zu transformieren. Kleine Schritte sind

- ein „ungeklärtes Fremdziel" so klären, dass es der Adressat es anschließend begründet ablehnen oder sich zunächst weiter darauf einlassen kann.
- ausgehend von einem ungeklärten (oder abgelehnten) Fremdziel Teile herausarbeiten, die sich der Adressat innerhalb einer zu bestimmenden Frist probeweise zu eigen machen kann.
- ausgehend von einem ungeklärten Fremdziel oder von einem „probeweise übernommenen Eigenziel" Teile herausarbeiten, die der Adressat als „vorgeschlagene Fremdziele" annehmen kann.

Wie die letzten beiden Schritte vollzogen werden können, ist aus dem nächsten Beispiel zu ersehen.

Szene 8: Dauerkrieg zwischen Mutter und Tochter

Es handelt sich um eine Mutter, Frau Opitz (36 Jahre), und ihre Tochter, Olivia (15 Jahre), die (seit dem Krebstod des Vaters vor beinahe drei Jahren) wegen vieler Uneinigkeiten in einem „Dauerkrieg" miteinander liegen.

Die Sozialarbeiterin ist hier eine Sozialpädagogische Familienhelferin, die im Hilfeplangespräch delegiert bekam, das Ziel „bessere Kommunikation zwischen Mutter und Tochter" mit den beiden weiter zu bearbeiten.

Dialog A

(1) Soz.-arb.:	Also Olivia, das Ziel deiner Mutter, also Schluss mit der Clique und mehr Engagement für die Schule, da sagst du Nein, daran kann und will ich nicht mitarbeiten, richtig?
(2) Olivia:	Ja!
(3) Soz.-arb.:	Wenn du da mit machen würdest, müsstest du dich wie jemand fühlen, der nach einer fremden Pfeife tanzt, etwa so?
(4) Olivia:	Ja ist halt nicht meins, das mit der Schule, aber Clique schon.
(5) Soz.-arb.:	Frau Opitz, ich bitte um ein wenig Geduld. Ihre Anliegen sind mir nicht egal, keine Angst. Aber ich muss erst die Olivia noch besser verstehen, damit ich da eventuell eine Brücke bauen kann. Olivia, du möchtest gerne so leben, dass du nach Niemandes Pfeife tanzt, richtig?
(6) Olivia:	Ja!
(7) Soz.-arb.:	Deine Mutter hat zur Zeit allerdings das Gefühl, dass du die Flöte bist und die Clique auf dir spielt und du machst was die Clique will.
(8) Olivia:	Gar nicht!
(9) Soz.-arb.:	O. k., du sagst, ich kann mich für die Clique und ich kann mich auch gegen Sie entscheiden!
(10) Olivia:	Na klar!
(11) Soz.-arb.:	Kapiert. Wie oft entscheidest du dich dafür und wie oft dagegen?
(12) Olivia:	Na schon meistens dafür, will ich halt hin.
(13) Soz.-arb.:	Und das finden die gut, die mögen das und die merken

das, dass du dich für sie entscheidest und dass du sie an die erste Stelle setzt.

(14) Olivia: Ja klar, das mag doch jeder. Machen wir ja gegenseitig, dass wir uns an die erste Stelle setzen, nicht nur ich, die anderen auch.

(15) Soz.-arb.: Und du entscheidest dich manchmal auch gegen die Clique, weil du was anderes, besseres…

(16) Olivia: …nicht direkt dagegen, aber ich sag denen halt, heute ist nicht, muss was für die Schule machen oder so…

(17) Soz.-arb.: O. k., du entscheidest dich auch für andere Dinge, die du für wichtig hältst. Und das kann, muss deine Clique akzeptieren?

(18) Olivia: Ja, das akzeptieren die, null Problemo.

(19) Soz.-arb.: Und wie oft entscheidest du dich für deine Mutter und für die Sachen, die ihr wichtig sind und setzt sie an die erste Stelle?

(20) Olivia: Weiß nicht, aber schon manchmal…

(21) Soz.-arb.: Schon manchmal! Denkst du, das bekommt deine Mutter mit, wenn du dich für Sie entscheidest und für die Dinge, die sie von dir erwartet?

(22) Olivia: Weiß nicht, keine Ahnung…

(23) Soz.-arb.: Fändest du es denn gut, wenn sie es merken würde oder ist dir das unangenehm oder egal?

(24) Olivia: Nee, wär schon o. k., ist ja gut, wenn sie es merkt, weil… na ja, ist auf jeden Fall gut!

(25) Soz.-arb.: O. k., Olivia, jetzt bitte ich dich das ganz genau zu prüfen: Findest du das prinzipiell in Ordnung, dass deine Mutter erleben will, meine Tochter setzt mich an die erste Stelle, nicht immer und nicht überall, aber jetzt heute bei dieser Sache, oder findest du den Wunsch muss sie sich abschminken?

(26) Olivia: Nee, ja, schon. Aber nicht immer, schon, aber nicht so oft. Es geht halt auch nicht immer total, ich muss ja auch zu meiner Clique öfters sagen: Nö, jetzt geh ich, sonst krieg ich nur wieder Ärger.

(27) Soz.-arb.: O. k., das habe ich verstanden. Du sagst, sie darf es sich wünschen und sie darf es auch erleben, aber nicht immer und nicht so oft wie sie es gerade will. Wie fändest du das, wenn wir uns zweimal die Woche zusammen setzen und nachschauen, für wen hast du dich die Woche wie oft ent-

schieden und wen hast du enttäuscht und wie oft hast du Kompromisse gemacht, wo du versucht hast die Enttäuschungen auszugleichen, jede ein bisschen, keine total?

(28) Olivia: Kann ich schon machen… kann schon sein, dass das klappt, aber kann auch sein, dass mir dann nichts einfällt.

(29) Soz.-arb.: Und was heißt das dann, wenn dir nichts einfällt?

(30) Olivia: Weiß nicht.

(31) Soz.-arb.: Also ich frage mich, ob es dir selbst besser geht, wenn du ein gutes Gefühl hast der Clique gegenüber und ein gutes Gefühl deiner Mutter gegenüber, also wenn das möglich wäre, dass das beides zusammengeht?

(32) Olivia: Schon, wenn das irgendwie geht.

(33) Soz.-arb.: Wäre das ein Weg, wo du sagst o. k., zwei oder drei Wochen will ich mir das mal genauer anschauen, ob und wo und wie das zusammen gehen kann und wo es nicht geht oder ich es nicht will. Ohne sich was vorzumachen, erst mal nur wir beide?

(34) Olivia: Und Sie meinen ich tät dann besser klar kommen mit ihr?

(35) Soz.-arb.: Weiß ich nicht. Ist das denn dein Ziel besser mit deiner Mutter klar kommen?

(36) Olivia: (Kurzer Augenkontakt mit der Mutter, der erste seit Beginn dieser Sequenz) Schon, ich mein, nur nicht auf Kosten der Clique, also dass sie dann alles bestimmt.

(37) Soz.-arb.: (lacht) Bei dir gibt es scheinbar nur alles oder nichts. Entweder verschlingt deine gierige Mutter dich mit Haut und Haar wie so ein Wolf das Rotkäppchen, chrapp, chrapp (macht Geste des Verschlingens) (lachen beide) oder die Clique besetzt dich vom Kopf bis zu den Zehen und von dem Kuchen bleibt kein Krümel mehr über für deine Mutter (Sozialarbeiterin schaut Mutter an, es lachen alle drei). Aber wie kann man teilen? Das wäre das Ziel zu lernen. Wie kann man sich teilen und wie kann man mit dem Ärger klar kommen, dass man keinem ganz gehört?

(38) Olivia: Mmh (nachdenkliches Schweigen).

(39) Soz.-arb.: Mmh (schweigt, lässt ihr ein wenig Ruhe).

(40) Olivia: (nach ca. 30 Sekunden) Is schon gut mit dem Teilen und dass ich niemandem gehöre. Aber was, was genau, was machen wir?

(41) Soz.-arb.: Wollen wir beide uns das mal 3 Wochen zusammen anschauen: Olivia, die sich teilt und die beim Teilen ihren

eigenen Gesetzen folgt und weiß, dass jeder vor den anderen mal den Vorrang haben will und dass sie schauen muss, wie sie das steuert, weil sie ja auch will, dass es irgendwie zusammengeht mit Mutter und Clique?

(42) Olivia: Is mir nicht klar, wie das gehen soll?

(43) Soz.-arb.: Erst mal musst du wollen, das braucht jede Woche zweimal eine Stunde von deiner kostbaren Zeit, zuverlässig, weil, ich hab keinen Bock hier zu sitzen und Däumchen zu drehen. Dann überlegen wir, wie wir das genau machen. Hab schon eine Idee mit einem Zeitkuchen, wo wir mal schauen können, wie du die Stücke verteilst und wie groß die sind und wie die Leute so zufrieden sind mit den Stücken, die sie so bekommen?

(44) Olivia: Doch, können wir probieren, bin ich da, machen wir!

Kommentar zur Gesprächsführung: Welche Dekonstruktionsversuche können wir in diesem Gespräch beobachten?

Die Kollegin die das Gespräch geführt hat, hatte noch nie etwas von Fremd- und Eigenzielen gehört, geschweige denn von Dekonstruktionsprozessen. Sie sagte anschließend selbst: „Ich hab da so rumgestochert eher unsicher, und dies und das ausprobiert. Einen Durchbruch habe ich erst bei den witzigen Passagen gemerkt, als es um das Verschlingen und die Krümel ging". Ich teile die Einschätzung, dass die Kollegin nicht besonders systematisch vorgegangen ist, aber ich finde es faszinierend zu sehen, wie sich die Wirksamkeit ihres Vorgehens auch theoretisch erklären lässt.

(1–6): Zunächst wird der Widerstand gegen Mutters Anforderungen untersucht. Das Mädchen begründet ihre Ablehnung nicht inhaltlich („Ich will nicht zur Schule"), sondern benennt eine Art „inneren Hemmschuh". Das Gefühl nach „Mutters Pfeife tanzen zu müssen" wird von der Sozialarbeiterin aufgegriffen und dem Mädchen eine Möglichkeit angeboten, es zu erklären. Dadurch fühlt sie sich ernst genommen. Ihr Wunsch über sich selbst entscheiden zu können und ihr Gefühl, die Mutter wolle über sie entscheiden, wird deutlich Die Kraft, die dahinter steckt, wird spürbar.

(7–19): Sie wird in ihrem Wunsch alleine entscheiden zu können so ernst genommen, dass sie sich auch die Frage gefallen lassen muss, ob sie es ist,

die sich entscheidet zur Clique zu gehen oder ob sie dabei einem Gruppendruck folgt. Das Mädchen behauptet auch ihrer Clique gegenüber autonom entscheiden zu können und gibt als Beispiel die Schule an. Das Thema „sich selbst entscheiden für und gegen jemanden oder etwas" wird erst auf die Clique und dann auf die Mutter angewandt.

(21- 25): Als nächstes wird gefragt, ob das Mädchen sich auch schon für ihre Mutter entschieden hat und ob sie will, dass diese das merkt. Sie bejaht beides. Hier wird der nicht weiter dekonstruierbare Kern des mütterlichen Wunsches herausgearbeitet: Ist es legitim, dass sie auch erleben will an erster Stelle zu kommen? Dem Mädchen wird die Möglichkeit angeboten, sich selbst dafür zu entscheiden die Mutter an die erste Stelle zu setzen, d.h. ihr gegenüber gehorsam zu sein bzw. ihr zu folgen. Der Mutter folgen und sich selbst für etwas zu entscheiden, was das Mädchen als Gegensätze konstruiert hatte, wird hier zusammen gedacht.

(26–37): Prinzipiell ist das Mädchen damit einverstanden, beide (Mutter und Clique) ernst zu nehmen; sie kann das als vorgeschlagenes Eigenziel akzeptieren. Aber das scheint ihr beinahe unmöglich zu realisieren. Sie operiert mit einem Entweder-oder-Schema. Angebote, wie diesbezüglich etwas zu machen wäre, verhallen. Der Durchbruch gelingt erst mit der humorvollen Übertreibung, wo das Entweder-oder-Schema auf die Spitze getrieben wird und mit oralen Metaphern (verschlingen, kein Krümel vom Kuchen etc.) ins Bild gesetzt wird. Das scheint eine Bildebene zu sein, über die das Mädchen (und ihre Mutter) ansprechbar sind: Sie öffnet sich für den neuen Gedanken, des Sowohl-als-auch bzw. sie zieht ihn nun näher in Erwägung.

(38–43): In diese Offenheit hinein wiederholt die Sozialarbeiterin die Formulierung eines Ziels, das sich Olivia zu eigen machen kann (die Ansprüche von Mutter und Clique und die eigenen Ansprüche besser zusammenzubringen) und einen (wenn auch noch etwas unklaren) Weg bzw. ersten Schritt zu diesem Ziel: Sich selbst dabei beobachten, wie sie sich wann für wen entscheidet und wie sich das auf den jeweils anderen, die Clique oder die Mutter und sie selbst auswirkt.

Das von Olivia als Fremdziel wahrgenommene Ziel der Mutter „Olivia soll die Clique aufgeben und sich um die Schule kümmern" und der Widerstand, den sie gegen dieses Fremdziel mobilisiert, wurden Schritt für Schritt dekonstruiert: Hinter dem Widerstand der Tochter wurde die Angst deutlich, von der Mutter völlig vereinnahmt bzw. „verschlungen" zu werden. Hinter Mutters Zielformulierung wurde der Wunsch deutlich, von der Tochter auch (einmal) an die erste Stelle gesetzt zu werden bzw. und mit ihren, auf Olivia bezogenen Anliegen auf offene Ohren zu stoßen. Das ist der nicht weiter dekonstruierbare Kern des mütterlichen Ziels. Aber zu diesem kann Olivia Ja sagen. Für sie ist wichtig, dass sie nicht immer und überall gehorsam sein und die Mutter an die erste Stelle setzen muss bzw. dass die Clique als ein Feld, auf dem für Olivia die Erfahrung von Gemeinschaft, aber auch von Autonomie erkannt und ernst genommen wird. Als Olivia denken konnte, dass auch der Gehorsam gegenüber der Mutter (bzw. das ihrem Wunsch nachgeben) eine eigene Entscheidung darstellen kann, die sie so treffen kann, aber nicht muss, ließ der Widerstand nach. Das Mädchen konnte das vorgeschlagene Eigenziel (Der Mutter und der Clique gerecht werden und schauen wie das zusammengehen kann) akzeptieren und hat sich (vorläufig) bereit erklärt, den Weg (Genauer hinschauen, wann ich wie viel Zeit für wen verwende und wie sich das auswirkt) auszuprobieren.

Systematisches Vorgehen bei der Dekonstruktion von Fremdzielen: Wie kann man als fremd erlebte Ziele annehmbarer machen?

Wenn man die eben beobachteten Interventionen systematisiert, dann werden in ihnen jeweils bestimmte *Angebote* deutlich, das Fremdziel hin- und herzuschieben, bis es genügend Züge von Fremdheit verloren bzw. genügend Elemente von Eigenheit aufweist.

Solche Angebote sind:

- Nicht immer (meiner Mutter den Vorrang geben), aber manchmal (ab und zu)
- Nicht in dieser Form (dass sie es nicht bemerkt), sondern in jener (einer Weise, in der sie es auch registrieren kann)
- Nicht auf diesem Weg (des Verzichts und des Engagements für die Schule), sondern auf einem anderen Weg (mit der Betreuerin Zeitverteilungspraxis anschauen)
- Nicht für sie (die Mutter), sondern für mich (weil ich ja auch will, dass

das mit Mutter und Clique zusammengeht)

- Nicht mit dieser Formulierung (nach ihrer Pfeife tanzen), aber mit jener (ich entscheide mich wann ich sie an die erste Stelle setze und wann nicht)
- Nicht alleine, aber mit Unterstützung (der Betreuerin)
- Nicht für immer (das Zeitkuchen-Experiment), sondern für eine Zeit (3 Wochen zwei Treffen)

Eine Systematik, die über die oben zitierten Gesprächspassage hinausgeht, und damit eine (sicher noch unvollständige) **Systematik der Dekonstruktion** ist folgende:

Abbildung 20: Systematik der Dekonstruktion: Vom Fremdziel zum vorgeschlagenen Eigenziel

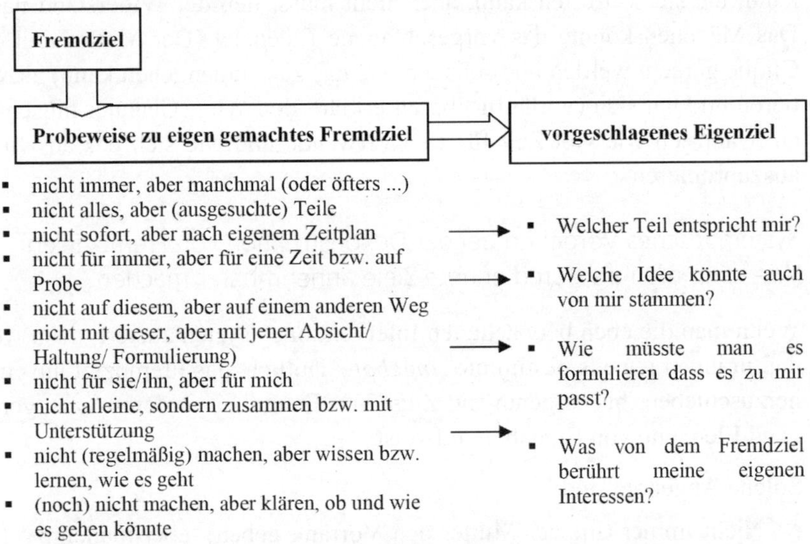

Das Prinzip dieser einzelnen Angebote ist immer dasselbe: An das von anderen Personen gesetzte Fremdziel werden (probeweise) Relativierungen herangetragen, die es für den, der damit konfrontiert ist, annehmbarer macht. Dabei geht es nicht darum eine Person zu etwas zu überreden, was sie nicht will, sondern sie dazu anzuregen, die Implikationen, die sie mit eigenen oder fremden Zielvorstellungen verbindet, zu überdenken. Allerdings muss der Urheber des Fremdziels mit den Relativierungen, die an das von ihm formulierte Ziel herangetragen werden, einverstanden sein. Das ist dieser Urheber in der Regel nur, wenn sein *Kernanliegen* erkannt und trotz aller Dekonstruktion bewahrt bzw. gerettet wird. Dieses Zerlegen und zugleich Bewahren führt häufig zu einem Zwei-Fronten-Gespräch, in dem man beiden Personen etwas nimmt bzw. zumutet, aber auch beiden Personen etwas gibt bzw. für sie bewahrt.

4.3.3 Zusammenhang der Arbeit an den Er/Sie-Zielen und den Fremdzielen

Bisher haben wir die Arbeit an den Er/Sie-Zielen und den Fremdzielen aus didaktischen Gründen getrennt dargestellt. Die Dekonstruktionsangebote können im Gespräch jedoch sowohl an denjenigen gerichtet werden, an den das Fremdziel adressiert ist (Olivia) oder an denjenigen, der dieses als Er/Sie-Ziel formuliert hat (die Mutter). Auf der beiliegenden CD finden sich weitere Dialoge, die diese Arbeit miteinander verknüpfen. Zum einen zeigt sich das in dem weiteren Dialog B zur Szene 8 zwischen Mutter (Frau Opitz), Olivia und der Sozialarbeiterin (siehe unter CD, „Fälle und Szenen"), in dem die Arbeit an der Dekonstruktion des Fremdziels nicht (wie häufig üblich) über eine Befragung des Mädchens, sondern über ein Gespräch mit der Mutter stattgefunden hat. Dabei kamen unweigerlich auch Elemente der Transformation von Er/Sie-Zielen ins Spiel.

In einer weiteren Szene auf der CD (Szene 9: Eine folgsame Frau entdeckt, dass sie sich nicht alleine zu verändern braucht, Dialog A, siehe CD „Fälle und Szenen") geht es um den Satz der Frau: „Wissen Sie, mein Mann meint, ich müsse halt härter durchgreifen bei den Kindern, irgendwie, also konsequenter, also dass ich das lern von dem Familienhelfer, so wie ne Art Vorbild, wo ich mir was abschauen kann oder was weiß ich". In diesem Beispiel können wir beobachten, wie die Transformation des ursprünglich „ungeklärten Fremdziels" mit Hilfe einer anderen Formulierung in ein „vorgeschlagenes Eigenziel" stattfindet und zugleich das ursprünglich darin enthaltene, an die Frau adressierte Er/Sie-Ziel des Mannes in ein Wir-Ziel verwandelt werden konnte.

Wie wir aus diesen Beispielen ersehen können, kann und muss die Transformations- und die Dekonstruktionsarbeit, d.h. die Arbeit an Er/Sie- und die an Fremdzielen oftmals *kombiniert verlaufen* und *parallel auf die AdressatInnen* (Mutter/Tochter, Mann/Frau) bzw. Professionelle und Adressaten (siehe z.B. Harry und den Heimpädagogen, Herr Hanke, Kap. 4.2.) *verteilt* werden.

Szene 3: Der Heimpädagoge, der will dass Harry beim Thema Gewalt dazulernt

(Fortsetzung Kap. 4.2.)

Der folgende schematische Überblick eines Hilfeplangesprächs soll dieses Hin und Her zwischen Zielformen und Personen verdeutlichen (siehe auch Kap. 6.)

Dialog B

(1) Frage des Soz.-arb. nach Zielen an den Pädagogen
→ Formulierung als Er-Ziel

(2) Versuch der Transformation in Wir-Ziel (ca. 5 Minuten)
→ das scheitert: Pädagoge verlangt weiter Vorleistung des Jungen

(3) Befragung des Jungen zum Fremdziel (ca. 11 Min.)
→ Dekonstruktion gelingt teilweise: Junge zeigt Betroffenheit und akzeptiert Teile des Fremdziels

(4) Frage des Soz.-arb. an den Pädagogen, ob Teile des ursprünglichen Er-Ziels auch als Wir-Ziel formuliert werden können
→ Pädagoge akzeptiert, formuliert aber neues Er-Ziel (ca. 4 Min.).

(5) Junge verweigert Er-Ziel = nicht akzeptiertes Fremdziel; Dekonstruktion nicht möglich (ca. 3 Min.)

(6) Der Soz.-arb. macht Angebot (vorgeschlagenes Fremdziel)
→ der Junge akzeptiert.

(7) Pädagoge freut sich und macht ebenfalls Angebot: Teile des vorläufig akzeptierten Fremdziels als Wir-Ziel zu formulieren.

Was verbirgt sich hinter den abstrakten Formulierungen inhaltlich?

(1) Sozialarbeiter an Pädagoge: „Welches Ziel liegt Ihnen am Herzen,

was ist wichtig zu erreichen?" *Pädagoge:* „Er muss aufhören mit der Gewalt, sonst wird es bitter, das ist da wichtigste Ziel, wo er was machen muss!"

(2) Sozialarbeiter an Pädagoge: „Gibt es etwas, was Sie da tun können, wo man sagen kann, das ist Ihr gemeinsames Ziel, das von Harry und den Pädagogen gemeinsam?" *Pädagoge:* „Nee wissen Sie, jetzt ist mal der Harry dran, wir haben erst mal genug gemacht, soll er mal zeigen, dass das (Heim) hier ihm was wert ist!"

(3) Sozialarbeiter an Harry: „Harry, wie siehst du das, Herr Hanke (Pädagoge) ist der Meinung, dass da von dir eine klare Zielformulierung kommen soll und dass du daran arbeiten sollst, so dass man sagen kann, der Harry, der tut was!" *Harry:* „Na ja, das eine, dass ich mich da nachher entschuldigen muss, wenn mir die Hand ausrutscht, das seh ich schon ein. Das mit dem Weglaufen kann ich nich bringen, bringt ja auch nichts. Fällt mir halt schwer (mich da hinzustellen und zu sagen: Es tut mir leid!)."

(4) Sozialarbeiter an Pädagoge: „Wenn er da prinzipiell die Bereitschaft hat, sagen Sie dann, o. k., dann beraten wir ihn auch, was die Form betrifft, dass es ihm leichter fällt, sich dem Opfer zu stellen und zu sagen, es tut mir leid?" *Pädagoge:* „Auf jeden Fall, sogar gern, ich berat ihn immer gern, aber er muss halt die Wiedergutmachung, die wir ihm dann aufgeben, die muss er dann halt auch akzeptieren und umsetzen!"

(5) Sozialarbeiter an Harry: „Kannst du das vorstellen, dass du, wenn du Hilfe bekommst, dann auch die Wiedergutmachungen akzeptierst, die die Pädagogen für richtig halten in diesem Fall?" *Harry:* „Weiß ich ja nich, was die von mir verlangen, das ist manchmal total zu viel, da sitz ich Monate dran am Arbeiten für einen einzigen Tritt."

(6) Sozialarbeiter an Harry: „Also ich schlag mal was vor Harry: Wie wär's, wenn du sagst, o. k., wenn ich Gewalt gemacht habe, dann bin ich auch selbst in der Pflicht ein Angebot zu machen, was ich tun kann zur Wiedergutmachung und das bequatsche ich mit einem Pädagogen und wenn der es akzeptieren kann, o. k. Und wenn nicht, muss ich ein neues Angebot machen innerhalb von einem Tag."

(7) Harry: „Das ist auf jeden Fall besser, als wenn ich da immer ins Team

muss und die verkünden mir dann, tu dies oder das. Und wenn mir nichts einfällt, dann kann ich mich ja beraten mit dem Pädagogen."

(8) Pädagoge: „Ja, das müssen wir dann halt gemeinsam schauen, was gerecht ist für uns und für dich und für das Opfer, da müssen schon alle Parteien ran und wir finden was zusammen raus an Wiedergutmachungen."

Wie man sieht muss der Sozialarbeiter insgesamt vier Dekonstruktionsinterventionen in die eine Richtung – zwei an die Adresse des Pädagogen (Soz.-arb. 2 und 4) – oder in die andere Richtung – zwei an die Adresse von Harry (Soz.-arb. 3 und 5) – unternehmen, bis Harry und der Pädagoge bereit sind ein Wir-Ziel zu formulieren. Diese kleinschrittige Vermittlungsarbeit zwischen den Parteien wird uns auch in Kap. 6. noch weiter beschäftigen.

4.4 Zielentwicklung mit den S. M.A.R.T.-Kriterien

Die S. M.A.R.T.-Checkliste besteht aus fünf Prüfkriterien, die einer mehrperspektivischen und möglichst nachhaltigen Formulierung von Zielen dienen sollen. Jeder Buchstabe steht für einen anderen Aspekt der Zielformulierung: das **S** für spezifisch bzw. konkret, das **M** für messbar bzw. überprüfbar, das **A** für akzeptiert bzw. ausgehandelt, das **R** für realistisch und das **T** für terminiert, zeitlich definiert. Wendet man diese Kriterien im Prozess der Zielentwicklung Schritt für Schritt (aber nicht immer in derselben Reihenfolge!) an – so das Versprechen dieses Verfahrens – gewinnt man dadurch Zielformulierungen, die allen Beteiligten klare Vorstellungen vermitteln, worum es in dieser Hilfe gehen und was sich in ihr bewegen soll. So ermöglicht auch diese Methode, dass sich die AdressatInnen mit der Hilfe und ihren Zielen identifizieren können. Kurt Hekele aus Celle hat im Rahmen des dortigen sozialraumorientierten Ansatzes das S. M.A.R.T.-Verfahren in ein praktisches Verfahren für die Hilfeplanung eingebunden; so dürften dort die breitesten Erfahrungen mit diesem System existieren (vgl. Hekele u. a. 2002). Meine Erfahrungen beschränken sich vor allem auf Fortbildungssituationen. Dort habe ich meine anfängliche Scheu vor dem zunächst technisch anmutenden System rasch überwunden und halte es für ein gut anwendbares Verfahren, bei dem es freilich auf die richtige

Haltung und eine phantasievolle Gesprächsführung ankommt.

S. M.A.R.T.-Kriterien wurden lange Zeit überwiegend auf schriftliche Zielformulierungen bezogen, sie lassen sich jedoch auch bei der mündlichen Erarbeitung bzw. Entwicklung von Zielen verwenden (siehe Kap. 4.4.2). Anschließend können die Ergebnisse in ein S.M.A.R.T.-Formular übertragen werden (siehe Szene 10 auf der CD und der leer Bogen unter „Materialien und Vorlagen").

Beispiel einer schriftlichen Formulierung

Martin möchte (A) sich selbst und seiner Mutter (A) zeigen, dass er weitgehend selbstständig leben kann. Er wird sich bis zu Beginn der Pfingstferien (T) einen Job (S) suchen, der ihm ca. 300 Euro einbringen soll (M). Solche Jobs hat er schon zweimal organisiert (R), um schulden abzubauen. Mit diesem Geld und dem Kindergeld (S), das er regelmäßig zum Monatsanfang (T) von seiner Mutter erhalten wird, bestreitet Martin (A) seinen Lebensunterhalt bis auf das Wohnen und Essen selbst (S). Dass er mit diesem Geld auskommt (R), wird seine Umwelt daran ersehen, dass er keine Polizeikontakte wegen Diebstahls und Schwarzfahrens haben wird (M). Solange Martin das schafft (legal Geld zu verdienen etc.) wird seine Mutter (A) darauf verzichten, ihn mit dem Thema Schule zu konfrontieren (S). Schafft Martin es nicht, das Geld zu verdienen (M) oder kommt er mit dem Geld nicht aus (M), wird er (A) nach den Sommerferien (T) wieder regelmäßig (T) zur Schule gehen, bis (T) er eine für seine Mutter akzeptable Alternative (A) vorweisen kann.

Die Kriterien-Liste wurde von Dale Carnegie Inc., einem englischen Wirtschaftsunternehmen, im Zusammenhang mit Teamarbeit entwickelt und von Maja Heiner in den deutschen Sprachraum eingeführt (vgl. Heiner 1994). Die Buchstaben haben im Hinblick auf das Original inzwischen Akzentverschiebungen erfahren, die wir hier nicht rekonstruieren. Ich stelle hier eine gebräuchliche Version vor.

4.4.1 Die Bedeutung der einzelnen Kriterien

Was bedeuten die einzelnen Buchstaben genau?

S = spezifisch

Formuliere das Ziel so konkret wie möglich bezogen auf die Verhaltensweisen, die getan werden bzw. sich verändern sollen.

Das bedeutet nicht: Thea soll selbstständiger werden. *Und auch nicht:* Thea wäscht sich selbstständig und zieht sich selbständig an. *Sondern:* Thea will sich selbst waschen und anziehen lernen. Dabei besteht die Herausforderung beim Waschen vor allem darin innerhalb von 10 Minuten Zähne zu putzen, das Gesicht zu waschen (den Schlaf aus den Augen) und Haare zu kämmen. Beim Anziehen kommt es auf das tägliche Wechseln der Unterwäsche an. Thea kann aus den von der Erzieherin bereit gelegten Kleidern (jeweils zwei unterschiedliche Hosen und Pullovern) die für sie schönsten auswählen.

In etlichen Erziehungshilfeprozessen stellt sich erst nach einiger Zeit heraus, dass verschiedene Personen mit demselben Zielbegriff, wie größere Selbstständigkeit, mehr Miteinander in der Familie oder bessere Kommunikation mehr oder weniger unterschiedliche Ideen verbinden. Wenn die Mutter unter „mehr Miteinander" mehr gemeinsame Ausflüge am Wochenende versteht, der halbwüchsige Sohn Einigungsprozesse über die Badbenutzung oder die Lautstärke der Musik und der Betreuer die Etablierung von gemeinsamen Essenssituationen, können am Ende alle unzufrieden sein, weil jeder in eine andere Richtung gearbeitet oder sich etwas anderes erhofft hatte. Dem beugt die Frage vor „Um was geht es genau, was soll sich konkret verändern?" oder noch besser „Woran würden Sie merken, dass ‚mehr Miteinander' in der Familie eingetreten ist, was würden sie dann miteinander mehr oder anders tun?".

M = messbar, überprüfbar

Eine Zielformulierung ist erst dann vollständig, wenn sie angibt, auf welche Weise die Arbeit am Ziel und/oder die Zielerreichung überprüft werden können bzw. sollen.

Das *M* kann sich demnach beziehen auf,

- die Art und Weise in der die *korrekte Einhaltung* (bzw. deren Ausmaß) einer zielrelevanten Verabredung *überprüft* werden soll und/oder

- die Überprüfung des Ausmaßes der durch eine Handlung(skette) bewirkten *Zielerreichung*

Diese beiden unterschiedlichen *M* (Prüfform der Einhaltung = M1 und Ausmaß der Zielerreichung = M2) finden z.B. in der folgenden Formulierung Anwendung:

„Theo wird eine Liste an der Innenseite seiner Türe aufhängen und täglich eintragen (M1), ob und wie lange er Englisch geübt hat. Ob Theo das von ihm gewünschte Maß an Sprachbeherrschung erreicht hat (um sich mit seinem indischen Vater möglichst optimal verständigen zu können), wird er selbst daran feststellen, dass er vor den Sommerferien „Harry Potter Band VI“ mit Spaß auf Englisch lesen kann (M2). Theo sagt, Spaß kann er daran festmachen, dass er das Buch innerhalb von einer Woche ganz durchlesen wird (T1 und M2). Bücher, die zu schwierig sind, legt er halb gelesen zur Seite.

Bei M 1 geht es um die (Art und Weise der) *Dokumentation der Bemühungen*, d.h., ob man das, was man zugesagt hat (regelmäßig üben), auch wirklich gemacht hat (siehe z.B. die Liste an der Innenseite der Türe). Damit wird die *Verbindlichkeit* überprüft. Bei M2 wird der *Nutzen der bisherigen Anstrengungen* überprüft, d.h. geschaut, ob und in welchem Ausmaß das geplante Ziel erreicht wurde (Englischkompetenzen so verbessert, dass ein englisches Buch mit Spaß im Verlauf einer Woche gelesen werden kann?). Hier geht es um die *Nützlichkeit der bisher unternommenen Bemühungen.* Um diese bewerten zu können, muss man vorher *Indikatoren der Zielerreichung* (z.B. die 300 Euro, die verdient werden sollen oder die 25 Anwesenheitstage bei 30 Schultagen, sofern man sie als Indikator für „halbwegs regelmäßigen Schulbesuch“ vereinbart hat etc.) oder zumindest vorab formulierte *Zwischenziele* (Unterschriften von 3 Arbeitgebern, bei denen man um einen Job nachgefragt hat oder 200 Euro mit der Option bald mehr Stunden arbeiten zu können etc.) formuliert haben.

Beide Aspekte (Verbindlichkeit und Nützlichkeit) muss man unterscheiden, weil es durchaus möglich ist, engagiert an einem Ziel gearbeitet zu haben, ohne dass man es erreicht. Umgekehrt kann man ein Ziel auch erreichen, ohne dass man die vereinbarten Handlungsschritte, die einen dahin führen sollten, abgearbeitet hat. Man sollte die beiden Aspekte aber auch nicht zu starr trennen, denn wenn Theo feststellt, dass er die Englischübungen zu oft nicht macht, dann kann es sein, dass ihm inzwischen Zweifel an deren Nützlichkeit gekommen sind. Und wenn er im Sommer das englische Buch nicht gut genug lesen kann, dann liegt das mit hoher Wahrscheinlichkeit zumindest auch an der mangelnden Verbindlichkeit mit der er sein Vorhaben umgesetzt hat.

SozialarbeiterInnen tun sich mit diesem Buchstaben bzw. dem dahinter stehenden Kriterium schwer. Denn mit dem M kommt häufig auch das Thema „*M*isstrauen“ ins Spiel und es stellen sich Fragen wie: „Warum soll das kontrolliert werden? Wer kontrolliert mich? Wie oft?“ Tatsächlich wäre es falsch, diesen Kontrollaspekt abzuleugnen. Es geht darum, überprüfbar zu machen, ob bestimmte Arbeitsaufträge abgearbeitet wurden und mit welchem Grad an Erfolg in Bezug auf die Zielerreichung. Diese Überprüfung betrifft SozialarbeiterInnen wie AdressatInnen bzw. deren Zusammenspiel. Diese Überprüfung ist häufig die beste Möglichkeit, um bisher formulierte Ziele als „falsch“ zu entlarven und somit korrigieren zu können – oder um an unbefriedigende Arbeitsbeziehungen zwischen Fachkraft und Adressat heranzukommen, so dass diese anders gestalten werden können. Dennoch ist klar, dass mit dieser Kategorie auch falsche, einseitige oder unrealistische Ansprüche transportiert werden können (siehe Einführung in Kap. 4.1.). Fachkräfte des Jugendamtes können als stets misstrauische „Kontrolettis“ auftreten, die den Fachkräften der Freien Träger das Gefühl geben, nie genug getan zu haben oder potentielle „Betrüger“ zu sein, die Geld für Leistungen abrechnen, die sie nicht wirklich umsetzen. Spürt man solche Vorbehalte, ist es sinnvoll, sie zu thematisieren. Gegen solche Verdächtigungen kann man sich allerdings als Fachkraft des Freien Trägers besser wehren, wenn man selbst „gute“, d.h. für einen selbst oder die spezielle Aufgabe mit den AdressatInnen passende Formen der Überprüfbarkeit kennt bzw. überlegt hat. *Bringt man diese offensiv ein, besetzt man also das M selbst positiv, so führt das häufig aus dem Misstrauen heraus.*

Beim „offensiven Besetzen“ ist folgendes zu bedenken: Die Anstrengungen (des Adressaten oder des Professionellen) hinsichtlich der Arbeit an den Zielen können in unterschiedlichen Formen *dokumentiert* werden:

- per halböffentlicher Strichliste (wie bei Theo)
- durch ein Tagebuch, Beobachtungsheft
- durch stichprobenhaftes Nachfragen
- durch regelmäßige Reflexion im Gespräch mit Vertrauenspersonen
- durch (verabredete) Tests (bezogen auf Drogen, den Zustand der Wohnung etc.)

Bezogen auf die Evaluation der Nützlichkeit der Arbeit können unterschiedliche *Zeitpunkte* gewählt werden, zu denen diese stattfinden soll und dabei unterschiedliche *Verfahren* zum Einsatz kommen: Wenn das Ziel beispielsweise in der Erarbeitung einer Berufsperspektive besteht, kann man

- jedes einzelne Gespräch, das die Adressatin mit ihrer Betreuerin über dieses Thema führt in Bezug auf seine Nützlichkeit bewerten (siehe das Beispiel von Hekele u.a. 2002). Diese Bewertungen kann man sammeln, in einer Tabelle festhalten und im nächsten Hilfeplangespräch vorstellen.
- nach zwei bis sechs Wochen reflektieren, wie nahe man dem Ziel inzwischen gekommen ist (z.B. über eine Skalierungsfrage: „Auf einer Skala von 1 bis 7 kann 1 bedeuten: ‚Ist dir ist völlig schleierhaft, wie es mit dir beruflich weiter geht‘ und 7 bedeutet ‚die Berufsperspektive ist vollständig geklärt‘. Wo auf der Skala von 1 bis 7 sind wir inzwischen angekommen?“. Diese Einschätzung kann sowohl die Adressatin machen als auch die Betreuerin vornehmen (siehe Beispiel von Hekele u.a. 2002, S.12). Anschließend können beide ihre Bewertungen vergleichen. Diesen Evaluationsprozess kann anschließend dokumentiert und dem Jugendamt zugesandt werden.
- die Zielerreichung an „harten Fakten“ festmachen, z.B. an der Anzahl der Beratungskontakte oder der Bewerbungen der Frau oder an der Klarheit, mit der sie von ihren Berufsplänen berichten kann. Auch diese Fakten müssen irgendwo dokumentiert werden, damit man sich zum Termin der Zielüberprüfung daran erinnert und die eigenen Anstrengungen belegen kann.

Alle Überprüfungsformen, ob sie der Dokumentation oder Evaluation dienen, müssen ebenso wie das Ziel selbst aufgrund ihrer vielfältigen sozialen Implikationen ausgehandelt werden. Formen der dialogischen Überprüfung bzw. der Selbstkontrolle sind denen der Fremdkontrolle vorzuziehen, weil sie die AdressatInnen stärker einbeziehen und ihnen mehr Verantwortung geben. Überprüfungen zu unterschiedlichen Zeitpunkten und mit wechselnden Methoden vorzunehmen, sollten bevorzugt werden, weil sie das Überprüfen selbst zu einer interessanten und kreativen „Übung" machen.

A = akzeptiert bzw. ausgehandelt:

Prüfe mit den AdressatInnen, ob die Zielformulierung von allen Beteiligten, insbesondere den Betroffenen, in dieser Form akzeptiert werden kann bzw. ob (weitere) Aushandlungsprozesse stattfinden müssen.

Das *A* lenkt die Aufmerksamkeit auf das Ausmaß von Konsens und Dissens. Viel zu oft werden viel zu schnell Ziele formuliert und festgeschrieben, ohne dass klar ist, ob die Personen, von denen das Ziel die größten Veränderungen abverlangt, auch tatsächlich willens sind, daran zu arbeiten. Wie schon dargestellt (Kap. 4.3. Fremdziele), ist es allerdings sinnvoll, die Frage nach Akzeptanz oder nach Konsens nicht mit Ja oder Nein zu beantworten sondern von *Graden der (Nicht-)Akzeptanz bzw. von Konsens- bzw. Dissenselementen* auszugehen, die bei einer Zielformulierung durchaus nebeneinander existieren können.

R = realistisch

Prüfe mit den AdressatInnen, ob das, was sie von anderen erwarten oder das, was sie sich an eigenen Beiträgen vorgenommen haben, mit ihren momentanen Ressourcen (Kompetenzen) oder mit Hilfe der zur Verfügung stehenden Unterstützung (z.B. Anzahl der bewilligten Betreuungsstunden) erreicht werden kann. Verändere die Zielformulierung gegebenenfalls so, dass die Wahrscheinlichkeit der Zielerreichung nach Einschätzung der AdressatInnen und deiner eigenen Einschätzung 65 % und mehr beträgt.

An anderen Stellen heißt es: Die Ziele und die mit ihnen verbundenen Handlungen sollten weder überfordern noch unterfordern. Sie sollten herausforderungsvoll, aber auch zu bewältigen sein. Genau das ist auch mit der „passenden Entwicklungsaufgabe" gemeint (vgl. Kap. 4.2.2.). Neben den Einschätzungen der AdressatInnen, die in der Regel ein ganz gutes Gespür dafür haben, was sie selbst erreichen können, brauchen die an der Zielentwicklung beteiligten SozialarbeiterInnen fundierte entwicklungspsychologische Kenntnisse, um einen eigenen Standpunkt dafür zu haben, was realistischerweise an Veränderung möglich ist und was nicht. Manche Eltern überfordern ihre Kindern immer wieder, andere unterfordern sie. Etliche AdressatInnen laden sich Aufgaben auf die Schultern, für die ihre Ressourcen nicht ausreichen, andere versuchen sich auch um Aufgaben herum zu mogeln, die sie relativ leicht schaffen können. In vielen Diskussionen reicht es aus, wenn sich der Sozialarbeiter als Moderator eines Aushandlungsprozesses zwischen den AdressatInnen zur Verfügung stellt, und diese miteinander klären lässt, was realistisch ist und was nicht. In einigen Fällen muss er aber auch Stellung beziehen und seine Argumente mit entwicklungspsychologischen Argumenten unterlegen können. Einen guten Anhaltspunkt liefert dafür, das von Selman entwickelte System der Entwicklungsaufgaben, das auch großzügig bemessene Altersangaben enthält (siehe Uhlendorff 1997).

T = terminiert

Achte darauf, dass die relevanten zeitlichen Dimensionen klar definiert werden und über Zeiträume bzw. Fristen möglichst Konsens herrscht.

T kann sich beziehen auf

- den *Zeitraum*, innerhalb dessen ein bestimmtes Ziel angegangen werden soll oder innerhalb dessen eine bestimmte Handlung geübt oder ausprobiert werden soll.
- die Zeitdauer, die für eine bestimmte Handlung reserviert sein soll.

Diese beiden unterschiedlichen *T* (Zeitraum = T1 und Zeitdauer = T2) finden z.B. in der folgenden Formulierung Anwendung: „In den nächsten drei Monaten (T1) wird Theo jeden Werktag (T1) mindestens 30 Minuten Zeit (T2) für die Verbesserung seiner englischen Sprachfähigkeiten reservieren. Diese Verbesserung dient der möglichst guten Verständigung mit seinem pakistanischen Vater, den er im Sommer kennen lernen wird." Auch bei *T* kommt es auf einen *Aushandlungsprozess* an, da man unterschiedlich darüber denken kann, wie schnell ein Ziel erreicht werden soll oder wie oft man bestimmte Dinge innerhalb einer Frist üben soll.

Alle fünf Kriterien gemeinsam ergeben ein Programm zur Operationalisierung von Zielformulierungen. Bei der Anwendung der Kriterien kommt es nicht auf eine bestimmte Reihenfolge an, wohl aber auf die Vollständigkeit ihrer Anwendung. Der Vorteil der *S. M.A.R.T.*-Kriterien liegt in ihrer Klarheit und leichten Erinnerbarkeit. Nach einem halben Tag Fortbildung mit diesen Kriterien sind die TeilnehmerInnen in der Lage, sie auf schriftliche Zielformulierungen anzuwenden und diese zu verbessern bzw. deren Mängel zu erkennen. Um sie kompetent in der Gesprächsführung anzuwenden, bedarf dagegen eines ausführlicheren Trainings.

4.4.2 Gesprächsführung mit S. M.A.R.T.-Kriterien

Die Kriterien aus spontanen Zielformulierungen heraushören und an sie anknüpfen

Wie geht man vor, wenn man die S. M.A.R.T.-Kriterien im Gespräch mit AdressatInnen zur Anwendung bringen will? Wie bei allen Zielentwicklungssystemen beginnt der Prozess mit der Frage an den Adressaten: „Was ist Ihre Erwartung, was soll sich mit der Hilfe für Sie und Ihr Kind verbessern?“

> *Szene 10:* Regina soll selbstständiger werden
>
> Frau Römer, Mutter von Regina (9 Jahre, lernbehindert und aufgrund vieler Trennungserlebnisse von der Fachkraft als emotional sehr bedürftig eingeschätzt, geht in die Tagesgruppe nach § 32 KJHG), antwortet: „Also, die soll selbstständiger werden, überhaupt so mit dem Anziehen und Waschen und mir nicht immer so am Rockzipfel hängen und net wegen jeder Kleinigkeit so plärren, net jedes Mal, wenn ich aus dem Zimmer geh oder so. Also wenn die nur eins oder zwei davon lernen tät, so die nächsten vier, fünf Monate, also das wär schon was für meine Nerven..., also dann hätt sich der ganze Prassel schon gelohnt...“

Wie sollen die Fachkräfte diesen Satz hören? Diesmal geht es nicht um das Aufspüren von relevanten Emotionen (Kap. 4.2.1.) und auch nicht um die Analyse der Sprecher- oder Zuhörerpositionen (Kap. 4.3.). Das spezifische Zuhören der Fachkraft kann man sich am besten so vorstellen:

Abbildung 21: Ziele bei S. M.A.R.T.

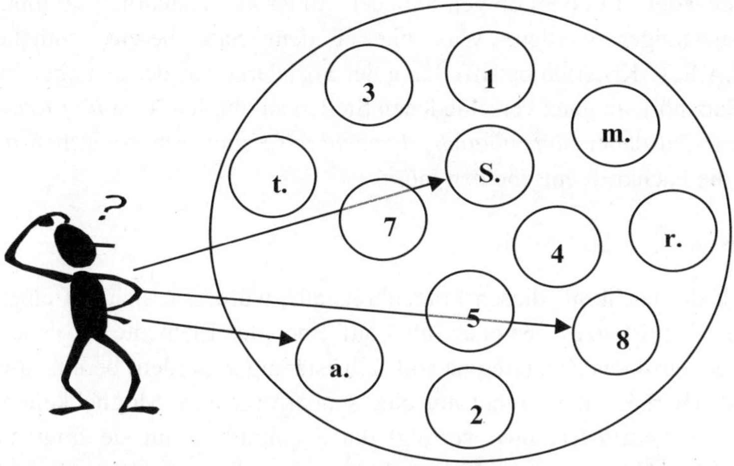

Die Ellipse (siehe oben) soll die gesamte Aussage (die Satzkette) der Adressatin veranschaulichen. Sie enthält eine größere Menge an Elementen (Teilaussagen). Einige dieser Aussageelemente lassen sich ohne weiteres auf S. M.A.R.T.-Kriterien beziehen (siehe die kleinen Kreise mit den Buchstaben). Andere Aussageelemente (die Kreise mit den Zahlen) beziehen sich auf andere Themen.

Das professionelle Geschick der Fachkräfte besteht darin, beim Zuhören das **Generalziel** herauszufinden *und die schon im Satz enthaltenen S, M, A, R und T wahrzunehmen.* An eines dieser bereits genannten Kriterien kann die Fachkraft dann mit einer Frage anknüpfen, um den Zielediskurs weiter zu treiben. Mit Hilfe von gut ausgewählten Fragen sollen die AdressatInnen angeregt werden, das von ihnen spontan geäußerte Ziel hinsichtlich der fünf Kriterien zu reflektieren, um es – falls sich Schwierigkeiten oder Einsprüche ergeben – zu korrigieren bzw. neu zu formulieren oder es nach dem Durchgang durch die fünf Kriterien als „wohl formuliertes Ziel“ festhalten zu können. Die Fachkraft führt den AdressatInnen also mittels „guter“, immer auf eines der fünf Kriterien bezogener Fragen, auf dem Weg der Zielentwicklung zu einer passenden Zielformulierung (siehe dazu auch „Eine Liste hilfreicher Fragen auf der CD, „Materialien und Vorlagen“).

Wie sieht das bezogen auf den oben zitierten Satz der Mutter aus? Das **Generalziel** ist in dem obigen Satz der Mutter klar ersichtlich: Regina soll selbstständiger werden. Was die in dem Satz bereits enthaltenen S. M.A.R.T.-Kriterien betrifft, kann der Sozialarbeiter, der den oben zitierten Satz hört, an ganz verschiedenen Stellen anknüpfen. Den *fünf Kriterien* lassen sich dabei *fünf mögliche Fragenkreise* zuordnen, zwischen denen sich die Fachkraft entscheiden muss.

Fragenkreis 1: Spezifisch

Wählt die Fachkraft diesen Fragenkreis aus, würde sie sich auf eines der vielen *S* des Satzes beziehen, also auf eines der Elemente, in denen die Mutter selbst das Ziel (Regina soll selbstständiger werden) bereits konkretisiert. Hierbei hat sie nicht nur eine sondern mehrere Möglichkeiten: *Inhaltliche Spezifizierungen* verfolgt die Fachkraft, wenn sie fragt: „Frau Römer, erzählen Sie mir doch mal genauer, auf was es Ihnen beim Waschen und Anziehen ankommt. Wie macht die Regina das jetzt und wie soll es werden, damit Sie sagen: Prima, da hat sich was entwickelt?" Oder wenn sie fragt: „Das mit dem Am-Rockzipfel-Hängen und Plärren, wenn Sie aus dem Zimmer gehen, das möchte ich mir gern noch genauer vorstellen können. Erzählen Sie doch mal!" Oder: „Kommt das immer vor, dass sie weint, wenn Sie rausgehen oder gibt es da auch Ausnahmen. Können Sie sich an eine Situation erinnern, wo Sie selbst erstaunt waren: Mensch die weint gar nicht, obwohl ich rausgegangen bin?"

Zu einer inhaltlichen *Hierarchiebildung*, die auch für die zuhörenden Profis interessant sein könnte, regt sie an durch die Frage: „Von den drei oder vier geschilderten Dingen, mehr Selbstständigkeit beim Waschen, beim Anziehen, im Zimmer bleiben können, wenn Sie rausgehen und nicht immer am Rockzipfel hängen, sondern was Eigenes tun…, was von diesen drei oder vier Dingen ist Ihnen am wichtigsten, dass die Regina es lernt?"

Fragenkreis 2: Messbarkeit

Aussagen über unmittelbar Messbares (Indikatoren) oder Überprüfungs-Methoden, also *M*s, sind in dem Satz der Mutter nicht zu finden. Aber die Mutter gibt zwei Indikatoren an, auf die man sich mit Fragen beziehen könnte: „Das wär schon was für meine Nerven" und „dann hätt sich der ganze Prassel schon gelohnt".

Auch hier hätte die Fachkraft wieder verschiedene Möglichkeiten weiterzufragen, wenn sie sich dafür entscheidet, in diesem Fragenkreis aktiv zu werden: Eine Einladung zur Beschreibung von *wünschbaren Fortschritten*, die später als *Indikatoren* genommen werden können um das *Ausmaß von Veränderungsprozessen* abzuschätzen, ist die Frage: „Woran würden Sie festmachen, dass sich der Prassel gelohnt hat? Welche zwei Dinge müssten sich wie verändert haben, damit sich's für Sie gelohnt hat, dass Sie den Prozess mitgetragen und unterstützt haben?"

Eine den *Seelenzustand* und *Belastungsgrad* erkundende Frage, an die man später mit weiteren Konkretisierungen anknüpfen könnte, wäre: „Sie sagen, das wär schon was für Ihre Nerven, also für die muss was rumkommen. Wenn man eine Skala nimmt, 0 heißt: ‚Ihre Nerven liegen völlig blank, Sie sind kurz vorm Nervenzusammenbruch' und 10 bedeutet: ‚Sie haben Nerven wie Drahtseile, fühlen sich gut ausgeruht und nervenstark', wo befinden Sie sich dann heute zwischen 0 und 10?" Und nach einer Antwort der Adressatin: „Um wie viel möchten Sie denn auf dieser Skala weiter hochkommen und worin würde dann der nächste Schritt bestehen?"

Fragenkreis 3: Akzeptanz

In dem Satz der Mutter erfahren wir, was sie will. Wir hören aber nichts darüber, ob ihre Wünsche von Regina ‚*a*kzeptiert' werden, oder ob sie mit ihr ‚*a*bgesprochen' sind und als ‚*a*usgehandelt' gelten können.

Eine Frage, mit der die Fachkraft diese Lücke thematisieren könnte, wäre: „Ich kann das gut nachvollziehen, dass mehr Selbstständigkeit für Sie einen Gewinn darstellt. Aber wie steht es mit Regina? Bedeutet für sie mehr Selbstständigkeit eher einen Gewinn oder kann das in ihrem Erleben mit der Erwartung von Verlusten verbunden sein? Was denken Sie?"

Mit dieser Frage führt man die Mutter an einen Perspektivenwechsel heran. Sie muss die Welt mit den Augen ihrer Tochter sehen, für die mehr Selbstständigkeit eventuell weniger Mutter bedeutet und die deswegen Angst davor hat. Selbstverständlich kann sich die Mutter weigern und muss diesen Perspektivenwechsel nicht vollziehen. Sie könnte bspw. antworten: „Das ist mir egal, ob Regina das will, die muss das lernen, das steht jetzt an in ihrem Alter!". Aber auch das ist eine wichtige Information für die Fachkraft, an die sie z.B. anknüpfen kann mit: „O. k., wenn Selbstständig-Werden also etwas ist, das vor allem Sie wollen und das Regina noch nicht so gerne will, dann stellt sich die Frage, wie man ihr die Selbstständigkeit schmackhaft machen kann. Haben Sie dazu eine Idee?"

Fragenkreis 4: Realistisch

Ob die Erwartungen an die Tochter ‚*r*ealistisch' sind, reflektiert die Mutter nicht. Zu diesem Kriterium gibt es in ihren Sätzen keinen Anhaltspunkt. Bei einem lernbehinderten Mädchen wäre aber genau abzuklären, was sie kann und womit sie überfordert ist, aber auch in welcher Atmosphäre sie es besser kann und wann sie blockiert. Falls sich die Fachkraft dafür entscheidet dieses Kriterium zu erkunden, wären mögliche Fragen: „Sagen Sie mal, Frau Römer, was ist Ihre Idee, kann die Regina das mit dem Anziehen und dem Waschen nicht oder will sie das nicht?" Diese Frage erforscht das Feld zwischen A (nicht wollen) und *R* (nicht können). „Gibt es eigentlich Tage oder Momente, wo sie es (Anziehen, Waschen, Alleinbleiben) mehr und andere, wo sie es weniger kann?" Diese Frage lässt offen, ob es eher innere oder eher äußere Bedingungen sind, die auf das Können oder Wollen des Mädchens Einfluss haben. Dagegen fokussiert die nächste Frage eindeutig auf die Umweltbedingungen, u. U. auch die, die durch die Mutter gesetzt werden: „Beschreiben Sie mal, wie muss die Situation sein, so von den Bedingungen her, dass es (das Waschen etc.) die Regina auf keinen Fall schafft?" Oder noch stärker auf relevante Personen bezogen: „Wie muss man sich da verhalten, dass es garantiert nicht klappt?"

Fragenkreis 5: Terminiert

Was die *Ts* anbetrifft, kann man in dem Satz der Mutter hingegen wieder fündig werden: Sie spricht von „vier, fünf Monaten", in denen sich zwei, drei Sachen verbessert haben sollen. Man weiß zwar noch nicht genau, wie viel sich bis dahin verändert haben soll, aber man merkt, dass die Frau weiß, dass Veränderungen in der Regel Zeit brauchen. Sie erwartet nichts bis Morgen oder Übermorgen – und das ist schon mal gut. Daran könnte die Fachkraft anknüpfen: „O. k., vier, fünf Monate, sagen Sie, das klingt so, als ob Sie sich keine Wunder über Nacht erhoffen. Das scheint mir auch realistisch. Auf was käme es Ihnen denn besonders an, in den vier bis fünf Monaten, womit sollten wir beginnen?“ Oder: „Wie könnten wir denn die Zeit gut einteilen, was wäre denn eine Aufgabe für die nächsten vier bis fünf Wochen?“

Zwei Kriterien bzw. Fragenkreise sind in dem Satz der Mutter also *direkt* angesprochen (‚*S*pezifisches‘ und ‚*T*erminiert‘). Eines ist *angelegt* (‚*M*essbar‘) bzw. zu erschließen und zwei Fragenkreise (*A*kzeptanz und ‚*R*ealistisch‘) sind *nicht angesprochen*. Bezogen auf die Reichhaltigkeit der spontan eingebrachten Kriterien, entspricht der Satz der Mutter durchaus dem Durchschnitt. Zu erwarten, dass die ersten spontanen Sätze alle fünf Kriterien enthalten, wäre unrealistisch. Das heißt aber auch, dass man dem Satz der AdressatInnen *doppelt lauschen* kann: *Welche S. M.A.R.T-Kriterien bringen die AdressatInnen spontan bzw. von alleine, welche benennen sie (noch) nicht bzw. welche müssten noch entfaltet werden?*

Je nachdem kann der Sozialarbeiter an die genannten oder die ungenannten Kriterien bzw. Fragenkreise anknüpfen. Wobei es sich am Anfang empfiehlt, sich mit den Fragen auf mindestens ein oder zwei genannte Kriterien zu beziehen, da die AdressatInnen daran merken, dass man sich als Zuhörer auf sie und das von ihnen Gesagte *aktiv* bezieht. Stellt man zu rasch die noch nicht genannten Kriterien in den Mittelpunkt der Nachfrage, wird das häufig als Kritik erlebt. Entscheidend ist auch hier nicht, in welcher Reihenfolge man vorgeht, sondern dass man im Verlauf eines oder mehrerer Termine *alle fünf Kriterien* beleuchtet und entwickelt.

Insgesamt handelt es sich bei diesem Zielentwicklungssystem um einen stark *ressourcenorientierten Ansatz*: Man vertraut darauf, dass AdressatInnen von sich aus einige der S. M.A.R.T.-Kriterien zur Anwendung bringen, auch wenn sie noch nie etwas davon gehört haben. Die ganze Kunst besteht nun darin, den Zielentwicklungsprozess, immer anknüpfend an die Aussagen der AdressatInnen, voranzutreiben. Die Schwierigkeit besteht darin, potentiell interessante Weichenstellungen mitzubekommen bzw. aus „abgegrasten“ Bereichen in neu zu erkundende hinüberzuwechseln. Am Ende sollte man die fünf S. M.A.R.T.-Kriterien untersucht und angewandt haben, was man an einer schriftlichen Formulierung überprüfen kann.

Wie bei allen Zielentwicklungsverfahren kommt es darauf an die Ergebnisse der Gespräche mit Hilfe eines ansprechenden und zugleich einfachen Formulars zu dokumentieren. Eine Möglichkeit das Formular zu gestalten, findet sich auf der CD im Ordner „Materialien und Vorlagen".

Als Ergänzung befindet sich auf der CD zudem:

- Eine Liste von interessanten Fragen, die bei der Zielformulierung mit S. M.A.R.T. hilfreich ist (auch im Ordner „Materialien und Vorlagen").
- Ein Dialog zur Szene 10, in dem beispielhaft dargestellt ist, wie mithilfe der fünf S. M.A.R.T.-Kriterien interessante Fragestellungen und Zielformulierungen entwickelt werden können.
- Darüber hinaus wurde für den Fall, der in Szene 10 geschildert wurde, beispielhaft die entworfene Formatvorlage angewendet und kommentiert. *Wer den S. M.A.R.T.-Bogen anwenden möchte, sollte unbedingt diesen Kommentar lesen* (vgl. Ordner „Fälle und Szenen", Szene 10).

4.5 Das 5-Schritte-Modell: Zielentwicklung nach Hiltrud von Spiegel

4.5.1 Einführung

Das Zielentwicklungssystem von Hiltrud von Spiegel ist bisher nur in Form einer Expertise für das Deutsche Jugendinstitut (DJI) veröffentlicht (vgl. von Spiegel 2000). Es handelt sich um ein mehrstufiges kommunikatives Aushandlungsverfahren, dessen Zwischenschritte systematisch dokumentiert werden. Die Kernprozesse dieses elaborierten und in sich logischen und stringenten Verfahrens bestehen darin, dass

- die verschiedenen Perspektiven der AdressatInnen gegenübergestellt werden.
- Konsens- und Dissensziele unterschieden werden.
- Ziele mit Hilfe einer Checkliste zur Zielformulierung geprüft, ergänzt und verändert werden.
- Indikatoren für (die Erreichung von) Handlungsziele(n) entwickelt werden (ergebnisbezogene Operationalisierung).
- eine Umsetzung in Handlungsschritte erfolgt (prozessbezogene Operationalisierung).

Diese **fünf Schritte** werden in der Regel auf unterschiedliche Termine verteilt. Einige können bzw. müssen in Form von (Haus-)Aufgaben zwischen den Terminen von der Fachkraft des Jugendamtes erledigt oder an AdressatInnen bzw. den Freien Träger delegiert werden.

Grundlegend für dieses System ist die von Beywl/Schepp-Winter (1999) vertretene Unterscheidung von

- Wirkungszielen
- Handlungszielen
- Handlungsschritten

„*Wirkungsziele* bezeichnen erwünschte Zustände, die am *Ende* der Hilfe erreicht sein sollten. Sie bilden die Leitlinien für den Prozess der Hilfeplanung…" (von Spiegel 2000, S. 8), z.B. die Fähigkeit, in einer eigenen Wohnung zu leben, insbesondere in Frieden mit Nachbarn und im Einklang mit Hygienestandards, die vom Gesundheitsamt akzeptiert werden können.

„*Handlungsziele* bezeichnen erwünschte Zustände und/oder förderliche Arrangements, die als Voraussetzung zur Erreichung der Wirkungsziele gelten" (ebd., S. 9), z.B.: „Klaus kann sich Beschwerden von anderen Personen (z.B. Nachbarn) anhören, das Gespräch freundlich beenden, bevor es ihm zu viel wird und nach einer Pause über Annahme oder Ablehnung von Beschwerden nachdenken."

„Von Zielen zu unterscheiden sind *Handlungsschritte*, die die verschiedenen Beteiligten, nämlich das Kind selbst, die Familienmitglieder und auch die Fachkräfte unternehmen wollen, um dem Ziel näher zu kommen" (ebd.), z.B. „regelmäßige Teilnahme an einem Kochkurs der Volkshochschule" oder „wöchentlicher Zimmercheck (Ordnung und Hygiene) gemeinsam mit dem Betreuer".

Von Spiegel betont, dass die Zuordnung von Wirkungs- und Handlungszielen nicht immer leicht und nicht immer eindeutig möglich ist (ebd., S. 12) Da mir das von Hiltrud von Spiegel angeführte Fallbeispiel aus verschiedenen Gründen nicht geeignet erscheint (u.a. gerät die Mutter völlig an den Rand der Hilfeplanung), möchte ich das Verfahren an einem Fall (Familie Dorn) durchspielen.

Aufgrund seiner inneren Logik und des strukturierten Vorgehens, findet dieses Konzept nach meiner Erfahrung großen Anklang bei Fortbildungsteilnehmerlnnen. Häufig äußerten diese spontan die Idee, es in der eigenen Praxis ausprobieren zu wollen. Wie Hiltrud von Spiegel mir gegenüber geäußert hat, hält sie das Verfahren selbst noch für zu wenig erprobt, so dass ich mich nicht zu scheuen brauche, an einigen Stellen Verbesserungsvorschläge an diesem System zu thematisieren. Diese betreffen

- die Gefahr der Über-Operationalisierung, d.h. dass im Prozess aufgrund der theoretischen Konzeption Formulierungen gewählt werden müssen, die sich inhaltlich zu weit von den sprachlichen Gewohnheiten und Ausdrucksvermögen der Adressatlnnen entfernen. Deren Lebenswelt-Sprache droht m.E. nach, zu stark überformt zu werden.
- mangelnde Praktikabilität aufgrund der vielen Formblätter.

Aus diesen Überlegungen heraus habe ich auf der Grundlage des „5-Stufen-Modells" ein vereinfachtes System entwickelt, das mit drei Formularen (auf drei Seiten) statt mit vier bis fünf Formularen (und bis zu zwölf Seiten) auskommt. Ich habe mich bemüht, das System so darzustellen, dass sowohl das elaborierte Originalverfahren (ausführliche Version) als auch das abgekürzte Verfahren (einfache Version) nachvollziehbar sind. Die nachfolgende Darstellung des 5-Schritte-Verfahrens erfolgt dabei entlang unseres Falles Familie Dorn (Fall 4). Um die Kommentierungen im Folgenden besser nachvollziehen zu können, ist es hilfreich die ausgefüllten Formblätter für den Fall 4, die auf der CD (unter „Fälle und Szenen") zu finden sind, auf dem Computer zu öffnen oder sich auszudrucken. Zur besseren Übersicht hier noch einmal die verschiedenen Formulare:

Formular	*Vereinfachtes Modell*	*Original-Modell – ausführlich*
1	Sind identisch	
2	Einfache Version	Einfache Version
3	Für diesen Band neu entwickelt, als Alternative für die ausführliche Durcharbeitung des Formulars 2.	Auf der Basis des Formulars 2 werden die Konsensziele mit Hilfe eines Kriterienrasters (Schritt 3) verbessert. Daraus ergibt sich eine *ausführliche Version* des Formulars 2 (vgl. bspw. den Arbeitsbogen 2, ausführliche Version Familie Dorn)
4 und 5		Gibt es nur im Original-Modell

4.5.2 Das 5-Schritte-Verfahren: Step by Step

Schritt 1: Unterschiedliche Perspektiven der AdressatInnen wahrnehmen und dokumentieren

In diesem Schritt geht es um die Wahrnehmung und Dokumentation der *unterschiedlichen Perspektiven der AdressatInnen* und der in den Fall involvierten HelferInnen. Aufgabe der Fall führenden Fachkraft ist zunächst allen TeilnehmerInnen aufmerksam zuzuhören, interessiert nachzufragen und so genannte „Signalsätze", d. h. persönlich und thematisch bedeutsame Statements möglichst „in Originalton" schriftlich festzuhalten. Das Mitschreiben verlangsamt den Gesprächsfluss und macht allen Beteiligten deutlich, dass es auf das ankommt, was sie sagen. Es ermuntert dadurch auch, Sachverhalte auszusprechen, die man ohne dieses Interesse für sich behalten hätte. Insofern erzieht dieser Schritt die Fachkräfte dazu, die viel beschworenen Leitlinie *Partizipation* ernst zu nehmen und konkret zu praktizieren. Von Spiegel berichtet, dass viele Fachkräfte, mit denen sie diesen Schritt geübt hat, sich erstmalig klar darüber wurden, wie wenig sie bisher die Perspektive der Kinder erforscht hatten.

Beim Sammeln der Perspektiven kommt es auf das rechte Maß zwischen zu wenig und zu viel Text bzw. Statements an. Für die endgültige Fassung, die am Computer erstellt wird, kann die Fachkraft noch immer Statements aussortieren. Wie ein solcher Gesprächs- und Verschriftlichungsprozess gestaltet wird, kann aus dem Vergleich zwischen den beiden Dialogen A und B (siehe CD) und der Dokumentation nachvollzogen werden: In Arbeitsbogen 1 für die Familie Dorn (siehe CD) sind die von der Fachkraft für zentral gehaltenen „Signalsätze" festgehalten. Diese sind in der Gesprächstranskription *kursiv* gesetzt.

Es ist klar, dass mit der Auswahl dieser Sätze, die als Grundlage für weitere Arbeitsschritte dienen, eine erhebliche *Machtposition* verbunden ist. Es stellt sich die Frage, was andere Fachkräfte oder die AdressatInnen selbst an ihren Diskursen für „festhaltenswert" gehalten hätten. Bei einer kleinen Stichprobe, bei der ich zwei andere Fachkräfte gebeten habe, den Text ohne Kursivschrift zu lesen und „ihre" Signalsätze herauszusuchen, kam es immerhin zu etwa 60% zur gleichen Auswahl. Dieser Schritt ist wahrscheinlich erst dann sinnvoller Weise abzuschließen, wenn man die AdressatInnen mit den dokumentierten Sätzen konfrontiert und um eine Autorisierung bittet bzw. sich an andere Aspekte ihres Diskurses erinnern lässt. Das müsste am Ende des Gesprächs bzw. des Schrittes 1 erfolgen.

Kritisch anzumerken ist, dass das Konzept während Schritt 1 zwar die Benennung der unterschiedlichen Perspektiven ausdrücklich vorsieht, aber keine Anhaltspunkte dafür gibt, wie mit dieser – zum Teil ja auch schmerzlich erlebten – Unterschiedlichkeit in der Moderation umgegangen werden kann bzw. ob und wie diese unterschiedlichen Perspektiven diskutiert oder vereinheitlicht werden können oder sollen. Die *emotionale Dimension* des *Herausarbeitens und Nebeneinanderstellens divergenter Perspektiven und Bedeutungsgebungen scheint mir im Konzept vernachlässigt.* An einigen Stellen des Dialogs (Dialog A, Sequenz 1, 29 und 36, siehe CD) kann man im transkribierten Gespräch die emotionale Mühe erkennen, die Schritt 1 bereitet, wenn z.B. die Mutter ertragen muss, dass ihr Sohn sie als jemanden schildert, der sich mehr der Schwester zuwendet oder wenn die Mutter die Bitte ihres Sohnes, „mehr in den Arm genommen zu werden“, körpersprachlich nur mit Augenrollen begleiten kann. Man sieht, dass sich hier in und hinter den Sätzen emotionaler „Sprengstoff“ verbirgt und es einer hohen Disziplin der Zuhörenden bedarf, alle Beteiligte ihre Perspektive entfalten zu lassen. Dabei steht man als Moderator *in dem Dilemma*, dass zur Entfaltung *der Partizipationschancen* des einen (hier des Jungen), *die Teilnahmechancen des anderen* (zunächst) rigide *eingeschränkt* werden muss (Mutter wird vor verbaler Kommentierung zurückgehalten. Sie „darf“ nur mit den Augen rollen.)

Schritt 2: Konsens- und Dissensthemen formulieren

In einem zweiten Schritt geht es darum *Konsens- und Dissensthemen* zu sortieren und festzuhalten, um aus den ersteren *Konsensziele* zu formulieren und um zu überlegen, wie mit den Dissenspunkten weiter verfahren wird (um diese Rubrik habe ich das von Hiltrud von Spiegel vorgeschlagene Dokumentationsschema erweitert) (Arbeitsbogen 2 der Materialien sowie der Arbeitsbogen 2 (einfache Version) für Familie Dorn, siehe CD). In diesem zweiten Schritt werden Dissenspunkte – vom Moderator aber auch von den Familienmitgliedern (siehe bspw. Dialog A, Sequenz 6 und Dialog B, Sequenz 23) – aktiv benannt und festgehalten. Wenn ich von

Spiegel richtig verstanden habe, dann lautet die Philosophie dieses Arbeitsschrittes: „Wir können im weiteren Verlauf der Hilfe nur mit den Zielen arbeiten, über die Konsens besteht. Alle anderen Ziele, auf die Sie sich bzw. wir uns hier nicht einigen können, müssen zumindest zur Zeit hinten angestellt werden." Dies ist eine klare Haltung, mit der man sich als Fachkraft eindeutig positionieren kann. Sie ist, was die Umsetzung von Zielplanungen betrifft, absolut sinnvoll. Trotzdem würde mich interessieren, wie man es als Fachkraft schafft, diese Philosophie gegenüber den von ihren Zielvorstellungen überzeugten und streitenden AdressatInnen durchzusetzen. Nach meiner Erfahrung erwarten Eltern oder Kinder häufig vom Jugendamt eine klare parteiliche Positionierung auf ihrer Seite. Sie wissen schon, dass das von ihnen vertretene Er/Sie-Ziel („Er/sie soll…", vgl. Kap. 4.3.) nicht konsensfähig ist. Dennoch erhoffen sie sich, es mit Hilfe der Fachkraft des Jugendamtes durchsetzen zu können. Insofern impliziert die Philosophie „Wir können hier nur mit Konsenszielen arbeiten" Zumutungen und Enttäuschungen. Auch hier scheint mir die emotionale Dimension dieses Sortierungsvorgangs („Für welche Ziele gibt es Konsens, für welche nicht?") zu wenig berücksichtigt.

Zurück zum Procedere: Geübte Fachkräfte sind wahrscheinlich sofort im Anschluss an das handschriftliche Ausfüllen des Arbeitsbogens 1 (Erfassung der Perspektiven) in der Lage, die von ihnen wahrgenommenen Konsens- und Dissenspunkte zu benennen und sie von den AdressatInnen diskutieren bzw. ergänzen lassen. Im transkribierten Gesprächsabschnitt nimmt die Fachkraft, was die Konsens- und Dissenspunkte betrifft, auch auf vorangegangene Gespräche Bezug (Dialog B, Sequenzen des Soz.-arb. 5, 15, 20 oder von Herr Dorn 12). Offensichtlich hat die Fachkraft zwischen den Terminen Zeit gefunden, die Konsens- und Dissenspunkte vorläufig handschriftlich aufzuschreiben und zum aktuellen Termin mitzubringen. Diese Vorgehensweise – erst ein Gespräch über unterschiedliche Perspektiven, dann eine vorläufige Sortierung von Konsens- und Dissenspunkte zwischen den Terminen, dann ein zweites Gespräch (oder eine zweite Gesprächsrunde beim selben Termin) – dürfte praktikabel sein.

Schritt 3: Kriterien für die Zielformulierung anwenden

In einem dritten Schritt werden sieben von Hiltrud von Spiegel angeführte *Kriterien*, auf die spontan und vorläufig formulierten Konsensziele angewandt. Eine fachlich korrekte *Zielformulierung* muss diesen sieben Kriterien genügen, die folgendermaßen lauten:

1. *Trennung von Zielen* (gewünschter Zustand) *und Handlungsschritten* (Handlungen die unmittelbar zur Zielerreichung führen sollen).

Beispiel: Die oben angesprochene Trennung ist sinnvoll, weil viele spontane Zielformulierungen diese beiden Ebenen vermischen: „Susanne übt täglich 20–30 Minuten, um den Schulabschluss zu erreichen." Auch in unserem Arbeitsbogen 2 (einfache Version) (siehe CD) lautet eine Zielformulierung: „Denis und Vater unternehmen an den Wochenenden manchmal etwas alleine = alle 14 Tage für 1–2 Stunden." Offensichtlich handelt es sich hier nicht um ein Ziel, sondern um ein Mittel zur Erreichung eines Ziels, das selbst nicht benannt ist.

2. Einordnung der vorläufigen Zielformulierung in die *Terminologie von Wirkungszielen und Handlungszielen* und gegebenenfalls Erweiterung der Zielformulierung.

Beispiel: Im Arbeitsbogen 2 (einfache Version) ist als ein Konsensziel festgehalten: „Mehr Einigkeit und Innigkeit zwischen Mutter und Sohn." Diese Formulierung könnte man als Wirkungsziel akzeptieren, da ihr unmittelbar das Handlungsziel folgt: „Denis lernt mit Mutter und Schwester streiten ohne zu hauen und zu treten. Er darf Ärger und Wut zeigen, aber ohne Gewalt." Allerdings ist fraglich, ob dieses eine Handlungsziel ausreicht, dass das Verhältnis von Mutter und Sohn „einiger und inniger" wird. Es müssten also weitere Handlungsziele formuliert werden, wie z.B. „Denis und seine Mutter planen gemeinsame Unternehmungen, die beiden Spaß machen und führen sie auch zusammen durch. Daniela kann, muss aber nicht dazu eingeladen werden." Dieses Handlungsziel war ganz klar im Gespräch formuliert (Dialog B, Sequenz: Soz.-arb. 3, Frau Dorn 4), taucht aber in der Dokumentation (Arbeitsbogen 2, einfache Version) nicht auf (dafür wieder im Arbeitsbogen 3). Oder: „Mutter und Denis entwickeln ein eigenes, für beide passendes Gute-Nacht-Ritual. Wenn es tagsüber Streit gab, dann versuchen sie diesen beizulegen und schließen den Tag im Frieden miteinander ab“ etc. (siehe Arbeitsbogen 2, ausführliche Version). Andererseits könnte man auch „Mehr Einigkeit und Innigkeit zwischen Mutter und Sohn“ als Handlungsziel für das noch nicht formulierte Wirkungsziel „Verbesserung der Beziehung von Denis und Mutter“ ansehen. Nur fehlt dieser Formulierung wiederum jeder Reiz. Sie strahlt keinerlei emotionale Qualität aus. In der Formulierung: „Aufbau und Festigung einer Beziehung zwischen Denis und Mutter, die beiden Freude bereitet, aber auch Streit aushält bzw. zu Konfliktlösungen führt“, ist zwar etwas mehr Lebendigkeit eingeflossen. Allerdings würde sie in dieser Allgemeinheit zu der Hälfte aller Erziehungshilfefälle passen.

3. Das dritte Kriterium lautet *Erreichbarkeit* im Sinne von mittelfristig realisierbar. Das scheint mir auf alle drei der im Arbeitsbogen 2 (einfache Version) genannten „Ziele“ zuzutreffen. Bezogen auf mehr „Einigkeit und mehr Innigkeit“ könnte man allerdings hier schon konkreter werden (später erfolgen ja noch die ergebnis- und die prozessbezogene Operationalisierung): „Denis und seine Mutter erleben gemeinsam schöne Dinge. Sie einigen sich auf gemeinsame Aktivitäten.“ Und bezogen auf die Frage, ob Daniela mit dabei sein soll oder nicht: „Sie entwickeln ein Gute-Nacht-Ritual, bei dem Denis in den Arm genommen wird.“

4. Das vierte Kriterium lautet *sprachlich positive Formulierung*. In Arbeitsbogen 2 (einfache Version) findet sich z.B. die Formulierung „Entlastung für Frau Dorn, Verhinderung neuer Erschöpfungszustände“. Dieses Wirkungsziel könnte man positiv etwa so formulieren: „Vollständige Übernahme der Erziehungsaufgaben für Denis aus eigener Kraft. Handlungsziel: Ermöglichung einer Erholungsphase für Frau Dorn zum Erhalt und zur Regeneration ihrer Kräfte während der Schwangerschaft durch die zeitweise Übernahme von Teilverantwortungen im Erziehungsbereich durch die TG.“ Allerdings scheint mir die erste Formulierung näher am Erleben der Mutter. Außerdem stellt sie die psycho-physische Gesundheit der Frau selbst in den Vordergrund und bezieht diese nicht nur funktional auf ihre Erziehungsverantwortung. Dies wäre aber auch in dieser Form möglich: „Stärkung der Gesundheit und des Wohlbefindens von Frau Dorn auch im Hinblick auf die aktuelle Schwangerschaft und die Belastungen, die aus den Konflikten mit und um Denis erwachsen.“

5. Das fünfte Kriterium fordert *Verständlichkeit*, d.h. die Zielformulierungen sind noch einmal dahingehend zu überprüfen, ob sie in ihrer momentanen Form für die AdressatInnen verständlich und ansprechend formuliert sind.

6. Das sechste Kriterium stellt die *ethische und fachliche Vertretbarkeit* in den Mittelpunkt. Vor allem in Zwangskontexten oder bei Kontrollaufgaben wäre hier der angemessene Ort um die Zielformulierung noch einmal zu überprüfen. In der Dissensspalte des Arbeitsbogen 2 (einfache Version) ist z.B. das fachliche Bedenken geschildert, dass die Verbesserung der Beziehung von Mutter und Sohn im Mittelpunkt stehen soll, der Junge aber gleichzeitig in eine „teilstationäre" Gruppe geht, also viel Zeit außer Haus verbringt. Das muss kein Widerspruch sein (siehe Ziel: Entlastung), kann aber kritisch bedacht werden.

7. Das siebte Kriterium lautet *Zuständigkeit bzw. Selbstinitiierbarkeit*: Hier geht es darum zu prüfen, ob und inwieweit die genannten Ziele von den AdressatInnen selbst initiiert oder unterstützt werden können. Bezogen auf das Ziel „Entlastung" kann Frau Dorn wenig tun: Die Tagesgruppe entlastet sie. Sie ist quasi eine passive Empfängerin einer Dienstleistung, die sich (hoffentlich) als Entlastung auswirkt. Das würde sich bei der Zielformulierung „Stärkung der Gesundheit und des Wohlbefindens…" (siehe Arbeitsbogen 2, ausführliche Version) verändern: Hier sind aktive Beiträge von Frau Dorn möglich und wünschenswert, wie z.B. die regelmäßige Teilnahme an einer „Schwangerschaftsgymnastik" oder einem von der Krankenkasse finanzierten Kurs „Autogenes Training" etc. Die Entlastung durch die Tagesgruppe würde hier nur als ein Baustein neben anderen zur Zielerreichung dienen.

Wie wichtig ist nun dieser Schritt 3 im Zusammenhang mit dem gesamten Zielentwicklungssystem? Welche Chancen und welche Risiken beinhaltet er? Um diese Frage zu untersuchen, wollen wir die beiden Arbeitsbögen 2 (einfache und ausführliche Version) miteinander vergleichen: Arbeitsbogen 2 (einfache Version) ist während des Gesprächs mit Familie Dorn ausgefüllt, mit dieser rückgekoppelt und eine Woche später in das Gespräch mit den TG-MitarbeiterInnen eingebracht worden. Arbeitsbogen 2 (ausführliche Version) ist nach dem Gesprächstermin in der Familie vom Jugendamtsteam weiter bearbeitet worden, um das Zielformulierungsverfahren nach Hiltrud von Spiegel zu erproben. Theoretisch wäre es möglich gewesen, diesen Prozess der Überprüfung an Hand der sieben Zielkriterien auch mit der Familie zu gestalten oder im Jugendamt zu leisten und dann mit der Familie zurückzukoppeln. Beides ist in diesem konkreten Fall jedoch nicht geschehen.

Wenn ich den *Gewinn an Zielformulierungsqualität* zwischen den beiden Arbeitsbögen 2 (einfache und ausführliche Version) betrachte, ergibt sich für mich *ein zwiespältiges Bild*: Ohne Zweifel eröffnet die Unterscheidung von Wirkungs- und Handlungszielen, wie sie in der ausführlichen Version durchgängig durchgeführt wird, völlig neue Gesichtspunkte. Am deutlichsten wird das in Spalte 2: Hieß es in der einfachen Version: „Entlastung von Frau Dorn, Verhinderung neuer Erschöpfungszustände", so heißt es in der ausführlichen: „Wirkungsziel 3: Stärkung der Gesundheit und des Wohlbefindens von Frau Dorn bezogen auf Schwangerschaft und aktuelle Belastungen durch Konflikte um und mit Denis." In diese Umformulierung sind die Kriterien 2 (Wirkungs-/Handlungsziel), 4 (positive Formulierung) und 7 (Selbstinitiierbarkeit) eingeflossen. Statt von Entlastung und Vermeidung von Erschöpfung ist nun von „Gesundheit und Wohlbefinden" die Rede, statt nur ein passives Objekt von Entlastung zu sein, kann Frau Dorn in der neuen Version aktiv etwas für ihre Gesundheit tun. Damit ist die Zielqualität reichhaltiger geworden. Ähnliches kann man für die Anwendung des Kriteriums 2 (Wirkungs-/Handlungsziel) für das Wirkungsziel 1 sagen. Diese Differenzierung machte einen größeren Bedarf an Handlungszielen zur Erreichung von „mehr Einigkeit und mehr Innigkeit zwischen Mutter und Denis" deutlich. Stellvertretend für andere mögliche Handlungsziele kam „Mutter und Denis entwickeln ein Gute-Nacht-Ritual, das den Tag auf eine gute Weise beschließt" hinzu.

Alle diese Gewinne stehen außer Frage und doch sind für mich in der ausführlichen Version auch *Rückschritte bzw. Verluste* auf einer anderen Ebene deutlich. Zunächst zur Form: Ein Nachteil ist die Verdoppelung des Umfangs auf zwei Seiten. Der Reiz der Version 1 bestand gerade darin Konsens(ziele) und Dissens auf einer einzigen Seite versammelt betrachten zu können. Das bisher in diesem Buch vertretene Prinzip „ein Prozess = ein Blatt Papier" hat für AdressatInnen und Fachkräfte große Vorteile, die allerdings in Bezug auf Vollständigkeit und Elaboriertheit zum Nachteil gereichen. Zum Inhalt ist anzumerken: Arbeitsbogen 2 beinhaltet für mich nüchterne Zielformulierung, die sich unmittelbar aus dem Gespräch mit der Familie ergeben. Der Bogen mag, was die Stringenz und Reichhaltigkeit der Zielformulierungen betrifft, „dürftig“ sein, aber er entspricht ganz und gar dem Entwicklungsstand des Hilfesystems (Familie plus Helfer zum Zeitpunkt x). Arbeitsbogen 2 (ausführliche Version) beinhaltet dagegen Systematisierungen und Formulierungen, die deutlich vom bisherigen Sprachgebrauch der AdressatInnen abkoppeln. Ihre Ideen und Aussagen sind noch darin enthalten, aber sprachlich stark überformt und auf eine Weise angereichert, die zwar wünschenswert erscheint, aber den „Möglichkeitsraum“ der Familie mit großer Wahrscheinlichkeit überschreitet (vgl. zum Konzept des Möglichkeitsraumes, vgl. Kap. 4.2.). Betrachten wir z.B. die mageren Worte „Entlastung für Frau Dorn, Verhinderung neuer Erschöpfungszustände“, so dürfte diese Formulierung sehr viel näher am Erleben der sich erschöpft fühlenden Frau orientiert sein als die Begriffe „Gesundheit und Wohlbefinden“. Diese können in den Ohren einer erschöpften Frau sogar zynisch klingen und ihren Widerwillen hervorrufen. Meine Befürchtung ist, dass die Systematik der Zielformulierung (die sieben Kriterien) die Fachkraft in Versuchung bringt, dem Zielentwicklungssystem zuliebe zu stark in die Eigenformulierungen der AdressatInnen einzugreifen oder zu wenig deren (emotionalen) Sinn zu berücksichtigen.

Schritt 4: Ergebnisbezogene Operationalisierung

In einem nächsten Schritt geht es darum eine *ergebnisbezogene Operationalisierung* vorzunehmen. Wie sähe das Leben von Familie Dorn, insbesondere das von Denis und seiner Mutter, aus, wenn sie ihre Ziele erreicht hätten? Dazu muss man die erwünschten Zustände so genau wie möglich beschreiben (siehe Arbeitsbogen 4, ausführliche Version). Dieser Schritt zielt auf etwas Ähnliches wie die Wunderfrage im „lösungsorientierten Ansatz“ (vgl. Berg 1997). Zuerst geht es darum die positive Zukunft „visionär“ zu entfalten, erst in einem zweiten Schritt (prozessbezogene Operationalisierung) wird geprüft, wie man schrittweise dorthin gelangen kann (Handlungsschritte). Hier decken sich die Intentionen des „Drei-Ebenen-Modells“ mit denen des „5-Stufen-Modells“. Der Unterschied besteht in der Konkretheit, mit der die positive Zukunft ausgemalt wird.

Arbeitsbogen 4 (ausführliche Version) stellt die Weiterverarbeitung des Arbeitsbogen 2 (ausführliche Version) dar. In ihm werden insbesondere noch einmal Indikatoren entwickelt, die Hinweise auf eine mögliche Zielerreichung geben. Wie *hoch ist sein Gewinn* einzuschätzen? Manche der aufgestellten Indikatoren wirken, bezogen auf das Vorstellungsvermögen des Lesers, bereichernd (z.B.: „Sie sprechen über Ärger und Enttäuschungen und bitten sich wegen Fehler um Verzeihung". Oder: „Denis kann nach dem Gute-Nacht-Sagen im Bett bleiben, weil er seine Mutter ‚gehabt' hat und alles Wichtige gesagt ist."). Mit ihrer Hilfe kann man sich vorstellen, wie das Ritual wirken kann und was es Mutter und Sohn „bringen kann". Andere Indikatoren wirken dagegen eher überflüssig. Sie wiederholen mehr oder weniger dasselbe, was schon durch die Summe der Handlungsziele ausgedrückt war. Aber sie „beflügeln die Phantasie" auf keine Weise und geben auch keine „messbaren Kriterien" an die Hand. Dasselbe Mischungsverhältnis empfand ich übrigens auch beim Lesen der Indikatoren aus dem Fallbeispiel in Hiltrud von Spiegels Originalversion.

Also, wie steht es mit der Bedeutung des „Schrittes 4" generell? Diese hängt nach meinem Eindruck ganz von der Familie ab. Für die geschilderte Familie Dorn scheint der Hoffnungscharakter, der mit Arbeitsbogen 2 (einfache Version) verbunden ist, hoch genug zu sein: Das Wichtigste für die Familienmitglieder ist, dass das mit der Tagesgruppe „klappt", weil es die Frau und (auch) den (aufgrund seiner Abwesenheit unter Druck stehenden) Mann enorm entlastet. Ebenso wichtig ist für Denis und seine Mutter, dass es ab nächste Woche die gemeinsamen Ausflüge geben soll, die unter dem Motto stehen „was Schönes unternehmen". Auch das scheint mir konkret und greifbar. Insofern böte die Arbeit der ergebnisbezogenen Operationalisierung, also das Ausmalen zu erreichender, positiver Zustände für die Familie keinen Gewinn. Im Gegenteil: Ich stelle mir diesen Teil der Arbeit mit Familie Dorn zu diesem Zeitpunkt eher umständlich und zäh vor. Dennoch mag es Familien geben, für die dieser Schritt von essenzieller Bedeutung ist: Familien, bei denen es wichtig ist, Hoffnung zu erwecken und prüfbare Kriterien zu entwickeln, die deutlich machen, dass Planung mehr ist als „Reden und Schreiben".

Schritt 5: Operationalisierung von Handlungszielen

In diesem letzen Schritt geht es um die *Operationalisierung von Handlungsschritten*, konkret um die von den AdressatInnen zu leistenden Aufgaben und den von den HelferInnen zu leistenden Unterstützungen (dieser Schritt ist in allen Zielentwicklungssystemen vorgesehen, nur unterschiedlich benannt). Für Familie Dorn habe ich die möglichen Handlungsschritte bezogen auf zwei Handlungsziele für das erste Wirkungsziel dargestellt (siehe Fall 4 auf der CD – Arbeitsbögen 5). Einige Aufgaben und Interventionen (z.B. Unternehmung jeden Dienstag, Entwicklung von alternativen Worten und Gesten zum Ausdruck von Ärger anstelle von Schlagen, Sicherung eines störungsfreien Raums für die Gespräche am Mittwoch etc.) lassen sich sicherlich von Anfang an als sinnvoll und wichtig voraussehen. Andere Interventionen stellen dagegen Handlungsvorschläge dar, die man nicht von Anfang an im Kopf haben kann (z.B. Teilung des Zimmers in drei Zonen. Festlegung von drei „heiligen“ Abmachungen oder von Wiedergutmachungsleistungen wie Massieren oder Kraulen etc.). Sie entwickeln sich infolge von Konflikten und deren Bearbeitung bzw. von Erfahrungen gelingender Verständigung. *Man kann nicht am Anfang eines sozialpädagogischen Prozesses wissen, wie man ihn Zug um Zug gestalten wird.* Insofern wäre es nach meiner Einschätzung sinnvoll und legitim mit nur halb gefüllten Arbeitsbögen 5 zu starten und diese im Verlauf des Hilfeprozesses nach und nach zu füllen.

Ein anderer Aspekt, der ebenfalls die zeitliche Dimension von Schritt 5 berührt, betrifft den Aufwand: Wenn man bedenkt, dass Arbeitsbogen 2 (ausführliche Version) insgesamt zwölf Handlungsziele enthält und wir bereits für die Operationalisierung von zwei Handlungszielen für Wirkungsziel 1 zwei Seiten gebraucht haben, dann wird klar, dass der Aufwand an Reflexion und Dokumentation in diesem Prozessschritt sehr hoch ist. Für zwölf Teilprozesse müssen Operationalisierungen entwickelt werden, wofür insgesamt zwölf Seiten Dokumentation benötigt werden. Die Zahl der zu investierenden Stunden ist allerdings kein Hinweis darauf, dass dieser Schritt überflüssig ist. Ich halte ihn in vielen Fällen für notwendig, weil ohne ihn die Verpflichtungen der AdressatInnen und der HelferInnen zu leicht in Vergessenheit geraten. Ich würde jedoch davor warnen, diesen Schritt an dieser Stelle des Prozesses (vor Beginn der Hilfe) allzu ausführlich auszuarbeiten. Die prozessbezogene Operationalisierung kann an einem oder zwei Handlungszielen exemplarisch mit allen Beteiligten durchgeführt werden. Wenn klar ist, wie das Prinzip funktioniert und welcher Konkretisierungsgrad erwünscht ist, kann man den Rest dieser Arbeit an die Beteiligten delegieren und die eintreffenden Bögen peu à peu als Anlage an den Hilfeplan hinzunehmen. Sie fungieren gleichzeitig wie „Zwischenberichte", bezogen auf den Hilfeverlauf.

Welcher Operationalisierungsgrad ist für den Hilfebeginn ausreichend?

Zur Dokumentation der ersten Prozessphase in der Tagesgruppe (zwei bis drei Wochen) hat die Kollegin (Sozialarbeiterin), der die Schritte 3, 4 und 5 zu langwierig erschienen, ein abgekürztes Verfahren entwickelt: Auf Arbeitsbogen 3, der nur in der vereinfachten Version vorgesehen ist (siehe Fall 4), kann man sehen, wie das transkribierte Gespräch und der Arbeitsbogen 2 (einfache Version) in das (eigentliche) Hilfeplangespräch mit den TG-MitarbeiterInnen eingeflossen ist und dort in Bezug auf die Umsetzung der Ziele konkretisiert wurde. Entscheidend für das gut gelungene Hilfeplangespräch war, dass die TG-MitarbeiterInnen die Familie (zumindest Denis und seine Mutter) nicht nur zum Vorstellungstermin und der Hospitation von Denis kennen lernen konnten, sondern *vor dem Gespräch* auch die beiden Arbeitsbögen 1 und 2 (einfache Version) zu Verfügung gestellt bekamen.

Abschließende Einschätzung

Wie immer man Zugewinn und Rückschritte zwischen der einfachen und ausführlichen Version des Arbeitsbogen 2 oder den Zugewinn durch Arbeitsbogen 4 bilanzieren mag, eines wird deutlich geworden sein: Zielformulierungen können stärker am Erleben und der Alltagssprache der AdressatInnen orientiert sein. Damit haben sie für diese einen hohen Wiedererkennungs- und Erinnerungswert, aber sie entsprechen dann evtl. nicht (allen) fachlichen Vorstellungen von Differenziertheit (Wirkungs- und Handlungsziele) oder Kriterien wie „positive Formulierung" oder „Selbstinitiierbarkeit". Sie eignen sich dann evtl. auch nicht zur (sofortigen) Weiterbearbeitung in Form von konkreten Operationalisierungen. Dies kann dem Zeitpunkt im Prozess der Hilfeerbringung geschuldet sein (noch zu früh für so genaue Operationalisierungen) oder dem Differenzierungsgrad selbst (Art und Weise der Operationalisierung). Was den Controller im Jugendamt in Bezug auf Vollständigkeit und Differenziertheit beeindrucken mag, kann für eine Familie als zu komplex erscheinen. Umgekehrt mag manche privatsprachliche Formulierung den Hilfeplan für die Betroffenen zu einem persönlichen Dokument machen, während ein Externer darin überflüssigen Ballast sehen wird.

Selbstverständlich stellen sich diese Probleme in allen hier vorgestellten Systemen, kein Zielentwicklungssystem kommt ohne eine eigene Terminologie und Übersetzungsanforderungen in Bezug auf privatsprachliche Gepflogenheiten aus. Bei allen Systemen kommt es darauf an, die (spätestens) in der Dokumentation eingeführten Begriffe (wie „Entwicklungsaufgabe" „Er/Sie-Ziel" oder „Wirkungsziel bzw. Handlungsschritt") vorher im Gespräch so einzuführen, dass sie von den AdressatInnen verstanden und möglichst von diesen aufgegriffen werden. Nur wenn das in Ansätzen geschieht, hat man einen Hinweis darauf, dass die AdressatInnen das System für sich als passend erleben. **Bei allen Modellen kommt es darauf an Brücken zwischen Alltagsprache bzw. Lebenswelt und Fachsprache bzw. System zu bauen.** Und doch scheint mir in dem System von Hiltrud von Spiegel die Spannung zwischen „Lebenswelt und System" besonders groß zu sein.

4.6 Fallentwicklungssystem und 7-W-Schema nach Helmut Adler

Wie bereits an der Überschrift zu sehen, passt das zuletzt dargestellte System nicht bruchlos in die Reihe der vorherigen. Das Adlersche Projekt ist sehr viel umfassender angelegt als die bisher dargestellten Systeme: Es möchte die Hilfeplanung in ihrer Gesamtheit strukturieren und schlägt dafür acht thematische Module bzw. „Meilensteine" vor (Adler 1998):

Analyse des Kindes (1), der Eltern und des Umfeldes (2), Beratungsprozess (3), Datenerhebung (4), Erarbeitung einer Analyse und Indikation (5), Auswahl der Hilfe aus dem Leistungsspektrum der Hilfen zur Erziehung (6), Vorbereitung der Hilfe und schriftliche Hilfeplanung (7) und Durchführung (8).

Zu diesen acht Modulen entwickelt Adler theoretische Ausführungen und praktische Vorschläge. Dabei folgt das Konzept an einigen Punkten fachlichen Prämissen und ist in z.T. in einer Sprache gehalten, die ich ablehne. Trotzdem halte ich das System im Kern für brauchbar und durchaus an die Inhalte anschließbar, die in diesem Buch vertreten werden. Zunächst will ich die kritischen Punkte benennen um mich anschließend ganz auf die positiven Aspekte konzentrieren zu können.

4.6.1 Zu den kritischen Punkten des Konzepts

Das Adlersche Fallstrukturierungssystem ist für mich in einiger Hinsicht ein gutes Beispiel dafür, wie man Hilfeplanung nicht machen sollte. Ich beziehe mich im Folgenden auf das Fallverstehen im Zusammenhang mit einem übergewichtigen Mädchen (ebd., S. 63 und S. 73) und das für die Hilfeplanung zentrale Fallbearbeitungsschema (ebd., S. 126).

Das Fallverstehen bleibt überwiegend auf eine äußerliche Symptomaufzählung beschränkt. So gelten als Bedarfe „Enuresis nocturna", „Adipositas" oder „Elterliche Überfürsorge". Zwar wird angenommen, dass diese Symptome in einem Zusammenhang stehen, aber dieser wird schematisch als einer von „gegenseitiger Verstärkung" beschrieben. Hypothesenbildung, d.h. eine versuchsweise Konstruktion von Sinn (z.B. Eltern, die aus

Schuldgefühlen heraus, ihr Kind klein und abhängig halten etc.) oder die Verknüpfung der Symptome in einer deutenden Perspektive, wie sie z.B. psychoanalytische oder familientherapeutische Begriffe (wie z.B. „orale Fixierung" oder „symbiotische Beziehungsmuster" etc.) zur Verfügung stellen könnten, werden erst gar nicht versucht. Nach Maßgabe der Fallschilderung liegt das aber gerade auf der Hand (ebd., S. 63 und 73). Für ein Buch das im Titel „Fallanalyse" trägt, muss dieser Mangel an kasuistischem Denken enttäuschen.

Die Sprache ist überwiegend expertokratisch. Das vorgestellte 7-W-Schema ist nicht für die Ohren und Augen von AdressatInnen bestimmt, so dass die partizipative Orientierung bzw. Transparenz an einer wichtigen Stelle fehlt: nämlich in Bezug auf die Lesbarkeit von Hilfeplanungsdokumenten und damit der Nachvollziehbarkeit der Hilfeplanung. Falls diese Dokumente doch für die AdressatInnen gedacht waren, dann müssen diese sich stigmatisiert fühlen. Damit hängt der nächste kritische Punkt zusammen: Die Beschreibungen der AdressatInnen (Mutter und Tochter) geraten durchwegs defizitorientiert. Mit keinem Wort ist erwähnt, was die AdressatInnen können, welche Schwierigkeiten sie bewältigt haben oder wodurch sie sich in positiver Hinsicht auszeichnen.

Die Sprache – und damit das Denken – geraten an manchen Stellen interventionistisch, wenn es z.B. heißt „Reduktion des Übergewichts auf die obere Grenze des Normalgewichts" oder „Intervention bei Schulbehörden zur Änderung der Beschulungssituation" etc. Wer „gierig essende, übergewichtige Kinder" oder Schulbehörden kennt, wird wissen, dass man mit diesem Gestus häufig das Gegenteil von dem erreicht, was man wollte. Die Gegenüber werden als zu bearbeitende Objekte betrachtet, nicht als Personen, mit denen man zusammen an von ihnen selbst für sinnvoll gehaltene Veränderungen arbeiten und mit denen man auch um Zusagen und Verbindlichkeiten kämpfen muss.

Theoretisch sind diese Kritikpunkte dem Autor Adler klar. Er zitiert an vielen Stellen zustimmend den Anspruch von Partizipation, gemeinsamer Zielfindung (ebd., bspw. S. 148) und Ressourcenorientierung (ebd., S. 65). Nur wenn er Hilfeplanung konkret vorführt, scheint er das alles vergessen zu haben und erweist sich als klinischer Montage-Pädagoge bzw. -Psychologe heraus (vgl. in diesem Buch, Kap. 4.1.)

4.6.2 Die guten Ideen des Konzeptes von H. Adler und wie man sie ausbauen kann

Das Herzstück des Systems von Adler stellt für mich das 7-W-Schema dar. Es handelt sich nicht nur um ein übersichtliches Dokumentationsinstrument, sondern eignet sich m. E. auch gut als Leitfaden für die Gesprächsführung mit den AdressatInnen. Es sorgt darüber hinaus – richtig angewendet – für eine enge Verzahnung von (Teiletappen im) Prozess und einer (prozessbezogenen) Dokumentation.

Was hat es mit dem 7-W-Schema auf sich?

Es geht um *sieben Fragen*, die den Fachkräften dabei helfen können, die eigene Fallkonstruktion systematisch voranzutreiben und in sieben Spalten darzustellen:

- Das **erste W fragt Warum?** Warum brauchen AdressatInnen nach ihrer eigenen oder nach fremder Meinung Hilfe? Mithin ist nach konkreten Sorgen, Ängsten und Problemen gefragt, wie sie die Familie sieht oder die andere in Bezug auf die AdressatInnen hegen.
- Das **zweite W fragt Wozu?** Diese Frage dient „der Beschreibung von Zielen, die sich aufgrund des Bedarfs und der Vorstellungen der Eltern, Kinder oder Jugendlichen ergeben." (ebd., S. 125).
- Das **dritte bis fünfte W fragt Was, Wer und Wo?** In was soll die Hilfeleistung bestehen, d. h. welche Handlungen oder Unterstützungsformen sind nötig und angemessen um die Probleme und Notlagen in Richtung auf die Ziele hin zu verändern? Welche Person ist geeignet diese Hilfe gemeinsam mit den AdressatInnen zu gestalten? Und: An welchem Ort soll die Hilfe stattfinden, wie muss dieser Ort aussehen und beschaffen sein?
- Nach den Kategorien dieses Buches handelt es sich also um Aspekte des Hilfekonzepts und der Hilfeform (siehe Kap. 3.1.).
- Das **sechste W fragt Wann, Wie lange oder Wie oft?** Hier geht es um die zeitlichen Aspekte der Hilfeplanung. Bei S. M. A. R. T. wäre hier **das T** angesprochen.
- Das siebte W fragt Wie? Es „ermöglicht eine Planung des konkreten pädagogisch-therapeutischen Programms" (ebd., S. 125). Während das dritte bis fünfte W die groben Rahmenbedingungen festgelegt haben, geht es hier um die genaue methodische Ausgestaltung. Um in der

Sprache eines anderen Zielentwicklungssystems zu sprechen: um die „Handlungsschritte oder Projekte“ (vgl. Kap. 4.2.3) etc.

Mit ein paar inhaltlichen Erweiterungen (also z. B. der Einführung des Gedankens, dass die Bedarfe selbst- oder fremddefiniert sein können oder dass der Frage nach den geeigneten Personen und Orten mehr Aufmerksamkeit geschenkt werden muss, als das simple Indikationsschema es vorgibt etc.) stellen diese sieben W-Fragen eine gute inhaltliche Orientierung dar und vermögen den Konstruktionsprozess der Hilfe auch in einer für die Familie klaren Weise strukturieren. Dabei kann man sich vorstellen, dass die Fachkraft bei einem ersten Termin vor allem auf die ersten beiden Ws eingeht und bei weiteren Terminen auf das dritte bis fünfte W, während das sechste und siebte W nur gemeinsam mit der Fachkraft des Freien Trägers bearbeitet werden können. Vorstellbar ist aber auch, dass man zunächst an einem einzigen Problem arbeitet und an diesem alle übrigen Ws durchspielt um den AdressatInnen zu zeigen entlang welcher immer gleichen Fragen der Hilfeplanungsprozess vorangetrieben wird.

Diese unterschiedlichen Vorgehensweisen sind um so sinnvoller, als es das 7-W-Schema von der Dokumentation her zulässt bzw. erforderlich macht, dass man die bereits erarbeiteten Arbeitsschritte festhält und sich aus den leeren Spalten die noch zu klärenden Fragestellungen ergeben. So entsteht eine hohe inhaltliche Konsistenz zwischen Gespräch und Prozessdokumentation.

Wie kann dieses 7-W-Schema in der Praxis aussehen?[14]

Gegenüber dem Adlerschen Original habe ich den Arbeitsbogen ein wenig verändert (vgl. die Dokumentation des Fall 8, Familie Sturm im Ordner „Fälle und Szenen“ und das leere Dokumentationsschema im Ordner „Materialien und Vorlagen“, siehe CD). Hier fragt die die zweite Spalte bei mir noch stärker nach Bezügen zwischen den Problemen oder Symptomen.

---

[14] Leider liegen mir keine Informationen darüber vor, ob und in welchen Jugendämtern mit diesem Fallbearbeitungsschema nach Adler gearbeitet wird. Das Jugendamt der Stadt Oldenburg und das Kreisjugendamt in Gotha haben in unterschiedlichen Ausprägungsgraden Teile des Systems übernommen oder zumindest zur Übernahme erwogen

Die letzte Spalte mit der Überschrift „Sonstiges: Risiken, Kooperation etc." bietet Platz für Unklares, Ambivalenzen oder Befürchtungen, also die „Reste" der Hilfeplanung. Auf jeden Fall sollte man die rigide Zeilentrennung aufheben, wo es sinnvoll erscheint, also z. B. bei den beiden ersten Problembereichen (1 und 2), die so eng aufeinander bezogen sind, dass für sie dieselben Hilfeleistungen in Frage kommen.

Noch wichtiger aber ist *die Veränderung der Sprache*: Mein Anspruch an das 7-W-Schema wäre, dass den AdressatInnen nach jedem Hilfeplanungstermin das Dokument ausgehändigt bekommen und auf diese Weise den „Wachstumsprozess der Hilfe" mitverfolgen können. Sicherlich gibt es Ausnahmefälle, in denen im Amt eine erweiterte „Risiken"-Sammlung notiert wird, die dann den AdressatInnen nicht zugänglich gemacht wird (z. B. Verdacht auf sexuellen Missbrauch etc.). In den meisten Fällen kann es aber gelingen, auch die heiklen Überlegungen zuerst auf eine annehmbare Weise anzusprechen und dann erst aufzuschreiben.

4.7 Zur Dokumentation der Zielformulierungen im Hilfeplanformular

Alle mir bekannten, offiziellen Hilfeplanprotokoll-Vordrucke sehen eine Rubrik vor, in der die im Hilfeplangespräch bzw. die in den darum gruppierten Zielentwicklungsgesprächen vereinbarten Ziele schriftlich festgehalten werden sollen. Diese Rubriken sind vom Platz, den sie diesem Thema einräumen, mehr oder weniger groß und sie sind mehr oder weniger strukturiert. Manche von ihnen sind drei Zentimeter hoch, andere reservieren für dieses Thema eine Seite, manche fragen schlicht nach „Zielen", andere fragen dezidiert nach „kurz-, mittel- und langfristigen Zielen" oder getrennt nach „Zielen für Eltern" und solchen „für Kinder" bzw. die „Fachkräfte". Oft geschieht das in Kombination mit Fragen nach „Aufgaben oder Handlungsschritten, die der Zielerreichung dienen" sollen oder nach „Unterstützungsbedarf bei Handlungsschritten zur Zielerreichung".

Hinter manchen dieser Rubriken und ihrer Strukturierung steht eine klare fachliche Konzeption. Andere basteln verschiedene – manchmal sogar spannungsreiche – Konzeptelemente aneinander und wirken entsprechend

„baustellenartig“. Nur sehr wenige Hilfeplanprotokolle räumen der Frage nach dem Dissens bezogen auf Ziele den ihr gebührenden Platz ein: Das betrifft den Zieledissens zwischen den AdressatInnen, den zwischen Fachkräften und AdressatInnen und den zwischen den Fachkräften (vgl. Kap. 6.).

Nur eines der mir bekannten Hilfeplanprotokolle (der von Kurt Hekele entwickelten Doku-Bogen aus Celle, der sich auf das S.M.A.R.T.-System stützt), räumt jedoch der Zielentwicklung und der kleinschrittigen Zieldokumentation einen solchen Stellenwert ein, wie das alle der hier vorgestellten Zielformulierungs-Dokumentationsbögen tun. Deshalb stellt sich die Frage, ob und wie die hier vorgeführten Bögen zu den offiziellen, lokalen Hilfeplanprotokollen passen bzw. passend gemacht werden können.

Bevor wir uns dieser Frage widmen, sei allerdings an fünf Arbeitsprinzipien erinnert, an denen sich die hier verwendeten Dokumentationsbögen für Zielformulierungen messen lassen wollen:

- Sie sollen *knapp* gehalten und *übersichtlich* dargestellt sein. Das Ideal ist, die Ergebnisse eines Zielentwicklungsprozesses auf *einer* Seite darzustellen, so wie das bei dem Drei-Ebenen-Bogen (vgl. Kap. 4.2), dem Transformationsbogen (vgl. Kap. 4.3.) oder dem S.M.A.R.T.-Bogen (vgl. Kap. 4.4.) gelungen ist. Dasselbe gilt sogar in Bezug auf weitere Elemente der Hilfeplanung für den 7-W-Bogen von Adler (4.6). Eine Seite muss nicht immer dem DIN-A4-Format entsprechen; ausklappbare DIN-A3-Blätter mit größerer Schrift sind lesefreundlicher und trotzdem in jeder Akte unterzubringen.
- Sie sollen in einer *lebensweltnahen, verständlichen Sprache* verfasst sein. Bei der Entscheidung, ob ein Doku-Bogen in erster Linie den fachlichen Ansprüchen des Jugendamts-Controllings zu genügen hat oder für die AdressatInnen verständlich sein soll, gibt es kein Zögern. In den meisten Fällen wird man sowieso entdecken, dass die Bögen, in denen sich eine Familie wieder erkennt auch den Jugendamtsleiter oder Landrat oder den Sprecher des jugendhilfepolitischen Ausschusses überzeugen. Falls nicht, dann haben diese Personen etwas dazu zu lernen (vgl. Becker 1999 a und b).
- Sie sollten den Zielentwicklungsprozess dokumentieren bzw. *den jeweils letzten Stand* desselben. Deshalb sollten sie *leicht überarbeitbar* sein, d.h. am besten als Computer-Maske vorhanden sein und am besten nach jeder Änderung neu abgespeichert werden, so dass man nach

ein oder zwei Jahren den gesamten Prozess nachvollziehen kann. Dieses System ermöglicht es auch, eine Hilfe auf der Grundlage eines halb ausgefüllten Bogens oder eines Bogens mit mehr oder weniger weißen Flecken zu beginnen. Die im Verlauf dieses Kapitels vorgestellten Bögen machen in ihrem Endzustand einen beinahe zu perfekten Eindruck. Sie sind *Schritt für Schritt ausgefüllt* worden und haben im Verlauf von zwei, drei Terminen (mit Nachbearbeitung) *mehrfache Korrekturen* erfahren. Das 5-Schritte-Modell ist auch deswegen so eindrucksvoll, weil es den gesamten Zielentwicklungsprozess mit allen *Zwischenschritten nachvollziehbar* festhält.

- Bei der Dokumentation kommt es auf *rasche Verfügbarkeit* an. In der Regel sollen ja schon in der Woche nach dem Termin besprochene Aufgaben angegangen werden, die aus Zielformulierungen hervorgehen oder aus Hürden im Zielentwicklungsprozess (z.B. Klärung von Dissens etc.). Dazu müssen sie schnell vorliegen. Am besten wären im transportablen Notebook ausgefüllte Bögen, die man vor Ort ausdrucken kann. Sinnvoll sind auch handschriftliche Exemplare, die man kopieren kann.
- Die *Verfügbarkeit* der Bögen bzw. *die Federführung für den nächsten Schritt in der Zielentwicklung*, die mal bei der Fachkraft des Jugendamtes, bald bei der des Freien Trägers liegen kann, machen es nötig, dass die Zielentwicklungsbögen mal von der einen, mal von der anderen Fachkraft verwendet und verwaltet werden. Prinzipiell aber müssen die Bögen bezüglich der weiteren Bearbeitung zwischen dem Amt und dem Freien Träger *hin und her* wechseln können (vgl. auch Kap. 4.8.). Das setzt Absprachen über die Verantwortung für den jeweiligen Stand des Bogens (inklusive seines datenrechtlichen Schutzes) voraus.

Wie man sieht, können einige der hier skizzierten Arbeitsprinzipien untereinander in Spannung stehen: Entweder können die Bögen rasch verfügbar (handschriftlich) sein oder sie sind jedes Mal in den Computer zu tippen, so dass dieser auf den letzten Stand der Zielentwicklung kommt. Entweder die Bögen sind datenschutzrechtlich optimal gesichert oder sie können schnell hin und her geschickt werden. Auch hier kommt es darauf an, einen pragmatischen Mix zu finden, in dem einige der genannten Kriterien im Mittelpunkt stehen und andere zwar beachtet werden, aber Abstriche hinnehmen müssen.

Prinzipiell gibt es *zwei Möglichkeiten* die Erfordernisse einer genauen und genau dokumentierten Zielformulierung und die Ansprüche des „alten" lokal verwendeten Hilfeplanungsbogens in Einklang zu bringen:

- Entweder man nimmt die hier vorgeschlagenen Zielentwicklungssysteme zum Anlass, um das eigene Hilfeplanformular so zu überarbeiten bzw. neu zu gestalten, dass es mit den Erfordernissen einer fachlich präzisen Zielformulierung übereinkommt. Das wäre der Weg der Integration bzw. Neugestaltung. Der Vorteile ist sicherlich ein Hilfeplan „aus einem Guss" und wenn möglich für „alle Hilfeformen". Dieser Dokumentationsbogen müsste einerseits eine klare und verbindliche Struktur besitzen, andererseits aber offen sein für fall- oder hilfeformspezifische Variationen und Zusätze.
- Oder man belässt den „alten" Bogen wie er ist, vereinbart aber in die Rubrik „Ziele" (oder wie immer sie formuliert ist) hineinzuschreiben „siehe Anhang: Zielformulierungsbogen…". Auf diesem Weg (Anhang zum Hilfeplanformular) kann jedes der hier verwendeten (und andere) Zielformulierungsbögen Teile des offiziellen Hilfeplanungsbogens werden. Der Vorteil solcher Anhänge ist, dass man im Hilfeplan die fachlichen und vor allem sozialpädagogischen Teile besser von den bürokratischen Teilen (Sozialdaten etc.) trennen kann.

Im Grunde wird dieses System schon an vielen Orten praktiziert: Die meisten Heime haben ein System entwickelt, das „Erziehungs-" oder „Betreuungsplanung" heißt. Hier besteht der Anspruch, die im Hilfeplangespräch erarbeiteten Ergebnisse in groben Zügen für den Alltag in der Einrichtung oder Betreuung detailliert auszuarbeiten. Wo solche Erziehungsplanungssysteme bestehen und in einer partizipativen Weise entwickelt werden – d.h. gemeinsam mit den Kindern/Jugendlichen und den Eltern – ist das Hilfeplangespräch (vor allem die Fortschreibung des Hilfeplans) stark entlastet und kann sich darauf beschränken die großen Linien des Hilfekonzepts zu überprüfen. Allerdings müssen die Fachkräfte (nicht nur des Jugendamts) dafür sorgen, dass die Erziehungsplanung als Teil der Hilfeplanung betrachtet und auch im Rahmen des Hilfeplans dokumentiert wird (z.B. eben als Anhang). Ansonsten entstehen – wie ich an einigen Orten beobachten musste – zwei Systeme, die kaum etwas miteinander zu tun haben: Hier der offizielle Hilfeplan mit ein paar wolkigen Formulierungen, dort die Erziehungsplanung, in der vor allem von heiminternen Erfordernissen und Alltagsregeln ausgegangen wird, ohne dass diese mit den Kernbestimmungen der Hilfeplanung verknüpft werden. *Erziehungspla-*

nung und Hilfeplanung sind nur dann sinnvoll, *wenn sie zeitlich und inhaltlich verzahnt erfolgen*, inhaltlich immer wieder aufeinander bezogen werden und der Hilfeplan als das Basisdokument betrachtet wird, an das auch Veränderungen in der Erziehungsplanung rückgemeldet werden müssen. Welcher der beiden skizzierten Wege vor Ort geeignet ist, hängt von zahlreichen Bedingungen ab und sollte zwischen Jugendamt und Freien Trägern abgeklärt werden.

4.8 Kooperation zwischen den Fachkräften

Eine weitere Herausforderung für die gelingende Anwendung der Zielentwicklungssysteme besteht darin, die damit verbundenen Aufgaben möglichst gut zwischen den Fachkräften des Öffentlichen und des Freien Trägers zu verteilen und den gesamten Prozess kooperativ zu gestalten.

Wie wir in der Einleitung zu diesem Kapitel geschrieben haben, meint Zielentwicklung einen Prozess,

- der im Hilfeplangespräch beginnen und/oder dort abgeschlossen werden kann und
- der darüber hinaus in mehreren Vor- und Nachgesprächen angeregt, vertieft und begleitet werden muss, die nicht alle von derselben Fachkraft geführt werden müssen bzw. in den meisten Fällen aus Gründen der knappen Zeit geführt werden können,
- der deshalb ein gelungenes Zusammenspiel der Fachkräfte von Jugendamt und Freiem Träger voraussetzt, d.h. Phasen gemeinsamer Erarbeitung von Zielformulierungen und Phasen der Delegation, in denen eine Fachkraft mit den AdressatInnen spezifische Aufgaben im Rahmen des Zielentwicklungsprozess bzw. hinsichtlich ihn betreffender Hindernisse weiter bearbeitet
- und dies in einer Form geschieht, die der anderen Fachkraft ein Maximum an Transparenz und Informiertheit garantiert, was schriftliche Berichte bzw. vereinbarte Rückkoppelungsschleifen erforderlich machen kann.

Das bedeutet, dass Zielentwicklung im Rahmen des individuellen Hilfeplans ein Prozess ist, der nur in **gemeinsamer Verantwortung von Fachkraft des Jugendamts und Fachkraft des Freien Trägers** gestaltet werden kann. Beide sind für die gemeinsam mit den AdressatInnen stattfindende Zielentwicklung gleichermaßen verantwortlich, *auch wenn ihre Aufgaben in Bezug auf diese völlig unterschiedlich* sein können. Zwei Extreme sind denkbar: Auf keinen Fall kann das erste Hilfeplangespräch der erste Termin sein, bei dem das Thema „Ziele" behandelt wird. In einer mehr oder weniger elaborierten Form muss dieses Thema schon Gegenstand von Gesprächen und Explorationen seitens der Fachkraft des Öffentlichen Trägers gewesen sein. Insofern muss sich die Fachkraft des Freien Trägers in den bereits begonnenen Zielentwicklungsprozess zwischen den AdressatInnen und der Fachkraft Öffentlicher Träger „einklinken". Auf keinen Fall dürfen die Ziele aber in diesen (zweifellos notwendigen) Vorgesprächen schon verbindlich festgelegt sein, d.h. bevor die Fachkraft des Freien Trägers ihre Arbeit aufnimmt: zumindest muss sie nach einer regulär vereinbarten Betreuungszeit (4–6 Wochen) die Möglichkeit haben, ihre Gedanken zum Thema Zielentwicklung einzubringen und an den bisherigen Zielbestimmungen Korrekturen vorzunehmen. Das breite Feld zwischen diesen Extremen macht deutlich, wie notwendig es ist, dass sich die Fachkräfte untereinander verständigen:

- Schon in der *Anfragesituation* sollte geklärt werden, worin das Hilfekonzept der Fachkraft des Öffentlichen Trägers besteht, wie weit dieses entwickelt ist (siehe 3.4.) und welchen Stellenwert individuelle Zielformulierungen im bisherigen Konstruktionsprozess der Hilfe hatten. Dabei interessieren Inhalte und Umfang der bisher vorgenommenen Zielbestimmungen.
- Mit der Zusage auf Fallübernahme sollte die Fachkraft des Freien Trägers *alle Unterlagen* erhalten, die das *Hilfekonzept* und den bisher *erarbeiteten Stand der Zielentwicklung* betreffen. Dabei sollte auch der Grad der Strukturierung bzw. *das Maß der bisherigen Investition* mit kommuniziert werden. Z. B. sagt die Fachkraft des Öffentlichen Trägers: „In den Zielentwicklungsprozess habe ich schon viel Zeit gesteckt. Anfangs hatten die Eltern völlig konträre Standpunkte. Mit viel Mühe ist es mir gelungen, sie auf die folgenden drei Konsensziele zu polen…". Oder: „Mit Zielentwicklung ist in diesem Fall bisher noch ganz wenig gelaufen, ich bin froh, dass die Eltern überhaupt einen Antrag auf Hilfe zu Erziehung unterschrieben haben, aber viel weiter bin ich noch nicht mit ihnen…" Solche Kommunikationen geben der Fachkraft des Freien Trägers einen Beobachtungsmaßstab an die Hand,

mit der die bisherige Fallkonstruktion eingeordnet werden kann. Das heißt nicht, dass die Fachkraft des Freien Trägers in „Ehrfurcht erstarren“ muss und keinen kritischen Gedanken haben darf, aber sie wird Zustimmung und Ablehnung informierter und sensibler äußern können.

- In vielen Fällen ist es hilfreich, wenn die Fachkraft des Freien Trägers eine Art *gemeinsame Übergabe* machen kann: „Soweit sind wir mit der Zielformulierung gekommen… Das und das steht meiner Meinung nach als nächstes an, was sagen Sie dazu?“ Diese Übergabe kann und sollte in vielen Fällen vor der Familie stattfinden. Sie stellt noch einmal ein Resümee der bisherigen Arbeit an diesem Thema dar und bildet eine Möglichkeit die Konsenspunkte bzw. die offenen Fragen abzusichern. *Grundlage dieser Übergabe* können „halb“ oder teilweise ausgefüllte Zielformulierungsbögen sein. Ausgefüllt sind dort bspw.
  - die oberen (und mittleren) beiden Kasten des Drei-Ebenen-Doku-Bogens (vgl. Kap. 4.2.)
  - oder ein Transformationsbogen, in dem die Spalte (Wie weiter mit Dissens?) noch nicht ausgefüllt ist (vgl. Kap. 4.3.).
  - oder ein S. M.A.R.T.-Bogen, bei dem das **M,** das **T** und Teile des **A** noch offen sind (vgl. Kap. 4.4.)
  - oder die Arbeitsbögen 1 und 2 des 5-Schritte-Konzepts nach H. von Spiegel (vgl. Kap. 4.5.)
  - oder ein 7-W-Schema-Bogen, auf dem bisher nur die ersten beiden Spalten gefüllt sind (vgl. Kap. 4.6.)[15]

In einigen Fällen empfiehlt sich ein *separates Treffen* zwischen den Fachkräften (eine vielerorts ‚Helferkonferenz‘ genannte Einrichtung) um gemeinsam eine Strategie auszudenken, wie einer bestimmten Familie oder bestimmten AdressatInnen geholfen werden kann, im Prozess der gemeinsamen Zielentwicklung weiter zu kommen. Die Chance des Zusammenspiels der Fachkräfte kann dabei entweder in ihrer demonstrierten *Einigkeit* liegen als auch in der Besetzung *unterschiedlicher Rollen, Positionen und Aufgaben*.

Anlässlich der Übergabe wird festgelegt, *wer in Zukunft bis wann welche Aufgaben* hinsichtlich der weiteren Zielentwicklung *übernimmt*. Prinzipiell können dies

---

[15] Leere Doku-Bögen finden sich auf der CD unter „Materialien und Vorlagen“.

- …beide Fachkräfte gemeinsam machen. Das ist vor allem zu empfehlen, wo es Konflikte um die Hilfeziele gibt und der Dissens sich zu verhärten droht.
- …eine Fachkraft alleine. Wo es um das methodische Vorgehen auf der Handlungszielebene (im Drei-Ebenen-Modell) geht, gehört das zu genuinen Aufgabe der Fachkraft des Freien Trägers. Ist erst noch Einsicht für bestimmte Kontrollaufgaben im Rahmen der Hilfe zu erwecken, dann kann das auch ein Thema für die Familie mit der Fachkraft des Öffentlichen Trägers sein, bei dem der Familienhelfer bewusst nicht eingeladen wird.
- Bei dieser Gelegenheit sollte überlegt werden, *wann das erste Hilfeplangespräch* stattfinden soll bzw. was bis dahin erarbeitet werden muss, damit es stattfinden kann.
- Ebenso müssen anlässlich der Übergabe Formen und Fristen der Bearbeitung bzw. Benachrichtigung und des Informationsflusses vereinbart werden.

Gemeinsames und arbeitsteiliges Arbeiten an der Zielentwicklung bzw. Hilfeplanung ergänzen sich. Die Rolle der Fachkraft des Öffentlichen Trägers bei der Zielentwicklung ist es, dafür zu sorgen, dass im Hilfeplan gut dokumentierte Ziele stehen bzw. ein gut dokumentierter Stand der Zielentwicklung. Die Rolle der Fachkraft des Freien Trägers ist es hingegen, sich in den begonnenen Zielformulierungsprozess einzuklinken, ihn durch eigenen Beobachtungen und Beiträge (Gespräche mit der Familie) zu qualifizieren und im Alltag zu beobachten, ob diese Ziele als „Motoren" für die Betreuung eine bedeutungsvolle Rolle spielen oder ob von ihnen (fachlich begründet oder nicht) abgewichen wird (was ein neues Hilfeplangespräch erforderlich machen würde).

Die Zusammenarbeit im Zielentwicklungsprozess wird um so besser „funktionieren"

- je häufiger die KollegInnen auf gemeinsame Fallbearbeitungsprozesse zurückschauen können, die beide als gelungen beurteilen.
- je intensiver beide Fachkräfte eine gemeinsame Sprache hinsichtlich der Zielentwicklungssysteme bzw. ein gemeinsames Bild von Zielentwicklung bzw. Hilfeplanung teilen können.

Als unterstützend haben sich dafür gemeinsame Fortbildungen im lokalen bzw. regionalen Rahmen erwiesen, bei denen die KollegInnen derjenigen

Träger zusammen kommen, die sich auch bei der Hilfeplanung mit den AdressatInnen wieder begegnen. Optimal ist es, wenn ein Prozess stattfindet, bei dem man auf lokaler oder regionaler Ebene in paritätisch – überwiegend von den front-line-workers – besetzten Gremien *gemeinsame Fachleitlinien zur Hilfeplanung bzw. Zielentwicklung* erarbeitet und die dafür *notwendigen Moderations- und Gesprächführungsmethoden auch gemeinsam einübt.* In der Regel ist für die Erarbeitung solcher Richtlinien und Verfahrensgrundsätze eine Gruppe von acht bis zwölf Mitgliedern ausreichend. Beim Vorstellen der Ergebnisse bzw. beim Üben der Methoden müssen alle KollegInnen die Möglichkeit haben dabei zu sein oder muss man ein MultiplikatorInnen-System installieren, das alle auf ein gleiches Informationsniveau bringt.

Als problematisch wird häufig betrachtet, wenn ein Jugendamt beschließt ein oder mehrere neue Zielentwicklungssysteme einzuführen, seine MitarbeiterInnen darin schult und voraussetzt, dass die Freien Träger diese(s) System(e) akzeptieren und ihre MitarbeiterInnen ebenfalls darin schulen. *Mit jedem Zielentwicklungssystem wird eine „neue Sprache" eingeführt*, die höchst irritierend wirkt, wenn der Eindruck entsteht, das sei ein „Insider-Code", eine Art Geheimwissen, das nur eine Partei besitzt und mit der sie der anderen gegenüber einen Wissens- bzw. Methodenvorsprung besitzt.

Was man dagegen nicht vermeiden kann, ist auf „fremde Zielentwicklungssysteme" zu stoßen, wenn man mit neuen, außerhalb der Region angesiedelten Kooperationspartnern zusammen kommt: Jedes Jugendamt aber auch jeder Freier Träger (der z.B. für seine Erziehungsplanung ein internes Verfahren bzw. Konzept besitzt) sollten ihre Zielentwicklungssysteme in einer kurzen Broschüre mit den wichtigsten Verfahrensschritten bzw. inhaltlichen Voraussetzungen darstellen, so dass man sich als Außenstehender darauf einstellen kann.

4.9 Zielorientierung bei der Hilfeplanung

Was heißt „Zielorientierung" bei der Hilfeplanung bzw. im Hilfeplangespräch? Sechs gute, wenn auch nicht gleichermaßen befriedigende Möglichkeiten

Wahrscheinlich waren die LeserInnen auch vor dem Lesen dieses Kapitels schon überzeugt davon, dass „Zielorientierung" ein zentrales Qualitätskriterium für fachlich gut geführte Hilfeplangespräche bzw. Hilfeplanungsprozesse darstellt. Nachdem wir uns mit unterschiedlichen Wegen zu recht unterschiedlichen Formen von Zielformulierungen beschäftigt haben und festgestellt haben, wie kompliziert und voraussetzungsreich dieser Prozess sein kann, könnte sich allerdings die ursprüngliche Klarheit dieses Kriteriums aufgelöst haben: Verhält man sich bereits ausreichend zielorientiert, wenn man die Frage nach Zielen stellt, oder nur wenn man das in einer bestimmten systematischen Weise macht? Muss man auf dem Weg der Zielentwicklung ein bestimmtes Endniveau erreichen oder können auch Zwischenschritte schon als befriedigende Indikatoren für Zielorientierung gewertet werden? Aufgrund solcher Unsicherheiten soll die Frage: „Wann wurde eine Hilfeplangespräch oder ein Zielentwicklungsprozess zielorientiert geführt?" noch einmal neu gestellt werden (vgl. auch Kapitel 7 auf der CD, „Anhang").

Einerseits müssten die Antworten darauf für jedes Zielentwicklungssystem spezifisch gegeben werden, denn in jedem System gibt es mehrere stringent aufeinander bezogene Ebenen und Stufen, auf denen das Thema bearbeitet wird. Nur im jeweiligen speziellen System ließe sich aufzeigen, was „Zielorientierung" heißt. Andererseits liegt der Sinn eines Qualitätskriteriums gerade darin, dass es nicht zu eng auf eine bestimmte Praxis oder Methode beschränkt ist. Im Folgenden habe ich versucht beide Aspekte zu berücksichtigen:

Möglichkeit A: *Wenn im Verlauf fachlich sinnvolle, realistische und von den AdressatInnen akzeptierte Ziele formuliert und dokumentiert werden, die mit konkreten Arbeitsaufträgen/Aufgaben/Handlungen verbunden sind, für die Verantwortliche und Fristen benannt sind.*

Einen solchen handlungsbezogenen Operationalisierungsgrad strebt jedes der hier vorgestellten Zielentwicklungssysteme an. Möglichkeit A kann als Ziel der Zielentwicklungssysteme gelten.

Bei dem *Drei-Ebenen-Modell* (vgl. Kap. 4.2.) entspricht diesem Grad die dritte Ebene, die durch die Aufgabe bestimmt ist „Handlungsschritte" bzw. „Projekte" zu formulieren.

Bei dem *Transformationsmodell* (vgl. Kap. 4.3.) spielen konkrete Vereinbarungen von Aufgaben und Verhaltensweisen im Dokumentationsbogen eine wichtige Rolle. Dort soll genau erfasst werden, wer zu welchen Handlungen bereit ist, welche Unterstützung er dafür braucht und was er nicht bereit ist zu tun. Dieses Konzept hält demnach als einziges fest, welche ganz konkreten Erwartungen von einem Adressaten zurückgewiesen, also nicht erfüllt werden.

Das *S.M.A.R.T.-Modell* (vgl. Kap. 4.4.) kann als Operationalisierungsprogramm par excellence bezeichnet werden. hier sorgen die Kriterien S (spezifisch, konkret, in Verhaltenstermini), M (messbar, Veränderungen ablesbar an…), A (akzeptiert), R (realistisch) und T (terminiert) für eine strikte Verhaltensorientierung.

Bei dem *5-Schritte-Modell* von Hiltrud von Spiegel (vgl. Kap. 4.5.) entspricht der oben beschriebene Operationalisierungsgrad den Schritten 4 und 5 wie sie in dem Arbeitsbogen 3 (einfache Version) oder den Arbeitsbögen 4 und 5 (ausführliche Version) dokumentiert werden. In diesem System wird zwischen Handlungszielen und Handlungsschritten unterschieden bzw. zwischen ergebnisbezogener und prozessbezogener Operationalisierung. Damit bietet dieses Konzept m. E. den fundiertesten Beitrag zum Thema Operationalisierung.

Bei dem *7-W-Schema von Adler* (vgl. 4.6) entsprechen diesem Grad die Fragen „Was?" und „Wie genau?", also die vierte und fünfte Spalte des 7-W-Schemas.

Sicher ist es für die Fachkräfte befriedigend, wenn sie den Grad der Zielentwicklung mit den AdressatInnen bis zu dem definierten Niveau A vorantreiben können. Nur sehr selten wird dies innerhalb eines Gesprächs erreicht werden können. In der Regel braucht es dazu mehrere Anläufe und einer geschickten Arbeitsteilung zwischen den Fachkräften des Öffentlichen und des Freien Trägers. Insofern kommt es für die Fachkräfte darauf an, sich auch mit Zwischenschritten zufrieden geben zu können, mit Zwischenschritten, die selbst schwierig zu erreichen sind und deren Meisterung eine veritable professionelle Leistung darstellen kann.

Wie lange man bei diesen Zwischenschritten bleiben muss und welche Konsequenzen das für den Hilfeprozess besitzt, hängt vom Einzelfall ab. Manchmal stagniert der Zielentwicklungsprozess für längere Zeit auf einem Zwischenniveau, weil die AdressatInnen Zeit brauchen, manchmal aber auch nur, weil die Fachkräfte keine Zeit finden ihn fortzusetzen. Manchmal kann bzw. muss man trotz ungenauer Zielbestimmung einen Hilfeprozess einleiten (siehe z.B. Kap. 3, Fall 2 – Bruno) bzw. fortsetzen. Manchmal muss man die AdressatInnen mit dem Hinweis, dass ein Hilfebeginn oder eine Fortsetzung der Hilfe nur bei klarer Zielformulierung möglich ist, zu weiteren Anstrengungen im Prozess der Zielentwicklung oder Konsensfindung motivieren.

Was sind nun diese Zwischenschritte bzw. Niveaus, die als Ausdruck von engagierter Zielorientierung gelten können, auch wenn sie das Niveau A nicht erreichen?

Möglichkeit B: *Wenn im Verlauf des Gespräches oder Prozesses Entwicklungsaufgaben so formuliert und dokumentiert werden, dass zu verändernde oder zu sichernde Verhaltensbereiche und mögliche Entwicklungsschritte deutlich geworden sind.*

Hierbei handelt es sich allerdings um hypothetische Möglichkeiten: Noch ist dem Adressaten unklar, ob dies wirklich „seine" Möglichkeiten sind, ob er diese wirklich ergreifen möchte bzw. ob er die Mühen auf sich nehmen will, die mit ihrer Realisierung verbunden sind. Die Entscheidung darüber ist noch offen Die Ergebnisse dieser Entscheidung müssen in einem nächsten Hilfeplangespräch oder in weiteren Gesprächen zwischen dem Adressaten und der Fachkraft Jugendamt oder der Fachkraft des Freien Trägers abgefragt und in Ziele mit hohem bzw. höherem Operationalisierungsgrad (siehe A) übersetzt werden.

Auch wenn nur im Drei-Ebenen-Konzept ausdrücklich von Entwicklungsaufgaben die Rede war (vgl. Kap. 4.2.2.), so handelt es sich bei dem vorläufigen, noch unverbindlichen Erwägen möglicher Entwicklungen oder

Veränderungen doch um einen methodischen Schritt in der Zielentwicklung, ohne den kein Zielentwicklungssystem auskommt. Bevor ich mich festlege, in welche Richtung ich mich verändern will und was ich konkret dafür tun muss, möchte ich zunächst im Geiste durchspielen, was das bedeutet, wie das im Alltag konkret aussieht. Das Sich-Einlassen auf ein solches Durchspielen von Optionen darf nicht verwechselt werden mit der Entscheidung, eine davon auch tatsächlich zu realisieren. Man könnte diese Phase „Zielentwicklung ohne Kontraktdruck" nennen. Wenn die Fachkräfte – aus Zeitdruck – die AdressatInnen zu schnell auf Veränderungen „festnageln", die für diese noch optional sind, dann werden diese später als aufgedrängt erlebt und häufig unterlaufen.

AdressatInnen brauchen unterschiedlich lange Zeit um eine Zielformulierung innerlich als stimmig zu erleben und sich dann auch verbindlich darauf festlegen zu lassen. Gerade bei „schnell entschlossenen" AdressatInnen tut die Fachkraft gut daran, den Prozess eher zu verlangsamen. Insofern können und müssen Zielentwicklungs- und mitunter auch Hilfeplangespräche mit offenen Möglichkeiten enden. Freilich müssen Fristen vereinbart werden, innerhalb derer Entscheidungen fallen sollen. Ob diese auch tatsächlich für Entscheidungen genutzt werden konnten, muss dann wiederum im Einzelfall geprüft werden.

Möglichkeit C: *Wenn Konflikte und Dissens bezogen auf Ziele (inkl. ihrer emotionaler Hintergründe) deutlich geworden sind und allen Beteiligten klar ist, wann/wo/wie diese Uneinigkeiten weiterbearbeitet werden und welche Gefahren drohen, wenn diese Dissens bzw. Konflikte unbearbeitet bleiben.*

Auch diesen Zwischenschritt haben wir in allen Zielentwicklungssystemen einkalkuliert.

Im *Drei-Ebenen-Modell* erwies sich die Vision als ein notwendig zu konstruierendes „Dach", um unterschiedliche Eigenziele zu überbrücken bzw. aufzuheben. Das kann gelingen, aber auch misslingen. Die AdressatInnen können das gemeinsame Zieldach zurückweisen und auf den Gegensätzen ihrer Eigenziele bestehen.

Beim *Transformationsmodell* mussten wir damit rechnen, dass AdressatInnen auf ihren ursprünglichen Er-/Sie-Zielen „sitzen" bleiben würden und weder Wir-Ziele bilden noch sich auf eines der annehmbar erscheinenden Fremdziele einlassen könnten

Beim *S. M.A.R.T-Modell* wiesen wir dem A, welches für Akzeptanz steht, eine hohe Bedeutung zu, was impliziert, dass die Akzeptanz für ein Ziel nicht oder nicht in ausreichendem Maße gegeben sein könnte.

Bei dem *5-Schritte-Modell* wird der Dissens ausdrücklich thematisiert, dann aber (zunächst) zur Seite gestellt. Wenn dieser Schritt nicht akzeptiert wird und den AdressatInnen die Thematisierung ihres Dissenses wichtiger ist als die Arbeit an den gemeinsamen Zielen, tritt die oben skizzierte Situation ein.

Auch wenn man beim *7-W-Schema* nicht prinzipiell mit Dissens rechnet, so war die von mir eingeführte Spalte „Risiken" u.a. zur Dokumentation von unsicherem Konsens bzw. offenen Streitpunkten etc. gedacht.

Angesichts der in jedem Zielentwicklungsprozess gegebenen Möglichkeit des unüberbrückbaren Dissens, kann und muss sich Zielorientierung in etlichen Fällen zunächst darauf beschränken, diesen Konflikt in aller Klarheit herauszuarbeiten. Bush und Folger (1994) zeigen in ihrem Buch „The Promise of Mediation" auf, dass der Prozess der Konfliktklärung (Was ist strittig zwischen wem und warum?) zahlreiche Chancen für Empowerment und Anerkennung enthält, so dass er auch dann als wertvoll angesehen werden kann, wenn anschließend keine Lösung oder kein Kontrakt dabei herauskommen. In vielen Fällen bewegt sich allerdings etwas zwischen den AdressatInnen – häufig in Abwesenheit der Fachkräfte – nachdem ihre Konflikte offen „auf dem Tisch liegen". Dabei ist es offen, ob die AdressatInnen anschließend bereit sind, den Fachkräften des Jugendamtes den Auftrag zu erteilen, weiter mit ihnen an dem Dissens zu arbeiten. Das mag für die Fachkräfte unbefriedigend sein, braucht sie aber nicht handlungsunfähig zu machen (vgl. Kap. 6, Aushandlung bei verhärtetem Dissens)

Möglichkeit D: *Wenn mögliche Ziele (Visionen, Hoffnungen, Wünsche) oder (selbst-)destruktive Verhaltensweisen so formuliert worden sind, dass bei den AdressatInnen ein spürbares Maß an emotionaler Betroffenheit oder Nachdenklichkeit entstanden ist, die sie motiviert, weiter an der Konkretisierung von eigenen Zielen oder der Realisierung von Verhaltensweisen zu arbeiten und klar ist, wann, wo und mit wem das geschieht.*

Auch wenn die Möglichkeit, emotionale Betroffenheit bzw. Nachdenklichkeit zu erzeugen, vor allem im Drei-Ebenen-Modell thematisiert wurde, so wird unmittelbar einleuchten, dass angemessene Formen von Rührung oder gar Erschütterung in Bezug auf selbstdestruktive Verhaltensweisen oder Konzepte einen wichtigen Schritt darstellen können, um sich auf einen elaborierten Zielentwicklungsprozess einzulassen. Auch wenn AdressatInnen nach dem Gespräch viele Möglichkeiten besitzen, die Betroffenheit abzuwehren oder die neu entstandene Nachdenklichkeit wieder zu betäuben, so stellt der Akt der emotionalen Involvierung für viele ein neues Erlebnis dar und führt zu einem „Draht" zwischen Fachkraft und AdressatInnen, der in weiteren Gesprächen wieder aktiviert werden kann.

Möglichkeit E: *Wenn für die Fachkraft des Jugendamts oder des Freien Trägers deutlich geworden ist, warum ein Adressat zur Zeit keine für ihn stimmige Zielformulierung zustande bringen kann oder warum er sich dem Zielentwicklungsprozess gegenüber verweigert, die Fachkräfte aber die Notwendigkeit von Unterstützung sehen oder die Chance, dass sich dieser Adressat in Bezug auf den Prozess der Zielentwicklung später einlassen wird.*

Möglichkeit F: *Wenn für die Fachkraft des Jugendamts oder des Freien Trägers deutlich geworden ist, dass sich wichtige Verhaltensweisen oder Prozesse auf Seiten der AdressatInnen dann am besten weiterentwickeln, wenn sie zunächst aus dem Zielentwicklungsprozess oder dem Darüber-Reden ausgeklammert bleiben, d. h., dass die Fachkräfte die Beobachtung machen bzw. die Hypothese entwickeln, dass sich bestimmte Einsichten oder Verhaltensweisen am besten „im Schatten von Planungsprozessen" bzw. außerhalb des Fokus bewusster Aufmerksamkeit entwickeln (vgl. Schwabe 2002).*

Die *Möglichkeiten A bis F* stellen zunächst jeweils *gleich gute,* wenn auch sicher für die Fachkräfte *nicht gleich befriedigende Möglichkeiten* dar, zielorientiert im Prozess der Hilfeplanung zu arbeiten. Es ist Aufgabe der Fachkräfte miteinander und mit den AdressatInnen herauszufinden, auf welcher Möglichkeitsebene des Kriteriums „Zielorientierung" an diesem Tag mit diesen Personen gearbeitet werden kann und bei welchen anderen Ebenen ein oder mehrere AdressatInnen blockieren würden, so dass die Ergebnisse von geringem Zukunftswert sind. Häufig können mehrere

Möglichkeiten in einem Hilfeplangespräch verknüpft werden oder in mehreren Terminen prozessorientiert weiterentwickelt werden. Wenn ein „guter Anfang“ gemacht ist, können andere Teile an die Fachkräfte des Freien Trägers delegiert werden (Berichtspflicht mit Frist).

Von Seiten der Leitungen im ASD oder der Freien Träger ist darauf zu achten, dass die Fachkräfte einerseits angeregt und in die Pflicht genommen werden, zielorientiert zu arbeiten, dass sie aber andererseits die Möglichkeit haben, dies auf unterschiedlichen Wegen zu tun und dass sie auf diesen Wegen – ungeachtet ihrer Qualifikationen – unterschiedlich weit kommen „dürfen“. Möglichkeit A ist nicht mit allen AdressatInnen zu erreichen. Die Möglichkeiten B, C und D etc. stellen in manchen Prozessabschnitten der Hilfeplanung das Maximum dar, das mit bestimmten AdressatInnen zu erreichen ist. Das sollte sich im Hilfeplanprotokoll auch niederschlagen. Wenn dieses zielorientierter „gestaltet“ wird, als vom Prozess her möglich war, und wenn es einen institutionellen Druck oder gar Zwang zu bestimmten Formen von Zielorientierung gibt, ohne dass diese fachlich abgesichert sind, läuft etwas falsch. Ein fachlich begründeter und genau dokumentierter Grad an Zielorientierung unterhalb des Niveaus von A oder B darf kein Anlass sein, eine Hilfe nicht zustande kommen zu lassen oder fortzusetzen. Das entscheidende Kriterium bleibt, ob die Fachkräfte aufzeigen können,

- dass sie einen Zielentwicklungsprozess initiiert haben,
- dass sie begründen können, warum sich dieser derzeit auf einem bestimmten Niveau bewegt und
- dass sie plausible Ideen darüber entwickelt haben, wie bzw. wann dieser fortzusetzen ist.

Wenn eine Fachkraft allerdings in keinem Prozess die Möglichkeit A erreicht oder im Verhältnis zu anderen KollegInnen unverhältnismäßig viele Cs, Es und Fs „produziert“, muss sie sich ebenfalls in Frage stellen lassen.

5 Moderation im Hilfeplangespräch

In Kapitel 4 haben wir Zielentwicklungssysteme und die damit verbundenen Gesprächsführungsmethoden kennen gelernt, welche dazu dienen die Zielentwicklung sowohl inner- als auch außerhalb des Hilfeplangesprächs[16] voranzutreiben. In diesem und dem folgenden Kapitel geht es hingegen überwiegend um die Gesprächsführung im HPG selbst. Die damit verbundenen Aufgaben sind umfassender, d.h. sie betreffen verschiedene kommunikative Prozesse, auch solche die nicht oder nur vermittelt mit Zielentwicklung in Verbindung stehen.

Sie sind teilweise aber auch spezieller Natur, weil es um Gesprächsführungs-Interventionen für ganz bestimmte HPG-Situationen geht (bspw. solche, die verborgene Gemeinsamkeiten oder Ambivalenzen zu Tage fördern sollen, oder solche, in denen Pausen oder die zeitweilige Trennung der Systeme sinnvoll scheint etc.).

Die Kapitel 5.1.–5.3. zielen auf die inhaltliche Fundierung des Themas „Kommunikation im Hilfeplangespräch. Zuerst werden die Besonderheiten der kommunikativen Situation „Hilfeplangespräch“ geklärt (5.1.), um anschließend die „innere Situation“ der TeilnehmerInnen zu untersuchen (5.2.). Neben dieser subjektiven Erlebnisseite gibt es im HPG aber auch prozessimmanente Erfordernisse zu beachten, welche die unterschiedlichen Zeit- und Bedeutungsdimensionen betreffen (5.3). Aus der Reflexion dieser Dimensionen ergeben sich Konsequenzen für die methodische Umsetzung dieser Erkenntnisse in die Praxis der Gesprächsführung. Eine Vielfalt von Beispielen und Ausführungen hierzu finden sich auf der CD – „Materialien und Vorlagen“ – Kapitel 5: *Vorbereitung des Hilfeplangesprächs*; *Gesprächsführungsinstrumente im HPG* (Vorstellung von sechs unterschiedlichen „Moderationsinstrumenten“, die jeweils passend für unterschiedliche Situationen und Personen verknüpft werden müssen) und

---

[16] Im Weiteren wird für Hilfeplangespräch meist als HPG abgekürzt.

Kreative Methoden der Gesprächsführung (bunter Reigen methodischer Möglichkeiten für spezielle Situationen im HPG; möchte aufzeigen, welche kreativen Variationen in der Praxis möglich bzw. nötig sind um, auch in „schwierigen" Gesprächssituationen konstruktive Moderationsimpulse geben zu können)

5.1 Charakteristika der kommunikativen Situation „Hilfeplangespräch"

Das Hilfeplangespräch stellt in Bezug auf die Mischung der TeilnehmerInnen und der dort zur Anwendung kommenden Gesprächsführungsformen einen merkwürdigen Typ von Gespräch, eine besondere kommunikative Situation dar. Ein Hilfeplangespräch ist…

- …wie wenn sich Eltern und Kinder mit dem Zahnarzt und einem Krankenkassenvertreter zusammensetzen würden, um ein Zahnpflege- und Zahnreparaturplan für die ganze Familie aufzustellen. Zu den Überprüfungsterminen kommt dann die ganze Familie, macht den Mund auf und lässt den Krankenkassenvertreter hineinschauen…
- … wie wenn sich eine Vertreterin des Sozialamts mit Eltern, Kindern und einem Beschäftigten eines Möbelhauses treffen würden um auszuhandeln, welche Möbel (Anzahl, Form, Farbe) für das Kinderzimmer angeschafft werden sollen. Anschließend wird geprüft, ob die Möbel tatsächlich im Kinderzimmer gelandet sind und dort auch benutzt werden.
- …wie wenn Eingeborene (z.B. in Brasilien) von Regierungsvertretern eingeladen würden, um strittige Stammesangelegenheiten unter behördlicher Aufsicht aber mit praktischer Unterstützung von Entwicklungshelfern aus NGOs (Nicht-Regierungs-Organisationen) zu klären. Nur solche NGOs werden wieder bestellt, denen es gelingt die Eingeborenen zu friedlichen Lösungen zu bewegen.

Soweit einige Beispiele, die zugleich der Erhellung wie der Verfremdung dienen sollen. Wie alle Beispiele „hinken" sie. Wie aber lässt sich die kommunikative Situation „Hilfeplangespräch" systematisch bestimmen? Dazu ein knapper Definitionsvorschlag, dessen einzelne Elemente anschließend erläutert werden:

Das **Hilfeplangespräch** ist...

(A) ein regelmäßiges Gruppengespräch, in dem

(B) in begrenzter Zeit und in einer dokumentierbaren Form Aufgaben zu bewältigen sind,

(C) die auf die Steuerung laufender Hilfeprozesse bezogen sind.

(D) Es ist Teil eines staatlichen Verfahrens, weswegen die Teilnahme obligatorisch ist.

(E) Auf einer unterschwelligen Ebene geht es für alle Beteiligten dabei um die Ausbalancierung von Vorteil-Nachteil-Balancen auf unterschiedlichen Ebenen.

(F) Im Hilfeplangespräch begegnen sich in mehrerer Hinsicht Ungleiche,

(G) ohne die Vermittlung eines neutralen Dritten,

(H) wobei die Verteilung von Abhängigkeiten und Machtmitteln systemspezifisch variieren und mehr oder weniger statisch und dynamisch sein kann.

Es handelt sich um ein in bestimmten Abständen regelmäßig stattfindendes Gruppengespräch (A), in dem in begrenzter Zeit und in dokumentierbarer Form Aufgaben zu bewältigen sind (B). Thematisch geht es um die Reflexion zurückliegender Etappen des Hilfeprozesses und die (abschließende) Klärung von Zielen bzw. Festlegung von Aufgaben und Handlungsschritten, die der Strukturierung eines zukünftigen Zeitabschnittes dienen sollen (bis zum nächsten HPG) (C).

Das Hilfeplangespräch ist zentraler Bestandteil eines gesetzlichen Verfahrens. Die Teilnahme an dieser Veranstaltung ist obligatorisch; ohne die Zustimmung und Unterschrift der AdressatInnen und der HelferInnen unter den Hilfeplan, kann die Hilfe nicht beginnen oder fortgesetzt werden. Die Teilnahme gehört zu den Mitwirkungspflichten der AdressatInnen (D).

Auf einer eher hintergründigen Ebene geht es im Hilfeplangespräch um die Thematisierung bzw. die (Wieder-)Herstellung von Vorteil-Nachteil-Balancen bzw. die Bewältigung deutlich gewordener oder aktuell artikulierter Interessensgegensätze im Lauf des Hilfeprozesses (E): Das Jugendamt erwartet vom Freien Träger möglichst „viel" und möglichst nachhaltige Veränderungsarbeit in möglichst kurzer Zeit. Die VertreterInnen des Freien Trägers erwarten sich eine möglichst komplette Finanzierung ihrer laufenden und geplanten Arbeit in einem möglichst autonom zu bestimmenden, an fachlichen und organisatorischen Gesichtspunkten orientierten Zeitmaß. Die Vorteile erbrachter Unterstützungsleistungen (die jedes Mal zu verifizieren sind) müssen auf der Ebene von Jugendamt und Freiem Träger, also immer wieder mit dem Nachteil von entstandenen bzw. entstehenden Kosten ausbalanciert werden. Eltern und Kinder erwarten sich von der Hilfe Unterstützungsleistungen und Veränderungen, die ihren eigenen Vorstellungen von einem „besseren Leben" entsprechen. Koordinierte Hilfe- und Veränderungsprozesse sind aber zwangsläufig verbunden mit der teilweisen oder zeitweiligen Einschränkung der eigenen Freiheit bzw. Autonomie: Hilfe bekommen heißt immer auch Fremden den Zutritt zu Privatem zu erlauben, Verbindlichkeiten einzugehen und bestimmte Mühen auf sich zu nehmen, die nach eigenem oder fremden Ermessen, zu den erwarteten positiven Veränderungen beitragen sollen. Auf der Ebene von Familie und HelferInnen müssen demnach die Vorteile von erfahrener Unterstützung mit den Nachteilen der partiellen Preisgabe von Autonomie ausbalanciert werden. Insbesondere in der Familie stellt sich die Frage ob und welche Familienmitglieder von der Hilfe profitieren bzw. wer durch die Hilfe auch gefordert wird und unter Druck gerät resp. seine Autonomiespielräume übermäßig strapaziert sieht. Angesichts dieser immer wieder neu herzustellenden Balancen, ist das Hilfeplangespräch auch der Ort an dem die Weiterführung der Hilfe thematisiert werden kann und soll. Sie steht in jedem Gespräch zumindest theoretisch in Frage. Jeder der Beteiligten kann bei Unzufriedenheit, also wenn die Nachteile der Hilfe die Vorteile überwiegen, den Hilfeprozess aufkündigen.

Auf der Seite der TeilnehmerInnen sitzen sich im HPG in mehrfacher Hinsicht „ungleiche" Parteien gegenüber (F): Es begegnen sch ExpertInnen und Laien, Erwachsene und Minderjährige, „natürliche Personen" der Lebenswelt (direkt betroffen, persönlich involviert) und VertreterInnen von institutionellen Systemen (Jugendamt, Freier Träger, Schule etc.). Die Beziehungen der TeilnehmerInnen sind also in mehrfacher Hinsicht von Verschiedenheit und Ungleichheit bestimmt. Inhalte und Botschaften müssen über die Grenzen der jeweiligen Systeme hinweg kommuniziert werden und drohen an ihnen „hängen zu bleiben".

Dazu kommt, dass es keinen externen und von allen Parteien unabhängigen Dritten gibt, der die Interessen der unterschiedlichen Parteien von einem neutralen Standpunkt aus beobachten und miteinander in Beziehung bringen könnte bzw. keine außenstehende, von allen anerkannte Autorität, deren Schiedsspruch man sich beugen könnte (G). Der oder die Gesprächsleiter (unter der Annahme, dass es nicht immer der Vertreter des Jugendamtes sein muss und dass die Rollen wechseln können) bringen in das Gespräch Anliegen und Abhängigkeiten mit, die sie das, was die anderen wünschen oder wahrnehmen, immer nur eingeschränkt erkennen lassen.

Von der Machtverteilung her können im Hilfeplangespräch sehr unterschiedliche, im Hilfeverlauf durchaus wechselnde Konstellationen bestimmend sein (vgl. Wolf 1999) (H). Die Frage ist welcher der Beteiligten sich am stärksten von wem abhängig sieht: die Familie von der Macht des Jugendamtes, das eine Hilfe gewährt oder ablehnt? Das Jugendamt, das gemeinsam mit anderen Institutionen eine Hilfe für notwendig hält, aber von der Unterschrift der Eltern abhängig ist? Die MitarbeiterInnen des Heimes von der Zustimmung des Jugendlichen zu ihren im Hilfeplangespräch thematisierten Umgangsformen? Oder der Jugendliche, der kurz vor dem Hinauswurf steht von seinen ErzieherInnen? Von unterschiedlichen Personen können verschiedene, sich jeweils überkreuzende Abhängigkeiten unterschiedlich wahrgenommen werden. Tendenziell fühlt sich jeder eher abhängig als mächtig, obwohl er von den anderen anders gesehen wird. Die Verteilung von Abhängigkeiten bzw. von Machtmitteln ist für die Frage der Aushandlung von großer Bedeutung[17]. Dabei muss zwischen formale Machtmittel (Kenntnis der Akten) auf der einen und informellen Machtmitteln (z. B. Nichterscheinen zum Hilfeplangespräch, Ja Sa-

---

[17] Vgl. hierzu auch Kap. 6.2.

gen und Nein meinen etc.) auf der anderen Seite unterschieden werden.

Allein wenn man diese komplexe Beschreibung auf sich wirken lässt, kann einem als Verantwortlichen für die Steuerung des Gesprächsverlaufs angst und bange werden… Auf der anderen Seite erhöhen Komplexität und Spannungen aber auch die Potentiale, die in dieser Gesprächssituation liegen. An sich ist zu erwarten, dass das Hilfeplangespräch interessant und dynamisch verläuft. Als Gesprächsleiter muss man schon einiges dafür tun, dass das Hilfeplangespräch langweilig und öde dahin plätschert… Freilich führt die Komplexität bei einigen TeilnehmerInnen auch zu einer Art „Totstellreflex“: Sie lassen es über sich ergehen, weil sie fürchten, dass mehr Aufmerksamkeit oder Engagement zu einer totalen Überwältigung führen könnten.

Das Hilfeplangespräch ist demnach im genauen Wortsinn…

- …keine Konferenz, da dort in der Regel Personen mit gleichem Status und vergleichbarem Qualifikationsniveau (ExpertInnen, PolitikerInnen, Betroffene etc.) aufeinander treffen, um über Themen zu verhandeln, in die sie „nur“ professionell verwickelt sind.
- …keine Beratung, da dort Anliegen von Klienten unter Leitung einer nicht mit eigenen Interessen involvierten Fachkraft ergebnisoffen geklärt werden soll.
- …keine Diskussion bzw. Moderation, da die Gesprächsleitung nicht nur die Aufgabe besitzt, die TeilnehmerInnen untereinander in ein Gespräch zu bringen bzw. sie bei der Klärung von unklaren oder strittigen Themen zu unterstützen, sondern selbst in den zu klärenden Zusammenhang mit eigenen Interessen bzw. Loyalitäten involviert ist und dort durchaus auch eigene Standpunkte bzw. die von „Schutzbefohlenen“ zu vertreten hat (vgl. Wolf 2003, S. 173 ff).

5.2 „Innere Situation" der TeilnehmerInnen: Typische Spannungen

Im Anschluss an reale Hilfeplangespräche haben wir mit den TeilnehmerInnen reflektiert, wie sie sich während des Hilfeplangesprächs fühlten. Die meisten beschrieben ihre innere Situation so, als würden sie im Gesprächsverlauf von den unterschiedlichsten Impulsen „durchzuckt". Die folgenden Abbildungen (S. 334-336) zeigen solche verschiedenen „inneren Stimmen", denen MitarbeiterInnen des Jugendamtes, eines Freien Trägers oder aber AdressatInnen während des Hilfeplangesprächs ausgesetzt sein können. Diese „inneren Stimmen" stelle ich mir „dirigierend" vor, d. h. sie bewegen den Einzelnen dazu seine Gesprächsführung (sein Rede-, Frage- und Antwortverhalten) in diese oder jene Richtung zu gestalten.

Die Schaubilder erheben den Anspruch eine Art von „innerer Landkarte" zu Verfügung zu stellen: Als professioneller Gesprächsteilnehmer, d. h. als Vertreter des Jugendamts oder des Freien Trägers gehört es zu meinen Aufgaben mich in die anderen GesprächsteilnehmerInnen hineinzuversetzen. Wo stehen sie? Wie könnte es ihnen im Moment gehen? Mit was sind sie innerlich beschäftigt? Was treibt sie an oder blockiert sie? Nur wenn man als Fachkraft in der Lage ist, solche Fragen zu beantworten, d. h. in die „Haut eines anderen zu schlüpfen" und das Gespräch aus dessen Perspektive zu erleben, wird es gelingen immer wieder neu an die „innere Situation" der TeilnehmerInnen anzuknüpfen. Und nur wenn diese wechselnden „inneren Stimmen und Situationen" kommunikativ präsent gemacht werden, entfaltet das HPG die Relevanz, auf deren Grundlage auch verbindliche Absprachen möglich sind.

Abbildung 22: (Mögliche) Gedanken und Impulse der MitarbeiterInnen des Öffentlichen Trägers während des Hilfeplangesprächs

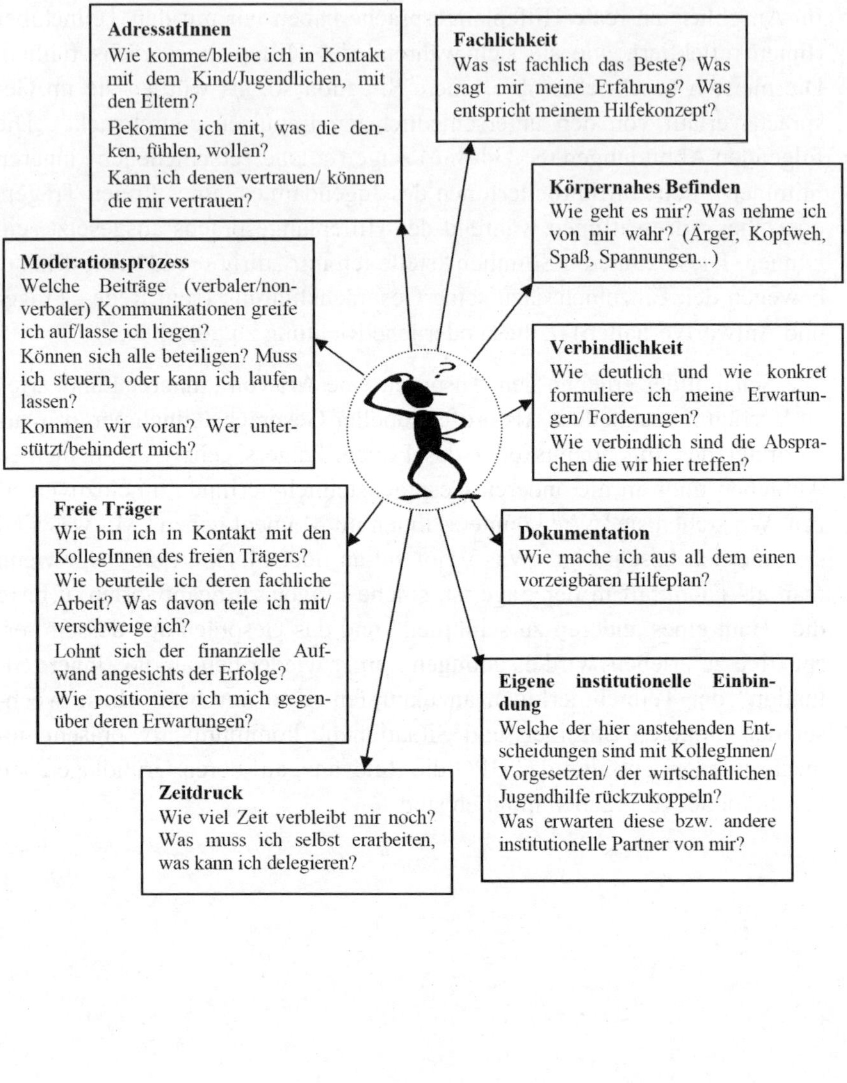

Abbildung 23: (Mögliche) Gedanken und Impulse der MitarbeiterInnen der Freien Träger während des Hilfeplangesprächs

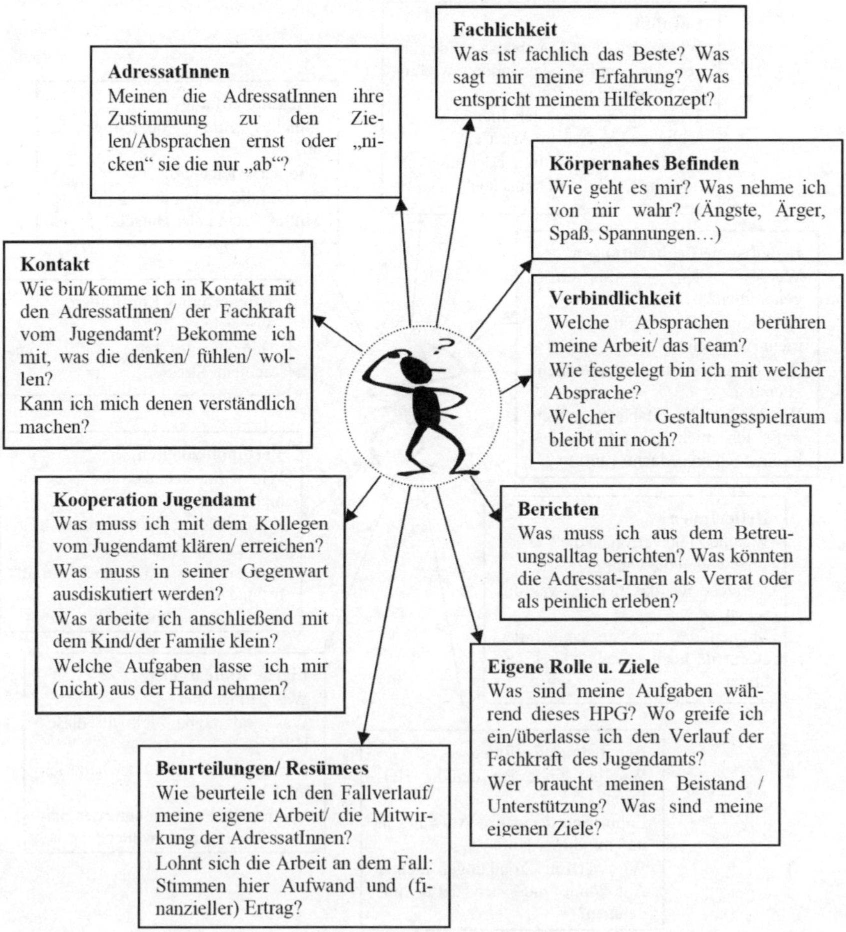

Abbildung 24: (Mögliche) Gedanken und Impulse der AdressatInnen während des Hilfeplangesprächs

Loyalitäten
Werde ich den Loyalitätsanforderungen der Familie (oder anderer wichtiger Personen) gerecht?
Trägt mir das, was ich hier sage anschließend Vorwürfe/ Ärger ein?
Bin ich mir selbst treu oder lass ich mich hier „zum Affen machen"?

Wirkung auf andere
Welches „Bild" gebe ich gerade ab?
Wie wirke ich auf die?
Denken die ich bin eine „schlechte Mutter"/ „ein übler Bursche"?

Bedeutsame Beobachtungen
Werde ich wahr-/ernstgenommen?
Bekomme ich Unterstützung für mein Anliegen?
Wer ist hier mein „Freund"/ mein „Feind"?
Wer hat hier die „Macht"? An wen muss ich mich halten? Wie bekomme ich hier Macht/ Einfluss?

Körpernahes Empfinden
Wie geht es mir?
(Langeweile, Ärger, Angst, Engagement, Stress…)

Verbindlichkeiten
Wie wirkt sich das aus, was wir hier reden?
Hat das Konsequenzen für mich?
Will ich das wirklich?
Wie sehr lasse ich mich darauf festnageln oder reicht es aus das nur ..brav ab zunicken?"

HelferInnen
Welche Ziele verfolgen die?
Was wollen die von mir?
Verstehe ich das richtig, was die sagen?
Meinen die, was sie sagen oder steckt da noch etwas anderes dahinter?

Eigene Rolle u. Ziele
Was will ich hier?
Was sind meine Ziele für dieses HPG?
Engagiere ich mich oder halte ich mich zurück?
Lohnt sich Engagement oder machen die eh was sie wollen?

Beurteilung/Resümee
Wie gut finde ich den/die Helfer/in?
Lohnt sich der ganze Aufwand in und mit dieser Hilfe?
Wie viel Einschränkungen meiner Autonomie muss ich dafür hinnehmen?

Was sind die *Gemeinsamkeiten in der inneren Situation aller Protagonisten*?

- In der Regel erleben die TeilnehmerInnen das HPG als anstrengend. Für viele dürfte ein relativ hohes Stressniveau vorherrschen, bei dem immer auch Ängste und Befürchtungen eine Rolle spielen.
- Alle TeilnehmerInnen sind während des HPGs in Bezug auf mehrere Ebenen angesprochen und verwickelt. Für alle handelt es sich um eine komplexe kommunikative Situation.
- Jeder hat in dem Gespräch mehrere Rollen inne (als Kollege, als Vertreter einer Institution, als kränkbare und auf Anerkennung angewiesene Person, als Vater, als Mann, als Ex-Partner, als Drogenabhängiger etc.) und bezieht sich aus diesen heraus immer auch auf andere Personen bzw. Funktionsträger Plakativ formuliert: Jeder sitzt zwischen mehreren „Stühlen" bzw. dient in dem Gespräch unterschiedlichen „Herren" (dem Team, der Fachlichkeit, dem Amt, der Familie, der Clique etc.).
- Jeder braucht in der Regel jemanden an seiner Seite, jemanden der ihn unterstützt, beruhigt, anerkennt, ermuntert etc.
- Jeder verfolgt in dem Gespräch Ziele und versucht Vorteile für seine Position „herauszuschlagen". Jeder erhofft dass das Gespräch möglichst schnell vorbei ist und in seinem Sinne erfolgreich verläuft.

Was sind die *wesentlichen Unterschiede zwischen den Protagonisten*?

- Die Verantwortung für den Verlauf des HPG und der Druck, dass in diesem Gespräch die wichtigen Dinge besprochen werden (so dass eine Wiederholung bis zum nächsten turnusmäßigen Gespräch nicht nötig wird) dürfte in vielen Fällen stärker beim Jugendamt bzw. dem Freien Träger angesiedelt sein. Am ehesten stehen deren VertreterInnen auch unter Zeitdruck.
- Die Befürchtung, dass im HPG persönliche Themen auf eine von einem selbst als peinlich oder beschämend erlebte Art thematisiert werden, dürfte stärker auf der Seite der AdressatInnen zu finden sein.
- Vor allem der Mitarbeiter des Freien Trägers sieht seine Arbeit auf dem „Prüfstand". Die Arbeit des Jugendamtes wird im HPG nicht in demselben Maße kontrolliert und bewertet wie die des Freien Trägers.
- Die Auswirkungen der im HPG getroffenen Entscheidungen auf den

Alltag dürften für die AdressatInnen und die MitarbeiterInnen des Freien Trägers in der Regel gravierender sein als für die MitarbeiterInnen des Jugendamtes.

- Während die TeilnehmerInnen das Betroffensein auf vielen Ebenen teilen, stellt die fachliche Ebene eine zusätzliche Ebene dar, deren Reflexion sich nur den Professionellen als Aufgabe stellt. Diese fachliche Reflexionsebene verbindet die Fachkräfte von Öffentlichem und Freiem Träger.

Schlussfolgerungen für die am HPG beteiligten Fachkräfte

1. *Stelle dich auf die verschiedenen „Stimmen" bzw. Impulse in dir selbst und den anderen ein.* Mache dir bzw. den anderen bei Bedarf diese „inneren Stimmen" klar (z.B. wenn Blockaden auftreten), lege offen was in dir vorgeht bzw. sprich (bei Bedarf) an, welche „inneren Stimmen" du bei den anderen vermutest.

Beispiele:

Jugendamtsmitarbeiter an Mitarbeiterin des Freier Trägers: „Ich komme beim Zuhören gerade innerlich unter Druck. Als Kollege kann ich mir vorstellen, wie schwer das (z.B. eine bestimmte pädagogische Handlung) im Alltag ist… Als Vertreter des Jugendamtes muss ich diesen Standard einfordern…"

Mitarbeiterin des Freier Trägers an Elternteil: „Kann es sein, dass Sie mit Ihrem Freund in Streit geraten, wenn Sie dieser unserer Erwartung im Alltag stärker nachgingen?"

Mitarbeiter des Jugendamts zur Mutter: „Fühlen Sie sich als schlechte Mutter abgestempelt, wenn die Mitarbeiterin der KITA sagt, die Susi sei nicht soweit entwickelt, wie sie es vom Alter her sein müsste?"

2. *Achte darauf, dass vor allem zu Beginn des Hilfeplangesprächs der Spannungspegel erst mal nicht (weiter) steigt, alle TeilnehmerInnen in Ruhe ankommen können, sich halbwegs in der „Comfort-Zone" bewegen können* (vgl. Vieth/Eckern 2000).

3. *Achte darauf, dass Unsichere und Bedrängte Unterstützung bekommen, aber fordere auch selbst Unterstützung ein!* Mache deutlich, wie du deine Aufgabe in dem Gespräch siehst und welche Ziele du verfolgst. Absprachen sind dazu manchmal unerlässlich

Beispiele:

Jugendamtsmitarbeiter an den Jugendlichen: „Mir scheint, Hannes, dass du gerade ziemlich ausgeschossen wirst von den Erwachsenen. Wer in dieser Runde könnte denn am ehesten dein Anwalt sein, also jemand der dich verteidigt?"

Jugendamtsmitarbeiter an alle: „Ich fühle mich gerade erschöpft und verwirrt. Mir sind ein paar Sachen unklar, aber je mehr ich frage, umso unklarer wird die Situation. Kann mir mal jemand helfen? Vielleicht stelle ich ja die falschen Fragen oder es ist nicht erlaubt darüber zu reden. Hat mir jemand von Ihnen einen Tipp?"

4. *Achte auf Anzeichen von Beschämung und Peinlichkeit*: Man kann als Verantwortlicher für das Hilfeplangespräch nicht immer vermeiden, diese Gefühle zu berühren, aber man kann die Fragen oder Statements, die solche Gefühle berühren könnten, gut einführen bzw. bezogen auf die kränkenden Elemente „abfangen":

Beispiele:

„Ich muss dir (ihnen) jetzt eine Fragte stellen, deren Beantwortung dir (ihnen) vielleicht peinlich ist. Ich frage nicht aus Neugier oder um dich (sie) bloßzustellen, sondern weil ich diese Frage für unbedingt klärungsbedürftig halte, um zu entscheiden, wie es weiter geht. Deswegen bitte ich dich (sie) mir so ehrlich zu antworten, wie es dir (ihnen) heute möglich ist. Also ich möchte gerne wissen, ob…"

oder

„Ich stelle mir vor, dass es dir peinlich sein könnte, deine Mutter so über dich reden zu hören; mir als Tochter wäre es jedenfalls so gegangen. Ich bin mir allerdings ziemlich sicher, dass deine Mutter diese Dinge hier nicht erzählt, um dich bloßzustellen. Sie selbst ist voller Kummer und

Sorgen und das muss raus. Für sie ist es – hoffentlich – eine Entlastung. Ich erfahre dadurch, wie deine Mutter dich erlebt und was ihr wichtig ist und du bekommst nachher die Möglichkeit deine Version zu erzählen oder was dir Sorgen und Kummer macht“.

5. *Achte auf Loyalitätskonflikte*: Welche anderen Personen sind im Raum noch anwesend bzw. zwischen welchen inneren Impulsen und äußeren Bezugspersonen ist der eine oder andere hin und hergerissen?

Beispiel:

Fachkraft des Freien Trägers an Jugendliche: „Mir scheint, Susanne, du würdest gerne deiner Mutter in Bezug auf die Nachhausekommzeiten zustimmen, aber da ist auch noch die Clique und die haben auch ihre Erwartungen an dich. Die sehen andere oder nicht so fixe Zeiten vor. Und da kann es sein, dass du nicht mehr weißt, für welche Ansprüche, du dich jetzt entscheiden sollst und was dann passiert…“

5.3 Strukturelle Dimensionen des Hilfeplangesprächs

In diesem Kapitel möchte ich zwei „Landkarten“ für das HPG vorstellen. Sie sollen den Verantwortlichen der Gesprächsführung dabei helfen, sich zu orientieren und Richtungen zu bestimmen, in die das Gespräch zu steuern ist. Diese beiden Landkarten betreffen die Zeit- und die Bedeutungsdimensionen im HPG. Sie stellen zugleich „Messlatten“ für die Qualität des Gesprächs dar. Die These lautet: Nur wenn die drei Zeitdimensionen und die drei Bedeutungsdimensionen jeweils einzelfallspezifisch ausreichend berücksichtigt werden, wird das Gespräch nachhaltige Wirkungen entfalten.

5.3.1 Die drei Zeitdimensionen

Jedes Hilfeplangespräch bewegt sich im Spannungsfeld von Gegenwart, Vergangenheit und Zukunft. Diese drei zeitlichen Dimensionen gilt es während des Gesprächs wahrzunehmen und in ein angemessenes Verhältnis zu bringen.

Jede Zeitdimension involviert mehrere Systeme: Die Vergangenheit betrifft das Familie/Helfer-System wie folgt: Bis es zum ersten HPG kommt, haben die Beteiligten immer schon etwas zusammen erlebt, sei es den Prozessverlauf von der Kontaktaufnahme durch den ASD bis zum ersten konstitutiven Hilfeplangespräch, sei es den Hilfeverlauf zwischen dem letzten und dem aktuellen HPG.

Abbildung 25: Die drei Zeitdimensionen des Hilfeplangesprächs

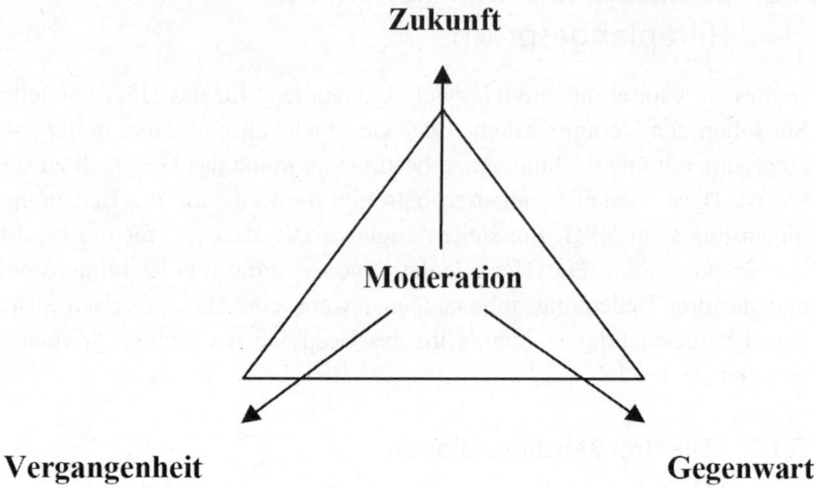

Die Vergangenheit spielt aber auch v.a. dann eine Rolle, wenn die Familie bereits mit anderen staatlichen Hilfesystemen zu tun hatte. Durch diese Erfahrungen bilden sich Erwartungen und Befürchtungen, die häufig auf das „neue" Hilfesystem übertragen werden und somit den Grad von Misstrauen und/ oder Offenheit gegenüber den aktuellen HelferInnen beeinflussen (vgl. Schefold u.a. 1998).

Ebenso sind auf der Ebene der HelferInnen gemachte Erfahrungen präsent. Eventuell kennen sich die im HPG aufeinander treffenden MitarbeiterInnen von Öffentlichem und Freiem Träger bereits aus anderen Hilfeprozessen und haben dort schon „gute" oder „schlechte" Erfahrungen miteinander gemacht oder aber sie übertragen in anderen Helfersystemen gemachte Erfahrungen auf die neuen KollegInnen.

Schließlich verfügt das Familiensystem über den größten Bestand an gemeinsamen Erfahrungen: Die „Geschichten", die sie miteinander erlebt haben und die „Bilder", die sie sich voneinander gemacht haben, fließen in die aktuelle Situation mit ein.

Aufgrund der Bedeutung der Vergangenheit müssen in jedem HPG (andere) Elemente dieser erinnert und wieder präsent gemacht werden. Die aktive Verknüpfung solcher Elemente mit der aktuellen Situation dient z. B.

- der *Stiftung von Transparenz und Kontinuität*: So eröffnet der Mitarbeiter des Jugendamtes das Gespräch mit dem Satz: „Wissen Sie noch vor drei Wochen? Da saßen wir zusammen und haben gemeinsam beschlossen, dass sich unsere Hilfeideen am besten in der Form einer Tagesgruppe verwirklichen lassen. Jetzt sitzen wir hier in der Tagesgruppe ‚Kleeblatt' und wollen das prüfen. Ich schlage vor, dass Sie Frau Mayer der Mitarbeiterin kurz erzählen, wie unser Kontakt zusammen kam. Anschließend könntest du Markus dann berichten, warum wir uns gegen eine Heimgruppe entschieden haben und warum wir eine Tagesgruppe ganz gut fanden."
- der *Auflösung von aktuellen Blockaden oder Befürchtungen*: So sagt die Einzelfallbetreuerin zur Mutter: „Ich kann mir denken, warum Sie gerade sehr misstrauisch auf die neue Idee von Sabine reagieren. Schließlich hat sie schon mehrfach solche spinnigen Ideen gehabt, aus denen dann nichts geworden ist. Das Neue an der jetzigen Idee für mich ist allerdings… Können Sie nachvollziehen, warum ich dieser Idee dieses Mal mehr Chancen auf Verwirklichung zutraue?"
- der *Kontrollfunktion des Jugendamtes bzw. der Überprüfung von Verbindlichkeit in Bezug auf Verabredungen*: So sagt die Jugendamtsmitarbeiterin: „Ich lese Ihnen mal kurz die Ziele aus dem letzten Hilfeplan vor und die Aufgaben, die wir verteilt haben und dann schauen wir mal, was daraus entstanden ist und was Sie in der Zwischenzeit erreicht haben".
- der *Wertschätzung von erbrachten Leistungen bzw. von Traditionen*, die sowohl bewährte Praktiken des familialen Zusammenlebens als auch gut eingespielte Elemente der Hilfeform betreffen können: So kann die Sozialarbeiterin fragen: „Bevor wir überlegen, was wir Neues anpacken wollen, möchte ich gerne wissen, was in der Hilfe bzw. im Kontakt zwischen Familie und dem Mitarbeiter des Freien Trägers fortgesetzt bzw. beibehalten werden soll.

Dass die Thematisierung der Zukunft im HPG eine wichtige Rolle spielt, dürfte unmittelbar einleuchten. Man redet über Hoffnungen, Wünsche, Aufgaben und Verhaltensweisen, die zu Zuständen führen sollen, die in der Zukunft liegen: über Ziele. Man plant einmalige oder mehrmalige Aktivitäten, die in zwei Tagen oder drei Monate lang stattfinden sollen. Genauso spricht man über Befürchtungen, Gefahren und möglicherweise eintretende Ereignisse, die man als schädlich in Bezug auf eine gute Entwicklung des Kindes oder der Familie erachtet und denen man heute schon entgegen steuern möchte, um sie verhindern zu können. Das aktive Thematisieren der Zukunft dient demnach:

- der Zielentwicklung und der Generierung von Visionen, Bildern und Metaphern, die Hoffnung erwecken
- der Eröffnung neuer – zunächst hypothetischer – Möglichkeiten im Denken und Handeln, welche sich von den bisher verwendeten Strategien oder Verhaltensweisen abheben.
- der Festlegung von Themen und Wegen (Methoden, Handlungsschritten, „Projekten"), die im Verlauf des Hilfeprozesses behandelt bzw. eingesetzt werden sollen.
- der Herstellung von Verlässlichkeit und Planungssicherheit: Jeder weiß, was in/mit der Hilfe auf ihn zukommt und woran sein Engagement gemessen wird.

Schließlich findet das Sprechen über Vergangenheit und Zukunft in der Gegenwart statt. Hier und heute im HPG entsteht eine kommunikative Situation mit einer spezifischen Atmosphäre, die für die Auswahl der Themen und die Art der Behandlung ausschlaggebend ist. Wenn die Gesprächsatmosphäre offen und wertschätzend ist, können auch Versäumnisse und Fehler aus der Vergangenheit sowie Unsicherheiten in Bezug auf das weitere Vorgehen angesprochen werden oder die daran geknüpften Erwartungen deutlicher gemacht werden. Wenn die Gesprächsverantwortlichen zeigen, dass sie in der Lage sind, die Kommunikation aktiv und konstruktiv zu steuern, haben die AdressatInnen häufiger den Mut ihre Konflikte und Meinungsverschiedenheiten einzubringen, die sie anlässlich „schwacher" ModeratorInnen eher hinten anstellen würden. Verläuft das Hilfeplangespräch als „Verhör" und „Tribunal", wird man sich als Adressat entweder anpassen oder auflehnen und es jedenfalls mit anderen Orten in Verbindung bringen, in denen man sich unter Druck gefühlt hat.

Zugleich dient die Gegenwart als Testfall für das, was in der Zukunft möglich sein wird. Wenn die Zustimmung zum Schulbesuch oder zur Teilnahme an einem Elterntrainingskurs halbherzig ausfällt, wenn die Körpersprache den zustimmenden Worten widerspricht, wenn im Laufe des Gesprächs die „dicke Luft" eher zu- als abnimmt, dann steht es um die Absprachen und die Planungssicherheit nicht gut. Neben dem Blick auf Vergangenheit und Zukunft braucht es im HPG jemanden, der die aktuellen

Dynamiken zwischen den TeilnehmerInnen aufmerksam verfolgt und in der Lage ist, sie als Inszenierungen zu verstehen, d.h. als Ausdruck von hilfeprozessrelevanten Stimmungen, Koalitionen, Abwehrstrategien oder aber auch als Ausdruck von Bereitschaft und Ressourcen. Was auch immer inszeniert wird, muss aufgegriffen werden. Denn in vielen Fällen funktioniert das Hilfeplangespräch wie ein Vergrößerungsglas, welches die Faktoren, die auch sonst den Hilfeverlauf bestimmen, versammelt und in dichter Weise erlebbar machen kann. Das aktive Thematisieren gegenwärtiger Prozesse dient demnach dazu:

- die Beteiligten mit ihren aktuellen Befindlichkeiten anzusprechen, so dass sie noch „präsenter" werden.
- aktuell deutlich werdende Ressourcen oder Kompetenzen für zukünftige Handlungen bzw. Projekte zu nutzen.
- ihnen im Gespräch die Formen von Unterstützung zukommen zu lassen, die sie brauchen, um sich vergangenen oder zukünftigen Situationen zu stellen (das kann auch eine Konfrontation sein).
- ihnen im Gespräch die Formen der Unterstützung zu geben, die sie für die Klärung aktueller Konflikte benötigen.
- aktuelle Konflikte und Spannungen, auf ihre Relevanz für vergangene oder zukünftige Etappen der Hilfe zu befragen, d.h. sie als Inszenierungen oder „Schlüsselsituationen" zu verstehen

Ein Hilfeplangespräch zu führen, ist demnach die Aufgabe mit informiertem Blick in die Vergangenheit die Zukunft zu gestalten unter aktiver Nutzung dessen, was gegenwärtig erarbeitet und/oder inszeniert wird. Jedes gute Hilfeplangespräch balanciert aufs Neue aus, in welchem Maße Vergangenheit und Zukunft präsent gemacht werden sollen und sorgt für eine „geschickte" Verknüpfung von Vergangenheit und Zukunft in der Gegenwart. Dabei geht es bei dieser Verknüpfung einerseits um ein lineares Nacheinander und andererseits um ein „Hin-und-her-Springen" zwischen den Zeiten.

Zunächst zur linearen Verknüpfung: Im folgenden Leitfaden werden die Zeitdimensionen nach und nach entwickelt. Erst kommt die Vergangenheit, dann die Gegenwart, dann die Zukunft… Eine solche Chronologie in der Moderation gibt allen Beteiligten Klarheit und Sicherheit in Bezug auf den Verlauf des HPGs.

Thematischer Leitfaden für das Hilfeplangespräch

Der folgende Leitfaden soll als eine inhaltliche Richtschnur für das Führen der Hilfeplangespräche dienen. Eine sinnvolle Anwendung findet er, wenn man ihn einerseits im Kopf hat, andererseits jedoch (nur) die Fragen stellt, die situativ passen und zudem mit Formulierungen arbeitet, die auf die jeweiligen AdressatInnen zugeschnitten sind.

A. Was gibt es seit dem letzten HPG an positiven Entwicklungen, Erfolgen, ersten Veränderungsschritten? Anfangs über Gelungenes zu reden, schafft meistens eine gute Atmosphäre; es sei denn jemand ist sehr unzufrieden und muss sich „Luft machen".

Wenn es sich um das erste konstitutive Hilfeplangespräch handelt: Welche Überlegungen haben dazu geführt diese Hilfeform zu wählen? Welche Hoffnungen haben Sie dabei bewegt? Was war es, das Sie sich unter Hilfe vorstellten? Gilt das heute noch, wo wir hier zusammensitzen (Gründe, Hoffnungen, Erwartungen)? Hat sich etwas seit unserem letzten Treffen geändert?

B. Gibt es Zusammenhänge zwischen diesen positiven Entwicklungen und den Zielen/ Aufgaben des letzten Hilfeplangesprächs? („Ja" ist gut, aber auch „Nein" ist in Ordnung. Oftmals ändern sich Dinge in positiver Weise, auf die man im letzten HPG nicht fokussiert hatte, die aber aktuell zu dem Gefühl beitragen, dass das Leben besser läuft). Wissen Sie noch, was Sie sich damals als Ziel gestellt/ als Aufgabe vorgenommen haben? („Ja" ist gut, aber auch „nein" ist in Ordnung). Wie haben Sie das geschafft? Was hat dazu beigetragen, dass es besser geworden ist/ dass ein ausgemachtes Ziel erreicht wurde?

C. Welche von den bisher nicht erreichten Zielen des letzten Hilfeplangesprächs sind noch aktuell? (Sicher nicht alle! Manche haben sich erledigt, auch wenn sie nicht erreicht wurden). Was wurde nicht erreicht? Womit und bei wem bestehen aktuell Unzufriedenheiten/ Enttäuschungen in Bezug auf das Erreichte/ Nicht-Erreichte?

Vergangenheit

D. Gibt es aktuelle Entwicklungen, Probleme oder Vorfälle der jüngsten Vergangenheit, die heute besprochen werden sollen? Wer sieht was als Problem an, wer nicht? Gibt es Ideen darüber welche Bedeutung das Problem hat?

E. Gibt es Fähigkeiten/ Ressourcen bei dem Kind/ Jugendlichen/ der Familie, die neu in den Blick getreten sind? Auf die man die weitere Arbeit noch besser aufbauen sollte?

F. Gibt es etwas, das aktuell hier im HPG zwischen den Beteiligten geschieht, das den Verständigungsprozess begünstigt oder blockiert? Gibt es einen Zusammenhang zwischen dem, was jetzt geschieht und dem, was in der Hilfe geschieht?

Gegenwart

G. Woran soll man in nächster Zeit arbeiten? Am Ausbau der Stärken und Ressourcen (in der Hoffnung auf Rückwirkungen bezüglich der Probleme) oder an einzelnen Problemen? Besteht über die „grobe Richtung"/ die „großen" Ziele Konsens/ Dissens? Hier können die Früchte der bisherigen Zielentwicklung geerntet bzw. die bisherigen Ergebnisse vertieft werden.

H. Was heißt das bisher besprochene konkret? Welche Entscheidungen werden getroffen? An welchen Verhaltensweisen oder Haltungen lassen sich die Ziele festmachen? In welchen Zeiträumen soll etwas erreicht werden? Ist das, was wir uns vorgenommen haben, realistisch? Welche Ziele werden zurückgestellt? Hier kommen die Zielentwicklungssysteme (vgl. Kap. 4.2.–4.6.) und ihre jeweils spezifischen Gesprächsführungstechniken zum Tragen.

I. Aufgabenverteilung bezüglich der Zielerreichung: Aufgaben des Kindes/ Jugendlichen/ der Eltern, des Mitarbeiters des Jugendamtes? Wie steht es mit der Verbindlichkeit? Wer erklärt sich zu welcher Leistung bereit? Wer bietet wem einen „Pakt" an (vgl. Kap. 5.3.)?

Zukunft

J. Was bleibt heute ohne Erörterung, weil keine Zeit mehr/ keine Einigung etc. in Sicht ist? Wie soll damit weiter umgegangen werden? Aufträge/ Delegationen/ Rückmeldefristen?

K. Termin nächstes HPG? Voraussichtlich in x Monaten…

Auch wenn Leitfäden gut sind, bedürfen sie doch immer wieder der flexiblen Handhabung. Damit sind wir beim zweiten Aspekt des Umgangs mit den Zeitdimensionen, der im „Hin-und-her-Springen“ zwischen den Zeiten besteht. Einerseits wäre es dumm, Erfahrungen aus der Vergangenheit nicht zu nutzen, andererseits gilt es neue Öffnungen in die fest gefügten Mauern der Erfahrung zu schlagen und Hoffnungen zu erwecken, die in der Vergangenheit so noch nicht möglich war (vgl. Boscolo/Bertrando 1994). Zukünftiges zu planen ist eine Aufgabe des HPG. Und doch muss diese Zukunft nahe genug an die Jetztzeit heran geführt werden, damit man sich diese konkret vorstellen kann und sie nicht wie ein „rosaroter Luftballon“ in eine illusionäre Traumzeit entfliegt. Und immer wieder muss die Gegenwart als „Ernstfall“ inszeniert werden. Denn wenn es jetzt in diesem Raum nicht gelingt Dissens zwischen den TeilnehmerInnen zu bearbeiten, dann rächt sich das in der Zukunft. Gleichzeitig kann man hier und heute nicht alles klären, muss man einige un- oder nur halbgeklärte Themen verschieben oder abwarten, wie sie sich in der Zwischenzeit bis zum nächsten Termin weiterentwickeln.

Mit einer Metapher könnte man die HPG-Verantwortlichen als „Zeit-Strickmaschinen“ bezeichnen, welche die unterschiedlichen Dimensionen der Zeit in Zusammenhang bringen. Dabei sollten sie sich fragen: Bin ich angemessen vergangenheitsorientiert oder halte ich mich zu lange dabei auf, aus welchen „schlechten Zeiten“ die Hilfe herrührt oder welche Ziele wir vor sechs Monaten hatte und vernachlässige die Gegenwart, in der ganz andere Themen anstehen? Bin ich angemessen zukunftsorientiert oder plane ich mit den AdressatInnen zu viele Projekte, ohne genauer darauf zu achten, wie die TeilnehmerInnen aktuell miteinander umgehen und welche Beiträge zu Verbesserung der Atmosphäre im Moment anstehen? Bin ich angemessen gegenwartsorientiert oder versäume ich über die Gestaltung der aktuellen Atmosphäre, dass die „heißen Eisen“ aus der vergangenen Betreuungsepoche angegangen werden und in sinnvolle Zielbestimmungen transformiert werden.

5.3.2 Die drei Bedeutungsdimensionen

Eng verbunden mit den drei Zeitdimensionen sind die drei Bedeutungsdimensionen des Hilfeplangesprächs. Ein HPG muss eine Bedeutung auf drei Ebenen entfalten, denen drei Fragen entsprechen. Diese sind hier zunächst aus der Sicht der AdressatInnen formuliert:

A. Geht es um mich und um mein Leben oder um Aspekte und Ansprüche, die anderen wichtig sind, mir aber nicht? (Persönliche Relevanz)

B. Geht es um die Gestaltung von Alltag und um Handlungen, die ich selber oder ich mit anderen ausführen kann? Oder bleibt das, was hier verhandelt wird, abstrakt und ohne Auswirkungen auf den Alltag? (Alltagsrelevanz)

C. Geht es um verbindliche Absprachen, die ich erfüllen und auf deren Erfüllung/Überprüfung ich mich verlassen kann? Oder reden wir hier „ins Blaue" und nachher interessiert sich keiner mehr dafür, was hier verabredet oder beschlossen wurde? (Kontraktrelevanz)

Abbildung 26: Die drei Bedeutungsebenen des Hilfeplangesprächs

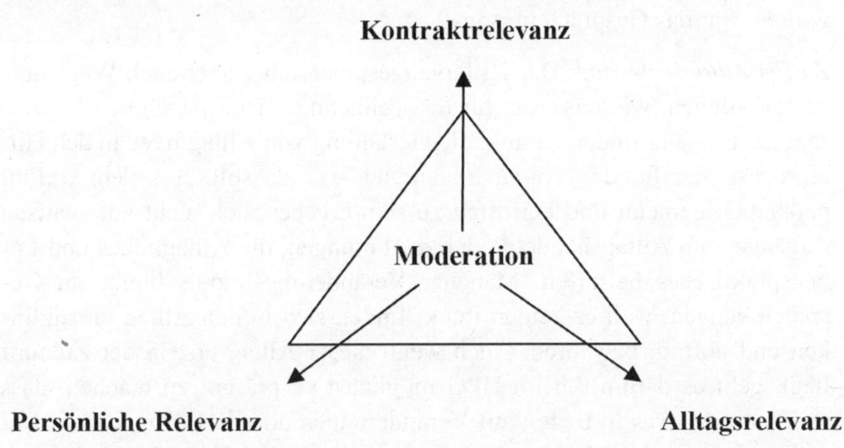

Mit leichten Umformulierungen sind diese Fragen und die sie implizierenden Ebenen aber auch für die Fachkräfte relevant:

Zu (A) Persönliche Relevanz: Die AdressatInnen, aber auch die Fachkräfte müssen im Gespräch das Gefühl haben, dass es „hier und jetzt“ um bedeutsame Themen geht, welche die eigene Person/das eigene Leben bzw. diese spezifische Betreuung betreffen. Die AdressatInnen müssen sich von den Überlegungen, aber auch den Fragen und beraterischen Interventionen zumindest an einigen Stellen persönlich und/oder emotional berührt fühlen. Das schließt bei manchen Personen ein, dass Abwehrstrategien, Verleugnungsversuche und „Lebenslügen“ direkt, aber auf eine annehmbare Art angesprochen werden (vgl. Kap. 4). Dasselbe gilt für die „Spiele“ oder „Muster“, welche die Interaktion im Familien- oder Familien/Helfer-System betreffen, sofern diese in den besprochenen Ausschnitten des Hilfeprozesses eine Rolle spielen. Nur unter solchen Voraussetzungen entwickelt sich ein Gefühl persönlichen Involviert-Seins in das HPG und daraus ein entsprechendes Engagement für die Klärung von Themen und Zielen. Diese Art von Bedeutung, die ein HPG mehr oder weniger entfalten kann, nenne ich „persönliche Relevanz“. Das HPG ist keine Therapiestunde: Nicht alles, was besprochen wird, muss die AdressatInnen persönlich berühren und es ist schon gar nicht möglich tief sitzende Verletzungen oder langjährige Verstrickungen aufzulösen. Aber wenn es nicht wenigstens ein paar Sätze oder Bilder gibt, die berühren, „hängen bleiben“ und weiter wirken, war das Gespräch umsonst.

Zu (B) Alltagsrelevanz: Das Hilfeplangespräch muss aber auch Wege aufzeigen können, wie das, was für die TeilnehmerInnen persönlich bedeutsam ist, Eingang finden kann in die Gestaltung von Alltag bzw. in den Hilfeprozess, der für den Alltag folgenreich werden soll. Aus dem Gefühl persönlich gemeint und betroffen zu sein ergeben sich nicht automatisch Zugänge zum Alltagshandeln oder zu Haltungen, die Alltägliches und Lebenspraktisches betreffen. Mancher Veränderungsimpuls bleibt im Gespräch hängen, weil er keinen Punkt findet, sich in den Alltag einzuklinken und dort zu bewähren. Auch wenn dieser Alltag erst in der Zukunft liegt, geht es darum ihn im HPG möglichst so präsent zu machen, dass spürbar wird, was in Bezug auf Veränderungen oder in Bezug auf die Bewahrung bzw. Absicherung von Interaktionsqualitäten und -ritualen geschehen soll. Für die AdressatInnen, aber auch die HelferInnen muss die Frage geklärt werden: Wie sieht das Ganze ab morgen praktisch aus? Was darf ich konkret erwarten, was kann ich konkret tun?

Nach meiner Erfahrung und nach einigen unsystematischen Befragungen gehen viele AdressatInnen aus dem HPG, ohne dass diese Fragen hinreichend beantwortet sind. Erst im Alltag der Betreuung fällt dann häufig „der Groschen“: „Ach, das war mit Regeln aushandeln (mit Verselbstständigungstraining, mit friedlichem Austragen von Konflikten etc.) gemeint!“ Manchmal klingt dieser Satz überrascht und erleichtert, manchmal aber auch enttäuscht und impliziert so das Gefühl getäuscht worden zu sein.

Diese Art von Bedeutung, die ein HPG mehr oder weniger entfalten kann, nenne ich Alltagsrelevanz. Nicht alles was im HPG besprochen wird, muss alltagsrelevant sein oder werden. Manche Themen oder Sätze sind dazu da, um Reflexionen anzuregen oder Gefühle zu klären. Aber was in der Planung alltagsrelevant werden soll, muss auch als solches deutlich werden.

Zu (C) Kontraktrelevanz: Schließlich muss im Hilfeplangespräch bezüglich einiger der getroffenen Abmachungen das Gefühl der Verbindlichkeit entstehen bzw. die Frage nach dem Verbindlichkeitsgrad gestellt werden. Die Fachkräfte kommunizieren implizit oder explizit den Anspruch: „Was wir hier reden soll auch geschehen. Die zentralen Verabredungen sollen verbindlich umgesetzt werden!“ Erst diese Kommunikation gibt den AdressatInnen Klarheit in Bezug auf die (an sie oder andere gestellten) Erwartungen bzw. Sicherheit in Bezug auf die Verlässlichkeit der Vereinbarungen. Dazu müssen entweder verbindliche Absichtserklärung erfolgen („Ja, ich will das und verpflichte mich dies und das zu tun!“) oder Pakte geschlossen werden nach dem Motto: „Wir werden gemeinsam dafür sorgen, dass…“ Beide Mal werden vertragsähnliche Verpflichtungen eingegangen, die sich jedoch eher am Modell des mündlichen „Versprechens“, einer rituellen Form der Verpflichtung auf dem Hintergrund von persönlichen Bindungen, denn am Modell des juristischen Vertrags auf dem Hintergrund staatlicher Kontrollfunktionen orientieren (vgl. Bittner 1985). Diese Dimension, die ein HPG mehr oder weniger entfalten kann, nenne ich **Kontraktrelevanz.**

„Selbstverpflichtungserklärungen“ können nur von jemandem erwartet bzw. erbeten werden, der mit einem bestimmten Freiwilligkeitsgrad zugestimmt hat, etwas zu tun – und sei es nur probe- oder zeitweise. Ebenso muss das entwicklungspsychologische Niveau berücksichtigt werden.

Nichts ist schlimmer als Kinder/Jugendliche/Eltern per Kontrakt an Verhaltensweisen binden zu wollen, wenn voraussehbar ist, dass sie die an sich selbst gestellten Erwartungen nicht erfüllen können oder zu verbindlichen Zusagen generell nur eingeschränkt in der Lage sind. Denn mit dem Misslingen der zum Scheitern verurteilen Verabredungen, bedient man ein Muster, das diese Kinder/Jugendliche nur zu gut kennen und steigert so ihren „Selbsthass" (vgl. Kap. 2.4.).

Völlig unprofessionell wird es, wenn dieses absehbare Scheitern dann den AdressatInnen als „Fehler" unterstellt wird, obwohl man doch als Profi in Bezug auf seine Defizit-/Ressourcenanalyse versagt hat.

„Pakte" sind zu schließen, wenn es um „Wir-Ziele" geht (vgl. 4.3.); wenn Ziele also nur durch die wechselseitige Unterstützung mehrerer Personen erreicht werden können oder wenn Forderungen oder Ansprüche, die einigen Personen wichtig sind, gegenüber einer anderen Person vertreten oder durchgesetzt werden sollen. Die erste Form könnte man *kooperativer Pakt* nennen, die zweite *konfrontativen Pakt*. Beispielsweise können Heim-MitarbeiterInnen und Eltern den Pakt schließen, sich gegenseitig jeden Diebstahl/jede Gewalttat eines Kindes oder Jugendlichen mitzuteilen oder sich nach jedem dieser Vorfälle zusammenzusetzen, um das gemeinsame Vorgehen zu beraten. Pakte betreffen also HPG-Situationen, in denen es nicht gelungen ist Ziele zu klären oder weiterhin Zieledissens und zugleich Handlungsdruck besteht. Dies könnte beispielsweise in folgenden Situationen der Fall sein: Wenn das Kind/der Jugendliche noch nicht einsieht, warum er das „Schlagen" oder „Klauen" lassen soll. Wenn er diesbezüglich noch keinen Leidensdruck verspürt. Oder wenn es den verantwortlichen Personen noch nicht gelungen ist einen Zugang zu dem jungen Menschen zu finden.

Selbstverpflichtungserklärung und Pakt können sich auch verbinden. Beispielsweise wenn sich das Kind bereit erklärt jeden Tag 30 Minuten für die Schule zu üben und die Tagesgruppen-PädagogInnen mit ihm einen „Pakt gegen die Hausaufgabenfrust" schließen, in dem sie sich verpflichten für abwechslungsreiche Übungen und kleine Überraschungen beim Lernen zu sorgen etc.

Selbstverpflichtungserklärungen oder Pakte können auch in eine eigene, über das Protokoll hinausgehende schriftliche Kontraktform gebracht werden, sei es im Hilfeplangespräch selbst, sei es in einem auf das HPG aufbauenden methodischen Schritt. Anlässlich von Selbstverpflichtungen und Pakten kann auch überlegt werden, was geschehen soll, wenn diese nicht eingehalten werden oder wie man deren Einhaltung belohnt oder feiert. In allen Fällen, in denen eine Partei Zweifel oder Skepsis hegt, sollte die Verbindlichkeit immer soweit geklärt sein (und zwar mit und vor den Ohren der Adressatinnen), dass klar ist, wann/woran ein laxer Umgang oder ein Vertragsbruch festgemacht wird und was daraufhin geschieht. Beispielsweise: Ab wie vielen Fehltagen in der Schule wird die Selbstverpflichtung des Kindes/Jugendlichen als „gescheitert" erklärt, wer wird davon informiert und wie schnell setzt man sich daraufhin zusammen um weiter zu beraten?

Dabei darf das Scheitern der Verbindlichkeit nicht dem Einzelnen aufgebürdet werden. In vielen Fällen ist es für die Erhaltung des „Arbeitsbündnisses" sinnvoll, dass die Fachkräfte die Verantwortung für das Scheitern des Vorhabens übernehmen – nach dem Motto: „Die Aufgabe war zu schwierig für dich, das hätten wir vorher besser einschätzen müssen" oder „Dafür hättest du mehr und andere Unterstützungen gebraucht, da hat etwas gefehlt und das ist unsere Verantwortung" etc. Bei vielen Kindern/Jugendlichen lässt sich die „Kontraktfähigkeit" im Voraus nicht sicher abschätzen: Im HPG kann man durchaus den Eindruck gewinnen, dass sie das umsetzen wollen, was sie sagen. Erst im Verlauf der Betreuung wird dann deutlich, dass ihr entwicklungspsychologisches Niveau umfangreiche Selbstverpflichtungserklärungen gar nicht zulässt oder nur in Bezug auf kurze Zeiträume etc.

In vielen Hilfeplangesprächen ist es deswegen sinnvoll mit unterschiedlichen Graden von Verbindlichkeit zu arbeiten. Manche der im Verlauf des Gesprächs geäußerten Ideen zur weiteren Gestaltung der Hilfe haben Empfehlungscharakter, andere beinhalten Wünsche oder Bitten. Bei wieder anderen handelt es sich um „freiwillige Experimente", die das Kind, die Eltern oder die Fachkräfte zumindest einmal ausprobieren wollen. Auch dafür gibt es Verabredungen. Konkret bedeutet das, dass nicht alle, aber einige der besprochenen Vorhaben mit hoher Verbindlichkeit umgesetzt werden sollen. Es ist klar, dass diese in besonderer Weise vorbereitet und markiert werden müssen. Nachdem man anschließend beobachtet hat, welche der Vorhaben umgesetzt wurden und welche nicht, können daraus Schlussfolgerungen für die Gestaltung der Kontraktrelevanz im nächsten HPG gezogen werden.

Für die Fachkräfte, die für den Gesprächsverlauf verantwortlich sind, stellt sich die Aufgabe auf die drei inhaltlichen Dimensionen zu achten und sie sinnvoll miteinander zu verknüpfen: Ohne *persönliche Relevanz* erreicht zu haben, ist die Fokussierung auf *Kontraktrelevanz* sinnlos. Allerdings vertieft das Ausleuchten der *Alltagsrelevanz* („Was würde das für dein/ Ihr Leben morgen und in zwei Monaten bedeuten?") oftmals die persönliche Relevanz und bereitet so auch die Dimension der Kontraktrelevanz vor.

Die drei Dimensionen eignen sich nach meiner Erfahrung gut zur Evaluierung von Hilfeplangesprächen: Am Ende kann man sich als Gesprächsverantwortlicher die Frage stellen, ob/ wie es auf den einzelnen Ebenen gelungen ist Bedeutung zu entfalten. Diese Frage sollte man sich auch zur Halbzeit des Gesprächs stellen, um eine klare Richtung für noch fehlende Impulse bezüglich der einen oder anderen Dimension zu erhalten.

Ebenso interessant ist es, die AdressatInnen bezogen auf die drei Bedeutungsdimensionen zu befragen. Eine erste empirische Untersuchung zu den drei Relevanzdimensionen in zwei Hilfeverläufen findet sich bei T. Schneider (1999), einer vom Autor begleiteten Diplomarbeit.

Soweit zur inhaltlichen Fundierung des Hilfeplangesprächs. In den nächsten Unterkapiteln geht es um die methodische Umsetzung dieser Einsichten im praktischen Handeln.

6 Die kommunikative Gestaltung von konflikthaften Aushandlungsprozessen

In diesem Kapitel geht es um den Umgang mit einander ausschließenden Ideen der AdressatInnen und/ oder der Fachkräfte in Bezug auf die Hilfeform und/ oder die Ziele, die mit ihr erreicht werden sollen. Das Thema ist nicht neu, sondern durchzieht das ganze Buch: Wir gingen von Anfang an, davon aus, dass die AdressatInnen unterschiedliche und z.T. einander widersprechende und/ oder in sich selbst widersprüchliche Ideen, unterschiedliche Interessen, „individuelle Hilfekonzepte" und Ziele in die Hilfe mitbringen. Dazu haben wir bereits in den Kapiteln 3 und 4 gearbeitet. Die bisherigen Empfehlungen zu einander ausschließenden Wünschen lauten:

- Versuche ein Hilfekonzept anzubieten, in dem die unterschiedlichen Perspektiven der AdressatInnen „aufgehoben" sind, d.h. sowohl enthalten als auch im positiven Sinne übertroffen, transzendiert (vgl. Kap. 4.2. – erste Ebene – „eine Vision, die berührt").
- Versuche Emotionen anzusprechen, die die Streitpartner gleichermaßen betreffen und verwende dabei eine Sprache, die die AdressatInnen berührt (vgl. Kap. 4.2.).
- Versuche die Gründe zu verstehen, warum jemand nicht in der Lage ist Zielvorstellungen zu formulieren und versuche diese Erkenntnisse den anderen Personen, die deswegen ärgerlich sind, in einer verständlichen Sprache plausibel zu machen (vgl. Kap. 2.4.).
- Versuche einen Transformationsprozess von Er/ Sie-Soll zu Ich/ Wir-Wollen-Zielen bzw. von Fremd- zu Eigenzielen anzuregen (vgl. Kap. 4.3.). Auch hier haben wir uns bereits intensiv mit der Frage beschäftigt, wie fremde Positionen so umformuliert werden können, dass sie annehmbar werden (vgl. Kap. 4.3., Abbildung 20) oder wie man Spielräume für eigene Interessen erhält, auch wenn man sich probeweise auf die Ziele der anderen einlässt.

- Versuche einen Zielentwicklungsprozess anzuregen, der an den Konsenspunkten ansetzt und die Dissenspunkte als „im Moment nicht umsetzbar" zurückweist (vgl. Kap. 4.5.)
- Versuche in Einzelgesprächen zu klären, was „hinter" dem gezeigten Widerstand steht und biete dich als „Übersetzer" und „Bote" an, der diese Inhalte den anderen vermittelt und Bewegung in die Positionen bringt (vgl. Fallbeispiel in Kap. 4.3.).

Alle diese Vorschläge setzen an unterschiedlichen Punkten im Hilfeprozess ein, beziehen sich jedoch auf ähnliche Situationen – nämlich auf von Anfang an in die Hilfe mitgebrachte Dissense mit einem mittleren Verhärtungsgrad.

In diesem Kapitel wollen wir uns mit zugespitztem und/ oder andauerndem Dissens beschäftigen, d.h. dass die Fachkräfte bereits eine oder mehrere der oben genannten und/ oder andere Ideen ausprobiert haben, um mehr Einigkeit herzustellen. Es handelt sich somit um Fälle, in denen die Fachkräfte von Anfang an erwarten, dass es im HPG besonders schwierig sein wird, geteilten Positionen und gemeinsamen Zielen zu kommen.

Im Kapitel 6.1 erfolgt eine inhaltliche Fundierung. Dazu wird der Begriff des "Aushandelns" präzisiert und drei unterschiedliche Aushandlungspositionen sowie drei unterschiedliche Aufgaben der Fachkräfte verdeutlicht (Vermitteln/ Verhandeln/ Durchsetzen). Das Kapitel 6.2 zeigt die methodische Umsetzung dieser Gedanken entlang eines Beispielfalls auf. Auf der CD findet sich darüber hinaus im Ordner „Materialien und Vorlagen" eine *Systematik des Schlichtens und Verhandelns*. Viele gute Anregungen aus der Diplomarbeit von Bertram Kasper (1995) konnten hier aufgegriffen und mit FortbildungsteilnehmerInnen weiterentwickelt werden[18]. Diese beiden Kapitel werden von zwei Schaubildern flankiert (ebenfalls auf der CD in diesem Ordner, „Ablaufschemata Zielentwicklung"), die eine Orientierung in Bezug auf den systematischen Stellenwert dieser speziellen Aushandlungsmethoden im Zielentwicklungsprozess bieten und unterschiedlichen Lösungsmöglichkeiten im Überblick präsentieren. Das

---

[18] Meines Wissens handelt es sich bei seiner Arbeit um die erste Veröffentlichung, in der das HPG dezidiert mit einer Verhandlungstheorie (vgl. Fisher/Ury 1991) in Verbindung gebracht wurde.

Kapitel 6.3 schließt die Thematik mit theoretischen Überlegungen ab: Ausgehend von den Begriffen "Objektbeziehung" und "Objektverwendung" (Winnicott 1973) wird gezeigt, wie es zu "Kämpfen um Anerkennung" (A. Honneth 1992) kommt und wie wichtig deren Verständnis ist, wenn man Vermittlungen führt oder Verhandlungen anregen will.

Manche der hier dargestellten Ideen sind neu, andere wurden bereits erwähnt und sind hier lediglich als Elemente einer übergreifenden Systematik eingebunden. Auch für die verhärteten Dissenssituationen gibt es nicht eine Lösung, die immer "funktioniert", sondern mehrere mögliche Strategien, die zum Erfolg führen können, aber nicht müssen. Nur was scheitern kann, kann auch gelingen. Und: Alles, was eine Chance haben soll, zu gelingen, bedarf der Vorbereitung und der Investition von Arbeitszeit. Da diese häufig in die Bewältigung von Krisen fließt, muss geprüft werden, ob genaueres Arbeiten – zumindest in manchen Fällen – zeitaufwendiges Krisen-Management zu verhindern hilft.

6.1 Was heißt Aushandeln?

Einer der Standardfloskeln der Hilfeplansemantik heißt „Aushandeln". Dazu ein paar Fragen und einige Antworten:

Aushandeln? Aushandeln!

Was soll ausgehandelt werden?

Die Hilfeform und die Ziele bzw. die Wege, mit bzw. auf denen diese realisiert werden sollen. Ausgehandelt werden müssen sie allerdings nur, wenn sie strittig sind bzw. ein Dissens besteht.

Zwischen welchen Parteien sollen Aushandlungsprozesse stattfinden?

Zwischen den Fachkräften und den AdressatInnen, zwischen den AdressatInnen selbst und zwar unter „Anleitung" und mit Unterstützung der Fachkräfte, aber auch zwischen den Fachkräften vom Öffentlichen und Freien Träger.

Aushandeln heißt, dass keine dieser Gruppen das Recht hat von vorneherein alleine über eine den Hilfeprozess relevante Frage zu bestimmen, sondern dass alle oder zumindest möglichst viele Entscheidungen im Verlauf eines kommunikativen Abstimmungsprozesses zwischen den involvierten Parteien stattfinden sollen. Dieser soll so gestaltet werden, dass

- sich alle daran beteiligen können.
- alle ihre Argumente offen legen.
- das Für und Wider bestimmter Argumente oder Optionen ausgetauscht und erwogen wird, sich die anfänglich eingenommenen Positionen und Meinungen verändern (können) und man zu einvernehmlichen Lösungen kommt.

Kaum eine Fachkraft wird den Aushandlungsgedanken prinzipiell ablehnen. Seine VertreterInnen übersehen allerdings – zumindest häufig – mehrere komplizierende Faktoren:

- Der Grad der Involviertheit der Fachkräfte in den „Aushandlungsprozess" genannten Abschnitt der Hilfeplanung und damit deren Positionen können ganz unterschiedliche sein und entsprechend zu ganz anderen Aufgaben führen. Diese Unterschiedlichkeit droht von dem einen Wort „Aushandlung" verdeckt zu werden[19]
- Die Machtverhältnisse unter den Beteiligten können ganz unterschiedlich sein, so dass nicht jeder die gleiche Chance hat sich einzubringen oder Gehör zu finden. Machtpositionen fungieren auch im HPG als „selektive Filter". Es wäre naiv zu meinen, dass alle relevanten Gedanken immer auch zur Sprache kämen.
- Die Kompetenzen sich einzubringen und Gehör zu verschaffen, aber auch die Kompetenzen auf das Gegenüber einzugehen, die Perspektive des anderen einzunehmen und Kompromissangebote zu machen oder anzunehmen, können sehr unterschiedlich verteilt sein. Dabei gibt es

[19] Auf der CD finden Sie hierzu zwei zusammenfassende Schaubilder. CD: Materialien und Vorlagen. Kapitel 6 – Ablaufschemata Zielentwicklung Dissens

keine Garantie dafür, dass die Kompetentesten auch am meisten von dem Prozess profitieren. Unter Umständen verläuft der Aushandlungsprozess für die Person am „günstigsten“, die am „stursten“ an ihrer Position festgehalten hat bzw. sich am wenigsten bewegen konnte.

- Die Bereitschaft strittige Punkte auszuhandeln ist nicht bei allen AdressatInnen in demselben Ausmaß gegeben. Manche TeilnehmerInnen sind an Aushandlung nicht interessiert, weil sie sich sicher sind ihre Position durchsetzen zu können. Für sie wäre es geradezu von Nachteil, wenn sie aus einer Position der vermeintlichen Überlegenheit heraus verhandeln würden. Andere Personen setzen große Hoffnung auf die Unterstützung der Fachkräfte bei der Durchsetzung der eigenen Position. Wenn diese eine einseitige Parteinahme verweigern und offene Aushandlungsprozesse vorschlagen, erleben diese AdressatInnen das als „Verrat“ und reagieren mit Enttäuschung. Gerade in hoch eskalierten Systemen gilt die Devise: „Wenn du nicht (eindeutig) für mich bist, bist du gegen mich!“
- Aushandlung ist gebunden an die Idee von Gleichberechtigung und die Überzeugung, dass diese einen „Wert“ darstellt. Häufig teilen aber Eltern oder Fachkräfte diese Idee nicht oder sehen darin keinen „Wert“. Sie denken in hierarchischen Kategorien (elterliche Autorität, Autorität der Fachkraft gegenüber dem Laien) und halten diese Haltungen auch für „richtiger“ bzw. die Idee der Gleichberechtigung als „gefährlich“ (z.B. weil sie die jeweilige Autorität in Frage stellen könnte).
- Nicht alle Positionen sind verhandelbar. In beinahe jedem Hilfefall werden Aufgaben und Positionen berührt, denen gegenüber sich die Fachkräfte verpflichtet sehen. Es gibt Regeln und Normen, die man einfordern und deren Nichtbeachtung man markieren und thematisieren muss. Immer wieder müssen sich Fachkräfte deswegen auf die Seite eines Adressaten stellen bzw. eigene/fremde Ansprüche gegen andere Beteiligte vertreten oder durchsetzen. Unverhandelbare Anforderungen stehen häufig nicht bloß neben verhandelbaren, sondern sind mit diesen eng verschränkt. So ist nicht verhandelbar, ob man zum HPG kommt, aber wen man sich als Unterstützung mitbringt. So ist das Ziel der Hilfe, einen sicheren Rahmen für die Kinder zu schaffen, unverhandelbar, der Weg dorthin aber auszuhandeln. Will die Mutter die Kinder selbst so versorgen, dass sie nicht von Hunger oder Durst bedroht sind oder ist sie damit einverstanden, dass dies zunächst von einer Tagespflege-Person übernommen wird etc.? Anders herum: Wer Unverhandelbares vertritt oder durchsetzt sollte immer nach Verhan-

delbarem Ausschau halten (sonst droht er als Tyrann angesehen zu werden). Wer die Verhandelbarkeit von Positionen vertritt, sollte wissen, auf welcher Grundlage von unverhandelbaren Positionen er das macht (sonst kann er in Gefahr geraten als „rückgratlos" angesehen zu werden).

- Schließlich sind unterschiedliche kulturelle Formen der Aushandlung zu beachten. In einige Kulturen gilt es als unhöflich Dissense pointiert zu formulieren und wird es als wenig sinnvoll erachtet, sie frontal anzugehen. Erst versucht man über andere Themen oder Tätigkeiten sozialen Konsens abzusichern (z.B. über gemeinsames Essen) um dann die strittigen Punkte anzugehen. Solche Wege können für deutsche Fachkräfte verschlungen und endlos anmuten. In anderen, patriarchalischen Kulturen wäre es nicht denkbar, dass das Familienoberhaupt im Gespräch Positionen räumt. Kompromissbereitschaft wird eher im Alltag signalisiert und gelebt, die „alten Positionen" formal aber weiterhin hochgehalten. Die Frage wie man beim Verhandeln sein „Gesicht bewahrt" spielt eine noch größere Rolle als in vielen deutschen Familien. Solche kulturellen Stile des Aushandelns gilt es kennen zu lernen und zu beachten.

Wir können hier nicht auf alle den Aushandlungsanspruch verkomplizierende Umstände eingehen. Wichtig erscheint mir, dass den Fachkräften ein breites Spektrum an Aushandlungspositionen zu Verfügung steht und dass sie lernen es auch methodisch „handeln" zu können.

Im Folgenden wird das Spektrum der Aushandlungspositionen anhand zweier eindeutigen Positionen (A und B) und einer dritten, sehr viel uneindeutigeren Position (C) aufgezeigt[20].

Position A: Das Vermitteln wird von vielen Fachkräften als die ideale Position angesehen. Man selbst ist zunächst „nur" daran interessiert, dass sich die AdressatInnen untereinander oder mit einer entsprechenden Fachkraft (des Öffentlichen oder Freien Trägers) verständigen und sich möglichst einvernehmlich auf bestimmte Inhalte oder Verfahren einigen. Dazu bietet man den vom Dissens entzweiten Parteien seine Dienste an. Man vermittelt zwischen ihnen bzw. hilft ihnen miteinander zu verhandeln. Eventuell bietet man ihnen Kompromissvorschläge oder einen Schieds-

[20] Zur Verbindung aller drei Aushandlungspositionen siehe Abb. 27.

spruch (einen eigenen oder einen organisierten, d.h. von einer fremden Autorität eingeholten) an oder versucht in einem günstigen Moment ein „lösendes Wort“ zu sprechen, dem sich eine Partei fügen kann. Man selbst verfolgt keine eigenen inhaltlichen Ziele.

In der Literatur entspricht diese Aufgabenbeschreibung derjenigen der Mediation oder Schlichtung (vgl. Bush/Folger 1994, Besemer 1993, Kasper 1995, Rosenberg 2002). Viele der dort beschriebenen Vorgehensweisen lassen sich auch auf die Aufgabe des Schlichtens im Dissensbelasteten HPG beziehen.

Position B: Sie wird von vielen Fachkräften nicht mehr als eine Aushandlungsposition gesehen, obwohl sie eine solche ist. Man selbst ist an den strittigen Punkten vor allem daran interessiert, dass bestimmte Standards eingehalten werden, zu deren Beachtung man sich aufgrund seiner beruflichen Verantwortung verpflichtet sieht, und dass diese zu den entsprechenden Entscheidungen oder Verhaltensweisen (z.B. Erfüllung vereinbarter Leistungen) führen. Deswegen stellt man sich offen gegen die Meinung oder das Verhalten anderer Fachkräfte und/oder AdressatInnen und versucht gegenüber diesen die eigenen Forderungen durchzusetzen. Auf die kommunikativen Instrumente, mit denen man dies versucht, wurden bereits verwiesen. (Sie befinden sich auf der CD: Materialien und Vorlagen. Kapitel 5 – Gesprächsführungsinstrumente im HPG). Häufig geschieht dies in Kombination damit, dass man sich hinter die Wünsche/Ideen/Zielvorstellungen eines Adressaten stellt und diese gegen andere Teilnehmer verteidigt. Bezogen auf strittige Inhalte, die über kürzere oder längere Zeiträume unklar erschienen oder scheinbar zur Diskussion anstehen, positioniert man sich in Form einer einseitiger Festlegung („„…das entscheide ich…“) oder durch klare Parteinahme („ich bin zusammen mit… auch dafür, dass…“). Zum Teil geschieht dies in Form eines „Machtwortes“ („Schluss mit der Diskussion, meine Entscheidung ist klar…“) und/oder mit der Androhung von Konsequenzen („wenn Sie/du das … nicht, dann…“, z.B. Anrufung des Gerichts, Beendigung der Hilfe, Entzug des Betreuungskontraktes etc.). Thematisiert hatten wir das Durchsetzen auch im Zusammenhang mit dem kooperativen oder konfrontativen „Pakt“ (vgl. Kap. 5.3.).

Für die Aufgaben in Bezug auf Position B eignen sich Hinweise aus der

Literatur zur Arbeit in Zwangskontexten (Conen 1999, De Jong/Kim Berg 1996)

Position C: Im Gegensatz zu den Positionen A und B, die eindeutig sind, stellt C eine dynamische Mix-Position dar: Die Fachkraft sieht sich einerseits nicht als jemand, der – gleichsam darüber stehend – anderen helfen kann, ihren Dissens zu bearbeiten, weil sie sich selbst in diesen verwickelt sieht. Sie verfolgt eigene Ziele und hegt inhaltliche Präferenzen; sie fühlt mehr Nähe zu der einen wie zu der anderen zur Diskussion stehenden Alternative. Und doch sieht sie sich nicht als jemanden, der an dieser Stelle des Prozesses eingreifen muss, um jemanden zu schützen oder etwas zu verhindern. Die Fachkraft sieht sich andererseits jedoch in der Verantwortung dafür eine „gute Lösung" zu entwickeln. Das heißt, dass sie einerseits den Prozess der Verständigung zwischen den AdressatInnen unterstützten möchte, andererseits aber auch eigene Positionen in den Prozess einbringen und verteidigen will. Das Ergebnis des Prozesses ist bzw. sollte allerdings auch für die Fachkraft offen sein. Sie ist ebenso an „guten Inhalten" wie an „guten Prozessen" interessiert. Einigen sich die AdressatInnen z. B. auf die ihr drittliebste Möglichkeit, aber im Rahmen einer engagiert geführten Verhandlung, die aus wechselseitigen Öffnungen profitiert, so kann sie das genau so wertschätzen wie wenn sich die von ihr inhaltlich präferierte Lösung durchgesetzt hätte. In Position C bemüht man sich um eine Balance von Modus (Konsens) und Inhalt (siehe die beiden Seiten des Dreiecks).

Diese inhaltliche Zwitterposition wirkt sich auch auf die Moderationsaufgaben aus. Konkret bedeutet das, dass die Fachkraft im Prozessverlauf sowohl moderiert (sachlich und neutral) als auch eigene Positionen engagiert einbringt. Dabei muss es ihr gelingen für die anderen TeilnehmerInnen transparent und glaubhaft zu bleiben, transparent beim Wechseln zwischen moderierenden (neutralen) Gesprächspassagen und solchen, in denen sie eigene Positionen vertritt. Glaubhaft insofern, als man ihr als betroffene Partei abnehmen kann, dass sie beides kann: Trotz eigener Interessen auch neutral und uneigennützig.

Aufgrund dieser komplizierten Aufgabe muss man als Fachkraft immer wieder die eigene Position gegenüber den anderen Beteiligten reflektieren: Dominiere ich den Verhandlungsprozess und lasse zu wenig Aushandlung zu? Beeinflusse ich ihn zu stark in eine, meine Richtung? Markiere ich klar genug, als wer ich momentan agiere, als Vertreterin eigener Positionen oder als Unterstützerin für eine Partei? Bekommen die anderen TeilnehmerInnen (noch) mit, dass und warum ich meine Rollen im Verlauf des Prozesses wechsele?

Position C ist demnach nicht die eines gleichgestellten Verhandlungspartners, wie es z.B. Mutter und Sohn sein können. Als Fachkraft kann man zwar genau so emotional in Verhandlungsprozesse involviert sein wie AdressatInnen, man behält aber erstens die Verantwortung für den Gesprächsverlauf (selbst wenn man die Gesprächsleitung zeitweilig abgibt) und sollte zweitens reflektieren, wie man seine Mischrolle transparent macht und wann man diese in die eine oder andere Richtung (Position A oder B) verändert.

Fast wäre ich geneigt diese Position – die intermediäre Position oder „zwischen allen Stühlen", eine klassische sozialarbeiterische Aufgabe – als die Aushandlungsposition der Fachkräfte im Feld der sozialen Arbeit zu bezeichnen. Dagegen spricht, was weiter unten über die Dynamik der drei Positionen ausgeführt wird. Für die mit Position C verbundenen Aufgaben als „mitbetroffener Verhandler" habe ich keine Literaturhinweise gefunden. Am meisten entspricht dieser Position, was ich über die Fähigkeit des „Spielens mehrerer Instrumente" ausgeführt habe (vgl. Kap. 1.1.)

Abbildung 27: Das Spektrum der Aushandlungspositionen

Seite 1 **Konsensorientiert** Der Modus der Verständigung ist wichtig. Ziel: *Möglichst einvernehmlich*	Mittelachse	Seite 2 **Inhaltlich-orientiert** Bestimmte Inhalte sind wichtig. Ziel: *Möglichst vollständige Realisierung der eigenen Forderungen.*

Position des selbst-reflexiven mitbetroffenen Verhandlungspartners Fachkraft hat inhaltliche Präferenzen, muss diese aber nicht durchsetzen. Ist an Konsens interessiert, kann sich aber auch parteilich engagieren. Versucht zu vermitteln, vertritt aber auch eigene Positionen bzw. Interessen. Wechselt zwischen neutraler und solidarischer Position und macht diese transparent. Weiß um das Prekäre der eigenen Rolle: Unterstützer der anderen. und zugleich Vertreter von eigenen Positionen.

Position C

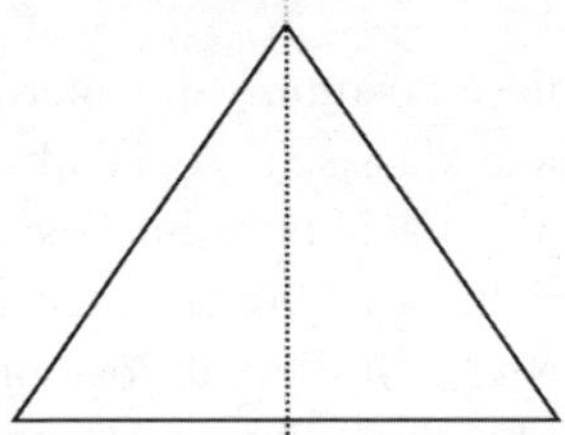

Position A

Fachkraft unterstützt AdressatInnen sich (auf Inhalte oder Verfahren zu einigen oder miteinander zu verhandeln. Die Fachkraft verfolgt kein inhaltlichen Präferenzen, kann sich verschiedene Ergebnisse vorstellen.

Haltung: Neutral, allparteilich

Position des Vermittlers

Evtl. Schiedsspruch

Position B

Fachkraft setzt sich engagiert für bestimmte Inhalte ein, versucht diese plausibel zu machen, möchte diese notfalls mit Hilfe von Machtmitteln durchsetzen. Bestimmte Möglichkeiten werden als richtig, andere als falsch (zu riskant) beurteilt.

Haltung: bestimmten Aufgaben gegenüber verpflichtet, solidarisch mit…

Position der verpflichteten Fachkraft

Evtl. Machtwort bzw. Einschaltung des Gerichts

Wichtig an diesem Schaubild ist zweierlei:

1. Die zentrale Idee ist, dass man in einem Hilfeprozess und auch in einem HPG selten durchgehend nur eine Position einnehmen kann, sondern im Verlauf (der Hilfe oder des HPGs) zwischen diesen drei prinzipiellen Positionen wechseln können muss. Beispielsweise kann man sich in der Frage, ob der Junge die Schule weitermacht oder abbricht neutral verhalten und den streitenden Parteien helfen eine einvernehm-

liche Lösung zu finden (Position A). In der Frage aber, ob der Junge zu Hause wohnen bleibt oder ausziehen soll, kann man ganz engagiert auf Seite der Mutter stehen und mit ihr gegenüber dem Jungen die zeitweilige Trennung vertreten (Position B). Bei der Frage, ob es ein „Heim um die Ecke", eine Wohngruppe im benachbarten Landkreis oder eine begleitete Auslandsreise sein soll, kann man Präferenzen haben, aber in erster Linie an einem Konsens zwischen Mutter und Sohn interessiert sein (Position C).

2. Die Positionsbestimmung mit A, B oder C ist nur sehr ungenau. Es existieren jede Menge Zwischenpositionen. Beispielsweise kann ich mich auf der Mitte der Linie zwischen B und C einordnen, d.h. dass ich insgesamt (siehe die Mittelachse) eindeutig auf der Seite der Inhalte stehe und mehr Beiträge eindeutiger Parteinahmc vornehme als Anregungen für eine gute Kommunikation der TeilnehmerInnen gebe. Diese könnte ich auch erst wieder geben, wenn ich etwas mehr nach C wandere. Nichts ist z.B. peinlicher, als wenn ein Moderator (Position C oder Instrument Normen) immer wieder einer Person gute Tipps gibt, wie er kommunizieren sollte, gleichzeitig aber mit jemand anderem inhaltliche Positionen gegen ihn bezieht. Spätestens hier wird deutlich, dass die Frage der Positionen auch unter zeitlicher Perspektive zu sehen sind: Ich kann zu Beginn der Arbeit mit einem System mich in Position A oder C befinden, im Verlauf der Zeit aber immer mehr zu der Überzeugung kommen, dass B die richtige Position ist – oder umgekehrt: Mit B beginnen und über C nach A wandern. Um für sich und andere transparent zu bleiben, ist es angesichts der unterschiedlichen Dissensthemen und Verhärtungsgrade von Dissens sinnvoll eine Feinbestimmung der eigenen Position vorzunehmen. Insofern kann man das Schaubild auch als „Landkarte" nehmen und an sie die Frage stellen: „Wo stehe ich momentan mit dem Dissens-System XY und wo sollte ich stehen, um fachlich gut zu wirken".

Aus dem bisher Entwickelten ergeben sich drei voneinander abgrenzbare Aufgaben bzw. Strategien der Fachkräfte im Umgang mit Dissens: Vermitteln, Verhandeln, Durchsetzen (vgl. dazu Abbildung 28).

Die erste Aufgabe, die aus Position A und ihrem Umfeld heraus sinnvoll und möglich ist bezeichne ich als „Vermitteln". Ich vermeide das Wort

„Mediation“, weil es in der Fachliteratur auf bestimmte Kontexte hin spezifiziert wurde (Trennungs- und Scheidungsmediation, Peer-group-Mediation etc.) und zum Teil mit sehr genauen Angaben zum methodischen Vorgehen verbunden ist.

Die zweite Aufgabe, die aus Position C und ihrem Umfeld heraus sinnvoll und möglich ist, bezeichne ich als „Verhandeln“. Während man als Vermittler Verhandlungsprozesse zwischen den AdressatInnen anregt und moderiert, selbst aber in einer exzentrischen Position bleibt, ist man beim „Verhandeln“ selbst ein Verhandlungspartner, d.h. in den Verhandlungsprozess involviert. Aufgrund der Verantwortung für den Gesprächsverlauf (wobei man die Gesprächsleitung an eine weniger involvierte Fachkraft abgeben kann) und der professionellen kommunikativen Kompetenzen, stellt man jedoch nicht nur eine Verhandlungspartei, sondern einen Verhandlungspartner mit „besonderen“ Aufgaben dar. Dieser hat sich immer so sehr um seine Position zu kümmern, wie um die der anderen bzw. um den Prozess als ganzen. Deswegen nenne ich ihn den „mitbetroffenen Verhandler“.

Die dritte Aufgabe, die aus Position B und ihrem Umfeld heraus sinnvoll und möglich ist, bezeichne ich als „Durchsetzen“. Sie kann im Rahmen von Aushandlungsprozessen unter bestimmten Umständen als hilfreich erlebt werden (vgl. konfrontativer Pakt in Kap. 5.3.) oder aber im Fall von Kinderschutzaufgaben und/oder institutionellen Verpflichtungen notwendig sein.

Vermitteln, Verhandeln und Durchsetzen stellen prinzipiell drei gleich wertvolle und Erfolg versprechende Strategien im Umgang mit Dissens dar, die allerdings nicht frei gewählt werden können. Je nach situativem Kontext, der sich allerdings häufig erst durch eine Analyse erschließt, ist man u. U. zu dieser oder jener Strategie „gezwungen“. Jedoch gibt es in den meisten Fällen Entscheidungsspielräume, die es wahrzunehmen gilt.

Zur genaueren Einordnung der drei möglichen Aufgaben zu den drei Positionen dient das folgende Schaubild:

Abbildung 28: Vermitteln, Verhandeln, Durchsetzen

Position C und Umfeld:
Die Fachkraft tritt als ein Verhandlungspartner auf, der eigene Positionen einbringt und die AdressatInnen dabei unterstützt untereinander und mit ihm zu verhandeln.

Verhandeln

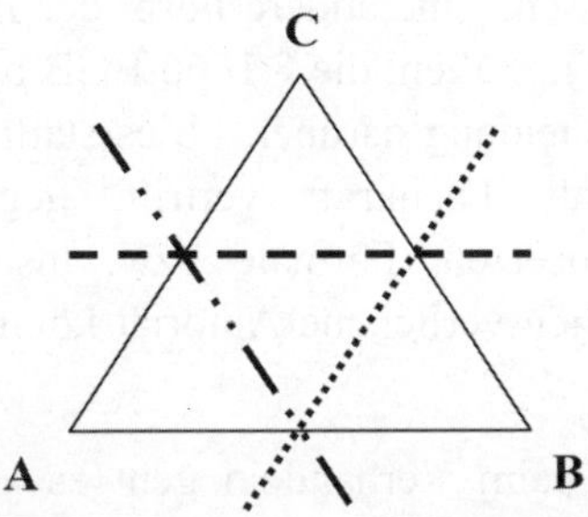

Vermitteln

Position A und Umfeld:
Die Fachkraft unterstützt AdressatInnen sich auf Inhalte oder Verfahren zu verständigen bzw. unterstützt die Parteien miteinander zu verhandeln, so dass eine einvernehmliche Lösung steht.

Durchsetzen

Position B und Umfeld:
Die Fachkraft agiert in der institutionellen Rolle einer Person, die bestimmte Positionen von AdressatInnen parteilich unterstützt und diese bzw. eigene inhaltliche Positionen (evtl. im Zusammenhang mit Schutzaufgaben) durchsetzen möchte.

Was strebt man als Fachkraft mit "Vermitteln", "Verhandeln" und "Durchsetzen" an?

Als Fachkraft ist man darum bemüht, einen Ausweg aus der verfahrenen Situation zu finden, in der sich die AdressatInnen (und Fachkräfte) gegenseitig blockieren. Das "Durchsetzen" vertraut dabei auf eine "autoritative" Lösung: Wenn und insofern die Fachkraft dazu ermächtigt ist, kann sie es wagen eine Entscheidung herbeizuführen oder ein "Machtwort" zu sprechen. Die Ermächtigung im Sinne einer formalen Legitimation erhält sie qua Funktion bzw. insitutioneller Rolle als Vertreter des Jugendamtes. Die Entscheidung wird aber (von den

AdressatInnen oder den anderen Fachkräften) nur dann im Sinne der Fachkraft des Jugendamtes umgesetzt werden und eine nachhaltige Wirkung entfalten, wenn zu dieser die persönliche Ermächtigung durch alle Beteiligten hinzutritt. Konkret bedeutet dies, dass die Fachkraft sich breits vorher in den Augen der anderen (!) als eine glaubwürdige Autorität etabliert haben muss, deren Gebote als sinnvoll gelten. Ansonsten wird es sicher Versuche geben, die Autorität zu untergraben oder das "Machtwort" ins Leere laufen zu lassen. Eine andere Form der Ermächtigung stellt die Anrufung des Gerichts in Fällen, die § 1666 BGB betreffen, dar. Hier fällt das Gericht eine Entscheidung darüber, ob es statthaft ist eine bestimmte Position, die man als Fachkraft vertritt, gegen den Willen der AdressatInnen durchzusetzen. Formale bzw. institutionelle, persönlich erworbene und richterlich verliehene Autoriät können sich auch in einem Fall ergänzen.

Beim Vermitteln und beim Verhandeln geht es also darum, angesichts einander ausschließender Positionen einvernehmliche Lösungen zu entwickeln. Grundsätzlich sind drei Lösungsmodelle denkbar (vgl. Hargie 1986, S. 231).

1. *Nachgeben mit Kompensationen:* Eine Partei gibt nach und erhält dafür Kompensationen. Hier müssen Schlichter oder Verhandler erspüren, wer wann am ehesten zum Nachgeben bereit ist und dafür sorgen, dass die Kompensation hoch genug ausfällt, so dass sich die "nachgebende Partei" sowohl gerecht behandelt fühlt als auch ihr Gesicht bewahren kann. Sie darf sich nicht als "Verlierer" sehen (müssen), ansonsten wird sie das Nachgeben widerrufen oder den dadurch frei gemachten Weg scheitern lassen. Manchmal kann ein "lösendes Wort" der Fachkraft dazu beitragen, dass eine Partei nachgeben kann.

2. *Kompromiss*: Beide Parteien machen Zugeständnisse an die jeweils andere. Keine Position kann sich vollständig durchsetzen, jeder muss Abstriche hinnehmen. Hier müssen Schlichter und Verhandler dafür sorgen, dass die Zugeständnisse als etwa gleich groß erlebt werden und dass das Ergebnis auch realisierbar ist. Ansonsten hat man es mit einem "faulen" Kompromiss zu tun, der keinen Bestand im Alltag haben wird. Manchmal kann ein "Schiedsspruch" der Fachkraft das Ringen um Zugeständnisse auf eine gute Art und Weise beenden. Auch wenn der

Kompromiss in Bezug auf die ursprünglich eingenommenen Positionen eine Weiterentwicklung darstellt, so verbleibt man mit ihm doch im Rahmen derselben. Es geht darum "sowohl" die Position des einen, als auch die Position des anderen zu bedienen.

3. *Dritte Möglichkeit:* Die "dritte Möglichkeit" setzt auf etwas gänzlich Neues. Weder die Position des einen, noch die des anderen soll realisiert werden, sondern etwas Drittes, das vorher noch nicht als Möglichkeit gedacht worden war. Um diese dritte Möglichkeit zu finden, bedarf es eines kreativen Prozesses, für dessen Entwicklung Schlichter und Verhandler veantwortlich sind. Auch wenn dazu eine "Brainstorming-Phase" gehört, in der Raum für unzensierte Gedanken gegeben werden sollte, ist am Ende darauf zu achten, dass das Ergebnis anerkannt und realisierbar ist. Manchmal muss die Fachkraft zusammen mit anderen KollegInnen eine orginelle dritte Möglichkeit entwicklen und vorschlagen.

Das Nachgeben anhand von Kompensation, Kompromiss und dritter Möglichkeit ist prinzipiell als ein jeweils gleich wertvolles Ergebnis eines Aushandlungsprozesses zu sehen. Die inhaltliche Bevorzugung von Kompromiss oder dritter Möglichkeit als komplexere und demokratischere Lösungen ist nicht gerechtfertigt. Nicht selten liegt im Nachgeben mit Kompensation die beste, weil angemessenste Lösung. Die Person, die nachgibt, tut dies häufig aus dem Gefühl heraus, dass die eigene Position überzogen oder unangemessen war. Man hatte sich z.T. mit der eigenen Forderung verstiegen oder eine Machtposition angemaßt, die einem (z.B. als Kind) nicht zusteht. Die Verhandlung bietet dieser Person einen Weg sich "ehrenhaft" zurückzuziehen ohne das Gesicht zu verlieren. Darüber hinaus muss Nachgeben nichts mit Schwäche zu tun haben. Es kann auch aus der Einsicht in die Unkontrollierbarkeit der Entwicklungen resultieren, d.h. aus einem neu gewonnenen Grad an Freiheit aus dem heraus man denken kann, "es liegt sowieso nicht in meiner Hand" oder "es kommt eh so wie es kommen muss" etc. während man vorher das Gefühl hatte sich dem Gang der Ereignisse entgegenstemmen zu müssen.

Im Folgenden werden wir den Umgang mit den drei Aushandlungspositionen und den drei Lösungsmodellen zweimal beschreiben, zunächst an einem Fallbespiel (6.2). Dabei geht es vor allem um die Frage der Gesprächsführung (was sagen und wie?) und der

Verhandlungsmethoden (unterschiedliche Möglichkeiten). Eine „Systematik des Schlichtens und Verhandelns“ findet sich auf der CD unter „Materialien und Vorlagen“. Um die Systematik nachvollziehen zu können, ist es gut, zuvor Kapitel 6.2 gelesen zu haben.

6.2 Überlegungen/Tipps zum methodischen Vorgehen bei zugespitztem Dissens im HPG

Am (vereinfacht dargestellten) Beispiel des knapp dreizehnjährigen Uwe und seiner allein erziehende Mutter wollen wir unterschiedliche Gesprächsführungs- und Verhandlungsmethoden durchspielen. Für dasselbe Beispiel werden wir unterschiedliche Vorgehensweisen mit ganz anderen „Ausgängen“ entwickeln[21]. Die Darstellung folgt in Teilen dem realen Fallverlauf und stellt andererseits Alternativen vor, die in diesem Fall keine Anwendung fanden, jedoch in anderen, ähnlich gelagerten Fällen weiterhalfen. Gleich bleibend ist die Position A der Fachkraft, d.h. sie stand als Vermittler zu Verfügung. An etlichen Stellen werden wir jedoch darauf hinweisen, welche Konsequenzen sich für die Position C, den „mitbetroffenen Verhandler“ ergeben hätten[22].

Fall 10: Uwe und der schlechte Einfluss der Clique

Nach einigen gescheiterten Abmachungen über die „Besserung seines Verhaltens“ in Elternhaus und Schule, die von einer Fachkraft der Erziehungsberatungsstelle begleitet wurden und nachdem Uwe bei einem der letzten Konflikte die Mutter geschlagen hatte, will diese nun, dass er in ein hundert Kilometer entferntes Heim kommt, in dem auch der Sohn einer Bekannten „untergebracht“ ist.

Die Mutter fühlt sich nicht mehr in der Lage ihren Sohn zu steuern und den „schlechten Einfluss“ seiner Clique ausschalten. Uwe wurde

[21] analog dem Schaubild „Ablaufschemata Zielentwicklung Dissens. Vgl. dazu CD: Materialien und Vorlagen. Kapitel 6)

[22] bezüglich der Elaboriertheit des Hilfekonzepts (vgl. Kap 3.) müsste man einiges an dieser Fallskizze aussetzen. Sie dient uns hier nur als Anschauungsfall für den Umgang mit Dissens!

wegen des Diebstahls eines Motorrollers angezeigt, in den er und andere Mitglieder der Clique verwickelt waren. Uwe sieht dagegen nicht ein, warum er von zu Hause weg soll, noch dazu soweit.

Er wirft seiner Mutter vor, sich viel mehr um die drei jüngeren Schwestern zu kümmern, von der eine körperbehindert ist und einer aufwendigen Pflege bedarf. In seiner Clique hätte er viele gute Freunde. Wenn er weg müsste, würde er „auf einen Schlag" – wie er sagt – sein Elternhaus und seine Kumpel verlieren. Die Fachkraft des Jugendamtes hat mit Mutter und Sohn bereits ein Gespräch über die weitere Perspektive geführt. Dieses verlief mit wechselseitigen Vorwürfen ohne Ergebnisse. Den Berater aus der Erziehungsberatungsstelle hatte die Fachkraft aus dem Jugendamt nicht mitgebracht, da Mutter und Sohn aus verschiedenen Gründen ärgerlich auf ihn sind.

Nun steht das zweite Gespräch an. Die Fachkraft selbst tendiert dazu im Fall von Uwe eine ambulante Hilfe einzusetzen. Allerdings spürt sie wie erschöpft und mutlos sich die Mutter fühlt und dass für diese eine zeitweilige „Trennung" im Moment die einzig akzeptable Option darstellt. In erster Linie ist es der Fachkraft wichtig, ein Hilfekonzept zu finden, das Mutter und Sohn annehmen können. Ob dieses nun Heim oder ambulante Hilfe heißt, scheint der Fachkraft zweitrangig. Sie agiert in diesem Konflikt also als Schlichterin (allerdings werden wir z.T. auch andere Strategien ansprechen).

Welche Optionen hat die Fachkraft, um mit Mutter und Sohn weiter zu kommen? Dazu im Folgenden Tipps und Empfehlungen, die sich auch auf andere Dissensbeispiele übertragen lassen:

Schritt 1: Die Möglichkeit/Sinnhaftigkeit des „Durchsetzens" prüfen.

Im Gegensatz zur Meinung man müsse im HPG zwischen den Parteien immer vermitteln und immer versuchen einen Kompromiss herbei zu führen, habe ich (zu meiner eigenen Überraschung) immer wieder Fälle und Situationen erlebt, in denen es hilfreich war, sich parteilich mit den Eltern gegen den Willen des Kindes oder mit dem Kind gegen den Willen der Eltern zu stellen. In allen Fällen von Dissens zwischen Eltern und Kindern sollte man m.E. ohne allzu viele Vorannahmen prüfen, ob es im Verlauf einer Hilfeplanung/ eines Hilfeplangesprächs sinnvoll ist sich auf eine Seite zu „schlagen" und diese engagiert (mit) zu vertreten. Auch wenn das Kind zunächst über die sich einig zeigenden Erwachsenen „mault" oder die Eltern zunächst den HelferInnen drohen, können sie sich (später) zumindest manchmal dem (fremden) Willen und/ oder der klaren Übermacht der anderen Partei fügen. Manche Personen sind nur unter den Bedingungen einer entschiedenen und starken Gegenmacht zur Kooperation bereit.

Nach welchen Kriterien können nun aber die Fachkräfte entscheiden, wann „Schlichten", wann „Verhandeln" und wann „Durchsetzen" ansteht?

Folgende drei Kriterien spielen bei der Entscheidung, ob ich mich als Fachkraft auf eine Seite stelle oder zwischen den Parteien vermittle, die wichtigste Rolle:

1. *Das Alter des Kindes/Jugendlichen*: Es ist klar, dass man Hilfen für Kinder ab 12/ 13 Jahren nicht gegen deren erklärten Willen beginnen kann. Das gilt erst recht für Jugendliche. Dazu kann man auf die §§ 8 (Beteiligung von Kindern und Jugendlichen), 9.2 (wachsende Fähigkeit) und 36 (Mitwirkung, Hilfeplan) des KJHG verweisen.

2. *Die Art der Systemdynamik:* Das Vorgehen (sich auf eine Seite stellen) kann dann erfolgreich wirken, wenn das Erziehungs- und Helfersystem (also das Umgehen der Eltern mit dem Kind oder das Umgehen der unterschiedlichen HelferInnen mit der Familie) bisher überwiegend von Uneinigkeit, Inkonsistenz und Beliebigkeit geprägt war: Der Vater macht und propagiert dies, die Mutter etwas ganz anderes; der Psychiater propagiert und macht dies, die HeimpädagogInnen jenes, das Jugendamt wünscht sich etwas Drittes etc. Für solche Situationen kann das Finden zur und die Demonstration von Einigkeit (von Eltern und Helfern gegenüber dem Kind oder von HelferInnen gegenüber den Eltern) ein „neues Muster" darstellen, das die Entwicklung des ganzen Systems voranbringt. Dasselbe gilt für Situationen, in denen das Kind bisher „verloren" hat, weil man die Eltern einbezogen hat und es ihnen recht machen wollte, ohne dass sich die Lage des Kindes dadurch verbessert hat.

   War das Erziehungssystem oder Helfersystem dagegen vorher überwiegend durch Machtkämpfe charakterisiert und haben beide Seiten versucht (evtl. mit Hilfe von Bündnispartnern wie Lehrer, Clique, Jugendamt etc.) dem anderen den eigenen Willen aufzuzwingen, dann wäre es falsch sich auf eine Seite zu stellen. Das bliebe im alten Muster „Machtkampf" und förderte nur die weitere Konflikteskalation. Nicht immer ist die Situation bezüglich des Musters (Uneinigkeit/ Zweideutigkeit/ Inkonsistenz oder Machtkampf) klar einzuordnen. Die zentrale Frage, die es zu beantworten gilt, lautet: „Wie kann man den bisherigen Hilfeverlauf beschreiben und charakterisieren und was stellt gegenüber dem, was bisher geschah, etwas Neues dar?" Verhandeln und Kompromisse finden kann ebenso das „Neue" sein wie das energische Eintreten für eine Partei oder ein Anliegen.

Bei Uwe und seiner Mutter fällt die Entscheidung bezüglich dieser Frage relativ einfach. Zwar wurden bereits Verhandlungen geführt, aber die Fachkraft hat den Eindruck, dass Uwe die Not seiner Mutter und die Möglichkeit ins Heim zu kommen bisher nicht ernst genommen hat. Vermutlich war es auch deswegen für den Erziehungsberater so schwierig eine „echte Verhandlung" zu führen. Andererseits gibt es wenig Inkonsistenz oder gegensätzliche Botschaften auf Seiten der Erwachsenen. Die Mutter stand bisher relativ alleine mit ihren Versuchen Uwe zu disziplinieren. Es gibt niemanden, der sein Verhalten „deckt" oder gegen sie arbeitet. Zugleich verfügt Uwe über ernst zu nehmende Machtmittel: Würde man ihn ins Heim zwingen, wäre ihm aufgrund seiner Cliquenbindungen durchaus zuzutrauen dort wieder wegzulaufen und sich mit Unterstützung seiner Freunde „durchzuschlagen".

3. *Das „Kräftefeld" im Konflikt:* Zur Beantwortung der Frage, ob man sich als Fachkraft – mit und ohne „Pakt" – durchsetzen will, braucht man als Fachkraft ein Gefühl für das „Kräftefeld" in dem Konflikt. Über welche Machtmittel verfügt man selbst? Welche Quellen der Ermächtigung stehen einem als Fachkraft zu Verfügung (institutionelle, persönliche erworbene und richterlich verliehene Autorität). Welche Machtmittel besitzt man in diesem Fall? Ist man auch gewillt diese einzusetzen (z.B. Drohung mit Gericht, Einbeziehung der Polizei, materielle Unterstützung bei Mitwirkung etc.) und hat man dafür die notwendige institutionelle Rückendeckung? Welche anderen Bünd-

nispartner könnte/ müsste man noch gewinnen? Wie „wild“ entschlossen ist die Gegenseite ihren Anspruch durchzusetzen/ sich zu entziehen? Wer unterstützt diese in ihrem Gefühl „richtig zu denken oder zu handeln“. Diese Fragen sind abzuwägen, bevor man an den Durchsetzungsversuch geht. In der Regel hängt dessen Erfolg von der Klarheit und Entschlossenheit ab, mit der man diese Strategie vertritt.

Schritt 2: Dem „Unterlegenen" Wahlmöglichkeiten eröffnen und Kompensationen anbieten.

Versucht man den Konflikt durch einseitige Parteinahme oder Durchsetzen aufzulösen, sollte derjenigen Person, gegenüber der etwas durchgesetzt wurde (dem „Unterlegenen“) signalisiert werden, dass man um die Härte der Entscheidung weiß und Kompensationsmöglichkeiten zur Verfügung stellt. Diese Person sollte erfahren können, dass zumindest einige ihrer Anliegen berücksichtigt werden und für sie in anderen Fragen durchaus Wahlmöglichkeiten bestehen.

Für unsere Fallgeschichte kann dies beispielsweise wie folgt aussehen: *„Uwe, du musst ins Heim. Alle Erwachsenen, mit denen ich gesprochen habe, sind sich einig, dass das richtig ist. Wir sind uns darüber im Klaren, dass wir das gegen deinen Willen entschieden haben. Woran wir dich allerdings beteiligen wollen, ist die Frage, in welches Heim du gehst: Wir werden dir drei Heime vorstellen und zwischen diesen kannst du dich dann entscheiden. Wenn dir keines gefällt, muss du vielleicht das wählen, das dir am wenigsten schlecht erscheint.“* Wichtig ist, dass der Status der Unfreiwilligkeit benannt, respektiert und für alle Beteiligte (unbedingt z.B. für das aufnehmende Heim) transparent gemacht wird.

Die Kompensation kann auch Gestaltungsspielräume der Hilfe betreffen: „Nachdem dir deine Freunde und deine Clique sehr wichtig sind, werden wir ein Heim suchen, bei dem du auf jeden Fall alle vierzehn Tag (jedes Wochenende etc.) nach Hause fahren kannst. Damit ist auch deine Mutter einverstanden…“

Schritt 3: Klärung und Formulierung der Positionen in einer die Unterschiede akzeptierenden Sprache.

Wenn man dagegen in die Richtung einer einvernehmliche Lösung – wie Nachgeben mit Kompensation/Kompromiss/dritte Möglichkeit – arbeiten will (in diesem Beispielfall in einer Aushandlungsposition näher an A als an C), ist es gut mit Folgendem zu rechnen: Meistens sind die Konfliktpartner nicht bereit oder in der Lage anzuerkennen, dass das, was sich die andere Seite wünscht, auch eine Möglichkeit darstellt, die sinnvoll sein könnte. Die Angst, dass „ihr Ding" nicht zum Zug kommt bzw. dass der andere „sein Ding" durchsetzt, verhindert, dass sie sich die Position des anderen hinlänglich klar machen. Deshalb ist es wichtig, in einem ersten Schritt den Unterschied zwischen den Positionen klar herauszuarbeiten:

„Sie, Frau Unger, wollen, dass,... und dass,... und wollen nicht, dass... Und du Uwe willst, dass,... und dass,... und willst nicht, dass,... "

Ebenso wichtig ist, dass die Positionen vollständig formuliert werden und das in einer für alle Beteiligten verständlichen Sprache geschieht. Je klarer die Unterschiede zwischen den Wünschen und Positionen herausgearbeitet werden, um so mehr Ansatzpunkte für Kompromisse und Zwischenlösungen lassen sich später (!) finden. Viele SozialarbeiterInnen machen jedoch genau das Gegenteil: Sie versuchen entweder die Unterschiede gar nicht erst deutlich werden zu lassen oder aber sie ebnen sie zu schnell wieder ein. Letztendlich führt dies selten aus dem Konflikt heraus; er wird dadurch meist nur vertagt oder verschoben.

Nimmt man an dem Prozess als „mitbetroffener Verhandlungspartner" teil, muss man zunächst den anderen Beteiligten die Möglichkeit geben ihre Positionen klar zu machen und kann diese dabei auch unterstützen. Erst zum Schluss macht man die eigene inhaltliche Position deutlich. So kann man gerade bei diesem Schritt modellhaft vormachen wie das geht: (Erst) neutral moderieren und (dann) eigene Positionen einbringen.

Schritt 4: Definition der eigenen Position und Rolle.

Die nächste Aufgabe besteht in einer Definition der eigenen Position/Rolle in dem darauf folgenden Prozess. Auch wenn man sich als Vermittler (Position A) angeboten hat, erwarten beide oder alle Parteien von den Fachkräften des Jugendamts/des Freien Trägers, dass diese ihren Standpunkt und ihre Ideen bezüglich der Hilfegestaltung und/oder der Zielsetzungen verstehen und deren Realisierung gegen den anderen (gegen die Absicht der anderen Person) durchsetzt bzw. durchzusetzen hilft. Dadurch entsteht für die Sozialarbeiterin (vom Amt, evtl. auch vom Freien Träger) ein Dilemma: Wenn sie (um das obige Beispiel aufzugreifen) die Mutter unterstützt, verliert sie das Vertrauen und den Zugang zum Jungen. Wenn sie den Jungen unterstützt, verliert sie hingegen das Vertrauen und den Zugang zur Mutter. Sie muss also eine Rollendefinition finden, die sie zumindest für eine erste Runde aus dem Konflikt draußen hält:

„Wahrscheinlich habt ihr beide gehofft, ich würde Partei ergreifen und mit Ihnen Frau Unger dem Uwe klar machen, dass die Sache mit dem Heim das einzig Vernünftige ist oder mit dir Uwe der Mutter die Sache mit dem Heim ausreden. Ich muss euch beide enttäuschen. In diesem Kampf mitzumischen, sehe ich im Moment keinen Sinn. Aber ich könnte euch helfen so miteinander zu reden, dass das, was jeder sagt beim anderen ankommt und er darüber noch mal nachdenken kann. Ob sich daraus eine gemeinsame Lösung entwickelt oder ob der eine den anderen doch noch überzeugen kann, weiß ich noch nicht. Das wäre der zweite Schritt. Der erste Schritt ist Hören, was der andere sagt und seine Gründe zur Kenntnis nehmen. Das ist nicht leicht, aber ich sehe nicht, wie wir mit dem Kämpfen weiterkommen. Ist das für euch in Ordnung, wenn wir so vorgehen?"

Wenn die Beteiligten „ja" sagen, geht es mit Schritt 5 weiter. Bei „nein" muss man als Prozessverantwortlicher überlegen, ob es besser ist, an dieser Stelle abzubrechen, um noch mal mit beiden alleine zu sprechen oder ob es besser ist die Streitparteien eine weitere Runde unfruchtbaren Streits erleben zu lassen, um danach das Angebot zu Einzelgesprächen zu machen. Selbstverständlich kann man die Familienmitglieder immer fragen, was denn ihr Vorschlag wäre, um weiterzukommen. Wenn man mit den Parteien alleine sprechen kann, ist es sinnvoll noch einmal die (problematische) Erwartungshaltung anzusprechen (Stellen Sie sich auf meine Seite gegen…!") und deutlich zu machen, warum, das nicht funktioniert: *„Natürlich könnte ich dem Uwe sagen, dass er ins Heim gehen muss. Aber wer sagt Ihnen, dass er auf mich hört? Warum sollte ich mehr Macht über ihn* *haben als Sie. Und was machen wir beide, wenn er beim Vorstellungstermin abtaucht und wir da alleine hinfahren müssen? Oder wenn wir ihn mit Zwang ins Heim gebracht haben und er haut dort am nächsten Tag ab?"*

Ziel der Einzelgespräche ist es von den Streitparteien einen Auftrag zur Schlichtung/Kompromissfindung zu erhalten. Gelingt dies, kann man ebenfalls zu Schritt 5 übergehen. Nimmt man an dem Prozess als „mitbetroffener Verhandler" teil, muss die eigene Rollendefinition viel früher erfolgen (zu Beginn von Schritt 3).

Schritt 5: Von Statements über Ziele u. Motive zur Übersetzung in Gefühle.

Bevor und damit Kompromisse oder „dritte Lösungen" erarbeitet werden können, ist es unverzichtbar, dass die Kontrahenten eine Idee von den Motiven und Zielen des anderen entwickelt haben und nachvollziehen können mit welchen Gefühlen und Bedürfnissen diese zusammenhängen.

Dabei sind zwei Ebenen zu unterscheiden: Man kann zum einen Ideen über die Motive/Ziele des anderen haben und klären. Etwas anders ist es, sich in den anderen einzufühlen und zu versuchen emotional nachzuempfinden, wie es ihm geht und aus welchen Bedürfnissen heraus er will, was er will. Da die meisten Konfliktpartner sich gegenseitig die Einfühlung entziehen, kommt es für den Schlichter darauf an, die Beiträge der ersten Ebene in Inhalte der zweiten Ebene zu übersetzen. Das heißt er stellt zunächst Fragen nach Motiven/Zielen/Absichten – aber er stellt sie überkreuz: *„Ist dir klar, Uwe, warum deine Mutter denkt, ein Heim weiter weg sei zur Zeit die beste Lösung?" – „Ist Ihnen klar, warum Uwe unbedingt zu Hause wohnen bleiben will?"* Oft erfolgen darauf Antworten, die der anderen Person feindselige oder unlautere Motive unterstellt (Vorwürfe, Verdächtigungen etc.). Dabei muss man darauf achten, dass alle möglichen Gründe, die dem anderen unterstellt werden, zunächst zugelassen, dann aber als (bedeutsam erlebte) Gefühle übersetzt werden.

Gleichzeitig muss man auf Parallelität achten: Keiner darf den Eindruck erhalten, dass nur ihm die Gefühle des anderen klar gemacht werden sollen. Deswegen müssen die Ausflüge in die „Seele" des jeweils anderen zumindest zu Beginn relativ kurz bleiben.

So könnte Uwe auf die oben genannte Frage antworten: *„Klar, meine Mutter will mich loswerden, die will sich nicht mehr um mich kümmern, deswegen soll ich ins Heim!“* Oder die Mutter: *„Klar, der will weiter Hotel Mama und dann Halli Galli. Immer: gib es der Alten und davon hab ich die Nase voll, das mach ich nicht mehr mit!“*

Die Übersetzung des von Uwe Gesagten für ihn und seine Mutter würde dann folgendermaßen lauten: *„Also, dein Gefühl ist, Mutter hat dich nicht mehr lieb und will dich abschieben*?“ Die Übersetzung des von der Mutter Gesagten: *„Also, Ihr Gefühl ist, dass der Uwe Sie im Moment nur benutzt, aber als Mutter und Erziehungsperson nicht achtet und auch keine Rücksicht auf Sie nimmt?“*

Stimmen die jeweiligen Personen mit der emotionalen Botschaft, die man ihnen anbietet, überein, kann man die andere Seite (also erneut überkreuz) fragen: *„Wie ist das Frau Unger, wenn sie hören, dass der Uwe meint, Sie hätten ihn nicht mehr lieb und wollten ihn loswerden?“* Mögliche Antwort: *„Nein, mit loswerden hat das nichts zu tun, aber der macht doch nur noch, was er will und tanzt mir auf der Nase rum und so geht es nicht weiter.“* Sozialarbeiter (macht weiter mit der Übersetzung von anklagenden Statements in persönliche Gefühle): *„Kann man sagen, dass Sie verzweifelt sind und das Gefühl haben, dass Uwe ins Verderben rennt und sie müssen etwas* dagegen *tun?“*

Der Sozialarbeiter arbeitet also daran die „schlechte Meinung“, die die Konfliktpartner jeweils vom anderen äußern zu dekonstruieren (hinterfragen und zerlegen) und die jeweils hinter den Positionen stehenden Gefühle deutlich zu machen. Ziel dieser Phase ist es eine „emotionale Aufwärmung“ der häufig „erfrorenen“ Gefühlslagen zu erreichen. Dazu reicht es zunächst aus, dass der andere Konfliktpartner hört, welche Gefühle bei dem anderen eine Rolle spielen. Er muss dazu keine Stellung beziehen. Nur wenn er sich körpersprachlich deutlich abwendet, sich ärgerlich zeigt oder die Äußerungen des anderen anderweitig diskreditiert, ist es nötig das anzusprechen. „*Uwe, ich kann mir vorstellen, dass es für dich nicht einfach ist, Mutters Gefühle anzuhören. Vielleicht macht dir das ja Schuldgefühle oder es macht dich selbst ratlos... Das könnte ich gut verstehen. Wenn es allerdings so ist, dass du ihr nicht glaubst oder denkst, dass da andere Gefühle eine Rolle spielen, dann solltest du uns das sagen.“* Auch hier geht es „nur“ darum eine Situation zu schaffen, in der die Gefühle des anderen wahrgenommen und geachtet werden. Man muss sie weder nachvollziehen, noch sich dadurch direkt zu Handlungen inspirieren lassen.

Diese Phase schließt mit einer zusammenfassenden Stellungnahme: *„Halten wir mal fest: Sie Frau Unger machen sich große Sorgen um den Uwe und fürchten er könnte auf die schiefe Bahn kommen, wie Ihr eigener Bruder. Diese Angst macht sie zugleich wütend und hilflos. Uwe hier in der Familie bedeutet für Sie zurzeit schlaflose Nächte. Und du Uwe hast das Gefühl, dass dir mit der Heimunterbringung jetzt auch noch die Freunde genommen werden sollen, jetzt wo du schon die Anerkennung von Mutter verloren hast, dich die Schule in die Wüste geschickt und deine Freundin Schluss gemacht hat. Weggehen wäre für dich wie auch noch die letzte Zugehörigkeit zu verlieren...“* An dieser Stelle, kann man weiter machen mit dem Angebot einer konkreten Verhandlungsmethode (siehe Schritte 7 und 8) oder – wenn man gut in Kontakt gekommen ist – mit einer Vertiefung und Weiterführung des „emotionalen Diskurses“ (Schritt 6).

In der Position des „mitbetroffenen Verhandlers“ sollte man die eigenen Gefühle, die im Zusammenhang mit der inhaltlichen Position stehen, ebenfalls offen benennen. Man kann dabei sogar als Vorbild fungieren: *„Also ich nehme diese Position ein, weil ich Angst davor habe, dass,...;“ „...weil es mich ganz kribbelig macht, wenn ich sehe, dass...“; „weil, ich mir Vorwürfe machen würde, wenn...“* Am Modell der Fachkraft können die AdressatInnen erleben, wie das Offenlegen von Gefühlen die eigene Position nicht schwächen muss, sondern neue Diskurse eröffnen kann.

Selbstverständlich kann man den Schritt 5 (und vor allem Schritt 6) auch im Zweiergespräch gehen, zuerst mit der einen Partei, dann mit der anderen. Dabei geht der Effekt verloren, dass die beiden zerstrittenen Partner hören, was der andere denkt und fühlt. Aber in einigen Fällen ist der Eskalationsgrad so fortgeschritten, dass es zunächst sinnvoll ist, mit jedem Einzelnen an seine Gefühle heranzukommen und sich die Erlaubnis geben zu lassen, sie dem anderen mitzuteilen. Durch ein solches – zeitaufwendiges – Hin-und-her-Pendeln zwischen den zerstrittenen Parteien (kann in einer Wohnung stattfinden oder an zwei Terminen) muss man erst mühsam die

Voraussetzungen dafür schaffen, dass sich die Parteien mit Aussicht auf Erfolg an einen Tisch setzen[23].

Schritt 6: Von den Gefühlen zu den „Bedürfnissen" (nach M. Rosenberg).

Als Vermittler kann man die Hinlenkung auf die relevanten Emotionen noch eine Stufe weiter treiben (als „mitbetroffener Verhandler" sollte man das nicht tun): Bisher ging es darum die Gefühle hinter den Positionen deutlich zu machen. Rosenberg (2002) weist aber zu Recht darauf hin, dass den Gefühlen, die im Zusammenhang mit einer anderen Person ausgedrückt werden, von dieser häufig mit Rechtfertigungen oder Abwehr begegnet wird. Konkret: Wenn Uwe hört, dass die Fachkraft Mutters Verlautbarung übersetzt mit *„Also Ihr Gefühl ist, dass der Uwe Sie im Moment nur benutzt, aber als Mutter und Erziehungsperson nicht achtet und auch keine Rücksicht auf Sie nimmt?"*, dann kann Uwe das leicht als Anklage für vergangene Übeltaten empfinden bzw. als Anspruch für die Zukunft hören. Beide Male muss es nicht verwundern, wenn er darauf „bockig" reagiert: *„Natürlich nehm ich Rücksicht, aber das genügt ja sowieso nie, egal wie ich mich da anstrenge!"* oder *„Achten, wie soll ich dich denn achten, wenn du heimlich mein Zimmer durchwühlst...?"* etc.

Rosenberg (2002) erklärt in seinem Buch „Gewaltfreie Kommunikation", dass diese Rechtfertigungen und Gegenangriffe nur dann ausbleiben, wenn der andere Zeuge davon wird, dass sich der „Gegner" auf seine Bedürfnisse besinnt. Mit „Bedürfnissen" meint Rosenberg eine existenzielle Ebene der Person, auf der sich diese zunächst nur als Individuum positioniert, also von allen Bezugnahmen auf andere Personen – vor allem aber auf den „Gegner" – Abstand nimmt. Wenn die Mutter dem Satz der Fachkraft zustimmt: *„Kann man sagen, dass Sie verzweifelt sind und das Gefühl haben, dass Uwe ins Verderben rennt und sie müssen etwas dagegen tun?"*, dann kann man ihn (in einem nächsten Schritt) auch so formulieren: *„Ihnen ist es ganz wichtig in diesem schwierigen Moment das Richtige zu tun und sich als eine kluge Mutter zu erweisen. Es wäre gut mehr Sicherheit*

---

[23] siehe dazu auch auf der CD: Materialien und Vorlagen. Kapitel 6 – Eine Systematik des Schlichtens/ Verhandelns. Darin: „Shuttle-Diplomatie" bei Modul 2.

zu spüren, was das Richtige ist oder zumindest jemand Vertrauten zu haben, der die Verantwortung dafür mit Ihnen teilt."

Mit dieser Formulierung hebt die Fachkraft auf das Bedürfnis der Mutter ab sich als „gute Mutter" zu erweisen, aber noch mehr auf das Bedürfnis nach Sicherheit im Handeln und Entscheiden, welches als allein erziehende Mutter ohne Beistand eines Vaters als besonders prekär erlebt wird.

Die Mutter antwortet darauf: *„Ja, das wär gut, wenn einem jemand sagen tät, was das Richtige ist für den Jungen. Wissen Sie, ich hab das schon mal erlebt, damals mit meinem Bruder, wie der so abgerutscht ist. Da ham mer auch Tag und Nacht gerätselt, was zu machen ist, aber damals hat keiner dran gedacht, sich ans Jugendamt zu wenden, das war damals viel zu weit weg..."* Die Fachkraft: *„... und da wiederholt sich jetzt was mit dem Uwe und anders als die Familie damals, sind Sie heute ganz allein mit dem Problem und anders als damals, wo man gar nicht an das Jugendamt gedacht hat, denken Sie heute, lieber richtig eingreifen, ehe es zu spät ist... so?"*

Die Antwort auf den „Test", ob man mit der eigenen Formulierung das (bzw. ein wichtiges) Bedürfnis richtig getroffen hat oder nicht, liegt einerseits in der (bestätigenden) Antwort der Mutter und andererseits im Schweigen von Uwe. Wenn er sich nicht mehr genötigt fühlt, die Aussagen seiner Mutter zu kommentieren, wenn er sie ohne Entgegnung anhören kann, weiß man, dass man richtig liegt. Wenn die Ebene der „Bedürfnisse" im Sinne von Rosenberg erreicht ist, hört die Gegnerschaft in der Regel auf. Häufig entsteht sogar ein Gefühl von spontaner Rührung und Anteilnahme, auch wenn dieses nicht geäußert wird.

Wenden wir dasselbe noch mal auf Uwe an: Wie kann man das „Bedürfnis" formulieren, wenn Uwe dem folgenden Satz (mit Nicken und Schweigen) zustimmt: *„Also, dein Gefühl ist, Mutter hat dich nicht mehr lieb und will dich abschieben*?" Bevor Sie als Leser einen Formulierungsversuch machen, denken Sie daran, dass es um eine existenzielle Ebene geht, auf der die Mutter keine oder nur eine periphere Rolle spielen sollte. Unpassend wären m.E. Formulierungen, die z.B. das Bedürfnis „von der Mutter geliebt zu werden" oder „nach Anerkennung durch die Mutter" usw. in den Mittelpunkt stellen. Diese Formulierungen machen Uwe zu abhängig von der Mutter bzw. thematisieren ihn noch zu wenig als Individuum.

Mögliche Formulierungen für das Bedürfnis von Uwe wären nach meiner Wahrnehmung:

A) *„Uwe, mir scheint, du möchtest gerne dazugehören, zu deiner Familie oder deiner Clique oder sonst wo. Dazugehören, ohne dass das Dazugehören in Frage gestellt wird und ohne dass du dafür etwas tun oder leisten musst."*

B) *„Uwe, mir scheint, dass du so an deinem Wohnort hängst, weil es ein Ort ist, an dem du selbstverständlich dazugehörst. In der Familie klappt das nicht mehr so gut mit dem Dazugehören. Um so wichtiger ist es, dass es noch andere Orte und Gruppen gibt, wo du dich dazugehörig fühlen kannst und wo du ganz selbstverständlich Teil einer Gruppe bist."*

C) *„Uwe mir scheint, dass du in letzter Zeit etwas Wichtiges verloren hast: das Gefühl ganz selbstverständlich dazuzugehören. So ein Gefühl hat man jahrelang in der eigenen Familie. Aber wenn man größer wird, hat man häufig das Gefühl, dass man da gar nicht mehr dazugehören will und dass man auf der anderen Seite eine große Sehnsucht hat doch wieder dazuzugehören, zur Familie oder einer anderen Gruppe".*

Das Bedürfnis nach Zugehörigkeit im Jugendalter

Alle drei Formulierungen kreisen um das Thema „Zugehörigkeit". Dieses existenzielle Bedürfnis bleibt erhalten, auch wenn sich der Bezugspunkt verändert und die Personengruppe, auf die sich das Bedürfnis richtet, auflöst oder man sich selbst davon distanziert.

Dabei geht es um eine besondere Qualität des Dazugehörens: um ein selbstverständliches, frageloses Dazugehören, das man sich nicht verdienen muss und das einem nicht aufgekündigt werden kann.

Die Tragik des Jugendalters ist aber, dass man selbst – zumindest zeitweise – gar keinen Wert mehr darauf legt zur Familie dazuzugehören, gleichzeitig aber an dem Modus des Dazugehörens (fraglos, selbstverständlich, ohne Gegenleistung etc.) festhält. Das Problem ist, dass keine andere Gruppe dieses Gefühl bieten kann, außer einer Familie bzw. eine Lebensgemeinschaft. Alle anderen Gruppen, Cliquen, Arbeitsstellen, Parteien, Vereine verlangen etwas dafür.

Diesen Preis sind Jugendliche in der Regel auch bereit z. B. an die Clique in Form von Anpassungsleistungen zu zahlen. Zugleich kommt es dadurch in Bezug auf die Familie zu einer tief greifenden Ambivalenz. Man will von ihr weg und will andererseits, dass sie der Hort der selbstverständlichen Zugehörigkeit bleibt. Gerade die Leistungsverweigerung gegenüber den Eltern kann als Versuch interpretiert werden, am alten Ideal der „fraglosen Zugehörigkeit" festzuhalten. Für Eltern stellt dieses Festhalten bei gleichzeitiger Rebellion eine Zumutung dar. Mit Ressourcen ausgestattete Familien (liebevolle Partnerschaft, andere noch oder schon wieder „funktionierende" Kinder etc.) können ihren Kindern diese Zugehörigkeit weiter gewähren. Aber nicht alle Familien sind dazu in der Lage und man kann dies als Fachkraft nicht fordern. Auch wenn die Erkenntnis für den Jugendlichen sehr schmerzlich ist, diese fraglose Zugehörigkeit nicht mehr zu besitzen, so kann man sie dem Jugendlichen als Sozialpädagoge doch nicht ersparen. Man kann (als Betreuer) eine Kompensation dafür anbieten, aber man muss wissen, dass sie keinen Ersatz darstellten kann. Eine Möglichkeit den Verlust von Zugehörigkeit zu kompensieren, ist jemandem zur Seite zu stehen und ihm Begleitung anzubieten, so dass sein Gefühl von Einsamkeit gemildert wird und sein Gefühl von Sicherheit wächst.

Bedenkt man diese Zusammenhänge, so könnte man auch formulieren:

D) *„Uwe, mir scheint, dass du in letzter Zeit etwas Wichtiges verloren hast: das Gefühl ganz selbstverständlich dazuzugehören. Das kannst du in deiner Familie nicht mehr finden und das willst du ja auch nur noch zum Teil. (Pause). Damit ist auch viel Sicherheit verloren gegangen und du bist in einer einsamen und unsicheren Lage. Die Clique hilft da ein bisschen weiter, aber das Eigentliche kann dir die Clique auch nicht geben. (Pause) Ich glaube, was du gerade brauchst ist Ermutigung. Jemand oder etwas, der/das dir ein Gefühl von Kraft gibt, damit du noch mehr an dich selbst glauben kannst".*

Diese Formulierung setzt bei dem Bedürfnis nach Zugehörigkeit an, thematisiert die Einsamkeit und die Verluste an Sicherheit und stellt das Bedürfnis nach Ermutigung in den Mittelpunkt. Uwe braucht Personen und Aktivitäten um sich herum, die ihm ein Gefühl von Selbstwirksamkeit bzw. Selbstvertrauen vermitteln können.

Häufig reicht es aus als Fachkraft die „hinter" den Gefühlen stehenden Bedürfnisse zu benennen und wirken zu lassen. Wenn man die Personen richtig „wahrgenommen" hat und es einem gelungen ist eine kommunikative Situation zu gestalten, in der diese Inhalte auch „gehört" und angenommen werden können, dann haben die AdressatInnen erst mal „genug zu tun". Man kann die Spiegelung der Bedürfnisse auch mit einer Aufgabe verbinden: *„Mach dir bis zum nächsten Mal Gedanken darüber, was das heißen kann Ermutigung zu bekommen: Was oder wer könnte dir Mut machen oder noch mehr Glauben an dich selbst geben?"*

Auf jeden Fall muss man die AdressatInnen eine Weile in Ruhe lassen. Bis zur nächsten Verhandlungsrunde hat sich häufig irgendetwas – in oder zwischen den Personen – bewegt und man kommt einen Schritt weiter.

Manchmal erweist es sich als sinnvoll den Moment der „inneren Berührtheit" zu nutzen und eine Entscheidung herbeizuführen, im Sinne eines „lösenden Wortes". Manchmal spürt man als Fachkraft in diesen Momenten selbst ganz klar, was das Richtige in dieser verfahrenen Situation wäre und kann dies auch mit Kraft und Überzeugung aussprechen. So wäre es möglich, an eine der oben stehenden Formulierungen den Satz anzuhängen:

„So bitter das ist, Uwe, ich fürchte, diese Zugehörigkeit nach der du dich sehnst, gibt es so nicht mehr. Ein Stück davon findest du in deiner Clique..., aber es ist nicht dasselbe... Du bist und bleibst ein ganzes Stück einsam und auf der Suche nach deiner ganz eigenen Kraft. Ich werde mit dir nach einem guten Ort suchen, wo du eine Zeitlang außerhalb der Familie leben kannst. Es muss ein Ort sein, an dem du deine Kraft spüren und entwickeln kannst. Das wäre für mich das Wichtigste. Und ich bleibe mit dir im Gespräch darüber. Wir beide prüfen zusammen, ob dieser andere Ort außerhalb der Familie, dir diese Erfahrung mit der Kraft geben kann. Und wenn nicht, dann lassen wir uns etwas anderes einfallen. Da kannst du auf mich zählen."

Uwe wird dazu nicht viel sagen können. Man muss als Fachkraft spüren können, ob das Eigene wirklich etwas „gelöst" hat oder nicht. In den meisten Fällen, merkt man das erst einige Stunden oder Tage später, also z.B. daran, dass Uwe plötzlich sagt: *„Aber meinen Kassettenrekorder nehme ich mit..."* Er sagt gar nicht „mit ins Heim", aber an dem Satz wird klar, dass er begonnen hat, sich auf diese Perspektive einzulassen. Nach einem solchen – vermeintlich oder tatsächlich – „lösenden Wort" muss man denjenigen, an den es gerichtet war, in Ruhe lassen und sich von anderen erzählen lassen, wie er sich zu Hause benommen hat. Beim nächsten Termin kann man ihn dann weiter dazu befragen.

Entscheidend ist, ob man mit dem Thema „die eigene Kraft entwickeln und sich ein Stück unabhängig von der Zugehörigkeit zu dieser oder jener Gruppe" machen kann, die die Grundlage zu einer „Vision" gelegt hat (vgl. Kap. 4.2.1.), die Uwe berührt und für eine von ihm als passend erlebte Entwicklungsaufgabe (vgl. Kap 4.2.2.) genutzt werden kann.

Schritt 7: Sich den Auftrag geben lassen.

Bevor man den Dissens durch die Neuformulierung auf einer anderen Ebene aufzulösen versucht, indem man einen dritten Weg dazu erfindet oder einen Kompromiss aushandelt, sollt man am Anfang (nachdem Schritt 6, die Streitparteien emotional aufgewärmt hat) noch mal dezidiert die Erlaubnis für diesen Schritt abfragen: *„Also, den Konflikt den Sie haben, dass Sie... denken/wollen und du... denkst/willst, den können Sie noch sehr lange fortsetzen. Sie sind beiden „gute Kämpfer" und scheinen auch* *beide noch Energien zu haben für diesen Kampf. Ich schlage Ihnen vor, dass Sie den Kampf jetzt für eine Stunde aussetzen und schauen, ob es vielleicht eine dritte Möglichkeit gibt oder einen Kompromiss zwischen den Positionen. Wenn es nicht gelingt, können Sie ja noch immer zum Kampf zurückkehren und ihn fortsetzen. Machen Sie da mit, eine Stunde zu versuchen etwas anderes zu finden, was für Sie beide zumindest einigermaßen akzeptabel ist?*

Manchmal muss man auch verdeutlichen/erklären, was Verhandeln konkret heißt, damit die AdressatInnen wissen, auf was sie sich damit einlassen: „*Sicher wollen Sie wissen, was das heißt. Also, das heißt konkret, dass offen ist, ob du ins Heim (oder: zur Schule) gehst oder nicht, ob du etwas Drittes machst oder deine Mutter etwas für sich macht, falls du nicht ins Heim (oder: zur Schule) gehst. Verhandeln heißt, sich auf Unsicherheiten einlassen..., man bohrt sich gemeinsam von zwei Seiten, den beiden Positionen, durch einen Berg, aber man weiß noch nicht, wo man auf der anderen Seite des Tunnels herauskommt und wie man sich dabei verändert. Ja, man weiß nicht einmal, ob man durchstoßen wird, d.h. ob es eine Berührung geben wird zwischen euren Positionen!*"

Ist man als „mitbetroffener Verhandler" involviert, muss man an dieser Stelle noch mal deutlich machen, aus welcher Rolle heraus man agiert und kann die Frage stellen, ob man bisher transparent und fair aufgetreten ist, ob etwas Ärger bereitet hat und ob man das Mandat bekommt weiterzumachen. Gibt es an diesem Punkt Zweifel oder Skepsis, ist es sinnvoller an dieser Stelle abzubrechen und für die eigentliche Verhandlung einen externen Moderator bzw. Schlichter zu bestellen, sich also als eine Partei unter anderen einzureihen.

Schritt 8: Schlichten und Verhandlungen unterstützen im engeren Sinn – drei Methoden.

In der Regel ist es hilfreich, wenn man als vermittelnde Fachkraft selbst schon Ideen für Kompromisse und dritte Möglichkeiten mitbringt. Allerdings ist es wichtig diese nicht zu früh einzubringen. Für das Einbringen eigener Ideen kommt es auf das „Timing" an. Die AdressatInnen müssen auf jeden Fall erst einmal eine Weile „gearbeitet" haben. Möglichkeiten, um Bewegung in die festgefahrenen Verhandlungspositionen zu bekommen, sind Methoden, die zunächst eine Einzelarbeit vorsehen, dann eine Darstellung der Ergebnisse und am Ende den Versuch diese in einer Abmachung umzusetzen. Die Einzelarbeit kann man auch durch die Präsenz und Beratung einer (vertrauten) Fachkraft unterstützen. Uwe würde dann bspw. mit dem Herrn von der Erziehungsberatung in seinem Zimmer und Frau Unger mit dem ASD-Kollegen in der Küche arbeiten. Dazu sollen drei Methoden vorgestellt und ihre Unterschiede diskutiert werden.

Methode 1 – „Erträglich-machen, was ich eigentlich nicht will"

Die erste dieser Methoden unterstützt den Lösungsweg A, den wir „Nachgeben mit Kompensationen" genannt haben. Diese spezielle Form nenne ich »Erträglich-machen,-was-ich-eigentlich-nicht-will«. Dieser Weg sollte nur aus der Position A, d.h. als Vermittler, beschritten werden.

Man nennt den Kontrahenten die Aufgabe mit Namen und führt sie am besten so ein: *„Ihr bekommt jetzt jeder eine Aufgabe. Die Aufgabe ist schwer, ja ihr werdet sie als Zumutung erleben. Ich bitte euch zu prüfen, ob die Aufgabe für jeden von euch gleich schwer ist, denn es soll fair sein. Also, ich sag mal, um was es sich handelt."* An die Mutter gewandt: *„Stellen Sie sich vor, über Nacht hätten alle Heime der Welt geschlossen, es gäbe keine Heime mehr und Sie müssten hier mit Uwe weiter im Haushalt leben. Was wären dann Ihre drei wichtigsten Forderungen an Uwe und was wären für Sie persönlich drei Formen der Unterstützung von außen, die Sie bräuchten um mit Uwe hier leben zu können? Schreiben Sie bitte zu beiden Fragen drei Dinge auf."* Und an Uwe gewandt: *„Stell dir vor wir leben in einer Gesellschaft die Jungens einfach in Heime bringt und du wachst früh auf und bist dort und kannst da auch nicht einfach weg. Was wäre dir dort wichtig? Drei Sachen, was muss dort sein oder was darf dort auf keinen Fall sein? Also, deine drei wichtigsten Forderungen an dieses Heim. Und was wären drei Wünsche in Bezug auf dein früheres „Zuhause"? Welche Sicherheiten oder Rechte sollen dir dort erhalten bleiben? Auf was legst du da wert?"* Wenn es eine Übereinstimmung bezüglich des Schwierigkeitsgrades gibt, noch mal fragen: *„Seid Ihr bereit euch dieser Aufgabe zu stellen?"*

Am besten schreibt man die konkreten Fragestellungen noch mal auf ein Blatt Papier, also für Uwe: „Drei Dinge, die in dem Heim sein müssen/ nicht sein dürfen." Und auf ein zweites Blatt: „Drei Sicherheiten/ Rechte, die ich in Bezug auf mein altes „Zuhause" brauche."

Die Personen werden so angeregt sich gedanklich auf eine „Situation bzw. ein Setting" einzulassen, die/ das sie bisher prinzipiell ablehnen, dessen Eintreten (voraussichtlich zumindest für den einen) aber nicht zu verhindern ist. Bei der Formulierung der Fragen kommt es sowohl auf eine Symmetrie als auch auf geeignete Variationen an: Man hätte auch Uwe – wie die Mutter – fragen können, „welche Unterstützung" brauchst du, um es im Heim auszuhalten. Aber erstens macht man das Heim dadurch zu einem Ort, an dem es sich nur schwer leben lässt und zweitens geht man wohl auch am Selbstbild von Uwe vorbei. Er sieht sich nicht als jemanden der Unterstützung braucht und schon gar nicht um sich in einer neuen Umgebung halbwegs wohl zu fühlen. Deswegen eignet sich für ihn die Frage nach Rechten und Sicherheiten gegenüber seinem Elternhaus besser.

Manchmal kann man den Realitätsgehalt der Fiktion sprachlich steigern, so z.B., wenn man für Uwe formuliert dein „altes Zuhause", also die Zukunft vorweg nimmt und so tut als sei er schon umgezogen. Das soll nicht der Manipulation dienen, sondern der möglichst optimalen Einfühlung in die bisher abgelehnte Situation. Beide haben erst dadurch die Möglichkeit ihre „Preise" zu benennen, d.h. zu sagen, um welchen Preis sie bereit wären sich auf die Option des anderen einzulassen. Die dabei geäußerten Wünsche/ Forderungen kann man auch als Kompensationsmöglichkeiten für das Nachgeben verstehen: Wenn ich schon nachgebe, dann will ich auch möglichst viel dafür. Das dient eher der Wahrung des eigenen Gesichtes als einem besonderen ökonomischen Kalkül.

Wenn die beiden ihre Sache gut machen (evtl. in zwei Räumen mit Unterstützung der Fachkraft), stehen nachher bei der Mutter Sachen, wie: *„Drei Forderungen: Schulbesuch, kein Pfennig mehr Geld als 10 Euro in der Woche, keine Diebstähle mehr. Drei Unterstützungen: Jemand nimmt mir alle Schulkontakte ab. Wenn Uwe klaut, kümmert sich jemand anders darum, dass ich wieder zu meinem Geld komme. Jemand kontrolliert, wann Uwe abends heim kommt."* Bei Uwe könnten Sachen stehen, wie: *„Drei Forderungen: Eigenes Zimmer. Rauchen, wann ich will. Meine Freunde können kommen und mich besuchen. Drei Sicherheiten gegenüber meinem „altem Zuhause": Jedes Wochenende nach B-Stadt fahren. Telefonieren,* *wann ich will. Mein Zimmer bleibt mein Zimmer.“*

Diese Wünsche/Forderungen kann man nun veröffentlichen, indem man die beiden bittet ihre Blätter laut vorzulesen. Häufig kommen dann spontane Äußerungen, wie *„... also, das kann ich dir gerne zusichern!“* oder *„wenn's daran hängt, o. k., dazu erkläre ich mich bereit!“* etc. Manchmal muss man diese Bezugnahmen auf den anderen auch aus den Parteien herauslocken: „*Was von dem, was Uwe sagt, könnten Sie ihm zugestehen und sagen ja, wenn du dich auf meinen Wunsch einlässt, dann kann ich dir das... gerne garantieren?“*. Als Fachkraft muss man genau hören, welche Forderungen einen selbst bzw. andere Institutionen betreffen und klar sagen, was man dort durchsetzten kann und was dort erst nachgefragt oder abgeklärt werden muss (z.B. auch mit dem eigenen Amt). Spätestens an dieser Stelle verlässt man als Fachkraft die reine Schlichterposition (Position A) und gerät selbst in eine Verhandlungsposition (Position C), wenn man nicht alle Wünsche/Forderungen der AdressatInnen realisieren kann und sie auf eine etwas niedriger angesetzte Leistung (z.B. bei den Unterstützungswünschen der Mutter) „herunterhandeln“ muss.

Wenn alles vorgelesen und kommentiert bzw. auf seine Realisierungsmöglichkeit geprüft ist, kann man beide Parteien (u. U. getrennt) fragen: *„Wenn das zur Zeit die einzige Möglichkeit darstellt* (weil der andere sich gar nicht bewegen kann*), für wie lange wärest du/wären Sie bereit diese für dich/Sie schlechtere Option auszuprobieren?“* Die Frage nach der Zeit ist wichtig, da man am Anfang keine Zustimmung für „immer“ erwarten darf. Derjenige der nachgibt, muss das Gefühl haben, es „auf Probe“ tun zu können. Das muss auch dem klar sein, dessen Option sich „zunächst“ durchsetzt. Zusätzlich braucht man als Sozialarbeiter ein Gespür dafür, ob der Betreffende sich wirklich darauf einlassen oder den befristeten Zeitraum nur dazu benutzen will, um die Option des anderen scheitern zu lassen. Hätte man diesen Eindruck, sollte man ihn offen ansprechen. Tatsächlich aber lassen sich viele AdressatInnen in dieser Situation auf das, „was sie eigentlich nicht wollen“ zunächst nur im Bewusstsein der Befristung ein und erkennen erst im Lauf von drei, vier Wochen, dass diese Option für sie nicht nur Nachteile besitzt. Dann können sie sie später auch für längere Zeiträume annehmen oder gar gutheißen.

Zusätzlich kann man noch fragen: *„Was müsste noch an Sicherheiten/Rechten für dich/für Sie dazu kommen, das dir/Ihnen das Nachgeben an diesem Punkt noch mehr erleichtern könnte..., gibt es da noch was?"* Es ist klar, dass man nur die Wünsche und Unterstützungsformen akzeptieren kann, die man auch in der Hilfeform umsetzen kann.

Sind beide bei Berücksichtigung der in Aussicht gestellten Kompensationsmöglichkeiten zum Nachgeben bereit, kann man einen Vorschlag machen, der die Logik der Zeit oder anderer Sachverhalte berücksichtigt. Bei Uwe und seiner Mutter wäre es z.B. unlogisch den Jungen erst für vier Wochen ins Heim zu schicken und es danach wieder zu Hause zu probieren. Umgekehrt ist das Procedere dagegen sinnvoll. Lässt sich zu Hause das Setting nicht so realisieren, dass die Mutter spürbar erleichtert ist und verändert Uwe sein Verhalten gegenüber der Mutter nicht deutlich, so kann diese immer noch einklagen, dass es nicht geht und die andere Option (Uwe ins Heim unter Berücksichtigung der von ihm genannten Wünsche) einklagen.

Methode 2 – „Am wichtigsten für mich"

Die zweite Methode nenne ich »Am-wichtigsten-für-mich!«. Sie läuft auf eine Konfliktlösung hinaus, die man „Kompromiss" nennen kann. Diesen Weg kann man als Vermittler anbieten (Position A) oder als „mitbetroffener Verhandler" (Position C).

Diese Verhandlungsmethode setzt an den vitalen Interessen jedes Einzelnen an und versucht in einem fairen Prozess für jeden Konfliktpartner einige seiner Interessen zu sichern und ihm andere als „Preis" abzuverlangen. Man sagt den Konfliktpartnern: *„Im Moment denkt ihr, dass das, was jedem von euch am Herzen liegt, bei Ihnen Frau Unger nur mit Heim oder bei dir Uwe nur ohne Heim eintreten kann. Ich versuche mit euch herauszufinden, ob Ihr die wichtigen Dinge nicht auch auf andere Art und Weise bekommen oder erhalten könnt. Also, das heißt, ob ihr das Wichtige trotzdem bekommt, auch wenn ihr eure Position: ‚Er muss ins Heim' oder ‚nein ich geh nicht ins Heim', aufgebt. Vielleicht ist das nicht für alle eure wichtigsten Anliegen möglich, aber sehr wahrscheinlich für zwei oder drei oder zumindest für viele mit ein paar Abstrichen. Seid Ihr bereit euch auf ein solches Gedankenexperiment einzulassen*?" Falls ja, fragt man die

Mutter: *„Was sind für Sie die vier oder fünf wichtigsten Sachen, die Sie mit „Uwe im Heim" verbinden. Was erwarten Sie sich konkret, was mit „Uwe im Heim" in Ihrem Leben besser läuft als jetzt?"* Und zu Uwe: *„Was sind für dich die fünf wichtigsten Sachen, die in deinem Leben so bleiben sollen wie jetzt, von denen du denkst: ‚das geht nur wenn ich hier zu Hause wohnen bleibe'?* Wieder sollen die AdressatInnen diese Punkte aufschreiben. Bevor man sie vorliest, sollte man sie als Fachkraft kurz auf Stichhaltigkeit prüfen. Denn wenn z.B. Uwe schreibt, „regelmäßig ins Freibad gehen", dann passt das ebenso wenig, wie wenn er lauter Punkte aufschreiben würde, die zwar mit seinen Freunden zu tun haben aber nichts mit dem „zu Hause" (Mutter und Familie) wohnen bleiben. Wie man sieht, kommt es hier darauf an sich im Vorfeld die Implikationen der unterschiedlichen Formulierungen klar zu machen und die sinnvollste herauszusuchen. Die Frage an Uwe kann lauten wie oben (*„wenn ich hier zu Hause wohnen bleibe"*) oder *„das geht nur wenn ich in M. wohnen bleibe"*. Es kann allerdings auch sein, dass gerade das spontan Aufgeschriebene das „Eigentliche" zu Tage bringt wie bspw., dass Uwe nicht mehr zu Hause, aber am Wohnort wohnen bleiben will.

Die Mutter könnte als ihre wichtigsten Anliegen benennen:

- Ich muss mich nicht jeden Tag über Uwes Verhalten (zu spät kommen, freche Antworten etc.) ärgern und aufregen.
- Ich muss mich nicht mit den Anrufen der Lehrer und den Vorwürfen der Schule auseinandersetzen.
- Ich habe mehr Zeit für die Mädchen (und auch mehr Geduld).
- Ich habe mehr Zeit für mich, zum Kreuzworträtsel lösen, für das Fernsehprogramm, das ich anschauen will.

Uwe braucht vermutlich eine Formulierungshilfe, um seine wichtigsten Anliegen zu benennen. Denn „Freunde treffen" wäre z.B. zu ungenau, weil er das auch vom Heim aus könnte. Auch „regelmäßiges Treffen der Freunde" wäre noch zu unpräzise. Das genaue Formulieren der eigenen Anliegen darf man nicht voraussetzen. Als wichtigste Anliegen könnte Uwe benennen:

- Tägliche Treffen mit meinen Freuden
- Mein eigenes Zimmer, so wie ich es mir eingerichtet habe
- Dass ich eine Familie habe

- Dass ich mich auskenne am Ort und alle Weg weiß

In einem nächsten Schritt muss man prüfen, ob und wie die formulierten Anliegen auf andere Art und Weise realisiert werden könnten, ohne dass der sie bedingende Hauptfaktor eintritt[24]. Dazu stellt man die Fragen: *„Wie kann es gemacht werden, dass sich die Mutter nicht täglich über Uwe' Verhalten ärgern oder um seine Schulangelegenheiten kümmern muss, mehr Zeit für sich oder die Mädchen hat etc., ohne dass Uwe ins Heim geht?"* Und für Uwe: *„Wie kann Uwe seine Freunde täglich treffen, sein eigenes Zimmer genießen, sich vor Ort gut auskennen etc., auch wenn er ins Heim geht?"* Bei der Prüfung der konkreten Frage: „Wie könnte das gehen?" muss man immer drei realisierungsträchtige Personen(gruppen) im Auge behalten:

- Was könnte/ müsste ich selbst dafür tun?
- Was könnte/ müsste mein Konfliktpartner dafür tun?
- Was könnten andere mir oder meinem Konfliktpartner (oder uns beiden) freundlich gesonnene Menschen dafür tun?

Zum Beispiel könnte Frau Unger, um sich nicht mehr über Uwe Verhaltensweisen zu ärgern, aufhören ihn für ein verantwortliches Wesen zu halten, das sein eigenes Verhalten steuern kann: Wenn sie annähme er sei „behindert" oder nicht „zurechnungsfähig", dann wäre sie ihm weniger böse. Der Konfliktpartner Uwe könnte etwas dafür tun, indem er die Verhaltensweisen, die seine Muttern nerven, sein lässt – vor allem das Zu-spät-nach-Hause-Kommen, das Dauernd-nach-Geld-Fragen, das Keine-Antwort-Geben etc. Außenstehende Personen könnten etwas für die Mutter tun, indem sie ihr das Aushandeln und Überwachen von Regeln und Abmachungen, die auch in ihrem Sinne gestaltet sind, abnehmen und sich an ihrer Stelle mit Uwe „herumschlagen".

Als Schlichter, der Verhandlungen anregen will, kommt es darauf an, alle drei Möglichkeiten für jedes einzelne Anliegen zu prüfen und selbst diesbezügliche Vorschläge zu machen, aber auch zu akzeptieren, wenn jemand erklärt, dass dies keine Realisierungsmöglichkeit für ihn darstellt. So

---

[24] vgl. dazu das Modell der strukturierten Dilemma-Auflösung nach Fontin (1997), das Anregungen für das hier dargestellte methodische Vorgehen gegeben hat.

könnte Uwe Mutter erklären, dass sie keine Lust darauf habe, ihn als „Behinderten“ zu sehen. Trotz dieser Ablehnung kann es gut sein, dass Uwe gehört hat, dass dies eine Möglichkeit darstellt. Eine Möglichkeit, die sehr wahrscheinlich auch ihm nicht gefällt. Gerade deswegen kann er eher geneigt sein, selbst etwas an seinem Verhalten zu verändern. Dies sollte allerdings konkret abgefragt werden. Nicht nur Uwe muss seine Bereitschaft erklären, sein Verhalten zu verändern, er muss der Mutter glaubhafte Argumente dafür liefern, warum er dieses Mal mehr Engagement dafür aufbringen wird als das letzte Mal. Hier ist der Schlichter als Moderator zwischen den Interessen von Uwe (der es seiner Mutter glaubhaft machen will) und seiner Mutter (die sich aufgrund ihrer Erfahrungen berechtigterweise skeptisch zeigt) gefragt. Bezüglich des Anliegens von Uwe nach dem eigenen Zimmer oder den täglichen Treffen mit den Freunden…

- könnte er täglich hin und herfahren, wenn es gelänge einen Heimplatz vor Ort zu finden, der die Möglichkeit bietet am Nachmittag entweder die Freunde zu treffen oder Zeit im eigenen Zimmer zu verbringen. Das würde von Uwe verlangen, dass er sich an die anderen Heimregeln halten kann, um sich das Recht auf „eigene Wege“ zu erhalten oder zu verdienen.
- müsste die Mutter bereit sein, die Idee von dem 100 km entfernten Heim aufzugeben und Uwe trotz Bett im Heim sein eigenes Zimmer lassen.
- könnten andere wohlwollende Unterstützer der Familie, wie z.B. der ASD-Kollege einen Heimplatz vor Ort suchen und mit den dort verantwortlichen PädagogInnen und Uwe entsprechende Vereinbarungen aushandeln.

Hat man alle vier oder fünf Anliegen jedes Konfliktpartners bezüglich seiner alternativen Realisierungsmöglichkeiten durchgespielt und die konkreten Möglichkeiten (des Einzelnen, des Konfliktpartners oder anderer Unterstützer) bzw. Selbstverpflichtungen festgehalten (auf großen Papierbögen), kommt es zur Entscheidung über das weitere Vorgehen: Mutter und Uwe werden entweder gemeinsam oder, falls man den Eindruck hat, dass es einer Partei leichter fällt alleine zu sprechen, getrennt voneinander gefragt: *„Frau Unger, unter der Voraussetzung, dass Ihre wichtigsten Anliegen so und so… von Ihnen selbst umgesetzt werden, Uwe dafür sorgt, dass… umgesetzt wird und ich (oder andere) dafür sorgen, dass…, wären*

Sie da bereit Ihre Position, dass Uwe ins Heim muss, vorläufig aufzugeben?" – „Uwe unter der Voraussetzung, dass deine wichtigsten Anliegen so und so... von dir selbst umgesetzt werden können, deine Mutter dafür sorgt, dass... umgesetzt wird und ich (oder andere) uns darum kümmern, dass .., wärest du da bereit für eine Zeit die Familie zu verlassen und ins Heim zu gehen?"

Je nach dem, wie wahrscheinlich den Konfliktpartnern die Realisierung ihrer Anliegen erscheint, können sie Bereitschaft bekunden von ihren ursprünglichen Positionen abzurücken. Häufig muss man dazu erst noch Erkundigungen einziehen bzw. andere Personen um Unterstützung bitten. Das sollte man am besten direkt im Beisein der Familienmitglieder machen (also z.B. mit dem Heim telefonieren) oder auch Teile zur Bearbeitung an diese delegieren (z.B. gibt es eine Zugverbindung vom Heim in den Heimatort, wie lange fährt der Zug, wie teuer ist eine Fahrkarte etc.). Manchmal vergehen über solche Erkundigungen mehrere Stunden, so dass es nötig ist, einen neuen Termin anzusetzen. Als „Schlichter" (Position A) hat man während der Entscheidungsphase die Aufgabe dafür zu sorgen, dass beide Parteien Zugeständnisse machen bzw. dass die Belastungen, die mit dem Abrücken von der ursprünglichen Position bei einem oder beiden als gerecht verteilt erlebt werden. Als „mitbetroffener Verhandler" (Position C) sollte man selbst mit Zugeständnisse-Machen beginnen, um diesen Prozess auch bei dem anderen Verhandlungspartner anzustoßen. Man sollte sich außerdem „Verhandlungsmasse" aufheben, da es evtl. später günstig sein könnte, ein zweites Zugeständnis zu machen. Danach weiter mit den Schritten 11 und 12.

Methode 3 – „Weder meins noch deins, sondern etwas Drittes"

Die dritte Methode nenne ich »Weder-meins-noch-deins,-sondern-etwas-Drittes«. Sie entspricht in zentralen Teilen dem Harvard-Konzept der Verhandlung (vgl. Fisher/Ury 1991). Der angestrebte Lösungsweg besteht in der Entwicklung einer „dritten Möglichkeit". Auch wenn es sich hier um eine „klassische" Vermittlungstätigkeit (Position A) handelt, kann man diesen Prozess bei guter innerer Strukturierung und Akzeptanz seitens der Verhandlungspartner auch aus der Position des „mitbetroffenen Verhandlungspartners" (Position C) führen. Voraussetzungen für diese Methode sind die Schritte 3, 4, 5 und 7. Ein gewisser Grad an emotionaler Erwärmung ist unverzichtbar, da die Parteien zusammen etwas Neues erarbeiten sollen. Schritt 6 kann dafür günstig sein, stellt aber keine Voraussetzung dar.

Als Anleitung sagt man in unserem Beispiel zu den Beteiligten: *„Eine Möglichkeit, um aus eurem Kampf herauszukommen, ist, dass ihr beide eure Position aufgebt. Das heißt Uwe kommt nicht ins Heim, aber er bleibt auch nicht zu Hause. Wir suchen gemeinsam etwas neues Drittes. Und wir suchen so lange bis wir etwas gefunden haben, das euch beide zufrieden stellt."* Meist können sich die Konfliktpartner nicht vorstellen, was das sein könnte und wie man dorthin kommt. als „Schlichter" oder „Verhandler" (der eine eigene Position aufgeben muss) kann man ruhig einräumen, dass man auch noch nicht weiß, ob es gelingen wird und wo man dabei „landet*": „Die Frage ist, ob ihr bereit seid euch darauf einzulassen. Und der erste Schritt ist, sich von euren alten Positionen vorläufig zu verabschieden. Wenn wir keine „dritte Möglichkeit" finden, könnt ihr ja wieder darauf zurückgreifen."* Stimmen die Beteiligten zu, muss man überlegen, ob die Anzahl der Personen ausreicht. Für das anschließende Brainstorming, das zu vielen kreativen und auch verrückten Ideen führen soll, ist es gut mehrere (fünf bis acht) Personen versammelt zu haben. Nur in Anwesenheit der beiden Konfliktpartner kommen in der Regel zu wenig weiterführende Ideen zustande. Allerdings kommt es nicht nur auf die Anzahl der Anwesenden, sondern auch auf die Zusammensetzung des Kreises an. Einige interessante, humorvolle und intelligente Leute sollten dabei sein. Zugleich müssen sie der Familie vertraut sein und von dieser eingeladen werden. Die Frage, wer denn bei der Suche nach neuen Lösungen behilflich sein könnte, kann zu neuem Streit führen („dieser Trottel doch nicht"), aber auch zu ersten überraschenden Einigungen („Onkel Theo, auf jeden Fall!"). Im Fall von Uwe und seiner Mutter war es wichtig sowohl einen Freund von ihm zu beteiligen als auch eine Freundin von ihr. Die Fachkräfte sollten darauf bestehen eine Kollegin mitbringen zu können, die man vorher instruieren oder mit der man Absprachen bezüglich der Rollenaufteilung treffen kann. Konkret bedeutet das, dass man sich für einen anderen Tag verabreden muss.

Die Durchführung der Kreativphase: Beim anberaumten Termin achtet die moderierende Fachkraft darauf, dass sich alle Gekommenen einander vorstellen. Sie dankt diesen Personen – auch im Namen der Konfliktpartner – und stellt den großen Schritt heraus, den die beiden geleistet haben, indem sie sich von ihren ursprünglichen Positionen verabschiedet und auf die Suche nach etwas Neuem begeben haben. Danach benennt man noch mal das Problem: „*Wir brauchen also eine Lösung für eine Mutter, die sagt, ich kann im Moment mit diesem Jungen nicht zusammenleben, zumindest nicht so wie er sich im Moment in der Schule und zu Hause verhält; er soll in ein Heim gehen. Und für einen Jungen, der sagt, ich will nicht in ein Heim gehen. Ich will zu Hause wohnen bleiben und meine Freunde weiter sehen. Beides soll nicht sein: weder das Zu-Hause-Bleiben noch das Ins-Heim-Gehen. Aber was dann? Unsere Aufgabe ist es so viele Ideen wie möglich zu sammeln. Die Ideen können völlig verrückt und unrealistisch sein. Das macht nichts. Eine verrückte Idee, kann eine sehr praktische Idee auslösen, aber ohne das Verrückte wäre man nie darauf gekommen. Deswegen äußern Sie alles, was Ihnen durch den Kopf geht, es kann nützlicher sein, als Sie glauben! Deswegen bitte auch keine Kommentare zu den Ideen und auf keinen Fall irgendwelche abfälligen. Das ist die wichtigste Regel.*“

Trotz solcher Ansprachen haben die Mitdenker häufig das Bedürfnis erst noch einmal Fragen zu stellen, was sie auch tun können. Aber spätestens nach 10 Minuten sollte man als Fachkraft sein Flipchart-Papier auspacken und anfangen erwartungsvoll in die Gruppe zu schauen. Häufig ist es sinnvoll, wenn die mitgebrachte Kollegin zwei, drei Ideen äußert, die als Katalysatoren für den Prozess wirken können. Im Fall von Uwe und seiner Mutter standen anschließend auf dem Flipchart:

- Uwe bekommt eine kleine Holzhütte in den Vorgarten gestellt und kann dort wohnen. Wenn er brav ist darf er hoch zu Muttern. Den anderen Mietern muss man erklären, dass das ein Experiment ist (1).
- Beide gehen in die Psychiatrie, das ist kein Heim (2).
- Mutter und Sohn ziehen um und machen einen neuen Anfang. Auf diese Weise bleibt er nicht zu Hause (weil er an einen neuen Ort zieht) und geht auch nicht ins Heim (3).
- Uwe geht tagsüber außer Haus und kehrt erst am Abend heim. In der Zwischenzeit macht er Schule und arbeitet. Wenn er zu Hause Schnitzer macht, darf er einen Tag nicht heim (4).

- Es könnte auch ein Heim sein, in dem Uwe einen Tages(gruppen)platz hat. Uwe bekommt dort einen Betreuer, der ihn auch in der Familie besucht bzw. ihn dorthin begleitet (5).
- Uwe und seine Familie (also auch die Mutter und die Schwestern) machen sechs Wochen Ferien in einem Jugendhilfeprojekt in Irland oder Mallorca: Die Mutter hat jeden Tag 4 Stunden frei zur Erholung. In dieser Zeit kümmert sich Uwe um die Geschwister. Am Abend finden gemeinsame Gespräche und Aktivitäten im Familienkreis statt... In den sechs Wochen wird eine neue Perspektive entwickelt und werden neue Abmachungen ausprobiert (6).
- Die Mutter geht zur Mütter-Erholung nach Büsum. In der Zwischenzeit kann Uwe sich zu Hause bewähren. So hat die Mutter ihre Ruhe von dem Sohn und der Junge muss nicht ins Heim (7).
- Uwe wird auf Wanderschaft geschickt. Er muss sich ein halbes Jahr durchschlagen und mit seinen eigenen Händen bei Bauern oder Haushalten sein Geld verdienen. Wenn er das sechs Monate geschafft hat ohne kriminell zu werden, darf er wieder nach Hause. Wenn er es nicht schafft, muss er ins Heim (8).
- Uwe macht in den Sommerferien eine Reise mit einem Betreuer. So ist die Mutter entlastet und Uwe lernt einen Betreuer kennen, der sich auch anschließend um ihn kümmert (9).
- Uwe zieht zu Onkel Willy nach Essen. Der ist streng und lehrt ihm Mores. So bleibt er in der Familie und die Mutter hat ihren Frieden (10).
- Wir stecken beide in eine Rakete und schicken sie für drei Jahre in den Weltraum. Wenn sie zurückkommen, haben sie bestimmt gelernt miteinander auszukommen (11).
- Wir verwandeln die Wohnung in ein Heim: Ein Pädagoge zieht mit ein und Mutter und Pädagoge teilen sich die Erziehungsarbeit mit Uwe. Uwe bekommt nur Ausgang, wenn er seine Pflichten erledigt hat. Allerdings finden auch, wie im Heim, attraktive Unternehmungen statt (12).
- Die Mutter sucht sich eine neue Wohnung. In die alte Wohnung ziehen zwei weitere Jugendliche und dort wird eine Jugendwohngemeinschaft eröffnet, die pädagogisch eng betreut wird (13).
- Wir mieten für Uwe ein Zimmer im Haus an. Dort kann er zur Untermiete wohnen. Wenn er dort Scheiß macht, muss er ausziehen und kommt ins Heim (14).

- Uwe zieht zu seinem Freund Sperber. Der geht regelmäßig zur Schule. Dafür bekommt die Mutter von Sperber einen Zuschuss von Uwe Mutter und einen Teil von seinem Taschengeld (15).
- Uwe und seine Mutter bekommen jeden Morgen eine Droge: Sie ist dann ganz gelassen und er ist ganz brav (16).

Die Ideensammlung nahm eine knappe Stunde in Anspruch. Schon bei ihrer Verschriftlichung auf dem Flipchart ergaben sich erste Präzisierungen oder auch Streichungen (z.B. solcher Vorschläge wie 16, die streng genommen die Kriterien der Aufgabenstellung nicht erfüllen).

An den Ideen lässt sich beinahe durchgängig ablesen, welche davon von Fachkräften der Jugendhilfe (3, 5, 6, 9, 12, 13) stammen und welche aus dem Bekanntenkreis bzw. von Verwandten (1, 2, 4, 7, 8, 10, 11, 14, 15, 16). Aber alleine an der Reihenfolge sieht man, dass sich die Ideen aus Fach- und Lebenswelt gegenseitig inspiriert haben. Interessanterweise setzen die Ideen aus der Lebenswelt überwiegend bzw. stärker auf die entwicklungsförderlichen Impulse von Situationen und Aktivitäten (auf Wanderschaft gehen, im Gartenhäuschen leben, zur Untermiete wohnen) (Ausnahme 10). Die Vorschläge der Jugendhilfefachleute dagegen auf die heilsamen Elemente von Beziehung und Betreuung (mit dem Betreuer auf Reise gehen, mit der Mutter an einem neuen Ort einen Neuanfang machen, enge pädagogische Betreuung). Außerdem lassen die Vorschläge der Nicht-Professionellen Parteilichkeiten für die Mutter erkennen: Es ist überwiegend Uwe, der gefordert wird und sich bewähren muss, sonst… muss er ins Heim. Die Ideen der Jugendhilfe zeichnen sich dagegen durch mehr Fürsorglichkeit gegenüber Uwe aus (siehe 5, 9 und 12) (eine Ausnahme ist Vorschlag 4).

Diese Unterschiede möchte ich nicht bewerten. Es ist gut und wichtig, dass sie in diesem Verfahren erzeugt werden und anschließend kombiniert werden können. Insgesamt spricht die Buntheit der Ergebnisse sehr für einen stärkeren Einbezug von Lebenswelt-Netzwerken in die Hilfeplanung[25]. Am Ende der „Kreativphase“ ist es wichtig, nicht sofort in die Diskussion der realisierbaren Lösungen einzusteigen. Zunächst einmal ist

---

[25] wie es auch das Modell der amerikanischen/ neuseeländischen family-group-

es wichtig den Ideengebern zu danken und sie gebührend zu verabschieden. Meist sind die AdressatInnen über die – gemeinsam mit den Ideen – empfangene Zuwendung begeistert oder gerührt und es ist wichtig, dass sie dies zum Ausdruck bringen können. Am besten hat man schon vorher mit der Familie vereinbart, welche Personen anschließend dableiben sollen, um die Familie bezüglich der Realisierung einer Lösung zu beraten. Das können alle sein, aber neben den Fachkräften auch nur ein, zwei vertraute Personen. Mit dem nächsten Schritt kann man nach einer kleinen Pause oder an einem neuen Termin weiter machen.

Schritt 9: Von den Ideen zu realisierbaren Lösungen.

Diesen Schritt beschreibe ich hier für die Methode »Weder-meins-noch-deins,-sondern-etwas-Drittes«. Es ist aber klar, dass auch bei den anderen Methoden ein solcher Schritt erfolgen muss: In diesem Prozessabschnitt sollen die bisher kreierten Ideen (1) gesichtet, (2) bezüglich des persönlichen Gefallens bewertet und (3) auf ihre Realisierbarkeit hin untersucht werden. Je mehr Ideen auf den Flipchart-Bögen stehen, umso wichtiger ist es alle drei Schritte getrennt zu vollziehen. Häufig haben die Betroffenen den Vorschlag in seiner Qualität oder Reichweite noch gar nicht erfasst. Deswegen ist es sinnvoll noch mal alle Vorschläge durchzugehen, anzudiskutieren (maximal 3 Minuten pro Idee) und dann zu bewerten. Dazu macht man eine Runde, in der Frau Unger und Uwe ihre drei Lieblingsideen kennzeichnen können. Hier haben sie auch die Möglichkeit neue eigene Ideen zu kreieren bzw. zwei oder drei der genannten Vorschläge zu verknüpfen, so dass daraus etwas Neues entsteht. Danach beginnt man die präferierten Ideen genauer in Hinblick darauf zu untersuchen, ob und wie sie realisiert werden könnten. Falls Uwe und seine Mutter eine Idee gemeinsam als eine ihrer drei Lieblingsideen markiert haben, beginnt man bei dieser. Ansonsten muss man insgesamt sechs Ideen durchsprechen. Frau Unger gefielen die Ideen 4 bzw. 5, 7 und 10 am besten, Uwe die Ideen 6, 9 und 15. Bei Frau Ungers Präferenzen fällt auf, dass ihr der Erholungsaspekt sowie die Gewissheit, Uwe eine Zeit lang nicht zu sehen, wichtig sind. Bei Uwe fällt auf, dass ihn das Reisen anspricht, er sich aber

---

conferences vorsieht (Vgl. Früchtel 2002).

durchaus vorstellen kann Aufgaben innerhalb der Familie zu erledigen. Aus diesen Ideen wird das folgende Hilfekonzept „zusammengebastelt“: Für die Mutter wird eine Kur beantragt (evtl. über das Müttergenesungswerk), die vor bzw. im Laufe der Sommerferien erfolgen soll. Die Mutter soll dort auf jeden Fall alleine hingehen, um einmal richtig abschalten zu können. In der Zwischenzeit wird Uwe und ein Betreuer zu Hause die Versorgung der drei Geschwister übernehmen, evtl. in Kombination mit einer krankenkassenfinanzierten Haushaltshilfe. Für Uwe wird das konkret zwei bis vier Stunden Betreuungstätigkeit pro Tag und nur einen freien Abend pro Woche bedeuten.

Anschließend, d.h. nach drei bis vier Wochen, wenn die Mutter wieder zurück ist, wird Uwe mit demselben Betreuer zu einer Reise nach Frankreich oder Spanien aufbrechen. Da dort die Weinlese im September beginnt, werden sich Uwe und sein Betreuer einen Teil des Reisegeldes durch die Weinlese verdienen. Die Reise würde ca. vier bis sechs Wochen dauern. Da sie in das neue Schuljahr hineinragt, wird man Uwe in dieser Zeit von der Schule befreien lassen. Nach seiner Rückkehr und damit nach einer Pause von acht bis zehn Wochen, in der sich Mutter und Sohn außer einem Tag nicht gesehen haben, könnte man sich zusammensetzen und schauen wie es weitergeht. Der Betreuer hätte Uwe inzwischen so gut kennen gelernt, dass er ihn bezüglich seiner Verantwortungsfähigkeit besser einschätzen könnte. Entweder das Leben in der Familie könnte mit Unterstützung von Mutter und Sohn weiter gehen oder es wäre klar, dass eine Trennung ansteht. Eventuell würden sich in der Zeit der Betreuung auch neue Impulse ergeben, so dass Uwe dem Leben an einem „anderen Ort“ besser zustimmen könnte.

Diese Idee oder besser Ideenkombination entwickelte sich nach und nach im Gespräch. Wichtig war es, dass sich andere Optionen als nicht realisierbar erwiesen. So war z.B. die Mutter des Freundes (Vorschlag 15) nicht bereit Uwe (gegen ein Betreuungsentgelt) bei sich wohnen zu lassen und so lehnte das einzige Heim am Ort ab für Uwe einen Tages(gruppen)platz einzurichten. Uwe war sehr beeindruckt davon, dass seine Mutter ihn eine Zeit lang nicht sehen wollte und dafür sogar bereit war selbst wegzugehen. Auf die Frage, wie lange sie gerne eine Pause hätte von ihrem Sohn hatte sie geantwortet, „ein halbes Jahr wär schon gut!“.

Da sich diese lange Zeit ohne stationäre Unterbringung nicht realisieren ließ, kam es zu der Kombination aus Kur und Reise. Uwe war nicht sofort bereit sich in der Zwischenzeit um die Geschwister zu kümmern. Erst als klar war, dass man für die Mutter schneller alleine als mit den drei Töchtern einen Kurplatz finden würde, stimmte er zu. Auch wenn ihm die Versorgungs- und Betreuungsleistungen schwer fielen und es deswegen einige Konflikte mit seinem Betreuer gab, so war Uwe doch immer wieder damit zu gewinnen, dass er über eine „gute Betreuung" der Mutter beweisen konnte, dass ihm etwas „an der Familie lag". Bemerkenswert ist auch, dass das Hilfekonzept durchaus zu der weiter oben entwickelten Vision (eigene Kraft entwickeln) bzw. Entwicklungsaufgabe passt, obwohl der Schritt 6 so mit Uwe und seiner Mutter nicht gegangen worden war.

Mit Hilfe der skizzierten Hilfeform konnten Uwe und seine Mutter noch für längere Zeit unter einem Dach zusammenleben. Erst im Alter von 16 Jahren stand der Auszug in eine Jugendwohngemeinschaft an.

Schritt 10: Wenn sich nichts bewegt…

Wenn nach all diesen Bemühungen keine Einigung in Sicht ist erinnert der Moderator noch einmal an die Risiken (Schritt 1) und fragt nach: *„Mal angenommen, ich verlöre den Mut oder die Kraft euch bis zur Einigung zu führen und wir würden heute ohne Ergebnis auseinander gehen: Was könnte/würde dann im besten/schlimmsten Fall geschehen?* Oft ergeben sich daraus neue Lösungsperspektiven. Manchmal wird deutlich, dass die Familie darauf vertraut, dass sich in der nächsten Zeit „irgendwie", ohne dass man darüber gezielt spricht, eine Lösung ergeben wird. Manchmal ist es auch sinnvoll eine Frist zu benennen, in der man als Moderator noch zur Verfügung steht (bspw. an diesem Nachmittag noch eine Stunde oder noch zu einem weiteren Verhandlungstreffen etc.). An diesem Punkt kann man auch fragen, ob ein Schiedsspruch seitens der Fachkraft gewünscht ist. Falls man bisher als „mitbetroffener Verhandlungspartner" agiert hat, kann man anbieten einen „neutralen Vermittler" zu suchen.

Schritt 11: Die gefundene Lösung absichern.

Die gemeinsame Lösung, auf die man sich geeinigt hat, wird noch einmal im Detail durchgesprochen. Dabei wird auf mögliche Fallstricke geachtet.

Es wird noch einmal nachgefragt, ob alle dabei ein „gutes Gefühl" haben, auch wenn es sie Abstriche gekostet hat. Eventuell kann man den Grad von Zufriedenheit oder Zustimmung (durch Klebepunkte oder andere Verfahren) evaluieren. Beispielsweise kann man fragen: *„Bei vielen Abmachungen/Verträgen gibt es Personen, die sich als Gewinner und solche, die sich als Verlierer fühlen. Die besten Verträge sind natürlich die, bei denen beide Parteien davon überzeugt sind etwas gewonnen zu haben. Was meinen Sie, welchem Typ gehört unsere Abmachung/Einigung/Vertrag an? Wer könnte sich als Gewinner, wer als Verlierer fühlen?"* Oder: *„Was wir heute hier ausgeknobelt haben, gefällt keinem so richtig. Jeder musste sich durchringen ‚ja' zu sagen und etwas Eigenes dabei aufgeben. Es handelt sich im wahrsten Sinne des Wortes um einen Kompromiss. Zu wie viel Prozent denken Sie, dass es ein ‚fauler' oder ein guter Kompromiss war? Woran wird man in Zukunft merken, ob das ein ‚fauler' oder ein ‚tragfähiger' Kompromiss war?"* Oder: *„Mal angenommen es passiert demnächst irgendetwas, was Sie/dich denken lässt: ‚nee, also so ein Scheiß, zu dem ich mich hab breitschlagen lassen!' Was könnte das sein? Was müsste passieren, damit Sie so denken?"*

Schritt 12: Verhandlungsergebnisse aufschreiben u. unterschreiben.

In vielen Fällen ist es sinnvoll die Verhandlungsergebnisse aufzuschreiben und das Schriftstück von allen Beteiligten unterschreiben zu lassen. Manchmal reicht das Hilfeplanformular dazu aus, manchmal ist es gut für die Ergebnisse ein eigenes Blatt zu haben, das als offizieller Anhang zum HPG-Formular deklariert wird.

6.3 Subjektive Voraussetzung für Aushandlungsprozesse

Bisher haben wir das Verhandeln und Schlichten unter einer technischen Perspektive beschrieben: Was muss der Verhandelnde/ Schlichtende machen und wie muss er es tun. Daneben gilt es aber auch eine andere Dimension im Auge zu behalten: Welche Voraussetzungen bedarf es auf der Seite der AdressatInnen, um von Verhandlungsverfahren profitieren zu können? Was müssen sie mitbringen bzw. leisten, damit die Verhandlung Erfolg hat? Oder anders: Welche basalen Bildungsprozesse gehen dem Verhandeln voraus, begleiten es und/ oder werden durch das Verhandeln angeregt/ vertieft?

Diese Fragen sollen hier zumindest in groben Linien beantwortet werden. Dabei stütze ich mich auf den englischen Psychoanalytiker D. W. Winnicott (1973) und die Interpretationen, die sein Werk bei Axel Honneth (1991), Jessica Benjamin (1990) und Gerd E. Schäfer (1986 und 1989) erfahren hat.

Nachgeben mit Kompensation, Kompromisse finden bzw. sich auf eine dritte Lösung zu einigen, setzt die Fähigkeit voraus vom Eigenen abzurücken und sich etwas anderem gegenüber zu öffnen. Dieses „andere" kann man sich als Person oder Position vorstellen: Ich öffne mich gegenüber meinem Kontrahenten. Oder: Ich öffne mich gegenüber einer anderen, mir zunächst fremden Idee. Dieser Moment des „Sich-Öffnens" wird von manchen Personen mit denen wir es in den Erziehungshilfen zu tun haben, beinahe krampfhaft vermieden. Sie beharren weiter auf ihrer Position, auch wenn sie merken, dass sie diese nicht ohne Verluste aufrechterhalten können. Selbst wenn sie merken, dass alle anderen von ihnen abrücken und sie in einsame Außenseiterposition geraten, beharren sie auf ihrem Standpunkt. Das geschieht nicht nur aus sozialer Ungeübtheit oder „Sturheit", die man sich anlegen, aber auch wieder ablegen könnte. Häufig hat man das Gefühl diese Personen reagieren wie „unter Zwang", sie können nicht anders. Um das zu verstehen, ist es hilfreich sich vorzustellen, dass diese Personen das „Sich-Öffnen" als ein „Sich-Aufgeben", als ein „Sterben" ihrer Position, ja sogar ihrer Person erleben (vgl. Müller/ Schmid

2001). Das Muster, das ihr Denken und Fühlen und damit auch ihr Handeln bestimmt, lautet „entweder oder“: Entweder ich bzw. meine Position oder die des anderen. Beides zusammen geht nicht. Eine Verknüpfung ist nicht möglich, es geht nur entweder das eine oder das andere. So werden auch Unstimmigkeiten, die prinzipiell koexistieren könnten, viel zu rasch zum Kampfplatz, auf dem es um Siegen oder Verlieren geht.

Zum einen hängt dieses Muster mit dem Eskalationsgrad des Konfliktes zusammen. Ab einer gewissen Stufe verhärten sich die Positionen der Konfliktpartner in einem Ausmaß, bei dem es nicht mehr um eine einvernehmliche Lösung bestimmt, sondern um das “Gewinnen-um-jeden-Preis” geht (vgl. Glasl 1992, Schwabe 2000 e, S. 97 ff). Diese Stufe tritt ein, wenn auf den vorangegangenen Stufen einerseits zahlreiche tiefgreifende emotionale Verletzungen stattgefunden haben und andererseits einer oder beide ihr Gegenüber zu einem verachtenswerten, “abgrundtief bösen” oder gar dehumanisierten Wesen gemacht haben (“die dumme Sau”, “der Arsch”, etc.). Diese Abwertung des Gegners soll dazu helfen seine Angriffe als weniger schmerzhaft erleben zu müssen, da man die Verletzungen von jemandem, den man verachtet, ja nicht so wichtig nehmen muss. Zum anderen dient diese “Spaltung” dazu, alles was böse ist beim anderen anzusiedeln, aber was noch wichtiger ist, alles was gut ist, bei sich selbst. Man selbst ist im Recht, hat mehr Argumente auf seiner Seite, verfolgt das höhere Gut, hat früher schon häufiger nachgegeben, hat mit dem Streit nicht angefangen und hat deswegen auch mehr Unterstützer auf seiner Seite… etc. Der andere dagegen… Auf diese Weise werden die eigenen Selbstzweifel und die Fehler, die man bisher gemacht hat, gleichsam aufgelöst und entsorgt. Das Problem ist, dass man auf beiden Seiten des Grabens dasselbe denkt und fühlt. In einer derart empfundenen Situation wird das “Sich-Öffnen” gegenüber dem anderen als unerträgliche Zumutung erlebt, so als wenn man sich freiwillig mit all dem Bösen, das man so erfolgreich ausgegrenzt hat, infizieren würde. Um selbst einigermaßen unverletzt, psychisch stabil und “gut” und “sauber” zu bleiben, muss man geradezu die Annäherung an den anderen vermeiden bzw. seine Annäherungen zurückweisen. Es sei denn er kommt, um sich zu unterwerfen. Das würde man gestatten. Nur die Unterwerfung unter die eigene Position würde der Anerkennung entsprechen, die man von seinem Gegenüber totzt aller Abwertung und Häme erwartet. Und nur diese

“Anerkennung ohne wenn und aber” würde die seelischen Wunden, die man bisher erlitten hat, kompensieren.

Selbstverständlich handelt es sich hier um einen weit fortgeschrittenen Eskalationsgrad, der nicht häufig anzutreffen ist. Sollte man zu dem Verdacht kommen, dass sich ein Konflikt auf diesem Niveau abspielt, ist es auch sinnlos, weiter zu verhandeln oder sich als Schlichter anzubieten. In dieser Situation werden Außenstehende, die sich darum bemühen eine neutrale Position einzunehmen, auch nicht mehr als hilfreich erlebt. Jede Person wird nur noch nach dem “Freund-Feind-Schema” sortiert. “Wer nicht für mich ist, ist gegen mich!” Auch vorsichtige Anfragen bezüglich der Rechtmäßigkeit der eigenen Position oder möglicher Zugeständnisse werden als Angriffe wahrgenommen und zurückgewiesen. An solchen Konfliktpartnern “beißen sich” Schlichter “die Zähne aus”. Bei einem solchen Eskalationsgrad helfen nur noch klar überwachte und mit Sanktionsmöglichkeiten hinterlegte Auflagen von Autoritäten, die dann allerdings häufig mit oder stellvertretend für den Gegner bekämpft werden (vgl. Alberstötter 2003).

Gleichzeitig ist das “Entweder-oder“-Muster uns allen, den Profis wie den AdressatInnen viel näher, als es die Beschreibung der hoch eskalierten Situation erwarten ließe. Im Grunde stehen uns allen – Professionellen wie Klienten – nur zwei basale Muster zu Verfügung um Beziehungen zu gestalten und damit auch Konflikte: Winnicott unterscheidet zwischen dem Stadium der *“Objektbeziehung”* (object-relating) und dem der *“Objektverwendung”* (object-usage) (Winnicott 1973, S. 103–110). An der klinischen Terminologie kann man sich stören, aber diese ist nicht wesentlich. Mit *“Objektbeziehung”* meint Winnicott eine Form von Beziehung zwischen Mutter und Kind, die überwiegend auf Gleichklang und Einverständnis zwischen “Gleichen” beruht. Beide genießen, dass das Gegenüber das will und braucht, was man selbst auch möchte (bestes Beispiel ist das Stillen, da es für Mutter und Kind – wenn auch aus unterschiedlichen Gründen – ein physisches Bedürfnis darstellt). Selbstverständlich ist die Mutter in vielerlei Hinsicht verschieden vom Kind und kann nicht nur in diesem und seinen Bedürfnissen aufgehen. Damit “Objektbeziehung” in einer hinreichend guten Qualität zustande kommt, muss sich die Mutter (bzw. alle nahen Bezugspersonen) dem Kind in vielerlei Hinshicht "anpassen". Allerdings geht es hier nicht um eine Anpassung an in fremdes Gegenüber, sondern eher um das aktive Imaginieren einer gemeinsamen Welt. Die nahen Bezugspersonen der kleinen Kinder machen sich viele der Bedürfnisse des Kindes zu eigen, damit sie das, was sie tun, nicht in erster Linie für das Kind leisten, sondern in einem Gefühl der Ähnlichkeit bzw. der inneren Verbundenheit, so als wüchse das Kind und man selbst aus einer gemeinsamen Wurzel (was in gewisser Weise ja auch zutrifft). Dieses Sich-einander-ähnlich-Machen, das Vermeiden von Differenz, Dissens und Konflikt bereits in ihren/seinen Anfängen, die Suche nach wechselseitiger Bestätigung und Einheit, kann man auch unter Erwachsenen beobachten. Sie gestalten ihre Beziehung dann nach dem Muster der "Objektbeziehung". Ein erwachsener Mann kann z.B. nach Hause kommen und erwarten, dass seine Frau oder Freundin schon ohne Worte weiß oder versteht, dass er heute Ärger bei der Arbeit gehabt hat und sie sich ihm möglichst sofort liebevoll zuwenden sollte. Schon die in solchen Situationen eventuell notwendige Kommunikation, "du, ich habe heute Ärger gehabt, könntest du bitte...", wird im Rahmen von Objektbeziehung als Zumutung bzw. Enttäuschung erlebt. Man wünscht sich, dass der andere einen wortlos versteht und möglichst sofort das zu Verfügung stellt, was man braucht. Man wünscht sich das, weil man in diesem Moment von einer fundamentalen Gleichheit ausgeht und stellt sich vor, auch dem anderen das geben zu können, was er braucht.

"Objektverwendung" meint dagegen eine Qualität von Beziehung, in der das Subjekt das Anderssein des anderen wahrnimmt, sich aber trotz der darin liegenden schmerzhaften Abweichungen von dem, was es selbst anstrebt, nicht davon abhalten lässt mit ihm in Beziehung zu bleiben. Die erste Enttäuschung über das Anderssein des anderen wird ausgehalten und verwandelt, entweder in eine Inspiration, die ich durch den anderen erlebe: Ich lasse mich durch ihn zu neuen Aktivitäten oder Erfahrungen, für andere Formen der Beziehung oder des Zugangs zur Welt anregen bzw. "verführen". Im Kindesalter kann das eine Situation sein, in der das Kind spielen, die Mutter aber singen will. Im Erwachsenenalter kann eine solche Erfahrung einen Mann betreffen, der ein langjähriger "Griechenland-Urlauber" ist, sich von seiner neuen Freundin aber dazu inspirieren lässt, die nordischen Länder kennenzulernen, die er bisher immer gemieden hat.

Wenn man diese neuen Erfahrungen als Bereicherung der eigenen ursprünglichen Möglichkeiten erlebt, wird man sich häufiger auf solche von den eigenen Ideen abweichenden Unternehmungen einlassen. Die andere Form des Umgangs mit der Enttäuschung, die aus der Wahrnehmung der Differenz resultiert, besteht in der Auseinandersetzung: Ich ringe mit dem anderen darum, dass und wie diese getilgt wird, d.h. ich verfolge weiter mein Interesse, lasse aber zu, dass auch der andere sein Interesse verfolgt und sich daraus etwas neues Drittes ergibt: weder Spielen noch Singen, dafür aber gemeinsames Turnen. Weder Griechenland noch Norwegen, dafür die italienischen Alpen. Auch hier gilt: Wenn ich erlebe, dass die Auseinandersetzungen zu einem annehmbaren Ergebnis führen, in dem noch genug von mir bzw. meiner ursprünglichen Position enthalten ist und wenn sich das, was wir an Neuem entwickeln, in der Realisierung stimmig anfühlt und als bereichernd erlebt wird, dann bekomme ich Vertrauen in den Weg der Auseinandersetzung und die Möglichkeit etwas "Drittes" zu finden. Mit der schrittweisen Aneignung und Verstetigung dieser beiden Erfahrungen – der als bereichernd erlebten Inspiration und der Neues hervorbringenden Auseinandersetzung, konstituiert sich "Wechselseitigkeit". Ich und der andere, wir beide, bald im Gleichklang, bald als einander gegenüberstehende Pole, in deren Spannung sich neue Qualitäten ereignen und/oder herstellen lassen. Dies geschieht in einem als Ko-Produktion erlebten Akt, also einem Geschehen, an dem beide aktiv und beteiligt sind. Ich bin zwar mit den Beiträgen des anderen zu diesen Aktivitäten nicht immer einverstanden, aber ich akzeptiere sein grundsätzliches Recht auf einen eigenen Beitrag. Diese "Wechselseitigkeit" entspricht dem "Sowohl-als-auch"-Muster. In Termini des "Kampfes um Anerkennung": Auch wenn wir anfangs fühlten, dass nur einer von uns beiden Anerkennung durch den anderen erfahren kann, haben wir zu einer Position gefunden, in der wir beide ein Recht auf Anerkennung unserer Subjektivität durch den anderen haben. Wir können uns diese Anerkennung wechselseitig geben, ja bedürfen ihrer sogar.

Dem gegenüber steht das "Entweder-oder"-Muster: Ich und der andere, eher nicht im Gleichklang, eher häufig als einander gegenüberstehende Pole, deren Spannung sich nur in der einen oder anderen Weise reduzieren lassen: Entweder gehen meine eigenen vitalen Interessen und Bedürfnisse unter oder es gelingt mir meine Position dem anderen gegenüber durchzusetzen. Erreichte Ergebnisse werden eher als die Aktivität des einen oder des anderen aber nicht als Ko-Produktion erlebt. im Grunde würde man das Geschehen am liebsten alleine bestreiten oder aber anstrengungslos in den Genuss dessen kommen, was man sich erwartet.

Das Bewusstsein vom Recht des anderen auf seinen eigenen, unerwarteten Beitrag bzw. auf Andersartigkeit existiert noch nicht. Das Gefühl der Notwendigkeit von Wechselseitigkeit im Geben und Nehmen, Tun und Lassen, Fordern und Nachgeben etc. hat sich noch nicht hergestellt. In Termini des "Kampfes um Anerkennung" heißt das: Anerkennung findet statt als Forderung nach Anerkennung durch den anderen, der sich anpassen oder unterwerfen soll. Anerkennung kann nur einseitig stattfinden. Zugleich – und das ist die Tragik dieser Position – enttäuscht die Anerkennung durch den, der sich mir unterworfen hat, da sie ja nicht der vollen Anerkennung eines anderen, ebenso starken, ebenbürtigen Subjekts entspricht. So bleibt man zwar ständig auf Anerkennung angewiesen, kann diese aber zugleich nicht in einer für sich selbst berfriedigenden Qualität erfahren.

Objektbeziehung und Objektverwendung darf man sich in der Regel nicht als gegeben oder fehlend vorstellen. In der Normalbiographie durchläuft man das Stadium der Objketbeziehungen, macht dort einigermaßen befriedigende Erfahrungen und schreitet im Alter von drei, vier Jahren zum Stadium der Objektverwendung fort. Dies erfolgt zunächst situations- und personenbezogen, d.h. Objektverwendung ist einem Kind oder einem Erwachsenen nicht bei allen Personen möglich und nicht in allen Situationen als innere Möglichkeit verfügbar. Wechselseitgkeit wird nicht immer gleich, sondern bald mehr bald weniger erlebt. In Konflikten und Krisen bzw. bei Verletzungen in nahen Beziehungen droht immer wieder die Regression auf frühere Reifungsniveaus. Jemand kann in Schule oder Beruf durchaus zur Objektverwendung in der Lage sein, nicht aber gegenüber seiner Partnerin oder nach dem Tod eines Elternteils. Und immer wieder bedarf es des Eintauchens in mehr oder weniger lange oder kurze, realistische oder illussionäre Formen der Objektbeziehung, um sich von der Mühe des Umgangs mit Differenzen zu erholen. Insgesamt bleiben Wechselseitigkeit und Objektverwendung Selbstbildungsaufgaben, die uns unser Leben lang begleiten. Auch Professionelle sind herausgefordert, das Anderssein des Klienten als Chance wahrzunehmen, die eigene Fähigkeit zur Objektverwendung weiterzuentwickeln. Häufig habe ich Professionelle erlebt, die im Umgang mit ihren Klienten in derselben Weise auf Objektbeziehung bestanden wie jene gegenüber diesen.

Gleichzeitig handelt es sich bei der Objkektverwendung und der Gegenseitigkeit um zivilisatoische Niveaus, die in Kriegen oder bei länger anhaltender existenziell erlebter Gefährdung verloren gehen können. Auch scheint es kulturelle Affinitäten zu geben, d.h. Kulturen, die stärker zur Wechselseitigkeit anregen und andere, die ihre Mitgleider eher im Glauben an die Macht einseitiger Anerkennungsbeziehungen bestätigen. Dies scheint mit der grundlegenden Identifikation zusammenzuhängen: Dort wo man sich stärker mit "seiner Gruppe" identifiziert, werden aus der Position der vermeintlichen Stärke oft einseitige Anerkennungsakte gefordert. Kulturen, in denen das Individuum stärker im Vordergrund steht, scheinen stärker auf "Wechselseitigkeit" Wert zu legen. Das gilt auch, wenn alle Weltreligionen Formen der Wechselseitigkeit als ethisches Ideal propagieren. Ob es sich bei den beobachteten Unterschieden wirklich um Differenzen zwischen Kulturen oder um die Folgen sozialer Deprivation handelt, scheint ungeklärt.

Wenn wir uns die Lebensläufe vieler AdressatInnen vergegenwärtigen, dann wird allerdings deutlich, dass sie die erweitenden Erfahrungen der "Objektverwendung" in vielen Fällen gar nicht oder nur selten erleben konnten. Viele haben noch nicht einmal sicher das Stadium der "Objektbeziehung" erleben können, d.h. sie wurden zu früh und noch ohne dass sie dafür Bewältigungsstrategien entwickeln konnten mit einem Übermaß an Differenz, Dissens und Abweichung konfrontiert. Diesem erlebten Übermaß setzen sie die quasi zur Gewohnheit gewordene Verteidigung des Eigenen entgegen. Sie haben zu selten oder wenig intensive "Objektvbeziehung" erlebt und suchen daher überwiegend diese Form der Beziehungsqualität herzustellen. Wenn die Andersartigkeit des anderen zu deutlich wird, brechen sie entweder den Kontakt zu diesem ab oder aktivieren das "Entweder-oder"-Muster und gehen in den Konflikt. Anders als bei der Auseinandersetzung unter dem Vorzeichen der

Objektverwendung, die ebenfalls die Differenz tilgen will, diese Arbeit aber als ein wechselseitiges Bemühen begreift, geht es im Modus der Objektbeziehung darum, dass die Differenz einseitig zurückgenommen wird: Der andere soll sich mir anpassen bzw. unterwerfen. In diese Absicht wird alle Energie investiert, weil man von der unmittelbar drohenden Dominanz des anderen in Bezug auf das eigene Selbst, dessen Vernichtung bzw. Auslöschung erwartet. Diese Angst erklärt den erbittert geführten Kampf um die Unterwerfung des anderen. Lässt dieser im Kämpfen nach, so befriedigt dies allerdings auch nicht. Zeichen von Nachdenklichkeit, Zugeständnissse und Nachgeben werden vor diesem Hintergrund häufig als Schwäche des anderen erlebt. Der "Schwache" aber wird weiter getreten bzw. mit immer neuen Forderungen konfrontiert bis das pädagogische Verhältnis "zermürbt" ist (Müller/Schmid 2001).

Für PädagogInnen ist diese Dynamik so zentral wie fatal: Wenn sie mit einer Person, die dem "Entweder-oder"-Muster verpflichtet sind, in Konflikt (z.B. um Regeln) geraten, können sie weder erwarten, dass dieses Gegenüber nachgibt, noch dass ihr Nachgeben als menschliche Größe oder pädagogisch qualifizierter Akt angesehen wird. Die PädagogInnen müssen in den Kampf mit dem Gegenüber gehen, aber sie müssen diesen Kampf so führen, dass er aus der Sackgasse "entweder ich oder du", "entweder Sieg oder Niederlage" herausführt. Das bedeutet, sie müssen zugleich kämpfen und sich in diesem Kampf als stark und souverän erweisen, als auch Momente von Wechselseitigkeit und einseitiger Anerkennung einführen, damit dieser Kampf statt erneut in ein "leeres Ritual" zu münden zu einer Bildungsbewegung wird.

Die Möglichkeit zu einer derartigen "Kampfkunst" bietet sich im Alltag der Betreuung viel eher und besser als in der Situation des Schlichtens oder Verhandelns (vgl. Müller/Schmid 2001, Schwabe 2002). Die dahinter stehende Dynamik jedoch muss man verstehen, wenn man in der Position des Verhandlers oder Schlichters auftritt. Häufig gerät man als Fachkraft unversehens in diese basalen Prozesse hinein und erhält die Möglichkeit sich an ihner Gestaltung zu beteiligen. Das stellt eine große Chance dar. Warum diese Prozesse häufig so langwierig und schwierig ausfallen und welche Gefühle und Ambivalenzen dabei auf seiten der AdressatInnen eine Rolle spielen, dürfte klar geworden sein. Wiederum handelt es sich bei der Hilfeplanung also um eine basale Form der "Bildung des Subjekts".

Wenn es klar ist, dass Personen, die sich durch das "Entweder-oder"-Muster auszeichnen AdressatInnen von Erziehungshilfen werden bzw. sind, dann stellt sich das Thema Konsenssuche und Abbau von Dissens in der Hilfeplanung noch einmal in zugespitzter Form. Für diese AdressatInnen gilt es den basalen Bildungsprozess zwischen Objektbeziehung und Objektverwendung an möglichst vielen Orten und Situationen der Betreuung oder des institutionellen Alltags zu arrangieren. Die kontinuierliche Vorbereitung auf die Aushandlungsprozesse im Hilfeplangespräch umfasst dann die Gesamtheit der Begegnungen, die im Alltag zwischen Pädagogen und Kindern/Jugendlichen und deren Familien stattfinden. Hier bieten sich zahlreiche Situationen an, in denen geübt werden kann, was faire Aushandlung heißt, aber auch wie im Sinne der oben skizzierten „Kampfkunst" gestritten werden kann. An diesen Orten und in den Beziehungen jenseits des Hilfeplangesprächs kann das Vertrauen entstehen, dass es sich lohnt miteinander zu reden bzw. Konflikte zunächst auf verbale Weise lösen zu wollen. Wenn und solange das Hilfeplangespräch der einzige Ort ist, an dem geübt wird, Dissense in Konsens umzuwandeln und an dem das selbstbewusste Formulieren der eigenen Meinung gefragt ist, muss man sich nicht darüber wundern, dass das Kind/die Familie das Hilfeplangespräch möglichst ohne aufzufallen absitzen, in der festen Überzeugung: „Egal was wir hier besprechen, anschließend mach ich ja doch, was ich für richtig halte!" Aber vielleicht stellt das Hilfeplangespräch oder ein in seinem Kontext geführtes Gespräch auch eine neue Erfahrung der Öffnung dar: Nachdem man die Schmerzen des Dissens passiert und „überlebt" hat, fühlt sich der Kompromiss vielleicht realer und wertvoller an als das gegen andere durchgesetzte Eigene. Auch in diesem Sinne kann das Hilfeplangespräch „mäeutische" Qualitäten besitzen, d.h. einem Geburtsakt gleichen, in dem die Hebamme daran mitwirkt, dass etwas Neues hervor kommt.

Fall- und Szenenübersicht

Fall/ Szene	Titel	Art des Materials	Kap.	Seiten
Fall 1	Familie Appelt – Anton macht Schwierigkeiten	Fallübersicht	2.3.1	69
		Dialog A	2.3.1	70-75
		Zielematrix	2.3.1	75
		Dialog B	2.3.1	76-82
		Hilfekonzept	CD	
Fall 2	Bruno – Spannungen im Hilfekonzept	Fallübersicht	3.2.	116
		Fallfortsetzung	3.2.	119
Fall 3	Familie Christ – Chronifizierte Anerkennungskämpfe eines Paares	Fallschilderung	CD	
		Hilfekonzept	CD	
Fall 4	Familie Dorn – Ein „anstrengender" Sohn, eine kraftlose Mutter, ein abwesender Stiefvater	Fallschilderung	CD	
		Hilfekonzept	CD	
		Dialog A	CD	
		Dialog B	CD	
		Arbeitsbögen nach dem 5-Schritte-Modell	CD	
Fall 5	Familie Ebel – Stochern im Nebel – eine Multiproblem-Familie, die keine Hilfe will und eine „Spionin" geschickt bekommt	Fallschilderung	CD	
		Hilfekonzept	CD	

Fall 6	Familie Korff – Eine vernachlässigende Mutter auf der Suche nach eigenen Zielen	Fallübersicht	4.2.1	162
		Dialog A	4.2.1.	163-167
		Dialog B	4.2.2.	188-194
		Kommentar	4.2.2.	216-219
		Dialog C	4.2.3	224-230
Fall 7	Familie Lang – Ein streitendes Paar, das unter den Auseinandersetzungen leidet und zugleich Freude daran hat	Fallübersicht	4.2.1	169
		Zielematrix	2.2.	61
		Dialog A	4.2.1	171-173
		Dialog B	4.2.1	173-179
		Dokumentationsbogen	CD	
		Dialog C	4.2.2.	194-199
		Kommentar	4.2.2.	217-219
		Fallfortsetzung	4.2.3.	233
Fall 8	Familie Sturm – Simon, alleine mit einer überforderten Mutter	Fallschilderung	CD	
		Arbeitsbogen nach Adler		
Fall 9	Tim – Vorbereitung eines Hilfeplangesprächs	Fallschilderung	CD	
		Landkarten		
Fall 10	Familie Unger – Uwe und der schlechte Einfluss der Clique	Fallschilderung	6.2.	370
		Aushandlungsprozess	6.2.	371-402
Szene 1	Familie Fabig – Die Mutter des die Schule schwänzenden Sohnes	Zielformulierung	4.2.1.	151
		Anschlussoption	4.2.1.	153
		Dialog A	4.2.2.	200-204
		Dialog B	4.3.1.	249-256
		Dialog C	CD	
		Transformationsbogen		
Szene 2	Familie Gläser – „Kampf zwischen starken Frauen"	Zielformulierung	4.2.1.	151
		Anschlussoption	4.2.1.	155
		Dialog A	4.2.2.	205-209

Szene 3	Harry – Der Pädagoge, der will dass der Heimjugendliche beim Thema Gewalt dazulernt	Zielformulierung	4.2.1.	151
		Anschlussoptionen	4.2.1.	156, 158
		Dialog A	4.2.3.	233-235
		Dialog B	4.3.3.	276-278
Szene 4	Ivo – Der Junge, der nicht weiß, ob es mit seiner Mutter anders sein kann	Zielformulierung	4.2.1.	151
Szene 5	Jens – Der Jugendliche aus dem Heim.	Zielformulierung	4.2.1.	152
		Anschlussoption	4.2.1.	159
Szene 6	Familie Maas – Eine unsichere Mutter	Zielformulierung	4.2.3.	236
		Dialog A	4.2.3.	236-238
Szene 7	Nadja – Eine Jugendliche, die in die Schule gehen soll	Zielformulierung	4.2.3.	238
		Dialog A	4.2.3.	239-240
Szene 8	Familie Opitz – Dauerkrieg zwischen Mutter und Tochter	Zielformulierung	4.3.2.	268
		Dialog A	4.3.2.	268-273
		Dialog B	CD	
Szene 9	Familie Pusch – Eine folgsame Frau entdeckt, dass sie sich nicht alleine zu verändern braucht	Zielformulierung	CD	
		Dialog A		
Szene 10	Familie Römer – Regina soll selbstständiger werden	Kurze Zielformulierung	4.4.2	286
		Dialog A	CD	
		Zielformulierungsbogen nach SMART		

Abbildungsverzeichnis

Stichwortverzeichnis

Literatur

Ader, S. (2001): Sozialpädagogisches Fallverstehen und sozialpädagogische Diagnostik in Forschung und Praxis. Münster.

Adler, H. (1998): Fallanalyse beim Hilfeplan nach § 36 KJHG. Frankfurt/Main u.a.

Alberstötter, U. (2003): Hocheskalierte Elternkonflikte – Professionelles Handeln zwischen Hilfe und Kontrolle im Kontext des Begleiteten Umgangs. In: Bundeskonferenz für Erziehungsberatung (Hg.): Jahrbuch für Erziehungsberatung. Nürnberg: S. 139 -156.

Ames, A./Bürger, U. (1998): Untersuchung der Ursachen der unterschiedlichen Inanspruchnahme vollstationärere Heimerziehung im Verbandsgebiet. Teilbericht II. (herausgegeben vom Landeswohlfahrtsverband Württemberg-Hohenzollern/Landesjugendamt). Stuttgart.

Baecker, D. (1994): Soziale Hilfe als Funktionssystem der Gesellschaft. In: Zeitschrift für Soziologie, 23. Jg., H. 2: 93–110.

Becker, P.N. (1999a): Neue Erkenntnisse zum Hilfeplan: Wodurch zeichnen sich gute Hilfepläne aus? In: Nachrichtendienst des Deutschen Vereins für öffentliche und private Fürsorge, 79. Jg., H. 10: 324–331.

Becker, P.N. (1999b): Welche Qualität haben Hilfepläne? Bundesweite Strukturanalyse und Konzeption eines Handlungsleitfadens. Frankfurt/Main.

Benjamin, J. (1990): Die Fesseln der Liebe. Psychoanalyse, Feminismus und das Problem der Macht. Basel u.a.

Berg, I.K. (1997): Familien-Zusammenhalt(en). Ein kurztherapeutisches und lösungsorientiertes Arbeitsbuch. 4. Aufl. Dortmund.

Besemer, C. (1993): Mediation: Vermittlung in Konflikten. Königsfeld.

Bewyl, W./Schepp-Winter, E. (1999): Zielfindung und Zielklärung – ein Leitfaden. In: BMFSFJ (Hg.): Materialien zur Qualitätssicherung in der Kinder- und Jugendhilfe/QS 21. Bonn.

Bittner, G. (1985): Der Mensch – ein "Geschöpf des Vertrags". In: ZfPäd., 31. Jg., H. 5: 613–629.

Blandow, J./Gintzel, U./Hansbauer, P. (1999): Partizipation als Qualitätsmerkmal in der Heimerziehung. Eine Diskussionsgrundlage. Münster.

BMFFSJ/Baur, D. et al. (1998): Leistungen und Grenzen von Heimerziehung. Ergebnisse einer Evaluationsstudie stationärer und teilstationärer Erziehungshilfen. Stuttgart.

Boscolo, L./Bertrando, P. (1994): Die Zeiten der Zeit. Eine neue Perspektive in systemischer Therapie und Konsultation. Heidelberg.

Bush, R.A.B./Folger, J.P. (1994): The promise of mediation. Responding to conflict through empowerment and recognition. San Francisco.

Cohn, R.C. (1981): Von der Psychoanalyse zur themenzentrierten Interaktion. Von der Behandlung einzelner zu einer Pädagogik für alle. 5. Aufl. Stuttgart.

Conen, M.L. (1999): "Unfreiwilligkeit" – ein Lösungsverhalten. De-Triangulationsprozesse in systemischer Therapie. In: Familiendynamik, 24. Jg., H. 3: 282–297.

De Jong, P./Berg, I.K. (1998): Lösungen (er)finden: Das Werkstattbuch der lösungsorientierten Kurztherapie. Dortmund.

de Shazer, S. (1989): Wege der erfolgreichen Kurztherapie. Stuttgart.

Deutscher Verein (1994): Empfehlungen des Deutschen Vereins zur Hilfeplangestaltung nach § 36 KJHG. Vorbereitung und Erstellung des Hilfeplans. In: Nachrichtendienst des Deutschen Vereins für öffentliche und private Fürsorge, Jg. 74, H. 9: 317–326.

Dewe, B. (1989): Über den Zusammenhang von Handlungspraxis und Wissensstruktur in der öffentlichen Sozialarbeit. In: Neue Praxis, 10. Jg., H. 2: 127–149.

Dewe, B. et al. (1993): Professionelles soziales Handeln. Soziale Arbeit im Spannungsfeld zwischen Theorie und Praxis. Weinheim/München.

Eichler, F./Sperling, G. (2002): Evaluation der aufsuchenden Familientherapie. Unveröffentlichte Diplomarbeit, Ev. Fachhochschule Berlin.

Eisenbraun, A./Lux, S./Mayer, E.-M. (1998): Partizipation konkret – Erfahrungen mit Hilfeplangesprächen aus der Sicht beteiligter Jugendlicher, Fachkräfte und Eltern. In: Evangelische Jugendhilfe 75. Jg., H. 2: 79–96.

Fend, H. (1991): Identitätsentwicklung in der Adoleszenz. Lebensentwürfe, Selbstfindung und Weltaneignung in beruflichen, familiären und politisch-weltanschaulichen Bereichen. Bern u. a.

Fischer, H. R. (1991): Sprache und Lebensform. Wittgenstein über Freud und die Geisteskrankheit. 2. Aufl. Heidelberg.

Fisher, R./Ury, W. (1991): Das Harvard-Konzept: Sachgerecht verhandeln – erfolgreich verhandeln. 10. Aufl. Frankfurt/M. u. a.

Früchtel, F. (2002): Die Moral des Verfahrens: Familiy Group Conferences als Alternative zum Hilfeplangespräch? In: Forum Erziehungshilfen, 8. Jg., H. 1: 13–18.

Glasl, F. (1992): Konfliktmanagement: Ein Handbuch zur Diagnose und Behandlung von Konflikten für Organisationen und ihre Berater. 3. Aufl. Bern u. a.

Güthoff, F. (1994): Subjektive Verfahrensgerechtigkeit im Hilfeplanungsprozeß. In: Institut für Soziale Arbeit (Hg.): Hilfeplanung und Betroffenenbeteiligung. Münster: S. 44-63.

Hansbauer, P. (2002): Methoden der Kinder- und Jugendhilfe. In: W. Schröer/N. Struck/M. Wolff (Hg.): Handbuch Kinder- und Jugendhilfe. Weinheim/München: 833–846.

Hargie, O. (Hg.) (1986): A handbook of communication skills. London u. a.

Harnach-Beck, V. (1995): Psychosoziale Diagnostik in der Jugendhilfe. Grundlagen und Methoden für Hilfeplan, Bericht und Stellungnahme. Weinheim/München.

Heiner, M. (1994): Selbstevaluation als Qualifizierung in der sozialen Arbeit. Fallstudien aus der Praxis. Freiburg im Breisgau.

Hekele, K. et al. (2002): Qualitätsentwicklungsvereinbarung sozialräumlich orientierte Jugendhilfe in Celle. Unveröffentlichtes Arbeitspapier. Celle.

Hinte, W./Litges, G./Springer, W. (1999): Soziale Dienste: Vom Fall zum Feld. Soziale Räume statt Verwaltungsbezirke. Berlin.

Honneth, A. (1992): Kampf um Anerkennung. Zur moralischen Grammatik sozialer Konflikte. Frankfurt/M.

Hurrelmann, K./Rosewitz, B./Wolf, H.K. (1985): Lebensphase Jugend. Eine Einführung in die sozialwissenschaftliche Jugendforschung. Weinheim/München.

Institut für Soziale Arbeit (Hg.) (1994): Hilfeplanung und Betroffenenbeteiligung. Münster.

Kasper, B. 1995: Gesprächs- und Verhandlungsführung in der Jugendhilfe am Beispiel der Aushandlungsprozesse in Hilfeplangesprächen nach § 36 KJHG. Unveröffentlichte Diplomarbeit, Gesamthochschule Kassel.

Klatetzki, T. (1993): Wissen, was man tut. Professionalität als organisationskulturelles System – eine ethnographische Interpretation. Bielefeld.

Körner, J. (1992): Auf dem Weg zu einer psychoanalytischen Pädagogik. In: TRESCHER, H.-G. (Hg.): Theorie und Praxis der psychoanalytischen Pädagogik. 2. Aufl. Mainz: 66–84

Kron-Klees, F. (1998): Familien begleiten: Von der Probleminszenierung zur Lösungsfindung. Ein systemisches Konzept für Sozialarbeit und Therapie in stark belasteten Familien. Freiburg im Breisgau.

Luhmann, N./Schorr, K.E. (1982): Zwischen Technologie und Selbstreferenz. Fragen an die Pädagogik. Frankfurt/Main.

Maas, U. (1996): Der Hilfeplan nach § 36 und das jugendhilferechtliche Verwaltungsverfahren. In: Zentralblatt für Jugendrecht, 83. Jg., H. 4: 113–119.

Marcuse, H./Schmidt, A. (1974): Der eindimensionale Mensch. Studien zur Ideologie der fortgeschrittenen Industriegesellschaft. Darmstadt u. a.

Meinhold, M. (1987): Hilfsangebote für Klienten der Familienfürsorge. In: M.-E. Karsten/H.-U. Otto (Hg.): Die sozialpädagogische Ordnung der Familie. Weinheim/München: 223–235.

Meinhold, M./Matul, C. (2003): Qualitätsmanagement aus der Sicht von Sozialarbeit und Ökonomie. Baden-Baden.

Merchel, J. (1998): Hilfeplanung bei den Hilfen zur Erziehung: § 36 SGB VIII. Stuttgart u.a.

Merchel, J./Schrapper, C. (1995): Hilfeplanung gemäß § 36 KJHG als fachliche und organisatorische Herausforderung an das Jugendamt. In: Nachrichtendienst des Deutschen Vereins für öffentliche und private Fürsorge, 75. Jg., H. 4: 151–156.

Merchel, J. (2000): Qualitätsentwicklung in Einrichtungen und Diensten der Erziehungshilfe. Methoden, Erfahrungen, Kritik, Perspektiven. Frankfurt/Main.

Miller, S.D./Berg, I.K. (1997): Die Wunder-Methode. Ein völlig neuer Ansatz bei Alkoholproblemen. Dortmund.

Mollenhauer, K./Uhlendorff, U. (1992): Sozialpädagogische Diagnosen I: Über Jugendliche in schwierigen Lebenslagen. Weinheim/München.

Mollenhauer, K./Uhlendorff, U. (1995): Sozialpädagogische Diagnosen II: Selbstdeutungen verhaltensschwieriger Jugendlicher als empirische Grundlage für Erziehungspläne. Weinheim/München.

Müller, B. (1991): Die Last der großen Hoffnungen. Methodisches Handeln und Selbstkontrolle in sozialen Berufen. 2. Aufl. Weinheim/München.

Müller, B. (1993): Sozialpädagogisches Können. Ein Lehrbuch zur multiperspektivischen Fallarbeit. Freiburg im Breisgau.

Müller, B./Schmid, V. (2001): Der sozialpädagogische und der sonderpädagogische Blick auf deviante Jugendliche: Kasuistische Analysen. In: V. Schmid (Hg.): Verwahrlosung, Devianz, antisoziale Tendenz. Freiburg i. B.: 217–240.

Neufeld, H. (1997): Möglichkeiten der Beteiligung von Kindern und Jugendlichen an der Hilfeplanung. In: Forum Erziehungshilfen, 3. Jg., H. 4: 213–216.

Niederberger, J.M./Bühler-Niederberger, D. (1988): Formenvielfalt in der Fremderziehung. Zwischen Anlehnung und Konstruktion. Stuttgart.

Oerter, R./Montada, L. (1995): Entwicklungspsychologie. Ein Lehrbuch. 3., vollst. überarb. u. erw. Aufl. Weinheim.

Petermann, F. (1995): Erlernte Hilflosigkeit: Neue Konzepte und Anwendungen. In: M. E. P. Seligman (Hg.): Erlernte Hilflosigkeit. Weinheim: 209–250.

Redlich, A. (1997): Konflikt-Moderation. Handlungsstrategien für alle, die mit Gruppen arbeiten. Hamburg.

Rosenberg, M.B, (2002): Gewaltfreie Kommunikation: Aufrichtig und einfühlsam miteinander sprechen. Neue Wege in der Mediation und im Umgang mit Konflikten. 3. korrigierte Aufl. Paderborn.

Sander, C. (1996): Praktische Umsetzung der Klientenrechte in der Jugendhilfe anhand von Hilfeplänen – eine empirische Studie. In: Nachrichtendienst des Deutschen Vereins für öffentliche und private Fürsorge, 76. Jg., H. 7: 220–227.

Schäfer, G.E. (1986): Spiel, Spielraum und Verständigung. Untersuchungen zur Entwicklung von Spiel und Phantasie im Kindes- und Jugendalter. Weinheim u. a.

Schäfer, G.E. (1989): Spielphantasie und Spielumwelt. Spielen, Bilden und Gestalten als Prozesse zwischen Innen und Außen. Weinheim.

Schefold, W. (2002): Hilfeprozesse und Hilfeverfahren. In: W. Schröer/N. Struck/M. Wolff (Hg.): Handbuch Kinder- und Jugendhilfe. Weinheim/München: 1085–1112.

Schefold, W. et al. (1998): Hilfeplanverfahren und Elternbeteiligung. Evaluationsstudie eines Modellprojektes über Hilfeerfahrungen von Eltern im Rahmen des KJHG. Frankfurt/Main.

Schimke, H.-J. (1994): Der Hilfeplan als Teil eines rechtsstaatlichen Entscheidungsprozesses. In: Institut für Soziale Arbeit (Hg.): Hilfeplanung und Betroffenenbeteiligung. Münster: 26–43.

Schneider, T. (1999): Relevanz-Dimensionen im Hilfeplangespräch aus der Sicht von AdressatInnen und PädagogInnen. Unveröffentlichte Diplomarbeit, Fachhochschule Esslingen.

Schön, D. (1983): The Reflective Practioner – How Professionals think in Action. New York.

Schwabe, M. (1992): Geist(er) und Buchstaben – erste Erfahrungen mit dem Hilfeplan (nach § 36 KJHG) aus der Sicht eines Heimleiters. In: Evangelische Jugendhilfe, 69. Jg., H. 5: 5–12.

Schwabe, M. (1996): Das Hilfeplangespräch nach § 36 KJHG: Eine "bescheidene Übung" zwischen ideologischer Überfrachtung und strukturellen Widersprüchen. In: Forum Erziehungshilfen, 2. Jg., H. 4: 164–172.

Schwabe, M. (2000a): Das Hilfeplangespräch zwischen Anspruch und Wirklichkeit, Teil 1: Grundkonstellationen und Spannungsfelder. In: Jugendhilfe, Jg. 38, H. 4: 195–204.

Schwabe, M. (2000b): Das Hilfeplangespräch zwischen Anspruch und Wirklichkeit, Teil 2: Methodische Hinweise zur erfolgreichen Moderation. In: Jugendhilfe, 38. Jg., H. 5: 255–266.

Schwabe, M. (2000d): Partizipation im Hilfeplangespräch: Hindernisse und wie sie überwunden werden können. In: SOS-Dialog: Themenheft Hilfeplanung: 11–17.

Schwabe, M. (2000e): Eskalation und De-Eskalation in Einrichtungen der Jugendhilfe. Konstruktiver Umgang mit Aggression und Gewalt in Arbeitsfeldern der Jugendhilfe. 2. erw. u. überarb. Aufl. Frankfurt/Main.

Schwabe, M. (2000f): Achtung „Kontext“ – Über einige Schwierigkeiten als systemisch inspirierter Sozialarbeiter in der eigenen Praxis zurecht zu kommen. In: Kontext, 31 Jg., H.1: 42–54

Schwabe, M. (2001a): Grenzen setzen, um Möglichkeiten zu eröffnen?! In: EREV-Schriftenreihe, 42. Jg., H. 2: 93–103.

Schwabe, M. (2001b): "Damit sie sich auch dran halten…" – Einige theoretische und praktische Hinweise zur Qualifizierung von Regel-Etablierungs-Prozessen in (stationären) Erziehungshilfen. In: Evangelische Jugendhilfe, 78. Jg., H. 5: 271–282.

Schwabe, M. (2002): Kooperation von Öffentlichen und Freien Trägern bei der Hilfeplanung. In: Jugendhilfe, 40. Jg., H. 5: 248–255.

Schwabe, M. (2003): Was HeimerzieherInnen alles leisten und bewältigen (können/ müssen). Anforderungen an Fachlichkeit und Belastbarkeit der MitarbeiterInnen in stationären Gruppensettings. In: J. Hast et al (Hg.): Heimerziehung im Blick. Frankfurt/ M.: 260–287.

Seckinger, M./ Weigel, N. (1999): Situation und Perspektiven der Jugendhilfe. Eine empirische Zwischenbilanz. 2. Aufl. Weinheim/ München.

Seligman, M.E.P. (1995): Erlernte Hilflosigkeit. 5., korrigierte Aufl. Weinheim.

Shulman, L. (1984): The skills of helping. Individuals and groups. 2. Aufl. Itasca, Illinois.

Späth, K. (1992): Der Hilfeplan im Spannungsfeld zwischen Bevormundung und Einbeziehung von Kindern, Jugendlichen und Eltern. In: Unsere Jugend, 44. Jg., H. 4: 149–155.

Späth, K. (1994): Hilfeplan als Instrument einer modernen Jugendhilfe. In: Sozialpädagogik, 36. Jg., H. 2: 54–60.

Tornow, H. (1994): Hilfeplanung nach § 36 KJHG als Verständigung über Problemlösung. In: Evangelische Jugendhilfe, 71. Jg., H. 2: 23–28.

Uhlendorff, U. (1997): Sozialpädagogische Diagnosen III. Ein sozialpädagogisch-hermeneutisches Diagnoseverfahren für die Hilfeplanung. Weinheim/ München.

Uhlendorff, U. (2002): Hilfeplanung. In: W. Schröer/ N. Struck/ M. Wolff (Hg.): Handbuch Kinder- und Jugendhilfe. Weinheim: 869–882.

Urban, U./ Münchmeier, R. (2003): Hilfeplanung bei Sozialpädagogischen Familienhilfen nach § 31 KJHG im Jugendamt Pankow. Unveröffentlichtes Manuskript, FU Berlin.

Ury, W.L. (1995): Schwierige Verhandlungen. Wie Sie sich mit unangenehmen Kontrahenten vorteilhaft einigen. München.

von Spiegel, H. (2000): Methodische Hilfen für die Gestaltung und Evaluation des Prozesses der Zielfindung und Zielformulierung im Hilfeplangespräch. http://cgi.dji.de/hpv/Expertise%20von%20Spiegel.pdf.

Vopel, K.W./Kirsten, R.E. (1993): Kommunikation und Kooperation. Ein gruppendynamisches Trainingsprogramm. 7. Aufl. München.

Weerth, R. (1992): NLP & Imagination. Grundannahmen, Methoden, Möglichkeiten und Grenzen. Paderborn.

Weick, K.E. (1995): Der Prozeß des Organisierens. Frankfurt/Main.

Winkler, M. (1988): Eine Theorie der Sozialpädagogik. Stuttgart.

Winnicott, D.W. (1973): Vom Spiel zur Kreativität. Stuttgart.

Winnicott, D.W. (1974): Reifungsprozesse und fördernde Umwelt. München.

Wolf, K. (1999): Machtprozesse in der Heimerziehung. Eine qualitative Studie über ein Setting klassischer Heimerziehung. Münster.

Wolf, K. (2003): Im Geflecht unterschiedlicher Interessen: Parteilichkeit und Partizipation als professionelle Orientierungen? In: J. Hast et al (Hg.): Heimerziehung im Blick. Frankfurt/M.: 171–184.

Zentralinstitut Für Sprachwissenschaft: Etymologisches Wörterbuch des Deutschen, 2. Aufl. Berlin 1993.

Zuschlag, B./Thielke, W. (1992): Konfliktsituationen im Alltag. Ein Leitfaden für den Umgang in Beruf und Familie. 2. überarb. Aufl. Stuttgart.